스포츠지도사 2급 필기
파이널 실전봉투모의고사

2024년기출 모의고사

※ 본 모의고사는 2024년 4월 27일에 시행된 국민체육진흥공단 주관 2024년도 2급류 체육지도자 필기시험(A형) 기출문제로 구성되었습니다.

※ 본 모의고사는 선택과목으로만 구성되어 있습니다. 2급 전문 및 2급 생활 자격증 응시자는 선택과목 중 5개 과목을, 2급 장애인 · 유소년 · 노인 자격증 응시자는 선택과목 중 4개 과목을 선택하여 풀이하시기 바랍니다.

선택과목 중 5개 과목을 선택(2급 장애인 · 유소년 · 노인은 선택 4과목 + 필수 1과목)하여 100분 내에 풀고, OMR 마킹까지 끝내야 하는 시험입니다.
선택한 과목에 ☑ 체크 후 과목별로 20분 내에 푸는 연습을 해 보세요.

구분	과목코드	페이지	풀이시간
선택과목	☐ 스 포 츠 사 회 학 (과목코드: 11)	1면	
	☐ 스 포 츠 교 육 학 (과목코드: 22)	4면	
	☐ 스 포 츠 심 리 학 (과목코드: 33)	8면	
	☐ 한 국 체 육 사 (과목코드: 44)	11면	
	☐ 운 동 생 리 학 (과목코드: 55)	14면	
	☐ 운 동 역 학 (과목코드: 66)	17면	
	☐ 스 포 츠 윤 리 (과목코드: 77)	21면	

2급 스포츠지도사 필기시험

스포츠사회학 (11)

1. <보기>에서 훌리한(B. Houlihan)이 제시한 '정부(정치)의 스포츠 개입 목적'에 관한 사례인 것을 모두 고른 것은?

― <보기> ―
㉠ 시민들의 건강 및 체력 유지를 위해 체육 단체에 재원을 지원한다.
㉡ 체육을 포함한 교육 현장의 양성평등을 위해 Title IX을 제정했다.
㉢ 공공질서를 보호하기 위해 공원에서 스케이트보드 금지, 헬멧 착용 등의 도시 조례가 제정되었다.

① ㉠
② ㉠, ㉢
③ ㉡, ㉢
④ ㉠, ㉡, ㉢

2. 「스포츠클럽법」(시행 2022.6.16.)의 내용으로 옳지 <u>않은</u> 것은?

① 지정 스포츠 클럽은 전문 선수 육성 프로그램을 운영할 수 없다.
② 스포츠 클럽의 지원과 진흥에 필요한 사항을 규정하고 있다.
③ 국민 체육 진흥과 스포츠 복지 향상 및 지역 사회 체육 발전에 기여함을 목적으로 한다.
④ 국가 및 지방 자치 단체는 스포츠 클럽의 지원 및 진흥에 필요한 시책을 수립·시행하여야 한다.

3. <보기>에서 스티븐슨(C. Stevenson)과 닉슨(J. Nixon)이 구조기능주의 관점으로 설명한 스포츠의 사회적 기능 중 옳은 것만을 모두 고른 것은?

― <보기> ―
㉠ 사회·정서적 기능
㉡ 사회 갈등 유발 기능
㉢ 사회 통합 기능
㉣ 사회계층 이동 기능

① ㉠, ㉡
② ㉠, ㉢
③ ㉡, ㉣
④ ㉠, ㉢, ㉣

4. <보기>의 ㉠~㉢에 해당하는 스포츠 육성 정책 모형이 바르게 제시된 것은?

― <보기> ―
㉠ 학생들의 스포츠 참여 저변이 확대되면, 이를 기반으로 기량이 좋은 학생 선수가 배출된다.
㉡ 우수한 학생 선수들을 육성하면 그들의 영향으로 학생들의 스포츠 참여가 확대된다.
㉢ 스포츠 선수들의 우수한 성과는 청소년의 스포츠 참여를 촉진하고, 이를 통해 형성된 스포츠 참여 저변 위에서 우수한 스포츠 선수들이 성장한다.

	㉠	㉡	㉢
①	선순환 모형	낙수 효과 모형	피라미드 모형
②	피라미드 모형	선순환 모형	낙수 효과 모형
③	피라미드 모형	낙수 효과 모형	선순환 모형
④	낙수 효과 모형	피라미드 모형	선순환 모형

5. <보기>에서 스포츠 세계화의 동인으로 옳은 것만을 모두 고른 것은?

― <보기> ―
㉠ 민족주의
㉡ 제국주의 확대
㉢ 종교 전파
㉣ 과학 기술의 발전
㉤ 인종 차별의 심화

① ㉠, ㉡, ㉢
② ㉡, ㉢, ㉤
③ ㉠, ㉡, ㉢, ㉣
④ ㉠, ㉢, ㉣, ㉤

6. 투민(M. Tumin)이 제시한 사회계층의 특성을 스포츠에 적용한 설명으로 옳은 것은?

① 보편성: 대부분의 스포츠 현상에는 계층 불평등이 나타난다.
② 역사성: 현대 스포츠에서 계층은 종목 내, 종목 간에서 나타난다.
③ 영향성: 스포츠에서 계층 불평등은 역사 발전 과정을 거치며 변천해 왔다.
④ 다양성: 스포츠 참여에서 나타나는 사회적 불평등은 일상생활에도 유사하게 나타난다.

7. 스포츠에서 나타나는 사회계층 이동에 대한 설명으로 옳지 않은 것은?

① 스포츠는 계층 이동을 위한 수단으로 활용된다.
② 사회계층의 이동은 사회적 상황과 개인적 상황을 반영한다.
③ 사회 지위나 보상 체계에 차이가 뚜렷하게 발생하는 계층 이동은 '수직 이동'이다.
④ 사회계층의 이동 유형은 이동 방향에 따라 '세대 내 이동', '세대 간 이동'으로 구분한다.

8. 〈보기〉에서 설명하는 스포츠 일탈과 관련된 이론은?

〈보기〉
• 스포츠 일탈을 상호 작용론 관점으로 설명한다.
• 일탈 규범을 내면화하는 사회화 과정이 존재한다.
• 다른 사람과 상호 작용을 통해 스포츠 일탈 행동을 학습한다.

① 문화 규범 이론
② 차별 교제 이론
③ 개인차 이론
④ 아노미 이론

9. 스미스(M. Smith)가 제시한 경기장 내 신체 폭력 유형 중 〈보기〉의 설명에 해당하는 것은?

〈보기〉
• 경기의 규칙을 위반하는 행위지만, 대부분의 선수나 지도자들이 용인하는 폭력 행위 유형이다.
• 이 폭력 유형은 경기 전략의 하나로 활용되며, 상대방의 보복 행위를 유발할 수 있다.

① 경계 폭력
② 범죄 폭력
③ 유사 범죄 폭력
④ 격렬한 신체 접촉

10. 코클리(J. Coakley)가 제시한 상업주의와 관련된 스포츠 규칙 변화에 따른 결과로 옳지 않은 것은?

① 극적인 요소가 늘어났다.
② 득점이 감소하게 되었다.
③ 상업 광고 시간이 늘어났다.
④ 경기의 진행 속도가 빨라졌다.

11. 파슨스(T. Parsons)의 AGIL 이론에 관한 설명으로 옳지 않은 것은?

① 상징적 상호 작용론 관점의 이론이다.
② 스포츠는 체제 유지 및 긴장 처리 기능을 한다.
③ 스포츠는 사회 구성원을 통합시키는 기능을 한다.
④ 스포츠는 사회 구성원이 사회 체제에 적응하게 하는 기능을 한다.

12. 에티즌(D. Eitzen)과 세이지(G. Sage)가 제시한 스포츠의 정치적 속성 중 〈보기〉의 설명에 해당하는 것은?

〈보기〉
• 국가대표 선수는 스포츠를 통해 국위를 선양하고 국가는 선수에게 혜택을 준다.
• 국가대표 선수가 올림픽에 출전하여 메달을 획득하면 군복무 면제의 혜택을 준다.

① 보수성
② 대표성
③ 상호 의존성
④ 권력 투쟁

13. <보기>의 ㉠~㉣에 들어갈 스트랭크(A. Strenk)의 '국제 정치 관계에서 스포츠 기능'을 바르게 제시한 것은?

─── <보기> ───
• (㉠): 1936년 베를린 올림픽
• (㉡): 1971년 미국 탁구팀의 중화 인민 공화국 방문
• (㉢): 1972년 뮌헨 올림픽에서의 검은 구월단 사건
• (㉣): 남아프리카 공화국의 아파르트헤이트에 대한 국제 사회의 대응

	㉠	㉡	㉢	㉣
①	외교적 도구	외교적 항의	정치 이념 선전	갈등 및 적대감의 표출
②	정치 이념 선전	외교적 도구	갈등 및 적대감의 표출	외교적 항의
③	갈등 및 적대감의 표출	정치 이념 선전	외교적 항의	외교적 도구
④	외교적 항의	갈등 및 적대감의 표출	외교적 도구	정치 이념 선전

14. 베일(J. Bale)이 제시한 스포츠 세계화의 특징에 관한 설명으로 옳지 않은 것은?

① IOC, FIFA 등 국제 스포츠 기구가 성장하였다.
② 다국적 기업의 국제적 스폰서십 및 마케팅이 증가하였다.
③ 글로벌 미디어 기업의 스포츠에 관한 개입이 증가하였다.
④ 외국인 선수 증가로 팀, 스폰서보다 국가의 정체성이 강화되었다.

15. 스포츠의 교육적 역기능에 해당하는 것은?

① 정서 순화
② 사회 선도
③ 사회화 촉진
④ 승리지상주의

16. 스포츠 미디어가 생산하는 성차별 이데올로기에 관한 설명으로 옳지 않은 것은?

① 경기의 내용보다는 성(性)적인 측면을 강조한다.
② 여성 선수를 불안하고 취약한 존재로 묘사한다.
③ 여성들이 참여하는 경기를 '여성 경기'로 부른다.
④ 여성성보다 그들의 성과에 더 많은 관심을 보인다.

17. <보기>의 사례에 관한 스포츠 일탈 유형과 휴즈(R. Hughes)와 코클리(J. Coakley)가 제시한 윤리 규범이 바르게 연결된 것은?

─── <보기> ───
• 2002년 한일 월드컵 당시 황선홍 선수, 김태영 선수의 부상 투혼
• 2022년 카타르 월드컵에서 손흥민 선수의 마스크 투혼

	스포츠 일탈 유형	스포츠 윤리 규범
①	과소 동조	한계를 이겨내고 끊임없이 도전해야 한다.
②	과소 동조	경기에 헌신해야 한다.
③	과잉 동조	위험을 감수하고 고통을 인내해야 한다.
④	과잉 동조	탁월성을 추구해야 한다.

18. 레오나르드(W. Leonard)의 사회 학습 이론에서 <보기>의 설명과 관련된 사회화 기제는?

─── <보기> ───
• 새로운 운동 기능과 반응이 학습된다.
• 학습자에게 동기를 부여할 수 있게 된다.
• 지도자가 적합하다고 생각하는 새로운 지식을 알게 된다.

① 강화
② 코칭
③ 보상
④ 관찰 학습

19. 스포츠로부터의 탈사회화에 관한 설명으로 옳은 것은?
   ① 부상, 방출 등의 자발적 은퇴로 탈사회화를 경험한다.
   ② 스포츠 참여를 통한 행동의 변화를 스포츠로부터의 탈사회화라고 한다.
   ③ 개인의 심리 상태, 태도에 의해 참여가 제한되는 것을 내재적 제약이라고 한다.
   ④ 재정, 시간, 환경적 상황에 의해 참여가 제한되는 것을 대인적 제약이라고 한다.

20. 과학 기술의 발전에 따른 스포츠의 변화에 관한 설명으로 옳지 않은 것은?
   ① IoT, 웨어러블 디바이스 발전으로 경기력 측정의 혁신을 가져왔다.
   ② 프로 야구 경기에서 VAR 시스템 적용은 인간 심판의 역할을 강화시켰다.
   ③ 4차 산업 혁명에 따른 초지능, 초연결은 스포츠 빅데이터의 활용을 확대시켰다.
   ④ VR, XR 디바이스의 발전으로 가상 현실 공간을 활용한 트레이닝이 가능해졌다.

스포츠교육학 (22)

1. 슐만(L. Shulman)의 '교사 지식 유형' 중 가르칠 교과목 내용에 관한 지식에 해당하는 것은?
   ① 내용 지식(content knowledge)
   ② 내용 교수법 지식(pedagogical content knowledge)
   ③ 교육 환경 지식(knowledge of educational contexts)
   ④ 학습자와 학습자 특성 지식(knowledge of learners and their characteristics)

2. 동료 평가(peer assessment)에 관한 설명으로 적절하지 않은 것은?
   ① 학생들의 비평 능력이 향상될 수 있다.
   ② 교사는 학생에게 평가의 정확한 방법을 숙지시킨다.
   ③ 학생은 교사에게 받은 점검표를 통해 서로 평가한다.
   ④ 교사와 학생 간 대화를 통해 심층적인 정보를 수집한다.

3. 〈보기〉에서 설명하는 박 코치의 '스포츠 지도 활동'에 해당하는 용어는?

   〈보기〉
   박 코치는 관리 시간을 줄이기 위해서 다음과 같이 지도 활동을 반복한다. 출석 점검은 수업 전에 회원들이 스스로 출석부에 표시하게 한다. 이후 건강에 이상이 있는 회원들을 파악한다. 수업 중에는 대기 시간을 최소화하기 위해 모둠별로 학습 활동 구역을 미리 지정한다. 수업 후에는 일지를 회수한다.

   ① 성찰적 활동 ② 적극적 활동
   ③ 상규적 활동 ④ 잠재적 활동

4. 글로버(D. Glover)와 앤더슨(L. Anderson)이 인성을 강조한 수업 모형 중 <보기>의 ㉠, ㉡에 해당하는 것을 바르게 제시한 것은?

---<보기>---
㉠ '서로를 위해 서로 함께 배우기'를 통해 팀원 간 긍정적 상호 의존, 개인의 책임감 수준 증가, 인간관계 기술 및 팀 반성 등을 강조한 수업
㉡ '통합, 전이, 권한 위임, 교사와 학생의 관계'를 통해 타인의 권리와 감정 존중, 자기 목표 설정 가능, 훌륭한 역할 본보기 되기 등을 강조한 수업

	㉠	㉡
①	스포츠교육 모형	협동 학습 모형
②	협동 학습 모형	개인적·사회적 책임감 지도 모형
③	협동 학습 모형	스포츠교육 모형
④	개인적·사회적 책임감 지도 모형	협동 학습 모형

5. <보기>의 ㉠~㉢에 들어갈 교사 행동에 관한 용어가 바르게 제시된 것은?

---<보기>---
• (㉠)은 안전한 학습 환경, 피드백 제공
• (㉡)은 학습 지도 중에 소방 연습과 전달 방송 실시
• (㉢)은 학생의 부상, 용변과 물 마시는 활동의 권리

	㉠	㉡	㉢
①	직접기여 행동	간접기여 행동	비기여 행동
②	직접기여 행동	비기여 행동	간접기여 행동
③	비기여 행동	직접기여 행동	간접기여 행동
④	간접기여 행동	비기여 행동	직접기여 행동

6. <보기>의 ㉠~㉢에 들어갈 기본 움직임 기술을 바르게 제시한 것은?

---<보기>---
기본 움직임	예시
(㉠)	걷기, 달리기, 뛰기, 피하기 등
(㉡)	서기, 앉기, 구부리기, 비틀기 등
(㉢)	치기, 잡기, 배팅하기 등

	㉠	㉡	㉢
①	이동 움직임	비이동 움직임	표현 움직임
②	전략적 움직임	이동 움직임	표현 움직임
③	전략적 움직임	이동 움직임	조작 움직임
④	이동 움직임	비이동 움직임	조작 움직임

7. 「학교체육진흥법」(시행 2024.3.24.) 제10조 '학교 스포츠 클럽 운영'의 내용에 해당하지 않는 것은?

① 학교 스포츠 클럽을 운영하는 경우 전담 교사를 지정해야 한다.
② 전담 교사에게 학교 예산의 범위에서 소정의 지도 수당을 지급한다.
③ 활동 내용은 학교생활 기록부에 기록하지만, 상급 학교 진학 자료로 활용할 수 없다.
④ 학교의 장은 학교 스포츠 클럽을 운영하여 학생들의 체육 활동 참여 기회를 확대해야 한다.

8. 다음 중 모스턴(M. Mosston) '상호 학습형 교수 스타일'에 관한 설명으로 적절하지 않은 것은?

① 학습자는 교과 내용을 선정한다.
② 학습자는 수행자나 관찰자의 역할을 수행한다.
③ 관찰자는 지도자가 제시한 수행 기준에 따라 피드백을 제공한다.
④ 지도자는 관찰자의 질문에 답하고, 관찰자에게 피드백을 제공한다.

9. <보기>에서 '학교체육 전문인 자질'로 ㉠~㉢에 들어갈 용어를 바르게 제시한 것은?

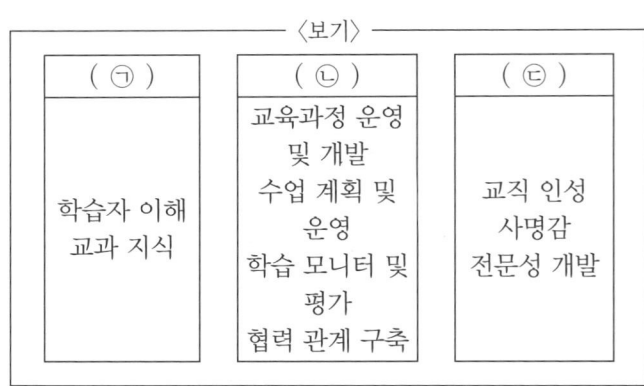

	㉠	㉡	㉢
①	교수	기능	태도
②	지식	수행	태도
③	지식	기능	학습
④	교수	수행	학습

10. <보기>에서 설명하는 모스턴(M. Mosston)의 교수 스타일의 '인지(사고) 과정' 단계는?

〈보기〉
- 학습자가 해답을 찾고자 하는 욕구가 있는 단계이다.
- 학습자에 대한 자극(질문)이 흥미, 욕구, 지식 수준과 적합할 때 이 단계가 발생한다.
- 학습자에게 알고자 하는 욕구를 실행에 옮기도록 동기화시키는 단계이다.

① 자극(stimulus)
② 반응(response)
③ 사색(mediation)
④ 인지적 불일치(dissonance)

11. <보기>에서 「국민체육진흥법」(시행 2024.3.15.) 제11조의 '스포츠윤리 교육과정'에 관한 내용으로 옳은 것만을 모두 고른 것은?

〈보기〉
㉠ 도핑 방지 교육
㉡ 성폭력 등 폭력 예방 교육
㉢ 교육부 장관령으로 정하는 교육
㉣ 스포츠 비리 및 체육계 인권 침해 방지를 위한 예방 교육

① ㉠, ㉡
② ㉡, ㉢, ㉣
③ ㉠, ㉡, ㉣
④ ㉠, ㉡, ㉢, ㉣

12. <보기>의 '수업 주도성 프로파일'에 해당하는 체육 수업 모형은?

〈보기〉
(직접적 ↔ 상호 작용적 ↔ 간접적)
내용 선정
수업 운영
과제 제시
참여 유형
상호 작용 A   B
학습 진도
과제 전개

① 동료 교수 모형
② 직접 교수 모형
③ 개별화 지도 모형
④ 협동 학습 모형

13. <보기>에서 설명하는 시덴탑(D. Siedentop)의 교수(teaching) 기능 연습법에 해당하는 용어는?

〈보기〉
김 교사는 교수 기능의 향상을 위해 다음과 같은 절차로 연습을 했다.
- 학생 6~8명의 소집단을 대상으로 학습 목표와 평가 방법을 설명한 후, 수업을 진행한다.
- 수업에 참여한 학생들의 질문지 자료를 토대로 김 교사와 학생, 다른 관찰자들이 모여 김 교사의 교수법에 대해 '토의'를 한다.
- 객관적인 자료를 근거로 교수 기능 효과를 살핀다.

① 동료 교수
② 축소 수업
③ 실제 교수
④ 반성적 교수

14. 스포츠 강사의 자격 조건에 관한 설명으로 옳은 것은?
① 「초·중등교육법」 제2조 제2호에 따른 초등학교에 스포츠 강사를 배치할 수 없다.
② 「국민체육진흥법」 제2조 제6호에 따른 체육 지도자 중에서 스포츠 강사를 임용할 수 있다.
③ 「학교체육진흥법」 제2조 제6항 학교에 소속되어 학교 운동부를 지도·감독하는 사람을 말한다.
④ 「학교체육진흥법」 제4조 재임용 여부는 강사로서의 자질, 복무 태도, 학생의 만족도, 경기 결과에 따라 결정하여야 한다.

15. 메츨러(M. Metzler)가 제시한 '체육 학습 활동' 중 정식 게임을 단순화하고 몇 가지 기능에 초점을 두며 진행하는 것은?
① 역할 수행(role-playing)
② 스크리미지(scrimmage)
③ 리드-업 게임(lead-up game)
④ 학습 센터(learning centers)

16. <보기>는 시덴탑(D. Siedentop)이 제시한 '스포츠교육 모형'의 특징을 설명한 것이다. ㉠~㉢에 들어갈 용어가 바르게 제시된 것은?

─── <보기> ───
- 이 모형의 주제 중에 (㉠)은 스포츠를 참여하는 태도와 관련된 정의적 영역이다.
- 시즌 중 심판으로서 역할을 할 때 학습 영역 중 우선하는 것은 (㉡) 영역이다.
- 학습자 수준에 적합하게 경기 방식을 (㉢)해서 참여를 유도한다.

	㉠	㉡	㉢
①	박식	정의적	고정
②	열정	인지적	변형
③	열정	정의적	변형
④	박식	인지적	고정

17. <보기>에서 설명하는 체육 수업 연구 방법으로 적절한 것은?

─── <보기> ───
- 연구의 특징은 집단적(협동적), 역동적, 연속적으로 이루어짐
- 연구의 절차는 문제 파악-개선 계획-실행-관찰-반성 등으로 순환하는 과정임
- 연구의 주체는 지도자가 동료나 연구자의 도움을 받아 자신의 수업을 탐구함

① 문헌(literature) 연구
② 실험(experiment) 연구
③ 현장 개선(action) 연구
④ 근거 이론(grounded theory) 연구

18. 학습자 비과제 행동을 예방하고 과제 지향적인 수업을 유지하기 위한 교수 기능 중 쿠닌(J. Kounin)이 제시한 '동시 처리(overlapping)'에 해당하는 것은?

① 수업의 흐름을 유지하면서 수업 이탈 행동 학생을 제지하는 것이다.
② 학생들의 행동을 항상 인지하고 있다는 것을 알리는 것이다.
③ 학생의 학습 활동을 중단시키고 잠시 퇴장시키는 것이다.
④ 모든 학생에게 과제에 몰입하도록 경각심을 주는 것이다.

19. <그림>은 '국민 체력 100'의 운영 체계이다. 체력 인증 센터가 이용자에게 제공하는 서비스가 아닌 것은?

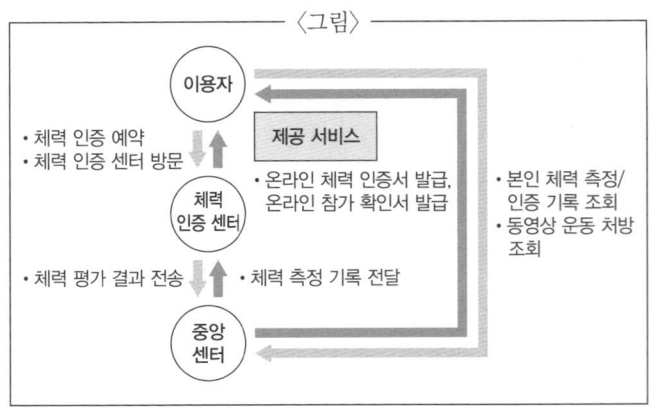

① 체력 측정 서비스
② 맞춤형 운동 처방
③ 국민 체력 인증서 발급
④ 스포츠 클럽 등록 및 운영 지원

20. <보기>에서 해당하는 평가 기법으로 적절한 것은?

─── <보기> ───
- 운동수행을 평가하는 데 자주 사용하는 평가 방법이다.
- 운동수행의 질적인 면을 파악하여 수준이나 숫자를 부여하는 평가 방법이다.

① 평정 척도
② 사건 기록법
③ 학생 저널
④ 체크리스트

2급 스포츠지도사 필기시험

스포츠심리학 (33)

1. <보기>가 설명하는 성격 이론은?

   <보기>
   - 자기가 좋아하는 국가대표 선수가 무더위에서 진행된 올림픽 마라톤 경기에서 불굴의 정신력으로 완주하는 모습을 보고 자기도 포기하지 않는 정신력으로 10km 마라톤을 완주하였다.

   ① 특성 이론
   ② 사회 학습 이론
   ③ 욕구 위계 이론
   ④ 정신 역동 이론

2. 개방 운동기술(open motor skills)에 해당하지 않는 것은?

   ① 농구 경기에서 자유투하기
   ② 야구 경기에서 투수가 던진 공을 타격하기
   ③ 자동차 경주에서 드라이버가 경쟁하면서 운전하기
   ④ 미식축구 경기에서 쿼터백이 같은 팀 선수에게 패스하기

3. <보기>의 ㉠~㉢에 들어갈 개념을 바르게 나열한 것은?

   <보기>
   - (㉠): 노력의 방향과 강도로 설명된다.
   - (㉡): 스포츠 자체가 좋아서 참여한다.
   - (㉢): 보상을 받거나 처벌을 피하고자 스포츠에 참여한다.

	㉠	㉡	㉢
①	동기	외적 동기	내적 동기
②	동기	내적 동기	외적 동기
③	귀인	내적 동기	외적 동기
④	귀인	외적 동기	내적 동기

4. <보기>의 ㉠, ㉡에 들어갈 정보 처리 단계를 바르게 나열한 것은?

   <보기>
   - (㉠): 테니스 선수가 상대 코트에서 넘어오는 공의 궤적, 방향, 속도에 관한 환경 정보를 탐지한다.
   - (㉡): 환경 정보를 토대로 어떤 종류의 기술로 어떻게 받아쳐야 할지 결정한다.

	㉠	㉡
①	반응 선택	자극 확인
②	자극 확인	반응 선택
③	반응/운동 프로그래밍	반응 선택
④	반응/운동 프로그래밍	자극 확인

5. <보기>에서 설명하는 심리 기술 훈련 기법은?

   <보기>
   - 멀리뛰기의 도움닫기에서 파울을 할 것 같은 부정적인 생각이 든다.
   - 부정적인 생각은 그만하고 연습한 대로 구름판을 강하게 밟자고 생각한다.
   - 스스로 통제할 수 있는 것에 집중하자고 다짐한다.

   ① 명상
   ② 자생 훈련
   ③ 인지 재구성
   ④ 인지적 왜곡

6. 운동발달의 단계가 순서대로 바르게 제시된 것은?

   ① 반사 단계 → 기초 단계 → 기본 움직임 단계 → 성장과 세련 단계 → 스포츠 기술 단계 → 최고 수행 단계 → 퇴보 단계
   ② 기초 단계 → 기본 움직임 단계 → 반사 단계 → 스포츠 기술 단계 → 성장과 세련 단계 → 최고 수행 단계 → 퇴보 단계
   ③ 반사 단계 → 기초 단계 → 기본 움직임 단계 → 스포츠 기술 단계 → 성장과 세련 단계 → 최고 수행 단계 → 퇴보 단계
   ④ 기초 단계 → 기본 움직임 단계 → 반사 단계 → 성장과 세련 단계 → 스포츠 기술 단계 → 최고 수행 단계 → 퇴보 단계

7. 반두라(A. Bandura)가 제시한 4가지 정보원에서 자기 효능감에 가장 큰 영향력을 미치는 것은?

① 대리 경험
② 성취 경험
③ 언어적 설득
④ 정서적/신체적 상태

8. <보기>에서 연습 방법에 관한 설명으로 옳은 것만을 모두 고른 것은?

―― <보기> ――
㉠ 집중 연습은 연습 구간 사이의 휴식 시간이 연습 시간보다 짧게 이루어진 연습 방법이다.
㉡ 무선 연습은 선택된 연습 과제들을 순서에 상관없이 무작위로 연습하는 방법이다.
㉢ 분산 연습은 특정 운동기술 과제를 여러 개의 하위 단위로 나누어 연습하는 방법이다.
㉣ 전습법은 한 가지 운동기술 과제를 구분 동작 없이 전체적으로 연습하는 방법이다.

① ㉠, ㉡
② ㉢, ㉣
③ ㉠, ㉡, ㉣
④ ㉠, ㉢, ㉣

9. 미국 응용스포츠심리학회(AAASP)의 스포츠심리상담 윤리 규정이 아닌 것은?

① 스포츠에 참여하는 모든 사람과 전문인인 상담을 진행한다.
② 직무 수행상 자신의 한계를 인식하고 한계를 넘는 주장과 행동은 하지 않는다.
③ 회원 스스로 윤리적인 행동을 실천하고 남에게 윤리적 행동을 하도록 적극적으로 권장한다.
④ 다른 전문가에 의한 서비스 수행 촉진, 책무성 확보, 기관이나 법적 의무 완수 등의 목적을 위해 상담이나 연구 결과를 기록으로 남긴다.

10. <보기>가 설명하는 기억의 유형은?

―― <보기> ――
• 학창 시절 자전거를 타고 학교에 등하교했던 A는 오랜 기간 자전거를 타지 않았음에도 불구하고 여전히 자전거를 탈 수 있다.
• 어린 시절 축구선수로 활동했던 B는 축구의 슛 기술을 어떻게 수행하는지 시범 보일 수 있다.

① 감각 기억(sensory memory)
② 일화적 기억(episodic memory)
③ 의미적 기억(semantic memory)
④ 절차적 기억(procedural memory)

11. <보기>는 피들러(F. Fiedler)의 상황 부합 리더십 모형이다. <보기>의 ㉠, ㉡에 들어갈 내용을 바르게 나열한 것은?

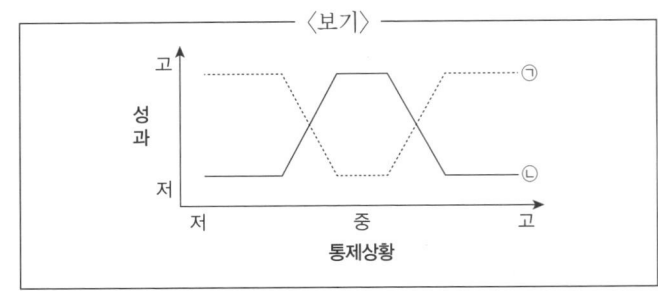

	㉠	㉡
①	관계 지향 리더	과제 지향 리더
②	과제 지향 리더	관계 지향 리더
③	관계 지향 리더	민주주의 리더
④	과제 지향 리더	권위주의 리더

12. 운동학습에 의한 인지 역량의 변화에 관한 설명으로 옳지 않은 것은?

① 정보를 처리하는 속도가 빨라진다.
② 주의 집중 역량을 활용하는 주의 체계의 역량이 좋아진다.
③ 운동 과제 수행의 수준과 환경의 요구에 대한 근골격계의 기능이 효율적으로 좋아진다.
④ 새로운 정보와 기존의 정보를 연결하여 정보를 쉽게 보유할 수 있는 기억 체계 역량이 좋아진다.

13. <보기>는 아이젠(I. Ajzen)의 계획 행동 이론이다. <보기>의 ㉠~㉣에 들어갈 개념을 바르게 나열한 것은?

― <보기> ―
(㉠)는 행동을 수행하는 것에 대한 개인의 정서적이고 평가적인 요소를 반영한다. (㉡)은/는 어떤 행동을 할 것인지 또는 안 할 것인지에 대해 개인이 느끼는 사회적 압력을 말한다. 어떠한 행동은 개인의 (㉢)에 따라 그 행동 여부가 결정된다. (㉣)은/는 어떤 행동을 하기가 쉽거나 어려운 정도에 대한 인식 정도를 의미한다.

	㉠	㉡	㉢	㉣
①	태도	의도	주관적 규범	행동 통제 인식
②	의도	주관적 규범	행동 통제 인식	태도
③	태도	주관적 규범	의도	행동 통제 인식
④	의도	태도	행동 통제 인식	주관적 규범

14. <보기>에서 정보 처리 이론에 관한 설명으로 옳은 것만을 모두 고른 것은?

― <보기> ―
㉠ 정보 처리 이론은 인간을 능동적인 정보 처리자로 설명한다.
㉡ 도식 이론은 기억 흔적과 지각 흔적의 작용으로 움직임을 생성하고 제어한다고 설명한다.
㉢ 개방 회로 이론은 대뇌 피질에 저장된 운동 프로그램을 통해 움직임을 생성하고 제어한다고 설명한다.
㉣ 폐쇄 회로 이론은 정확한 동작에 관한 기억을 수행 중인 움직임과 비교한 피드백 정보를 활용하여 움직임을 생성하고 제어한다고 설명한다.

① ㉠, ㉡
② ㉢, ㉣
③ ㉠, ㉡, ㉣
④ ㉠, ㉢, ㉣

15. <보기>의 ㉠~㉢에 들어갈 개념을 바르게 나열한 것은?

― <보기> ―
• (㉠): 타인의 존재가 과제 수행에 미치는 영향을 말한다.
• (㉡): 타인의 존재만으로도 각성과 욕구가 생긴다.
• (㉢): 타인의 존재가 운동 과제에 대한 집중을 방해하기도 하지만, 수행자의 욕구 수준을 증가시키기도 한다.

	㉠	㉡	㉢
①	사회적 촉진	단순 존재 가설	주의 분산/갈등 가설
②	사회적 촉진	단순 존재 가설	평가 우려 가설
③	단순 존재 가설	관중 효과	주의 분산/갈등 가설
④	단순 존재 가설	관중 효과	평가 우려 가설

16. 힉스(W. Hick)의 법칙에 관한 설명으로 옳은 것은?

① 자극-반응 대안의 수가 증가할수록 반응 시간은 길어진다.
② 근수축을 통해 생성한 힘의 양에 따라 움직임의 정확성이 달라진다.
③ 두 개의 목표물 간의 거리와 목표물의 크기에 따라 움직임 시간이 달라진다.
④ 움직임의 속력이 증가하면 정확도가 떨어지는 속력-정확성 상쇄(speed-accuracy trade-off) 현상이 나타난다.

17. <보기>의 ㉠에 들어갈 용어는?

― <보기> ―
• 복싱 선수가 상대의 펀치를 맞고 실점하는 장면이 계속해서 떠오른다.
• 이 선수는 (㉠)을/를 높이는 훈련이 필요하다.

① 내적 심상
② 외적 심상
③ 심상 조절력
④ 심상 선명도

18. <보기>의 ㉠, ㉡에 들어갈 운동수행에 관한 개념이 바르게 제시된 것은?

<보기>
- 운동기술 과제가 너무 쉬울 때 (㉠)가 나타난다.
- 운동기술 과제가 너무 어려울 때 (㉡)가 나타난다.

	㉠	㉡
①	학습 고원 (learning plateau)	슬럼프 (slump)
②	천장 효과 (ceiling effect)	바닥 효과 (floor effect)
③	웜업 감소 (warm-up decrement)	수행 감소 (performance decrement)
④	맥락 간섭 효과 (contextual-interference effect)	부적 전이 (negative transfer)

19. <보기>에서 운동 실천을 위한 환경적 영향 요인을 모두 고른 것은?

<보기>
㉠ 지도자   ㉡ 교육 수준
㉢ 운동 집단 ㉣ 사회적 지지

① ㉠, ㉡
② ㉢, ㉣
③ ㉠, ㉡, ㉣
④ ㉠, ㉢, ㉣

20. <보기>가 설명하는 개념은?

<보기>
농구 경기에서 수비수가 공격수의 첫 번째 페이크 슛 동작에 반응하면서, 바로 이어지는 두 번째 실제 슛 동작에 제대로 반응하지 못하는 현상이 발생한다.

① 스트룹 효과(stroop effect)
② 무주의 맹시(inattention blindness)
③ 지각 협소화(perceptual narrowing)
④ 심리적 불응기(psychological-refractory period)

한국체육사 (44)

1. <보기>에서 한국체육사에 관한 설명으로 옳은 것만을 모두 고른 것은?

<보기>
㉠ 한국체육과 스포츠의 시대별 양상을 연구한다.
㉡ 한국체육과 스포츠를 역사학적 방법으로 연구한다.
㉢ 한국체육과 스포츠에 관한 역사 기술은 사실 확인보다 가치 평가가 우선한다.
㉣ 한국체육과 스포츠의 과거를 살펴보고, 이를 통해 현재를 직시하고 미래를 조망한다.

① ㉠, ㉡, ㉢
② ㉠, ㉡, ㉣
③ ㉠, ㉢, ㉣
④ ㉡, ㉢, ㉣

2. <보기>에서 신체 활동이 행해진 제천 의식과 부족국가가 바르게 연결된 것만을 모두 고른 것은?

<보기>
㉠ 무천 – 신라
㉡ 가배 – 동예
㉢ 영고 – 부여
㉣ 동맹 – 고구려

① ㉠, ㉡
② ㉢, ㉣
③ ㉠, ㉡, ㉣
④ ㉡, ㉢, ㉣

3. <보기>에 해당하는 부족국가시대 신체 활동의 목적은?

<보기>
중국 역사 자료인 『위지 · 동이전(魏志 · 東夷傳)』에 따르면, "나이 어리고 씩씩한 청년들의 등가죽을 뚫고 굵은 줄로 그곳을 꿰었다. 그리고 한 장(一丈) 남짓의 나무를 그곳에 매달고 온종일 소리를 지르며 일을 하는데도 아프다고 하지 않고, 착실하게 일을 한다. 이를 큰사람이라 부른다."

① 주술 의식
② 농경 의식
③ 성년 의식
④ 제천 의식

4. <보기>에서 삼국시대의 무예에 관한 설명으로 옳은 것만을 모두 고른 것은?

<보기>
㉠ 신라: 궁전법(弓箭法)을 통해 인재를 등용하였다.
㉡ 고구려: 경당(扃堂)에서 활쏘기 교육이 이루어졌다.
㉢ 백제: 훈련원(訓鍊院)에서 무예 시험과 훈련이 행해졌다.

① ㉠, ㉡ ② ㉠, ㉢
③ ㉡, ㉢ ④ ㉠, ㉡, ㉢

5. 고려시대 최고 교육 기관과 무학(武學) 교육이 바르게 연결된 것은?

① 성균관(成均館) – 대빙재(待聘齋)
② 성균관(成均館) – 강예재(講藝齋)
③ 국자감(國子監) – 대빙재(待聘齋)
④ 국자감(國子監) – 강예재(講藝齋)

6. 고려시대의 신체 활동에 관한 설명으로 옳지 않은 것은?

① 기격구(騎擊毬): 서민층이 유희로 즐겼다.
② 궁술(弓術): 국난을 대비하여 장려되었다.
③ 마술(馬術): 무인의 덕목 중 하나로 장려되었다.
④ 수박(手搏): 무관이나 무예 인재의 선발에 활용되었다.

7. 석전(石戰)의 성격에 관한 설명으로 옳지 않은 것은?

① 관료 선발에 활용되었다.
② 명절에 종종 행해지던 민속놀이였다.
③ 전쟁에 대비한 군사 훈련에 활용되었다.
④ 실전 부대인 석투군(石投軍)과 관련이 있었다.

8. 조선시대 서민층이 주로 행했던 민속놀이와 설명으로 옳지 않은 것은?

① 추천(鞦韆): 단오절이나 한가위에 즐겼다.
② 각저(角觝), 각력(角力): 마을 간의 겨룸이 있었는데, 풍년 기원의 의미도 있었다.
③ 종정도(從政圖), 승경도(陞卿圖): 관직 체계의 이해와 출세 동기 부여의 뜻이 담겨 있었다.
④ 삭전(索戰), 갈전(葛戰): 농경 사회의 대표적인 민속놀이로서 농사의 풍흉(豊凶)을 점치는 의미도 있었다.

9. 조선시대의 무예서에 관한 설명으로 옳지 않은 것은?

① 『무예도보통지(武藝圖譜通志)』: 정조의 명에 따라 24기의 무예가 수록, 간행되었다.
② 『무예신보(武藝新譜)』: 사도세자의 주도 하에 18기의 무예가 수록, 간행되었다.
③ 『권보(拳譜)』: 광해군의 명에 따라 『무예제보』에 수록되지 않은 4기의 무예가 수록, 간행되었다.
④ 『무예제보(武藝諸譜)』: 선조의 명에 따라 전란 중에 긴급하게 필요했던 단병기 6기가 수록, 간행되었다.

10. <보기>에서 조선시대의 궁술에 관한 설명으로 옳은 것만을 모두 고른 것은?

<보기>
㉠ 군사 훈련의 수단이었다.
㉡ 무과(武科) 시험의 필수 과목이었다.
㉢ 심신 수련을 위한 학사 사상(學射思想)이 강조되었다.
㉣ 불국토 사상(佛國土思想)을 토대로 훈련이 이루어졌다.

① ㉠, ㉡ ② ㉢, ㉣
③ ㉠, ㉡, ㉢ ④ ㉡, ㉢, ㉣

11. 고종(高宗)의 교육입국조서(敎育立國詔書)에서 삼양(三養)이 표기된 순서는?

① 덕양(德養), 체양(體養), 지양(智養)
② 덕양(德養), 지양(智養), 체양(體養)
③ 체양(體養), 지양(智養), 덕양(德養)
④ 체양(體養), 덕양(德養), 지양(智養)

12. <보기>에서 설명하는 개화기의 기독교계 학교는?

〈보기〉
- 헐벗(H.B. Hulbert)가 도수 체조를 지도하였다.
- 1885년 아펜젤러(H.G. Appenzeller)가 설립하였다.
- 과외 활동으로 야구, 축구, 농구 등의 스포츠를 실시하였다.

① 경신학당   ② 이화학당
③ 숭실학교   ④ 배재학당

13. 개화기 학교 운동회에 관한 설명으로 옳지 않은 것은?
① 민족의식을 고취하는 역할을 하였다.
② 초기에는 구기 종목이 주로 이루어졌다.
③ 사회 체육 발달의 촉진제 역할을 하였다.
④ 근대 스포츠의 도입과 확산에 기여하였다.

14. 다음 중 개화기에 설립된 체육 단체가 아닌 것은?
① 대한체육구락부
② 조선체육진흥회
③ 대동체육구락부
④ 황성기독교청년회운동부

15. <보기>의 활동을 주도한 체육 사상가는?

〈보기〉
- 체조 강습회 개최
- 체육 활동의 저변 확대를 위해 대한국민체육회 창립
- 체육 활동을 통한 애국심 고취를 위해 광무학당 설립

① 서재필   ② 문일평
③ 김종상   ④ 노백린

16. 일제 강점기의 체육사적 사실에 관한 설명으로 옳지 않은 것은?
① 원산학사가 설립되었다.
② 체조교수서가 편찬되었다.
③ 학교에서 체조가 필수 과목이 되었다.
④ 황국 신민 체조가 학교체육에 포함되었다.

17. <보기>에서 일제 강점기의 조선체육회에 대한 설명으로 옳은 것만을 모두 고른 것은?

〈보기〉
㉠ '전 조선 축구 대회'를 창설하였다.
㉡ 조선체육협회에 강제로 흡수되었다.
㉢ 국내 운동가, 일본 유학 출신자 등이 설립하였다.
㉣ 종합 체육 대회 성격의 전 조선 종합 경기 대회를 개최하였다.

① ㉠, ㉡   ② ㉢, ㉣
③ ㉡, ㉢, ㉣   ④ ㉠, ㉡, ㉢, ㉣

18. <보기>의 괄호 안에 들어갈 일제 강점기의 체육 사상가는?

〈보기〉
( )은/는 '체육 조선의 건설'이라는 글에서 사회를 강하게 하는 것은 구성원의 힘을 강하게 하는 것이며, 그 방법은 교육이며, 여러 교육의 기초는 체육이라고 강조하였다.

① 박은식   ② 조원희
③ 여운형   ④ 이기

2급 스포츠지도사 필기시험

19. 대한민국 정부의 체육 정책 담당 부처의 변천 순서가 옳은 것은?

① 체육부 → 문화 체육 관광부 → 문화 체육부
② 체육부 → 문화 체육부 → 문화 체육 관광부
③ 문화 체육부 → 체육부 → 문화 체육 관광부
④ 문화 체육부 → 문화 체육 관광부 → 체육부

20. 〈보기〉는 국제 대회에서 한국 여자 대표팀이 거둔 성과를 나타낸 것이다. 〈보기〉의 ㉠~㉢에 들어갈 종목이 바르게 제시된 것은?

― 〈보기〉 ―
- (㉠): 1973년 사라예보 세계 선수권 대회에서 단체전 우승 달성
- (㉡): 1976년 몬트리올 올림픽 대회에서 구기 종목 사상 최초의 동메달 획득
- (㉢): 1988년 서울 올림픽 대회에서 당시 최강국을 이기고 금메달 획득

	㉠	㉡	㉢
①	배구	핸드볼	농구
②	배구	농구	핸드볼
③	탁구	핸드볼	배구
④	탁구	배구	핸드볼

운동생리학 (55)

1. 지구성 훈련에 의한 지근 섬유(Type I)의 생리적 변화로 옳지 <u>않은</u> 것은?

① 모세 혈관 밀도 증가
② 마이오글로빈 함유량 감소
③ 미토콘드리아의 수와 크기 증가
④ 절대 운동 강도에서의 젖산 농도 감소

2. 유산소성 트레이닝을 통한 근육 내 미토콘드리아 변화와 관련된 설명으로 옳지 <u>않은</u> 것은?

① 근원섬유 사이의 미토콘드리아 밀도 증가
② 근육 내 젖산과 수소 이온(H^+) 생성 감소
③ 손상된 미토콘드리아 분해 및 제거율 감소
④ 근육 내 크레아틴 인산(phosphocreatine) 소모량 감소

3. 운동 중 지방 분해를 촉진하는 요인으로 옳지 <u>않은</u> 것은?

① 인슐린 증가
② 글루카곤 증가
③ 에피네프린 증가
④ 순환성(cyclic) AMP 증가

4. 운동에 대한 심혈관 반응에 관한 설명으로 옳은 것은?

① 점증 부하 운동 시 심근 산소 소비량 감소
② 고강도 운동 시 내장 기관으로의 혈류 분배 비율 증가
③ 일정한 부하의 장시간 운동 시 시간 경과에 따른 심박수 감소
④ 고강도 운동 시 활동근의 세동맥(arterioles) 확장을 통한 혈류량 증가

5. 〈보기〉의 ㉠, ㉡에 들어갈 용어가 바르게 나열된 것은?

〈보기〉
- 심장의 부담을 나타내는 심근 산소 소비량은 심박수와 (㉠)을 곱하여 산출한다.
- 산소 섭취량이 동일한 운동 시 다리 운동이 팔 운동에 비해 심근 산소 소비량이 더 (㉡) 나타난다.

	㉠	㉡
①	1회 박출량	높게
②	1회 박출량	낮게
③	수축기 혈압	높게
④	수축기 혈압	낮게

6. 골격근의 수축 특성을 결정하는 요인에 대한 설명 중 〈보기〉의 ㉠, ㉡에 들어갈 용어가 바르게 연결된 것은?

〈보기〉
- 특이장력 = 근력 / (㉠)
- 근파워 = 힘 × (㉡)

	㉠	㉡
①	근횡단면적	수축 속도
②	근횡단면적	수축 시간
③	근파워	수축 속도
④	근파워	수축 시간

7. 〈보기〉의 ㉠~㉢에 들어갈 용어가 바르게 나열된 것은?

〈보기〉

수용기	역할
근방추	(㉠) 정보 전달
골지 건기관	(㉡) 정보 전달
근육의 화학 수용기	(㉢) 정보 전달

	㉠	㉡	㉢
①	근육의 길이	근육 대사량	힘 생성량
②	근육 대사량	힘 생성량	근육의 길이
③	근육 대사량	근육의 길이	힘 생성량
④	근육의 길이	힘 생성량	근육 대사량

8. 〈그림〉은 도피반사(withdrawal reflex)와 교차신전반사(crossed-extensor reflex)를 나타낸 것이다. 이에 관한 설명으로 옳지 않은 것은?

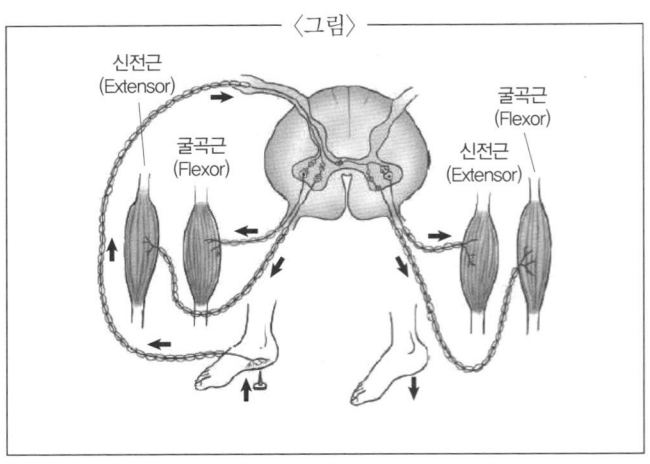

① 반사궁 경로를 통해 통증 자극에 대한 빠른 반사가 일어난다.
② 통증 수용기로부터 활동 전위가 발생하여 척수로 전달된다.
③ 신체 균형을 유지하기 위해 반대편 대퇴의 굴곡근 수축이 억제된다.
④ 통증을 회피하기 위해 통증 부위 대퇴의 굴곡근과 신전근이 동시에 수축된다.

9. 〈보기〉에서 고온 환경의 장시간 최대하 운동 시 운동수행 능력을 저하시키는 요인으로 옳은 것만을 모두 고른 것은? (단, 심각한 탈수 현상은 발생하지 않는 환경)

〈보기〉
㉠ 글리코겐 고갈 가속
㉡ 근혈류량 감소
㉢ 1회 박출량 감소
㉣ 운동 단위 활성 감소

① ㉠, ㉢
② ㉠, ㉡, ㉣
③ ㉡, ㉢, ㉣
④ ㉠, ㉡, ㉢, ㉣

10. 〈보기〉의 조건으로 트레드밀 운동 시 운동량은?

〈보기〉
- 체중 = 50kg
- 트레드밀 속도 = 12km/h
- 운동 시간 = 10분
- 트레드밀 경사도 = 5%
(단, 운동량(일) = 힘 × 거리)

① 300kpm
② 500kpm
③ 5,000kpm
④ 30,000kpm

11. 에너지 대사 과정과 속도 조절 효소의 연결이 옳지 않은 것은?

	에너지 대사 과정	속도 조절 효소
①	ATP-PC 시스템	크레아틴 키나아제 (creatine kinase)
②	해당 작용	젖산 탈수소 효소 (lactate dehydrogenase)
③	크렙스 회로	이소시트르산 탈수소 효소 (isocitrate dehydrogenase)
④	전자 전달 체계	사이토크롬 산화 효소 (cytochrome oxidase)

12. <보기>에서 근육의 힘, 파워, 속도의 관계에 대한 설명 중 옳은 것만을 모두 고른 것은?

―〈보기〉―
㉠ 단축성(concentric) 수축 시 수축 속도가 빨라짐에 따라 힘(장력) 생성은 감소한다.
㉡ 신장성(eccentric) 수축 시 신장 속도가 빨라짐에 따라 힘(장력) 생성은 증가한다.
㉢ 근육이 발현할 수 있는 최대 근파워는 등척성(isometric) 수축 시에 나타난다.
㉣ 단축성 수축 속도가 동일할 때 속근 섬유가 많을수록 큰 힘을 발휘한다.

① ㉠, ㉡, ㉢ ② ㉠, ㉡, ㉣
③ ㉠, ㉢, ㉣ ④ ㉡, ㉢, ㉣

13. 카테콜라민에 대한 설명으로 옳지 않은 것은?

① 부신 피질에서 분비
② 교감 신경의 말단에서 분비
③ α1 수용체 결합 시 기관지 수축
④ β1 수용체 결합 시 심박수 증가

14. <보기>의 에너지 대사 과정에 관한 설명 중 옳은 것만을 모두 고른 것은?

―〈보기〉―
㉠ 해당 과정 중 NADH는 생성되지 않는다.
㉡ 크렙스 회로와 베타 산화는 미토콘드리아에서 관찰되는 에너지 대사 과정이다.
㉢ 포도당 한 분자의 해당 과정의 최종 산물은 ATP 2분자와 피루브산염 2분자(또는 젖산염 2분자)이다.
㉣ 낮은 운동 강도(예 VO_{2max} 40%)로 30분 이상 운동 시 점진적으로 호흡 교환율이 감소하고 지방 대사 비중은 높아진다.

① ㉠, ㉡ ② ㉠, ㉣
③ ㉡, ㉢ ④ ㉡, ㉢, ㉣

15. 운동 중 혈중 포도당 농도를 유지하기 위한 호르몬에 대한 설명으로 옳지 않은 것은?

① 성장 호르몬 - 간에서 포도당 신생 합성 증가
② 코르티솔 - 중성 지방으로부터 유리 지방산으로 분해 촉진
③ 노르에피네프린 - 골격근 조직 내 유리 지방산 산화 억제
④ 에피네프린 - 간에서 글리코겐 분해 촉진 및 조직의 혈중 포도당 사용 억제

16. 운동 중 수분과 전해질 균형에 관한 설명으로 옳은 것만을 모두 고른 것은?

―〈보기〉―
㉠ 장시간의 중강도 운동 시 혈장량과 알도스테론 분비는 감소한다.
㉡ 땀 분비로 인한 혈장량 감소는 뇌하수체 후엽의 항이뇨 호르몬 분비를 유도한다.
㉢ 충분한 수분 섭취 없이 장시간 운동 시 체내 수분 재흡수를 위해 레닌-안지오텐신Ⅱ 호르몬이 분비된다.
㉣ 운동에 의한 땀 분비는 수분 상실을 초래하며 혈중 삼투질 농도를 감소시킨다.

① ㉠, ㉢ ② ㉠, ㉣
③ ㉡, ㉢ ④ ㉡, ㉣

17. ⟨표⟩는 참가자의 폐환기 검사 결과이다. ⟨보기⟩에서 옳은 것만을 모두 고른 것은?

참가자	1회 호흡량 (mL)	호흡률 (회/min)	분당 환기량 (mL/min)	사강량 (mL)	폐포 환기량 (mL/min)
주은	375	20	( )	150	( )
민재	500	15	( )	150	( )
다영	750	10	( )	150	( )

─ ⟨보기⟩ ─
㉠ 세 참가자의 분당 환기량은 동일하다.
㉡ 다영의 폐포 환기량은 분당 6L/min이다.
㉢ 주은의 폐포 환기량이 가장 크다.

① ㉠, ㉡   ② ㉠, ㉢
③ ㉡, ㉢   ④ ㉠, ㉡, ㉢

18. 1회 박출량(stroke volume) 증가 요인으로 옳지 않은 것은?

① 심박수 증가
② 심실 수축력 증가
③ 평균 동맥 혈압(MAP) 감소
④ 심실 이완기말 혈액량(EDV) 증가

19. 골격근 섬유에 관한 설명으로 옳은 것은?

① 근수축에 필요한 칼슘(Ca^{2+})은 근형질세망에 저장되어 있다.
② 운동 단위(motor unit)는 감각 뉴런과 그것이 지배하는 근섬유의 결합이다.
③ 신경근 접합부(neuromuscular junction)에서 분비되는 근수축 신경 전달 물질은 에피네프린이다.
④ 지연성 근통증은 골격근의 신장성(eccentric) 수축보다 단축성(concentric) 수축 시 더 쉽게 발생한다.

20. 지근 섬유(Type I)와 비교되는 속근 섬유(Type II)의 특성으로 옳은 것은?

① 높은 피로 저항력
② 근형질세망의 발달
③ 마이오신 ATPase의 느린 활성
④ 운동 신경 세포(뉴런)의 작은 직경

운동역학 (66)

1. 뉴턴(I. Newton)의 3가지 법칙과 관련이 없는 것은?

① 외력이 가해지지 않으면, 정지하고 있는 물체는 계속 정지하려 한다.
② 가속도는 물체에 가해진 힘에 비례한다.
③ 수직 점프를 할 때, 지면을 강하게 눌러야 높게 올라갈 수 있다.
④ 외력이 가해지지 않으면, 물체가 가진 각운동량은 변하지 않는다.

2. ⟨보기⟩에서 힘(force)에 관한 설명으로 옳은 것을 모두 고른 것은?

─ ⟨보기⟩ ─
㉠ 움직임을 일으키는 원인으로 에너지이다.
㉡ 질량과 가속도의 곱으로 결정된다.
㉢ 단위는 N(Newton)이다.
㉣ 크기를 갖는 스칼라(scalar)이다.

① ㉠, ㉡   ② ㉠, ㉣
③ ㉡, ㉢   ④ ㉢, ㉣

3. 쇼트 트랙 경기에서 원운동을 할 때 원심력과 구심력에 관한 설명으로 옳은 것은?

① 원심력과 구심력은 크기가 같고, 방향이 반대이다.
② 원심력은 원운동을 하는 선수의 질량과 관계가 없다.
③ 원심력을 극복하는 방법으로 반지름을 작게 하여 원운동을 한다.
④ 신체를 원운동 중심의 방향으로 기울이는 것은 접선 속도를 크게 만들기 위해서이다.

4. 선운동량 또는 충격량에 관한 설명으로 옳은 것은?

① 선운동량은 질량과 속도를 더하여 결정되는 물리량이다.
② 충격량은 충격력과 충돌이 가해진 시간의 곱으로 결정되는 물리량이다.
③ 시간에 따른 힘 그래프에서 접선의 기울기는 충격량을 의미한다.
④ 충격량이 선운동량으로 전환되기 위해서는 먼저 충격량이 토크로 전환되어야 한다.

5. 운동학적(kinematic) 분석과 운동역학적(kinetic) 분석에 관한 설명으로 옳지 않은 것은?

① 일률, 속도, 힘은 운동역학적 분석 요인이다.
② 운동학적 분석은 움직임을 공간적·시간적으로 분석한다.
③ 근전도 분석, 지면 반력 분석은 운동역학적 분석 방법이다.
④ 신체 중심점의 위치 변화, 관절각의 변화는 운동학적 분석 요인이다.

6. 〈보기〉에서 물리량에 대한 설명으로 옳은 것만 고른 것은?

─〈보기〉─
㉠ 압력은 단위 면적당 가해지는 힘이며 벡터이다.
㉡ 일은 단위 시간당 에너지의 변화율이며 벡터이다.
㉢ 마찰력은 두 물체의 마찰로 발생하는 힘이며 스칼라이다.
㉣ 토크는 회전을 일으키는 효과이며 벡터이다.

① ㉠, ㉡
② ㉠, ㉣
③ ㉡, ㉢
④ ㉢, ㉣

7. 〈보기〉에서 항력과 관련된 설명으로 옳은 것만 고른 것은?

─〈보기〉─
㉠ 육상의 원반 투사 시, 최적의 공격각(attack angle)은 $\frac{항력}{양력}$이 최대일 때의 각도이다.
㉡ 야구에서 투구 시 공에 회전을 넣어 커브 구질을 만든다.
㉢ 파도와 같이 물과 공기의 접촉면에서 형성되는 난류에 의하여 발생하기도 한다.
㉣ 날아가는 골프공의 단면적(유체의 흐름 방향에 수직인 물체의 면적)에 비례한다.

① ㉠, ㉡
② ㉠, ㉣
③ ㉡, ㉢
④ ㉢, ㉣

8. 2차원 영상 분석에서 배율법(multiplier method)에 관한 설명으로 옳지 않은 것은?

① 동작이 수행되는 평면에 직교하게 카메라를 설치한다.
② 분석 대상이 운동 평면에서 벗어나면 투시 오차(perspective error)가 발생할 수 있다.
③ 체조의 공중회전(somersault)과 트위스트(twist)와 같은 운동 동작을 분석하는 데 주로 활용된다.
④ 기준자(reference ruler)는 영상 평면에서의 분석 대상 크기를 실제 운동 평면에서의 크기로 조정하기 위해 사용된다.

9. 〈보기〉에서 각운동에 관한 설명으로 옳은 것만 고른 것은?

─〈보기〉─
㉠ 각속력은 벡터이고, 각속도(angular velocity)는 스칼라이다.
㉡ 각속력(angular speed)은 시간당 각거리(angular distance)이다.
㉢ 각가속도(angular acceleration)는 시간당 각속도의 변화량이다.
㉣ 각거리는 물체의 처음과 마지막 각위치의 변화량이다.

① ㉠, ㉡
② ㉠, ㉣
③ ㉡, ㉢
④ ㉢, ㉣

10. <보기>의 ㉠~㉣에 들어갈 내용이 바르게 제시된 것은?

─── <보기> ───
- (㉠)가 커질수록 부력도 커진다.
- (㉡)가 올라갈수록 부력은 작아진다.
- (㉢)는 수중에서의 자세 변화에 따라 달라진다.
- (㉣)은 물에 잠긴 신체의 부피에 비례하여 수직으로 밀어 올리는 힘이다.

	㉠	㉡	㉢	㉣
①	신체의 밀도	신체의 온도	무게 중심의 위치	부력
②	유체의 밀도	신체의 온도	무게 중심의 위치	항력
③	신체의 밀도	물의 온도	부력 중심의 위치	항력
④	유체의 밀도	물의 온도	부력 중심의 위치	부력

11. <보기>와 같이 조건을 (A)에서 (B)로 변경하였을 때, ㉠~㉢에 들어갈 내용으로 바르게 나열한 것은? (단, 각운동량 그리고 줄과 공의 질량은 변화가 없는 것으로 가정)

─── <보기> ───

(A)

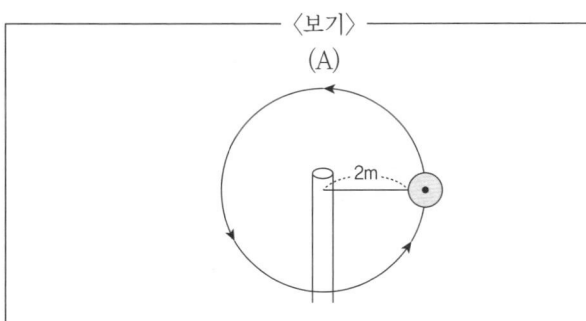

- 회전축에서 공의 중심까지 거리: 2m
- 회전 속도: 1회전/sec

⇩

(B)
회전축에서 공까지의 거리를 1m로 줄이면, 회전 반경이 (㉠)로 줄어들고 관성 모멘트가 (㉡)로 감소하기 때문에 공의 회전 속도는 (㉢)로 증가한다.

	㉠	㉡	㉢
①	$\frac{1}{2}$	$\frac{1}{2}$	2회전/sec
②	$\frac{1}{2}$	$\frac{1}{4}$	2회전/sec
③	$\frac{1}{4}$	$\frac{1}{2}$	4회전/sec
④	$\frac{1}{2}$	$\frac{1}{4}$	4회전/sec

12. 인체에 적용되는 지레(levers)의 원리에 관한 설명으로 옳지 않은 것은?

① 1종 지레에서 축(받침점)은 힘점과 저항점(작용점) 사이에 위치하고 역학적 이점이 1보다 크거나 작을 수 있다.
② 2종 지레는 저항점이 힘점과 축 사이에 위치하고 역학적 이점이 1보다 크다.
③ 3종 지레에서 힘점은 축과 저항점 사이에 위치하고 역학적 이점이 1보다 크다.
④ 지면에서 수직 방향으로 발뒤꿈치를 들고 서는 동작(calf raise)은 2종 지레이다.

13. <그림>의 수직 점프(vertical jump) 동작에 관한 운동역학적 특성을 바르게 설명한 것은? (단, 외력과 공기 저항은 작용하지 않는 것으로 가정)

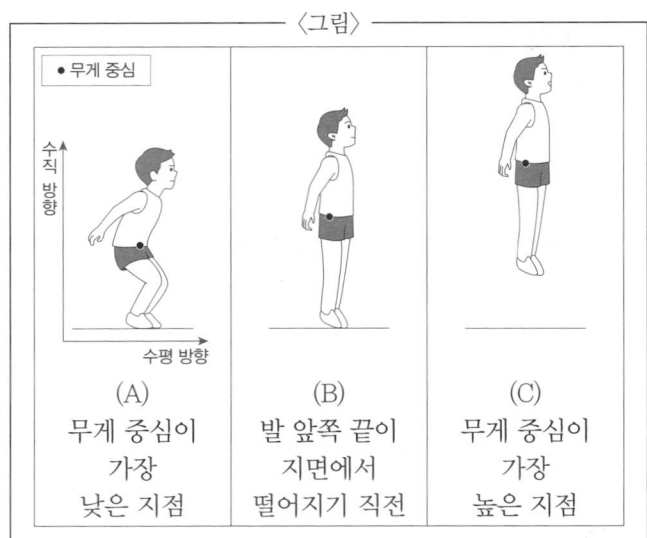

① (A)부터 (B)까지 한 일(work)은 위치 에너지의 변화량과 같다.
② (A)부터 (B)까지 넙다리 네 갈래근(대퇴 사두근, quadriceps)은 신장성 수축(eccentric contraction)을 한다.
③ (B)부터 (C)까지 무게 중심의 수직 가속도는 증가한다.
④ (C)지점에서 인체 무게 중심의 수직 속도는 0m/sec이다.

14. 회전 운동에 관한 설명으로 옳지 않은 것은?

① 회전하는 물체의 접선 속도는 각속도와 반지름의 곱으로 구한다.
② 회전하는 물체의 각속도는 호의 길이를 소요 시간으로 나누어 구한다.
③ 인체의 관성 모멘트(moment of inertia)는 회전축의 방향에 따라 변한다.
④ 토크는 힘의 연장선이 물체의 중심에서 벗어난 지점에 작용할 때 발생한다.

15. 인체의 무게 중심에 관한 설명으로 옳지 않은 것은?

① 무게 중심은 인체 외부에 위치할 수 있다.
② 무게 중심의 위치는 안정성에 영향을 준다.
③ 무게 중심은 토크의 합이 '0'인 지점이다.
④ 무게 중심의 위치는 동작의 변화와 관계없이 일정하다.

16. 중력 가속도의 개념에 관한 설명으로 옳지 않은 것은?

① 중력 가속도의 크기는 $9.8m/sec^2$이다.
② 중력 가속도는 지구 중심 방향으로 작용한다.
③ 인체의 무게는 질량과 중력 가속도의 곱으로 산출한다.
④ 토스한 배구공이 상승하는 과정에서는 중력 가속도의 영향을 받지 않는다.

17. 인체의 근골격계에 관한 설명으로 옳은 것은?

① 골격근의 수축은 관절에서 회전 운동을 일으키지 못한다.
② 인대(ligament)는 골격근을 뼈에 부착시키는 역할을 한다.
③ 작용근(즉동근, agonist)은 의도한 운동을 발생시키는 근육이다.
④ 팔꿈치 관절에서 굽힘근(굴근, flexor)의 수축은 관절의 각도를 커지게 한다.

18. 기저면의 변화를 통해 안정성을 증가시킨 동작으로 옳지 않은 것은?

① 산에서 내려오며 산악용 스틱을 사용하여 지면을 지지하기
② 씨름에서 상대방이 옆으로 당기자 다리를 좌우로 벌리기
③ 평균대 외발 서기 동작에서 양팔을 좌우로 벌리기
④ 스키 점프 착지 동작에서 다리를 앞뒤로 교차하여 벌리기

19. 역학적 일(work)과 일률(power)의 개념을 바르게 설명한 것은?

① 일의 단위는 watt 또는 joule/sec이다.
② 일률은 힘과 속도의 곱으로 산출한다.
③ 일률은 이동한 거리를 고려하지 않는다.
④ 일은 가해진 힘의 크기에 반비례한다.

20. 운동역학을 스포츠 현장에 적용한 사례로 적절하지 않은 것은?

① 멀리뛰기에서 도약력 측정을 위한 지면 반력 분석
② 다이빙에서 각운동량 산출을 위한 3차원 영상 분석
③ 축구에서 운동량 측정을 위한 웨어러블 센서(wearable sensor)의 활용
④ 경기장 적응을 위해 가상 현실을 활용한 양궁 심상 훈련 지원

2급 스포츠지도사 필기시험

스포츠윤리 (77)

1. 〈보기〉에서 설명하는 법령은?

〈보기〉
이 법은 국민 모두가 스포츠 및 신체 활동에 자유롭고 평등하게 참여하여 건강하고 행복한 삶을 영위할 수 있도록 스포츠의 가치가 교육, 문화, 환경, 인권, 복지, 정치, 경제, 여가 등 우리 사회 영역 전반에 확산될 수 있게 국가와 지방 자치 단체가 그 역할을 다하며, 개인이 스포츠 활동에서 차별받지 아니하고, 스포츠의 다양성, 자율성과 민주성의 원리가 조화롭게 실현되도록 하는 것을 기본 이념으로 한다.

① 스포츠클럽법　　② 스포츠기본법
③ 국민체육진흥법　④ 학교체육진흥법

2. 〈보기〉에서 스포츠에서 발생하는 폭력의 유형과 특징으로 옳은 것만을 모두 고른 것은?

〈보기〉
㉠ 직접적 폭력은 가시적, 파괴적이다.
㉡ 직접적 폭력은 상해를 입히려는 의도가 있는 행위이다.
㉢ 구조적 폭력은 비가시적이며 장기간 이루어진다.
㉣ 구조적 폭력은 의도가 노골적이지 않지만 관습처럼 반복된다.
㉤ 문화적 폭력은 언어, 행동 양식 등의 상징적 행위를 통해 가해진다.
㉥ 문화적 폭력은 위해를 '옳은 것'이라 정당화하여 '문제가 되지 않게' 만들기도 한다.

① ㉠, ㉢, ㉤
② ㉠, ㉢, ㉣, ㉥
③ ㉠, ㉡, ㉢, ㉣, ㉤
④ ㉠, ㉡, ㉢, ㉣, ㉤, ㉥

3. 스포츠에서 여성에 대한 차별이 발생하거나 심화되는 원인으로 볼 수 없는 것은?

① 생물학적 환원주의
② 남녀의 운동 능력 차이
③ 남성 문화에 기반한 근대 스포츠
④ 여성 참정권

4. 〈보기〉에서 (가)의 문제를 해결하기 위해 생명중심주의 입장에서 (나)를 제시한 학자는?

〈보기〉
(가)
스포츠에서 환경 문제가 발생하는 근본 원인은 스포츠의 사회 문화적 가치와 환경 혹은 자연의 보전 가치 사이의 충돌이다.

(나)
· 불침해의 의무: 다른 생명체에 해를 끼쳐서는 안 된다.
· 불간섭의 의무: 생태계에 간섭해서는 안 된다.
· 신뢰의 의무: 낚시나 덫처럼 동물을 기만하는 행위를 해서는 안 된다.
· 보상적 정의의 의무: 부득이하게 해를 끼친 경우 피해를 보상해야 한다.

① 테일러(P. Taylor)　　② 베르크(A. Berque)
③ 콜버그(L. Kohlberg)　④ 패스모어(J. Passmore)

5. 〈보기〉의 ㉠~㉢에 들어갈 용어로 바르게 묶인 것은?

〈보기〉
· (㉠): 생물학적, 형태학적 특징에 따라 분류된 인간 집단
· (㉡): 특정 종목에 유리하거나 불리한 인종이 실제로 존재한다는 사고 방식
· (㉢): 선수의 능력 차이를 특정 인종의 우월이나 열등으로 과장하여 차등을 조장하는 것

	㉠	㉡	㉢
①	인종	인종주의	인종 차별
②	인종	인종 차별	젠더화 과정
③	젠더	인종주의	인종 차별
④	젠더	인종 차별	젠더화 과정

6. 〈보기〉의 축구 경기 비디오 판독(VAR)에서 심판 B의 판정 견해를 지지하는 윤리 이론에 가장 부합하는 것은?

〈보기〉
심판 A: 상대 선수가 부상을 입었지만 퇴장은 가혹하다.
심판 B: 그 선수가 충돌을 피할 수 있는 시간은 충분했다. 그러나 그는 피하려 하지 않았다. 따라서 퇴장의 처벌은 당연하다.

① 최대 다수의 최대 행복
② 의무주의
③ 쾌락주의
④ 좋음은 옳음의 근거

7. 〈보기〉에 담긴 윤리적 규범과 관련이 없는 것은?

〈보기〉
나는 운동선수로서 경기의 규칙을 숙지하고 준수하여 공정하게 시합을 한다.

① 페어플레이(fair play)
② 스포츠딜레마(sport dilemma)
③ 스포츠에토스(sport ethos)
④ 스포츠퍼슨십(sportpersonship)

8. 〈보기〉의 사례로 나타나는 품성으로 스포츠인에게 권장하지 않는 것은?

〈보기〉
• 경기 규칙의 위반은 옳지 않음을 알면서도 불공정한 파울을 행하기도 한다.
• 도핑이 그릇된 일이라는 점을 알고 있지만, 기록 갱신과 승리를 위해 도핑을 강행한다.

① 테크네(techne)
② 아크라시아(akrasia)
③ 에피스테메(episteme)
④ 프로네시스(phronesis)

9. 〈보기〉의 내용과 가장 밀접한 것은?

〈보기〉
• 정정당당하게 경기에 임하라.
• 어떠한 경우에도 최선을 다해라.
• 운동선수는 페어플레이를 해야 한다.

① 모방 욕구
② 가언 명령
③ 정언 명령
④ 배려 윤리

10. 〈보기〉의 내용에 해당하는 윤리적 태도는?

〈보기〉
나는 경기에 참여할 때마다, 나의 행동 하나하나가 가능한 많은 사람이 만족하는 데 기여할 수 있도록 노력한다.

① 행위 공리주의
② 규칙 공리주의
③ 제도적 공리주의
④ 직관적 공리주의

11. 〈보기〉의 설명에 해당하는 스포츠에서의 정의(justice)는?

〈보기〉
정의는 공정과 준법을 요구한다. 모든 선수에게 동등한 기회를 보장해야 한다는 공정의 원칙은 지켜지지 않을 때가 있다. 스포츠에서는 완전한 통제가 어려운 불평등을 줄이기 위해 공수 교대, 전후반 진영 교체, 홈·원정 경기, 출발 위치 제비뽑기 등을 한다.

① 자연적 정의
② 평균적 정의
③ 분배적 정의
④ 절차적 정의

12. 〈보기〉의 ㉠~㉢에 해당하는 용어가 바르게 제시된 것은?

〈보기〉
공자의 사상은 (㉠)(으)로 설명할 수 있다. (㉡)은/는 마음이 중심을 잡아 한쪽으로 치우치지 않는 상태를 의미하고, (㉢)은/는 나와 타인의 마음이 서로 다르지 않다는 뜻으로 배려와 관용을 나타낸다. 공자는 (㉢)에 대해 "내가 원하지 않은 일을 남에게 하지 말라(己所不欲 勿施於人)"는 정언 명령으로 규정한다. 이는 스포츠맨십과 상통한다.

	㉠	㉡	㉢
①	충효(忠孝)	충(忠)	효(孝)
②	정의(正義)	정(正)	의(義)
③	정명(正名)	정(正)	명(名)
④	충서(忠恕)	충(忠)	서(恕)

13. 〈보기〉의 주장과 가장 밀접한 관련이 있는 것은?

〈보기〉
스포츠 경기에서 승자의 만족도는 '1'이고, 패자의 만족도는 '0'이라고 말하는 사람이 있다. 그러나 스포츠 경기에서 양자의 만족도 합은 '0'에 가까울 수 있고, '2'에 가까울 수도 있다. 승자와 패자의 만족도가 각각 '1'에 가까울 수 있기 때문이다.

① 칸트
② 정언 명령
③ 공정 시합
④ 공리주의

14. 〈보기〉의 설명에 해당하는 반칙의 유형은?

〈보기〉
- 동기, 목표가 뚜렷하다.
- 스포츠의 본질적인 성격을 부정하는 의미로 해석할 수 있다.
- 실격, 몰수패, 출전 정지, 영구 제명 등의 처벌이 따른다.

① 의도적 구성 반칙 ② 비의도적 구성 반칙
③ 의도적 규제 반칙 ④ 비의도적 규제 반칙

15. 〈보기〉의 대화에서 '윤성'의 윤리적 관점은?

〈보기〉
진서: 나 어젯밤에 투우 중계방송 봤는데, 스페인에서 엄청 인기더라구! 그런데 동물을 인간 오락의 대상으로 삼는 것은 윤리적으로 허용될 수 없는 거 아니야?
윤성: 난 다르게 생각해! 스포츠 활동은 인간의 이상을 추구하기 위한 것이고, 그 이상의 실현을 위해 동물은 수단으로 활용될 수 있는 거 아닐까? 승마의 경우 인간과 말이 훈련을 통해 기량을 향상시키고 결국 사람 간의 경쟁에 동물을 도구로 활용한다고 볼 수 있잖아.

① 동물 해방론 ② 동물 권리론
③ 종차별주의 ④ 종평등주의

16. 〈보기〉의 사례에서 나타나는 윤리적 태도와 가장 밀접한 관련이 있는 것은?

〈보기〉
선수는 윤리적 갈등을 겪을 때면, 우리 사회에서 오랫동안 본보기가 되어 온 위인들을 떠올린다. 그리고 그 위인들처럼 행동하려고 노력한다.

① 매킨타이어(A. MacIntyre)
② 의무주의(deontology)
③ 쾌락주의(hedonism)
④ 메타윤리(metaethics)

17. 스포츠윤리의 특징으로 적절하지 않은 것은?

① 스포츠 경쟁의 윤리적 기준이다.
② 올바른 스포츠 경기의 방향이 된다.
③ 보편적 윤리로는 다룰 수 없는 독자성이 있다.
④ 스포츠인의 행위, 실천의 기준이다.

18. 〈보기〉에서 학생 운동선수의 학습권 보호와 관련된 것으로 옳은 것만 모두 고른 것은?

〈보기〉
㉠ 최저 학력 제도
㉡ 리그 승강 제도
㉢ 주말 리그 제도
㉣ 학사 관리 지원 제도

① ㉠, ㉡, ㉢ ② ㉠, ㉡, ㉣
③ ㉠, ㉢, ㉣ ④ ㉡, ㉢, ㉣

19. 〈보기〉의 주장에 나타난 윤리적 관점은?

〈보기〉
스포츠 행위의 도덕적 가치는 사회에 따라, 또는 사람에 따라 다를 수 있다. 물론 도덕적 준거가 없는 것은 아니다.

① 윤리적 절대주의
② 윤리적 회의주의
③ 윤리적 상대주의
④ 윤리적 객관주의

20. 〈보기〉의 대화에서 논란이 되고 있는 도핑의 종류는?

〈보기〉
지원: 스포츠 뉴스 봤어? 케냐의 마라톤 선수 킵초게가 1시간 59분 40초의 기록을 세웠대!
사영: 우와! 2시간의 벽이 드디어 깨졌네요! 인간의 한계는 끝이 없나요?
성현: 그런데 이번 기록은 특수 제작된 신발을 신고 달렸으니 킵초게 선수의 능력만으로 달성했다고 볼 수 없는 거 아니야? 스포츠에 과학 기술의 도입은 필요하지만 이러다가 스포츠에서 탁월성의 근거가 인간에서 기술로 넘어가는 거 아니야?
혜름: 맞아! 수영의 전신 수영복, 야구의 압축 배트가 금지된 사례도 있잖아!

① 약물 도핑(drug doping)
② 기술 도핑(technology doping)
③ 브레인 도핑(brain doping)
④ 유전자 도핑(gene doping)

스포츠지도사 2급 필기
파이널 실전봉투모의고사

실전 모의고사 1회

※ 본 모의고사는 선택과목으로만 구성되어 있습니다. 2급 전문 및 2급 생활 자격증 응시자는 선택과목 중 5개 과목을, 2급 장애인·유소년·노인 자격증 응시자는 선택과목 중 4개 과목을 선택하여 풀이하시기 바랍니다.

선택과목 중 5개 과목을 선택(2급 장애인·유소년·노인은 선택 4과목+필수 1과목)하여 100분 내에 풀고, OMR 마킹까지 끝내야 하는 시험입니다. 선택한 과목에 ☑ 체크 후 과목별로 20분 내에 푸는 연습을 해 보세요.

구분	과목코드	페이지	풀이시간
선택과목	☐ 스 포 츠 사 회 학 (과목코드: 11)	1면	
	☐ 스 포 츠 교 육 학 (과목코드: 22)	4면	
	☐ 스 포 츠 심 리 학 (과목코드: 33)	7면	
	☐ 한 국 체 육 사 (과목코드: 44)	11면	
	☐ 운 동 생 리 학 (과목코드: 55)	14면	
	☐ 운 동 역 학 (과목코드: 66)	17면	
	☐ 스 포 츠 윤 리 (과목코드: 77)	20면	

2급 스포츠지도사 필기시험

스포츠사회학 (11)

1. 스포츠사회학의 연구 영역에 포함되지 않는 것은?

① 개인의 스포츠 활동이 사회화 과정에 미치는 영향을 연구한다.
② 스포츠와 사회 제도의 상호 작용을 통해 경제와 정치의 연관성을 탐구한다.
③ 스포츠 기술이 경기력 향상에 미치는 생리적 기전을 분석한다.
④ 스포츠와 성별, 인종, 종교 등과 관련된 불평등 문제를 분석한다.

2. 〈보기〉에서 설명하는 거트만(A. Guttmann)의 근대 스포츠 특징으로 옳은 것은?

―〈보기〉―
모든 야구 경기는 타자가 세 번 스트라이크를 당하면 아웃이 되는 규칙과 경기를 9회로 제한하는 방식 등 명확한 규칙이 정해져 있다.

① 평등화　　② 합리화
③ 세속화　　④ 관료화

3. 〈보기〉에서 스포츠와 정치의 관련성에 대한 내용으로 적절한 것을 모두 고른 것은?

―〈보기〉―
㉠ 사회적 통합 및 국민 단결
㉡ 국가 이미지 표출
㉢ 스포츠 관련 일자리 창출
㉣ 정치적 메시지 전달
㉤ 미디어를 통한 스포츠 경기 생중계

① ㉠, ㉡, ㉢
② ㉠, ㉡, ㉣
③ ㉡, ㉣, ㉤
④ ㉠, ㉡, ㉣, ㉤

4. 〈보기〉는 에티즌(D. Eitzen)과 세이지(G. Sage)가 제시한 스포츠의 정치적 속성을 설명한 것이다. ㉠~㉣에 해당하는 용어를 바르게 짝지은 것은?

―〈보기〉―
• (㉠): 국가대표 축구팀의 우승으로 국민들이 자부심을 느낀다.
• (㉡): 올림픽 개최국은 성공적인 대회를 위해 정부와 기업이 협력한다.
• (㉢): 야구 리그에서 전통적인 경기 규칙을 고수하며 새로운 기술 도입을 거부한다.
• (㉣): 국제 스포츠 연맹에서 주최권을 두고 국가 간 경쟁이 벌어진다.

	㉠	㉡	㉢	㉣
①	대표성	상호 의존성	권력 투쟁	보수성
②	상호 의존성	대표성	권력 투쟁	보수성
③	상호 의존성	대표성	보수성	권력 투쟁
④	대표성	상호 의존성	보수성	권력 투쟁

5. 스포츠 상업주의의 원인으로 적절하지 않은 것은?

① 선수들의 안전을 위해 육상 트랙의 재질을 고무 소재로 변경한다.
② 월드컵 경기 중계가 유튜브 플랫폼을 통해 전 세계 팬들과 실시간 소통을 가능하게 한다.
③ 유명 축구 선수가 특정 브랜드의 유니폼을 착용하여 광고 효과를 극대화한다.
④ 글로벌 팬층 증가로 인해 NBA 경기가 해외 여러 나라에서 개최되기도 한다.

6. 프로 스포츠에서 시행되는 주요 제도에 대한 설명으로 옳지 않은 것은?

① 드래프트: 신인 선수들이 리그에 참여하기 위해 팀별로 차례로 선발되는 제도
② 샐러리 캡: 개별 선수의 총 연봉 상한선을 설정하여 선수 간 경쟁력을 균등화하는 제도
③ 옵트 아웃: 계약 기간 중 기준 조건을 충족하면 선수가 계약을 해지하고 자유 계약(FA) 선수로 전환할 수 있는 제도
④ 럭셔리 택스: 팀이 총 연봉 한도를 초과할 경우 추가 세금을 부과하는 제도

7. 스포츠의 교육적 순기능에 해당하는 것끼리 바르게 묶인 것은?

① 문화적 다양성 수용, 신체적·정서적 발달, 스포츠 상업화 조장
② 경쟁의 과잉, 평생 체육과 연계, 문화적 다양성 수용
③ 엘리트 스포츠의 집중화, 스포츠 상업화 조장, 신체적·정서적 발달
④ 신체적·정서적 발달, 평생 체육과 연계, 문화적 다양성 수용

8. 〈보기〉의 대화에서 학원 스포츠 문제점 해결 방안으로 적절하지 않은 주장을 한 학생은?

〈보기〉
예진: 학업과 운동을 병행할 수 있도록 최저 학력제를 도입하는 것이 꼭 필요하다고 생각해요.
재만: 부상을 예방하려면 경기와 훈련에 대한 보다 엄격한 안전 기준이 마련돼야 해요.
재영: 지도자의 절대적인 권위를 강화하면, 선수들의 집중력과 경기력이 더 좋아질 거예요.
해인: 엘리트 중심 구조를 개선해서 모든 학생이 스포츠에 참여할 수 있는 기회를 만들어야 해요.

① 예진 ② 재만
③ 재영 ④ 해인

9. 〈보기〉에서 설명하는 스포츠 미디어 이론은?

〈보기〉
사람들은 각자의 흥미와 욕구에 따라 미디어 콘텐츠를 선택적으로 이용한다. 예를 들어, 어떤 사람은 스포츠 경기 하이라이트만 시청하고, 다른 사람은 선수 인터뷰나 분석 프로그램을 선호한다.

① 의제 설정 이론
② 문화 규범 이론
③ 개인차 이론
④ 사회 범주 이론

10. 스포츠가 미디어에 미치는 영향에 대한 설명으로 옳지 않은 것은?

① 스포츠 미디어는 경기 중계, 인터뷰, 분석 프로그램 등을 통해 미디어 콘텐츠의 다양성을 확대한다.
② 스포츠 산업의 성장은 미디어의 발전에 의해 촉진된다.
③ 중계권은 미디어를 통해 높은 수익을 창출하는 주요 요소로 작용한다.
④ 광고 및 마케팅 기회를 확대하여 미디어의 상업적 가치를 높인다.

11. 사회 이동의 유형과 내용으로 옳지 않은 것은?

① 세대 내 이동: 한 선수가 부모는 지역 아마추어 리그 출신이지만, 본인은 프로 리그에서 활동하며 가족의 사회적 지위를 상승시킨다.
② 개인적 이동: 개인의 노력으로 주니어 리그 선수에서 프로 리그로 진출한다.
③ 수직 이동: 축구 선수가 뛰어난 성과로 국가대표팀에 발탁되거나, 성적 부진으로 하위 리그로 강등된다.
④ 교환 이동: 두 프로 선수가 서로의 소속 팀을 교환했지만, 각자의 지위와 역할은 그대로 유지된다.

12. 스포츠가 사회계층 이동에 미치는 영향에 대한 설명으로 옳지 않은 것은?

① 스포츠는 개인이 사회적 기술을 습득하도록 돕고 이를 통해 직업적 성공 가능성을 높일 수 있다.
② 스포츠는 교육 기회를 확대하지만, 지원이 특정 엘리트 선수에게 집중될 수 있다.
③ 스포츠에서 실패할 경우 복귀가 어려워져 개인의 심리적 부담이 커질 수 있다.
④ 스포츠는 사회적 불평등을 해소하고 모든 계층에 동등한 기회를 제공한다.

13. ⟨보기⟩의 ㉠, ㉡에 들어갈 스포츠 사회화 이론으로 옳은 것은?

⟨보기⟩
- (㉠): 농구팀에서 포인트가드는 경기의 흐름을 조율하고, 센터는 리바운드와 골 밑 득점을 책임지는 등 각 포지션에 맞는 행동과 역할을 수행한다.
- (㉡): 농구팀에서 신입 선수는 기존 팀원들의 행동과 팀 규범을 자신이 따라야 할 기준으로 삼고, 이에 맞춰 자신의 태도와 행동을 변화시킨다.

	㉠	㉡
①	구조기능 이론	사회 학습 이론
②	역할 이론	준거 집단 이론
③	역할 이론	사회 학습 이론
④	구조기능 이론	준거 집단 이론

14. ⟨보기⟩에서 스포츠로부터의 탈사회화의 원인에 해당하는 것을 모두 고른 것은?

⟨보기⟩
㉠ 개인적 동기 상실
㉡ 선수에서 지도자로 전환
㉢ 경제적 이유
㉣ 새로운 스포츠 참여
㉤ 심리적 스트레스

① ㉠, ㉡
② ㉠, ㉢
③ ㉠, ㉢, ㉤
④ ㉡, ㉣, ㉤

15. ⟨보기⟩의 ㉠, ㉡에 해당하는 스포츠 일탈의 유형으로 옳은 것은?

⟨보기⟩
- (㉠): 규범을 지나치게 강조하거나 무비판적으로 수용하여, 정상적 행동을 초월하는 경우를 의미한다.
- (㉡): 스포츠 경기에서 팬들이 감정적으로 흥분하여 폭력, 난동, 기물 파손 등 과격한 행동을 보이는 현상이다.

	㉠	㉡
①	긍정적 일탈	관중 폭력
②	부정적 일탈	부정행위
③	긍정적 일탈	부정행위
④	부정적 일탈	관중 폭력

16. 집합 행동 이론에 대한 설명으로 옳지 않은 것은?

① 규범 생성 이론: 집합 행동은 기존 규범을 따르면서 발생하는 현상이다.
② 전염 이론: 집합 행동은 감정이 전염되듯이 확산되는 현상으로 나타난다.
③ 수렴 이론: 집합 행동은 특정 상황에서 개인들이 유사한 성향을 보이며 모이게 되면서 발생한다.
④ 부가 가치 이론: 집합 행동은 사회적, 문화적, 구조적 요인들이 누적되어 폭발적으로 드러나는 현상이다.

17. 코클리(J. Coakley)의 일탈적 과잉 동조 유발 요인 중 ⟨보기⟩에 해당하는 것은?

⟨보기⟩
한 격투기 선수가 경기 도중 심한 부상을 입었음에도 불구하고, 이를 참아내며 끝까지 경기를 포기하지 않고 상대와 맞서 싸우는 모습을 보이고 있다.

① 구분 짓기 규범
② 몰입 규범
③ 도전 규범
④ 인내 규범

18. 스포츠 세계화의 이점으로 옳은 것으로만 묶인 것은?

⟨보기⟩
㉠ 국제 협력 강화
㉡ 세계적 스포츠 인프라 구축
㉢ 문화적 획일화
㉣ 스포츠 관련 기술 및 훈련 발전

① ㉠, ㉡, ㉢
② ㉠, ㉡, ㉣
③ ㉠, ㉢, ㉣
④ ㉡, ㉢, ㉣

19. 미래사회의 스포츠 변화 요인에 대한 설명으로 옳지 않은 것은?

① 인공지능과 웨어러블 기술 등의 첨단 기술이 스포츠 훈련과 경기 방식에 혁신을 가져온다.
② 스포츠를 통해 다양한 문화가 융합되며, 국제적인 교류가 더욱 활성화된다.
③ 5G와 같은 첨단 통신 기술이 스포츠 중계의 접근성을 높이고 몰입감을 강화한다.
④ 스포츠 상업화는 환경 문제 해결의 방안이 될 수 있으며, 지속 가능한 스포츠 발전을 촉진한다.

20. 〈보기〉는 매기(J. Magee)와 서덴(J. Sugden)의 노동 이주 유형에 대한 설명이다. ㉠, ㉡에 해당하는 내용이 바르게 연결된 것은?

〈보기〉
- (㉠): 해외 축구 리그에서 오랜 기간 활동하던 선수가 은퇴를 앞두고 고국의 리그로 복귀하여 지역 클럽에서 마지막 시즌을 보내는 경우
- (㉡): 프로 배구 선수가 한 시즌 동안 유럽, 아시아, 남미 등 여러 리그를 옮겨 다니며 단기 계약을 맺고 경기에 출전하는 경우

	㉠	㉡
①	귀향민형	유목민형
②	유목민형	정착민형
③	개척자형	귀향민형
④	정착민형	개척자형

스포츠교육학 (22)

1. 스포츠교육학에서 강조하는 '전인 교육(whole person education)'에 대한 설명으로 가장 적절한 것은?

① 신체 활동 중심의 체육 교육만을 강조하며, 정신적 교육은 고려하지 않는다.
② 전 생애에 걸쳐 참여하는 평생 체육 프로그램만을 의미한다.
③ 신체·정신·사회·정서적 영역이 조화롭게 발달하도록 돕는다.
④ 엘리트 스포츠 선수 양성에만 초점을 맞추어 전문적인 선수 교육만을 지향한다.

2. 미국 YMCA가 근대 체육 발달 과정에서 수행한 역할로 보기 어려운 것은?

① 체육 지도자를 체계적으로 양성하고 전문 교육과정을 마련하였다.
② 학교체육 진흥을 위해 방과 후 스포츠 프로그램을 도입하는 데 기여하였다.
③ 시민에게 개방된 체육 시설 및 프로그램을 운영하여 대중화에 이바지하였다.
④ 프로 스포츠 리그 활성화에 집중하며 상업적 스포츠 발전을 주도하였다.

3. 〈보기〉에서 생활체육을 올바르게 설명한 학생은?

〈보기〉
서준: 학교 체육 시간에만 국한되어 실시되는 체육 활동이야.
영빈: 지역 사회를 중심으로 전 연령이 참여할 수 있는 신체 활동을 말해.
환일: 엘리트 선수 양성을 위한 전문 훈련 프로그램에 해당해.
요한: 청소년기에만 집중적으로 이루어지는 일시적 신체 활동이야.

① 서준　　② 영빈
③ 환일　　④ 요한

4. 유소년 스포츠 프로그램의 핵심 목표로 가장 적절한 것은?

① 대회 출전을 위한 기록 단축과 성적 향상
② 팀 단위 전술·전략 위주의 전문 훈련
③ 기초 운동 능력 함양 및 신체·인지 발달 촉진
④ 성인 스포츠 동호인 중심의 운영

5. <보기>는 스포츠교육학에서 강조하는 가치 영역에 대한 설명이다. ㉠~㉢에 들어갈 가장 적절한 용어는?

〈보기〉
스포츠교육학에서는 건강 및 체력 증진과 스포츠 기능 습득을 (㉠) 가치, 학업 성적 향상과 지적 기능 발달을 (㉡) 가치, 심리적 건강과 사회적 기술을 (㉢) 가치로 구분하여 강조한다.

	㉠	㉡	㉢
①	신체적	인지적	정의적
②	정의적	인지적	신체적
③	정의적	신체적	인지적
④	신체적	정의적	인지적

6. <보기>에서 학교 스포츠 클럽 활성화의 주된 목적에 부합하는 것을 모두 고른 것은?

〈보기〉
㉠ 학생들의 체력 증진과 건강한 생활체육 습관 형성
㉡ 엘리트 선수 양성을 위한 우수 선수 발굴 및 전문 훈련 강화
㉢ 협동심과 배려심 함양을 통한 인성 교육 강화
㉣ 체육 특기생 양성을 위한 입시 경쟁 준비

① ㉠, ㉢
② ㉡, ㉣
③ ㉠, ㉡, ㉢
④ ㉠, ㉢, ㉣

7. 체육 교사에게 요구되는 필요 자질에 대한 설명으로 옳지 않은 것은?

① 학생의 발달 단계를 이해할 필요가 있다.
② 체육과 관련된 깊이 있는 전문 지식이 필요하다.
③ 행정 업무를 우선시하며 학생들과의 상호 작용은 배제해도 된다.
④ 평가 및 피드백을 제공하는 능력이 필요하다.

8. <보기>에서 해당 교사가 활용한 메츨러(M. Metzler)의 3가지 교사 지식 유형으로 가장 적절한 것은?

〈보기〉
학생들이 운동장에서 새로운 체육 활동에 흥미를 잃고 집중하지 못하고 있다. 교사는 이 문제를 해결하기 위해 기존 수업 계획을 유연하게 수정하고, 학생들의 관심을 끌 수 있는 활동으로 전환하였다.

① 내용 지식
② 절차적 지식
③ 상황적 지식
④ 명제적 지식

9. 체육 교사가 특정 수업에서 학생들의 발달 수준을 고려하여 학년별로 체력 테스트 방식을 다르게 설정하였다. 이 교사가 활용한 지식 유형으로 가장 적절한 것은?

① 교육 환경 지식
② 교육과정 지식
③ 지도 방법 지식
④ 내용 교수법 지식

10. <보기>에서 설명하는 심슨과 해로우(Simpson & Harrow)의 심동적 영역으로 가장 적절한 것은?

〈보기〉
• 체조 동작을 하면서 신체의 균형을 유지하였다.
• 도약하여 장애물을 넘고, 연속 동작을 부드럽고 정확하게 수행하였다.

① 기초 기능
② 신체 능력
③ 복합 기술
④ 운동 해석 능력

11. <보기>는 체육 수업 시간에 나타난 학생들의 행동 사례이다. ㉠~㉢에 해당하는 크래스홀(Krathwhol)의 정의적 영역을 바르게 연결한 것은?

〈보기〉
㉠ 체육 수업에서 선생님의 설명을 경청하며 학습 자료를 수용하였다.
㉡ 체육 활동에 흥미를 느끼고, 선생님의 권장에 따라 운동에 적극적으로 참여하기 시작하였다.
㉢ 체육 활동에서 일관되게 예절을 실천하며, 다른 학생들과 공정한 경기를 진행하였다.

	㉠	㉡	㉢
①	수용화	가치화	인격화
②	가치화	반응화	조직화
③	반응화	조직화	인격화
④	수용화	반응화	인격화

12. 〈보기〉는 마튼스(R. Martens)의 전문체육 프로그램 지도 계획 6단계 중 일부이다. 이를 순서대로 바르게 배열한 것은?

〈보기〉
㉠ 선수 기술 파악
㉡ 우선순위 결정 및 목표 설정
㉢ 상황 분석
㉣ 지도 방법 선택

① ㉠ → ㉢ → ㉡ → ㉣
② ㉠ → ㉣ → ㉢ → ㉡
③ ㉡ → ㉠ → ㉢ → ㉣
④ ㉢ → ㉠ → ㉣ → ㉡

13. 〈보기〉에서 제시한 직접 교수 모형에서 ㉠, ㉡에 들어갈 용어로 옳은 것은?

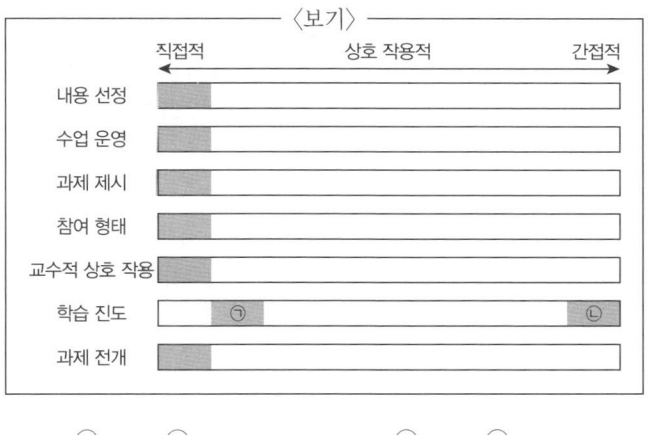

	㉠	㉡		㉠	㉡
①	교사	감독	②	학생	교사
③	학생	부모	④	교사	학생

14. 〈보기〉에서 스포츠 교수 기법 중 행동 수정 기법을 가장 적절하게 설명한 학생은?

〈보기〉
도영: 학습자가 과제를 성공적으로 수행하면, 교사가 칭찬과 보상을 제공하여 긍정적인 동기를 유도한다.
예슬: 수업 시작 전, 교사가 학습 목표를 구체적인 행동 목표로 설명한다.
성현: 학습자가 기술 수행을 쉽게 이해할 수 있도록, 교사가 시범을 통해 학습 내용을 전달한다.
현승: 학습 후, IT 기술을 활용해 학습자의 동작을 분석하고 피드백을 제공한다.

① 도영
② 예슬
③ 성현
④ 현승

15. 〈보기〉에서 설명하는 모스턴(M. Mosston)의 체육 교수 스타일은?

〈보기〉
• 교사가 논리적인 질문을 통해 학생들이 스스로 개념을 발견하도록 유도한다.
• 학생들은 사고 과정을 거쳐 개념을 이해하고, 스스로 답을 찾아가는 경험을 한다.

① 유도 발견형 스타일(F)
② 수렴 발견형 스타일(G)
③ 자기 설계형 스타일(I)
④ 확산 생산형 스타일(H)

16. 쿠닌(J. Kounin)의 예방 관리 교수 기능에 해당하지 않는 것은?

① 교사가 학습자의 행동을 예측하고, 사전에 상황을 파악하여 예방 조치를 취한다.
② 교사는 수업 중 여러 가지 활동을 동시에 처리하며, 수업의 흐름을 유지한다.
③ 교사는 학생들이 과제 수행에 몰입하지 않아도 자유롭게 수업을 진행하도록 허용한다.
④ 교사는 수업의 활력을 유지하여 학생들이 지속적으로 학습에 몰입하도록 유도한다.

17. 평가의 개념에 해당하지 않는 것은?

① 교육 활동의 가치를 판단하고, 피드백을 제공하는 과정이다.
② 특정 기준에 따라 동일한 유형의 수치를 양적으로 측정하는 과정이다.
③ 자료를 수집하고, 대상의 변화를 분석하는 과정을 포함한다.
④ 평가 자료를 바탕으로 의사 결정을 위한 해석을 제공한다.

2급 스포츠지도사 필기시험

18. 〈보기〉는 평가의 신뢰도에 대한 설명이다. 각 설명에 해당하는 ㉠~㉢의 신뢰도 검사 유형을 바르게 연결한 것은?

〈보기〉

A. 동일한 평가를 일정한 시간 간격을 두고 반복 시행하여 결과의 일관성을 확인한다.
B. 동일한 구조의 두 평가 도구를 사용하여 결과의 일관성을 확인한다.
C. 하나의 평가에서 문항들이 동일한 개념을 얼마나 일관성 있게 측정하는지를 평가한다.

㉠ 내적 일관성 검사
㉡ 동형 검사
㉢ 검사-재검사

	A	B	C
①	㉠	㉢	㉡
②	㉡	㉠	㉢
③	㉢	㉠	㉡
④	㉢	㉡	㉠

19. 학교체육 전문인의 인지적 자질에 해당하는 것은?

① 체육 교과의 전문 지식을 바탕으로 학습을 효과적으로 지도할 수 있는 능력
② 다양한 교육 환경에 맞춰 적절한 교수법을 적용하는 능력
③ 학생의 신체 활동 과정을 관찰하고 평가하는 능력
④ 전문성을 향상하기 위해 지속적으로 자기반성과 실천을 추구하는 태도

20. 교수 기능의 연습 방법 중 마이크로 티칭에 해당하는 사례로 가장 적절한 것은?

① 실제 학급을 대상으로 일정 기간 동안 교수 기능을 실습한다.
② 수업 후 자신의 교수 내용을 평가하고, 피드백을 받아 개선점을 확인한다.
③ 거울 앞에서 자신의 말과 행동을 관찰하며 교수 기능을 연습한다.
④ 모의 상황에서 소수의 동료나 학생을 대상으로 교수 기능을 일정 시간 동안 연습한다.

❖ 정답과 해설 P.51

스포츠심리학 (33)

1. 스포츠심리학에 대한 설명으로 옳지 않은 것은?

① 스포츠 경기에서 나타나는 심리적 요인과 행동 변화를 연구하는 학문이다.
② 심리적 요인이 운동수행과 경기력에 미치는 영향을 탐구하는 학문이다.
③ 스포츠 환경에서 인간의 심리와 행동을 과학적으로 분석하는 학문이다.
④ 인간이 수행해 온 신체 활동의 역사적 변천을 연구하는 학문이다.

2. 슈미트(Schmidt)의 스키마 이론(도식 이론)은 재인 도식과 회상 도식으로 구분한다. 그 구분이 다른 하나는?

① 새로운 운동 계획
② 실제 결과
③ 감각 귀결
④ 초기 조건

3. 〈보기〉에서 설명하는 운동학습 이론은?

〈보기〉

• 인지 단계: 기술을 이해하고 분석하는 단계
• 연합 단계: 동작을 이해하고 오류를 줄여가는 단계
• 자동화 단계: 효율적으로 동작을 수행하는 단계

① 젠타일(Gentile)의 2차원적 모델
② 손다이크(Thorndike)의 자극-반응 이론
③ 피츠(Fitts)와 포스너(Posner)의 3단계 모델
④ 번스타인(Bernstein)의 학습 단계 이론

4. <보기>의 ㉠~㉢에 들어갈 연습법으로 옳은 것은?

〈보기〉
- (㉠): 스윙 전체 동작을 통째로 연습
- (㉡): 체조 동작을 여러 부분으로 나누어 연습한 후, 마지막에 전체 동작을 연습
- (㉢): 하루에 30분씩 여러 번에 걸쳐서 연습

	㉠	㉡	㉢
①	집중 연습	분산 연습	무선 연습
②	전습법	분습법	분산 연습
③	집중 연습	전습법	무선 연습
④	전습법	무선 연습	분산 연습

5. <보기>에서 설명하는 피드백 유형은?

〈보기〉
행동의 수행 과정에 대한 정보로, 움직임이나 기술 자체가 어떻게 수행되었는지에 대한 피드백을 제공한다.

① 감각 피드백(Sensory Feedback)
② 자기 통제 피드백(Self-Controlled Feedback)
③ 결과 지식(Knowledge of Results, KR)
④ 수행 지식(Knowledge of Performance, KP)

6. 운동발달에 대한 설명으로 옳지 않은 것은?

① 신체의 크기와 힘, 협응 능력은 운동발달에 중요한 요소로, 성장에 따라 운동 능력이 발달한다.
② 운동기술과 전략은 학습과 반복을 통해 발전하며, 이는 운동발달의 중요한 측면이다.
③ 연령에 따라 운동 능력은 일정하게 증가하며, 노화가 운동 능력에 미치는 영향은 미비하다.
④ 유전적 요인과 환경적 요인은 모두 운동발달에 영향을 미친다.

7. <보기>의 설명에 해당하는 성격 이론은?

〈보기〉
외향성, 신경증 성향, 정신병적 성향의 세 가지 요인을 통해 개인의 행동과 성격 차이를 설명하는 이론이다.

① 성격 3요인 모델
② 성격 특성 이론
③ 정신 분석 이론
④ 체형 성격 이론

8. <보기>에서 설명하는 갤라휴(Gallahue)의 운동발달 단계는?

〈보기〉
- 2~6세의 유아기에 해당한다.
- 신체 인식 및 균형 발달이 시작된다.
- 달리기, 던지기, 차기, 회전 등 다양한 운동기술이 가능해진다.

① 반사적 움직임 단계
② 기본적 움직임 단계
③ 초보적 움직임 단계
④ 스포츠 기술 단계

9. <보기>에서 나타난 불안과 운동수행 간의 관계를 설명하는 이론은?

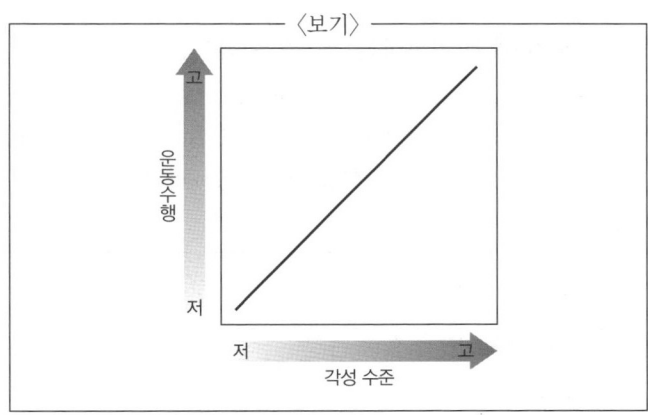

① 스펜서의 추동(욕구) 이론
② 콕스의 다차원적 불안 이론
③ 애프터의 전환(반전) 이론
④ 하닌의 최적 수행 지역 이론

10. 성격과 운동수행의 관계에 대한 설명으로 옳지 않은 것은?

① 실력이 우수한 선수는 비우수 선수보다 더 침착하며, 긴장과 불안을 적게 경험한다.
② 구기 종목에서는 공격수보다 수비수가 정서적 불안정이 크고 외향적이다.
③ 신체 접촉이 있는 종목의 선수는 독립적이고 이기적인 경향을 보인다.
④ 단체 경기 선수는 개인 경기 선수보다 외향적이고 협동성이 높다.

11. 와이너(B. Weiner)의 3차원 귀인 모델 중 '능력(ability)'에 대한 설명으로 옳은 것은?

① 내적이며, 불안정적이고, 통제가 가능하다.
② 외적이며, 불안정적이고, 통제가 불가능하다.
③ 내적이며, 안정적이고, 통제가 불가능하다.
④ 외적이며, 안정적이고, 통제가 불가능하다.

12. 〈보기〉에서 설명하는 자신감 이론은?

〈보기〉
태서는 축구 경기에서 중요한 페널티킥을 앞두고 '내가 연습한 대로 하면 성공할 수 있어.'라고 생각하며 자신감을 가졌다.

① 스포츠 자신감
② 자기 효능감
③ 유능감
④ 낙관주의

13. 심상(mental imagery)에 대한 설명으로 옳지 않은 것은?

① 심상은 실제로 경험하지 않은 상황을 감각적으로 상상하는 과정이다.
② 내적 심상은 자신의 몸이 특정 동작을 수행하는 것을 수행자의 관점에서 상상하는 것이다.
③ 외적 심상은 외부 상황을 관찰자의 시점에서 장면이나 상황을 상상하는 것이다.
④ 경기를 준비하거나 수행할 때 일정한 행동이나 절차를 반복하여 심리적 안정과 최상의 집중 상태를 유지하는 것이다.

14. 〈보기〉에서 설명하는 나이데퍼(R. Nideffer)의 주의 집중 유형은?

〈보기〉
펜싱 경기 중 선수가 상대의 전신 움직임과 경기장의 분위기를 빠르게 파악하며, 적절한 공격과 방어 전략을 세운다.

① 넓은 - 내적
② 넓은 - 외적
③ 좁은 - 내적
④ 좁은 - 외적

15. 〈보기〉의 내용과 관련이 있는 개념은?

〈보기〉
• 부정적인 자기 대화 교정
• 스트레스 관리
• 실패 후 회복
• 경기 전 불안 감소

① 주의 집중
② 심상
③ 인지 재구성
④ 루틴

16. ⟨보기⟩에서 캐런(A.V. Carron)의 집단 응집력 결정 요인 중 팀 요인에 해당하는 것을 모두 고른 것은?

⟨보기⟩
㉠ 계약 책임
㉡ 팀의 목표
㉢ 팀의 승부욕
㉣ 만족도
㉤ 리더십 행동
㉥ 집단의 지향성

① ㉠, ㉡, ㉢
② ㉡, ㉢, ㉥
③ ㉠, ㉢, ㉣, ㉤
④ ㉡, ㉣, ㉤, ㉥

17. ⟨보기⟩의 ㉠, ㉡에 들어갈 리더십 유형을 바르게 나열한 것은?

⟨보기⟩
• (㉠): 의사 결정 과정에 팀원들을 참여시키며, 다양한 의견을 수렴하고 집단 협력을 강조한다.
• (㉡): 팀원들에게 비전을 제시하고 미래 방향과 목표를 설정하여 동기 부여와 영감을 불어넣는다.

	㉠	㉡
①	민주형 리더	전망 제시형 리더
②	관계 중심형 리더	과제 지향형 리더
③	지시형 리더	코치형 리더
④	과제 지향형 리더	민주형 리더

18. 사회적 촉진 이론과 관련 설명이 옳지 않은 것은?

① 트리플렛(Triplett)의 사회적 촉진 초기 실험: 경쟁자나 동료의 존재가 성과를 향상시킨다는 사회적 촉진 효과를 입증하였다.
② 하킨스(Harkins)의 사회적 태만 이론: 집단 상황에서 책임감이 분산되어 개인의 기여도가 줄어들 수 있다고 설명한다.
③ 자이언스(Zajonc)의 단순 존재 이론: 타인의 단순한 존재만으로도 각성 수준이 높아져 익숙한 과제에서는 수행이 향상된다고 설명한다.
④ 코트렐(Cottrell)의 평가 우려 이론: 타인의 존재가 주의 분산을 일으켜 집중하려는 노력으로 성과가 향상된다고 설명한다.

19. ⟨보기⟩에서 설명하는 운동의 심리적 효과 가설은?

⟨보기⟩
대흥이는 시험 준비로 인해 스트레스를 많이 받았지만, 운동장에서 한 시간 동안 축구를 하며 스트레스를 잊고 기분이 한결 나아졌다.

① 주의 분리 가설
② 모노아민 가설
③ 심리적 이완 가설
④ 열 발생 가설

20. ⟨보기⟩의 내용과 일치하는 스포츠심리상담 절차 단계는?

⟨보기⟩
• 신뢰 형성
• 상담 구조 및 방향 설정
• 내담자의 문제 심층 탐색

① 접수
② 상담 결정
③ 상담 초기
④ 심리 검사

한국체육사 (44)

1. 체육사 연구의 중심적 개념과 관련된 설명으로 가장 적절한 것은?

   ① 과거 체육 활동의 사건을 나열하여 역사적 변화를 단순히 기록하는 데 초점을 맞춘다.
   ② 스포츠사 연구는 과거와 현재를 연결하여 미래의 스포츠 발전을 준비하는 데 기여한다.
   ③ 체육사는 인간 신체 활동의 현재 상태만을 분석하여 운동의 본질적 특성을 이해하려는 학문이다.
   ④ 역사적 자료를 통해 스포츠가 종교나 경제 등 특정 요인과 어떤 관계를 맺었는지 분석하는 데 중점을 둔다.

2. 체육사 연구의 영역과 연구 방법에 대한 설명으로 가장 적절한 것은?

   ① 개별적·특수적 연구 영역은 전 시대와 지역에 걸친 체육의 통합적 연구를 지향하며, 스포츠의 기원과 발달 과정을 중심으로 연구한다.
   ② 해석적 연구는 과거의 사실을 객관적으로 밝히는 데 초점을 맞추며, 사료에 근거하여 역사적 사실을 규명하는 것을 목적으로 한다.
   ③ 스포츠와 단체 연구는 특정 시대의 정치적 환경 속에서 스포츠 정책과 제도의 변화를 분석하는 연구를 주로 포함한다.
   ④ 시대적·지역적 연구 영역은 특정 시대나 지역을 한정하여 체육사의 문화적·정치적 맥락을 탐구하는 연구를 수행한다.

3. 〈보기〉의 ㉠~㉣과 가장 관련이 깊은 체육사 연구 분야를 바르게 연결한 것은?

   〈보기〉
   ㉠ 조선시대 활쏘기 문화가 국가 행사와 민속 행사에서 어떤 역할을 했는지 연구한다.
   ㉡ 근대 일본의 스포츠 정책이 학교체육의 발전에 미친 영향을 분석한다.
   ㉢ 올림픽 창설 당시 쿠베르탱 남작의 체육 사상이 현대 올림픽 정신에 미친 영향을 고찰한다.
   ㉣ 대한체육회의 설립 과정과 초기 활동이 한국 스포츠 발전에 기여한 바를 조사한다.

	㉠	㉡	㉢	㉣
①	스포츠와 문화	스포츠와 정치	스포츠 종목 연구	스포츠와 전통
②	스포츠 종목 연구	스포츠 단체 연구	스포츠와 사상	스포츠와 정치
③	스포츠와 문화	스포츠와 정치	스포츠와 사상	스포츠 단체 연구
④	스포츠와 전통	스포츠 종목 연구	스포츠 단체 연구	스포츠와 정치

4. 부족국가시대의 신체 활동에 대한 설명으로 적절하지 않은 것은?

   ① 부족국가시대의 민속놀이로는 저포, 격검, 수박, 씨름 등이 있으며, 주로 농업 생산성을 높이기 위한 기술을 겨루는 데 중점을 두었다.
   ② 삼한의 제천 행사에서는 씨름과 같은 신체적 힘을 겨루는 놀이와 함께 음주가무가 포함된 축제가 열렸다.
   ③ 농경 사회의 발달로 병사와 농민의 역할이 분리되었으며, 기마술과 궁술 같은 전투 기술이 발전하였다.
   ④ 고구려의 동맹, 부여의 영고와 같은 제천 행사는 전쟁의 승리를 기원하거나 공동체의 결속을 강화하기 위해 개최되었다.

5. <보기>의 ㉠~㉢에 들어갈 개념을 바르게 나열한 것은?

<보기>
- 고구려 (㉠): 서민을 위한 사립 교육 기관으로, 활쏘기 등 신체 활동이 포함되었다.
- 백제 (㉡): 교육 담당관 제도로 운영되었으며, 모시박사(毛詩博士), 의박사(醫博士), 역박사(曆博士), 오경박사(五經博士) 등 다양한 박사 직책이 존재하였다.
- 신라 (㉢): 귀족 자제를 대상으로 한 고등 교육 기관으로, 관리 양성을 목적으로 설립되었다.

	㉠	㉡	㉢
①	경당	박사 제도	국학
②	태학	박사 제도	경당
③	경당	국학	박사 제도
④	태학	국학	경당

6. 화랑도 체육의 기본 윤리인 세속오계(世俗五戒)에 대한 설명으로 옳지 않은 것은?

① 교우이신(交友以信): 벗을 사귈 때 신의를 지켜야 한다.
② 사군이충(事君以忠): 임금을 섬길 때 충성을 다해야 한다.
③ 사친이효(事親以孝): 생명을 함부로 죽이지 않는다.
④ 임전무퇴(臨戰無退): 전쟁에 임하면 절대 후퇴하지 않는다.

7. 죽마(竹馬)에 대한 설명으로 옳은 것은?

① 말타기 경기를 기반으로 한 삼국시대의 민속 스포츠로, 주로 귀족 계층이 즐겼다.
② 대나무로 만든 구조물을 타고 균형을 잡으며 이동하는 놀이로, 신체적 기술과 균형 감각이 요구되었다.
③ 돌 던지기 대결을 통해 상대방의 기술을 평가하며 전략적 사고를 키우는 놀이였다.
④ 하늘에 띄우는 종이 연을 이용해 바람의 방향을 감지하고 예술적 감각을 표현하는 활동이었다.

8. 삼국시대 화랑도의 체육 사상 중 '신체미 숭배 사상'과 가장 밀접한 화랑도의 활동은?

① 화랑들이 명산대천(名山大川)을 편력하며 심신을 단련하였다.
② 활쏘기와 말타기를 통해 전투 능력을 키웠다.
③ 신체의 균형과 조화를 중시하며 무용과 같은 예술적 활동을 수행하였다.
④ 불교 수행을 통해 정신적 깨달음을 얻고자 하였다.

9. <보기>에서 ㉠, ㉡에 해당하는 고려시대의 교육 기관이 바르게 연결된 것은?

<보기>
㉠ 문무관 8품 이상의 귀족 자제를 대상으로 고등 교육을 제공하며, 7재라는 전문 과정을 운영하였다.
㉡ 지방민의 교화를 목적으로 설립된 유학 중심의 지방 교육 기관이다.

	㉠	㉡
①	국자감	향교
②	향교	국자감
③	국자감	서당
④	9재 학당	향교

10. 수박(手搏)에 대한 설명으로 옳지 않은 것은?

① 맨손과 발을 이용한 격투 기술로, 치기와 주먹지르기 등의 기술이 포함되었다.
② 명종 때, 수박 경기는 무인들의 출세를 위한 방법으로 활용되었다.
③ 무신 반란 이후, 문관들이 주요 오락 활동으로 즐기게 되었다.
④ 인재 선발의 기준으로 활용되었으며, 승자에게 벼슬을 주기도 하였다.

11. 〈보기〉의 ㉠, ㉡에 들어갈 내용으로 알맞은 것은?

〈보기〉
과거 제도의 무과 시험은 군사력을 평가하고 (㉠)을/를 선발하기 위해 궁술(弓術), 기창(騎槍), 격구(擊毬), 조총(鳥銃) 등의 시험 과목으로 시행되었다. 또한, (㉡)와/과 같은 군사 전략 서적을 통해 병법 지식을 평가하였다.

	㉠	㉡
①	무관	경서
②	기술관	무신
③	무관	병서
④	의서	예서

12. 조선시대 훈련원의 특징으로 가장 적절한 것은?

① 한 지역에 설치되어 문관이 경서를 암기하며 시험을 준비하던 장소이다.
② 국가의 군사력 강화를 위해 병서를 가르치고 무예를 훈련하던 교육 기관이다.
③ 활쏘기를 중심으로 한 무사들의 연습장으로, 전국 각지에 정자가 설치되었다.
④ 초등 교육을 담당하며 지방의 유생을 교육하던 학문 중심의 기관이다.

13. 『무예도보통지(武藝圖譜通志)』에 대한 설명으로 옳지 않은 것은?

① 1790년 정조의 명으로 편찬된 종합 무예서이다.
② 『무예제보』와 『무예신보』를 기반으로 새로운 훈련 종목이 추가되었다.
③ 총 24가지의 무예 종목이 수록되어 있으며, 한국, 중국, 일본의 무예 기술이 일부 포함되었다.
④ 일본의 영향 없이 순수하게 한국의 무예 기술만을 기록한 무예서이다.

14. 〈보기〉의 설명에 해당하는 개화기 교육 기관은?

〈보기〉
나는 평안북도 정주에 설립된 학교의 교사로 일하고 있다. 이 학교는 이승훈 선생님이 세운 4년제 중등 학교로, 민족 교육을 통해 자주독립을 이루는 것을 목표로 삼고 있다.

① 대성학교
② 흥화학교
③ 동문학
④ 오산학교

15. 〈보기〉는 개화기 체육의 발전 단계를 설명한 것이다. 올바른 순서대로 배열한 것은?

〈보기〉
㉠ 체조가 정식 교과목으로 채택되며, 학교 체조와 병식 체조 등이 포함된 학교체육이 체계적으로 정립되었다.
㉡ 무예 학교와 원산학사에서 군사적 필요에 의해 체육이 포함된 정규 교육과정이 시작되었다.
㉢ 기독교계 사립 학교와 관립 학교에서 체조 과목이 도입되고, 서구 스포츠가 운동회와 과외 활동을 통해 확산되었다.

① ㉠ → ㉡ → ㉢
② ㉡ → ㉠ → ㉢
③ ㉡ → ㉢ → ㉠
④ ㉢ → ㉡ → ㉠

16. 근대 스포츠의 도입 시기와 관련된 설명으로 옳지 않은 것은?

① 권투는 1912년 박승필이 '유각권구락부'를 설립하며 도입되었다.
② 배구는 1916년 기독교청년회(YMCA)를 통해 도입되었다.
③ 럭비는 1924년 조선철도국의 사카구치에 의해 도입되었다.
④ 야구는 1896년 미국인 선교사 질레트가 대한제국에서 처음 경기로 시행하였다.

17. <보기>에서 설명하는 인물은?

<보기>
송화에 광무학당을 설립하여 구국 교육 운동을 추진하였다. 체육을 정신적·지적 교육과 동등한 가치를 지닌 필수적 영역으로 간주하며, 병식 체조 위주의 학교체육 문제를 해결하기 위해 우리나라 최초의 체조 강습회를 개최하였다.

① 안창호
② 노백린
③ 박은식
④ 조원희

18. <보기>의 설명에 해당하는 직무를 모두 역임한 일제 강점기의 체육인은?

<보기>
- 조선기독교청년회(YMCA) 회장
- 미군정청 문교부장
- 조선체육회 회장

① 이기
② 서상천
③ 유억겸
④ 여운형

19. <보기>에서 설명하는 개념으로 옳은 것은?

<보기>
광복 이후 체육 사상 중 하나로, 우수 선수의 집중 육성을 통해 국가의 위상을 높이고, 동시에 스포츠의 대중화를 추진하여 민족 자긍심을 고취하고자 하였다.

① 건민주의
② 엘리트주의
③ 대중주의
④ 국가주의

20. 남북 체육 교류의 사례로 보기 어려운 것은?

① 1990년, 남북 통일 축구 대회가 서울과 평양에서 개최되었다.
② 1991년, 세계 탁구 선수권 대회와 세계 청소년 축구 선수권 대회에서 남북 단일팀이 출전하였다.
③ 2000년 시드니 올림픽 대회에서 남북 선수단이 한반도기를 들고 공동 입장하였다.
④ 2008년 베이징 올림픽 대회에서 남북 단일팀이 구성되어 경기에서 함께 뛰었다.

운동생리학 (55)

1. <보기>에서 체력의 정의에 대한 설명으로 옳은 것으로만 묶인 것은?

<보기>
㉠ 신체 활동을 수행하는 데 필요한 기본적인 생리적 능력이다.
㉡ 운동수행 능력을 평가하는 데 필요한 심리적 상태이다.
㉢ 체력은 선천적으로 결정되며, 후천적인 훈련으로는 향상될 수 없다.
㉣ 근력, 지구력, 유연성 등 다양한 신체적 요소로 구성된 능력이다.

① ㉠, ㉡
② ㉠, ㉣
③ ㉡, ㉢
④ ㉢, ㉣

2. 운동 중 근육 글리코겐 분해가 증가하는 주요 원인으로 옳은 것은?

① 혈액 내 칼슘 농도 감소
② 에피네프린의 분비 증가
③ 지방산 사용 증가
④ 포도당 신생 합성 증가

3. 운동 시 신경-근육 연결에서 근육 수축을 유발하는 주요 신호 전달 분자로 옳은 것은?

① 아세틸콜린
② 도파민
③ 세로토닌
④ 노르에피네프린

2급 스포츠지도사 필기시험

4. 〈보기〉에서 운동수행 중 피로의 주된 원인으로 옳은 것을 모두 고른 것은?

〈보기〉
㉠ ATP 고갈
㉡ 혈류 증가
㉢ 호흡 효율성 향상
㉣ 운동 중 근육 내 칼슘 방출 감소

① ㉠, ㉡
② ㉠, ㉣
③ ㉠, ㉡, ㉣
④ ㉡, ㉢, ㉣

5. 운동 중 분비되는 호르몬에 대한 설명으로 옳지 <u>않은</u> 것은?

① 에피네프린은 신체 스트레스 반응에 중요한 역할을 한다.
② 인슐린은 운동 중 혈당을 증가시키는 역할을 한다.
③ 코르티솔은 스트레스 상황에서 에너지 대사를 조절한다.
④ 성장 호르몬은 운동 후 회복을 지원하는 데 기여한다.

6. 〈보기〉에서 유산소성 운동으로 인한 신체적 적응으로 옳은 것만 묶은 것은?

〈보기〉
㉠ Type II 근섬유 비율 증가
㉡ 모세 혈관 밀도 증가
㉢ Type I 근섬유 비율 증가
㉣ 지방 조직의 비율 증가

① ㉠, ㉡
② ㉠, ㉣
③ ㉡, ㉢
④ ㉢, ㉣

7. 체내 열 발산을 조절하는 주요 시스템에 대한 설명으로 옳은 것은?

① 소화계는 음식물 소화를 통해 체온을 직접 조절하며, 체내 열 발산을 촉진하는 역할을 한다.
② 근골격계는 근육의 수축과 이완을 통해 혈류를 조절하여 체온을 직접 조절하는 기능을 수행한다.
③ 내분비계는 대사 조절 호르몬을 분비하여 체내 열 생산과 발산을 동시에 조절하는 역할을 한다.
④ 피부계는 발한과 혈관 확장을 통해 체내 열을 외부로 방출하며, 체온 항상성을 유지하는 역할을 한다.

8. 〈보기〉에서 설명하는 개념은?

〈보기〉
신체 활동을 지속적으로 수행할 수 있도록 심장과 폐, 혈관이 산소를 효율적으로 공급하고 활용하는 능력을 의미하며, 운동수행 능력과 전반적인 건강 유지에 중요한 역할을 한다.

① 근력
② 유연성
③ 심폐지구력
④ 신경근 조절

9. 운동 후 회복 중에 크레아틴 재합성을 촉진하는 주된 요인으로 가장 적절한 것은?

① 낮은 혈압
② 근육 온도의 상승
③ 글루코스를 통한 인슐린 분비 증가
④ 젖산 농도의 감소

10. 신경계의 주요 기능에 대한 설명으로 옳은 것은?

① 신경계는 심혈관 시스템과 독립적으로 기능한다.
② 신경계는 외부와 내부의 자극에 대한 반응을 조절한다.
③ 신경계는 운동 기능에만 작용한다.
④ 신경계는 근육의 움직임 조절만을 담당한다.

11. 내분비계와 운동에 대한 설명으로 옳지 않은 것은?

① 운동은 호르몬 분비를 증가시켜 신진대사를 촉진한다.
② 지속적인 운동은 호르몬의 균형을 더욱 안정적으로 만들어준다.
③ 운동은 수면과 같은 내분비 기능에 부정적인 영향을 미친다.
④ 조절된 운동은 심리적 안정과 관련된 호르몬의 분비를 촉진할 수 있다.

12. 〈보기〉에서 근섬유 내 미토콘드리아 밀도가 증가할 때 나타나는 변화로 옳은 것으로만 묶인 것은?

〈보기〉
㉠ 무산소성 능력 증가
㉡ 피로 회복 속도 감소
㉢ 유산소성 대사 효율 증가
㉣ 글리코겐 절약 효과 증가

① ㉠, ㉡
② ㉠, ㉢
③ ㉡, ㉢
④ ㉢, ㉣

13. 〈보기〉에서 운동 중 산소 소비량 증가로 나타나는 주요 결과로 옳은 것으로만 묶인 것은?

〈보기〉
㉠ 혈액 내 젖산 농도 감소
㉡ 근육 내 ATP 저장량 감소
㉢ 혈액 내 이산화탄소 농도 증가
㉣ 효소 활성도 감소

① ㉠, ㉢
② ㉡, ㉢
③ ㉡, ㉣
④ ㉢, ㉣

14. 운동 중 탈수가 발생하는 주요 원인으로 적절한 것은?

① 인슐린 분비 증가
② 나트륨 배출 감소
③ 땀을 통한 수분 손실 증가
④ 체온 상승으로 인한 혈관 수축

15. 트레이닝 원리 중 과부하 원리에 대한 설명으로 적절하지 않은 것은?

① 운동수행에 있어 단기적인 효과만을 고려한다.
② 과부하 원리를 적용하기 위해서는 점진적으로 운동의 강도나 양을 늘려야 한다.
③ 신체가 발전하려면 현재의 신체 활동 수준보다 더 높은 강도로 운동해야 한다는 개념을 포함한다.
④ 트레이닝 효과를 극대화하기 위한 필수적인 요소이다.

16. 운동 지속 시간에 따라 주요 에너지원의 사용 비율은 변화한다. 다음 중 운동 시간에 따른 에너지원 활용 순서로 가장 적절한 것은?

① 단백질 〉 지방 〉 탄수화물
② 지방 〉 탄수화물 〉 단백질
③ 단백질 〉 탄수화물 〉 지방
④ 탄수화물 〉 지방 〉 단백질

17. 중추 신경계에 대한 설명으로 옳지 않은 것은?

① 중추 신경계는 감각 정보를 종합하고, 신체 반응을 조정하는 역할을 한다.
② 중추 신경계는 외부 자극에 대해 직접적이고 즉각적인 반응을 담당한다.
③ 중추 신경계는 뇌와 척수로 구성된다.
④ 중추 신경계는 다양한 신체 기능을 통합하고 조절하는 역할을 한다.

2급 스포츠지도사 필기시험

18. 운동이 골격근에 미치는 영향에 대한 설명으로 옳지 않은 것은?

① 정기적인 운동은 근육의 단백질 합성을 증가시킨다.
② 운동은 근육의 영양 상태를 향상시키는 데 도움이 된다.
③ 부적절한 운동과 영양은 근육의 소실을 초래할 수 있다.
④ 골격근은 운동을 통해서만 발달할 수 있다.

19. 〈보기〉에서 호르몬의 역할에 대한 설명으로 옳은 것으로만 묶인 것은?

〈보기〉
㉠ 아드레날린은 에너지 대사를 증가시켜 운동수행에 기여한다.
㉡ 에스트로겐은 남성의 근육 성장에 관여한다.
㉢ 글루카곤은 혈당 수치를 증가시키는 호르몬이다.
㉣ 테스토스테론은 주로 스트레스 반응을 조절한다.

① ㉠, ㉡
② ㉠, ㉢
③ ㉠, ㉣
④ ㉡, ㉣

20. 심혈관계는 신체의 항상성을 유지하는 중요한 역할을 한다. 다음 중 심혈관계의 기능에 대한 설명으로 적절하지 않은 것은?

① 심혈관계는 산소와 영양소를 조직과 세포로 운반하는 역할을 한다.
② 심박수는 신체의 에너지 요구량 변화에 따라 자동으로 조절된다.
③ 심혈관계는 운동 중에만 활성화되며, 안정 시에는 기능이 감소한다.
④ 심혈관계는 이산화탄소 및 대사 노폐물 제거에 기여한다.

운동역학 (66)

1. 운동역학에 대한 설명으로 옳지 않은 것은?

① 운동역학은 물체의 운동 상태와 그 원인인 힘을 수학적으로 분석하는 학문이다.
② 물체의 질량은 운동 특성을 결정하는 중요한 요소 중 하나이다.
③ 운동역학은 주로 생체 외부의 힘만을 고려하여 운동을 분석한다.
④ 운동역학은 스포츠과학뿐만 아니라 재활 치료에도 중요한 역할을 한다.

2. 〈보기〉에서 해부학적 용어에 대한 설명으로 옳은 것을 모두 고른 것은?

〈보기〉
㉠ 전신의 앞쪽을 의미하는 용어는 '전(Anterior)'이다.
㉡ 신체의 높은 위치를 나타내는 용어는 '하부(Inferior)'이다.
㉢ 몸의 중심을 기준으로 먼 쪽을 나타내는 용어는 '외측(Lateral)'이다.
㉣ 신체의 뒤쪽을 나타내는 용어는 '방(Axial)'이다.

① ㉠, ㉡
② ㉠, ㉢
③ ㉡, ㉢, ㉣
④ ㉠, ㉡, ㉢, ㉣

3. 인체 중심의 위치가 운동수행에 미치는 영향에 대한 설명으로 옳지 않은 것은?

① 지면과의 거리만 고려하면 인체의 질량 중심은 변하지 않는다.
② 인체의 질량 중심이 낮을수록 안정성이 높아진다.
③ 질량 중심의 위치 변화는 균형과 운동 효율성에 영향을 미친다.
④ 비대칭적인 자세에서는 질량 중심이 측면으로 이동하여 불안정해질 수 있다.

4. <보기>에서 거리와 변위의 차이에 대한 설명으로 옳은 것으로만 묶인 것은?

― <보기> ―
㉠ 거리는 지정된 방향이 없는 값이다.
㉡ 변위는 이동한 경로의 길이와 항상 같다.
㉢ 거리는 이동한 총 길이를 나타내며, 방향과 관계없이 측정된다.
㉣ 변위는 이동한 거리의 총합보다 항상 작다.

① ㉠, ㉡
② ㉠, ㉢
③ ㉡, ㉢
④ ㉢, ㉣

5. <보기>에서 부력에 대한 설명으로 옳은 것을 모두 고른 것은?

― <보기> ―
㉠ 부력은 물체의 밀도와 관계없이, 유체 속에 잠긴 모든 물체에 작용하는 힘이다.
㉡ 부력의 크기는 물체가 밀어낸 유체의 무게와 같다.
㉢ 부력은 물체가 유체보다 밀도가 작을 경우 상승 작용을 일으킬 수 있다.
㉣ 부력은 유체 속에서 물체가 받는 압력 차이에 의해 발생한다.

① ㉠, ㉢
② ㉢, ㉣
③ ㉠, ㉡, ㉢
④ ㉡, ㉢, ㉣

6. 일과 일률에 대한 설명으로 옳은 것은?

① 일은 힘과 거리의 곱으로 정의되며, 항상 양수의 값을 갖는다.
② 일률은 단위 시간당 수행된 일의 양을 의미하며, 일정하게 유지된다.
③ 일률은 힘과 속도의 곱으로 정의되며, 그 단위는 Joules (J)이다.
④ 일은 힘이 작용하더라도 물체가 이동하지 않으면 발생하지 않는다.

7. <보기>에서 지면 반력기 사용의 주된 목적으로 옳은 것으로만 묶인 것은?

― <보기> ―
㉠ 보행 및 착지 동작의 생체역학적 분석을 위해 사용된다.
㉡ 운동선수의 심리적 상태를 분석하기 위해 사용된다.
㉢ 다양한 운동 중 발생하는 지면 반력을 정량적으로 측정해 움직임을 분석하기 위해 사용된다.
㉣ 운동선수의 체중 변화를 기록하기 위해 사용된다.

① ㉠, ㉡
② ㉠, ㉢
③ ㉡, ㉢
④ ㉢, ㉣

8. 운동역학의 연구 영역에 포함되지 않는 것은?

① 정역학: 힘의 평형 상태를 연구하는 학문
② 동역학: 물체의 운동과 힘의 관계를 연구하는 학문
③ 운동 처방: 개인의 신체 상태에 따라 맞춤형 운동 프로그램을 설계하는 분야
④ 운동학: 힘을 고려하지 않고 물체의 움직임(위치, 속도, 가속도)을 연구하는 학문

9. <보기>에서 병진 운동에 대한 설명으로 옳은 것을 모두 고른 것은?

― <보기> ―
㉠ 병진 운동은 물체의 모든 점이 동일한 경로를 따라 이동하는 운동이다.
㉡ 병진 운동에서는 물체의 중심이 항상 정지 상태를 유지해야 한다.
㉢ 병진 운동 중에는 모든 점의 속도가 동일한 방향과 크기를 갖는다.
㉣ 병진 운동은 일반적으로 힘의 작용이 없는 경우에만 발생한다.

① ㉠, ㉢
② ㉡, ㉢
③ ㉠, ㉡, ㉢
④ ㉡, ㉢, ㉣

10. <보기>의 설명에 해당하는 지레는?

― <보기> ―
이 지레는 작용점(R)과 힘점(F) 사이에 받침점(A)이 위치하는 유형으로, 시소, 저울, 손톱깎이, 연탄집게 등이 이에 해당한다. 이 유형의 지레는 힘의 방향을 바꿀 수 있으며, 받침점의 위치에 따라 힘의 이득을 조절할 수 있다. 또한, 균형을 맞추는 용도로 사용되며, 적은 힘으로 큰 힘을 낼 수도 있다.

① 1종 지레
② 2종 지레
③ 3종 지레
④ 4종 지레

11. 포물선 운동의 특징으로 옳지 않은 것은?

① 물체가 포물선 경로를 그리며 이동할 때, 수평 속도는 일정하게 유지된다.
② 포물선 운동을 하는 물체의 최고점에서 수직 속도는 0이 된다.
③ 포물선 운동의 총 비행시간은 초기 속도와 발사 각도에 의해 결정된다.
④ 포물선 운동의 경로는 선형 경로로 제한된다.

12. 〈보기〉에서 구심력에 대한 설명으로 옳은 것을 모두 고른 것은?

〈보기〉
㉠ 구심력은 원운동을 하는 물체의 바깥쪽(원심 방향)으로 작용하는 힘이다.
㉡ 구심력은 원운동을 유지하기 위해 물체가 원의 중심으로 향하도록 작용하는 힘이다.
㉢ 구심력은 물체의 질량에 비례하지 않으며, 방향성이 없는 스칼라량이다.
㉣ 구심력의 크기는 물체의 속도의 제곱에 비례하고, 원의 반지름에 반비례한다.

① ㉠, ㉡
② ㉡, ㉣
③ ㉠, ㉡, ㉢
④ ㉡, ㉢, ㉣

13. 위치 에너지에 대한 설명으로 옳지 않은 것은?

① 위치 에너지는 일반적으로 밀어 올리는 힘을 받을 때 증가한다.
② 위치 에너지는 PE = mgh로 표현되며, 여기서 m은 질량, g는 중력 가속도, h는 높이를 의미한다.
③ 물체가 더 높은 위치에 있을수록 위치 에너지는 증가하며, 이는 중력에 의해 발생한다.
④ 위치 에너지는 속도가 빠를수록 증가한다.

14. 〈보기〉에서 근전도의 사용 목적에 대한 설명으로 옳은 것으로만 묶인 것은?

〈보기〉
㉠ 근전도는 근육의 부피를 측정하는 방법이다.
㉡ 근전도는 근육의 전기적 활동을 기록하여 근육의 기능을 분석하는 방법이다.
㉢ 근전도는 운동 중이나 피로 상태에서도 근육 활동을 측정할 수 있다.
㉣ 근전도는 뇌파 신호를 측정하여 뇌의 상태를 분석하는 방법이다.

① ㉠, ㉢
② ㉡, ㉢
③ ㉡, ㉣
④ ㉢, ㉣

15. 운동역학에 대한 설명으로 옳지 않은 것은?

① 운동역학은 개별 운동 수행자의 차이를 고려하지 않고 통일된 원칙을 적용하여 분석한다.
② 운동학습 과정에서 기술 습득의 기초가 되는 원리를 설명하는 데 활용된다.
③ 운동 중 작용 – 반작용 법칙을 분석하여 운동기술 향상에 기여할 수 있다.
④ 운동수행의 안전성을 높이기 위해 생체역학적 원리를 활용한다.

16. 〈보기〉에서 인체의 해부학적 운동면에 대한 설명으로 옳은 것을 모두 고른 것은?

〈보기〉
㉠ 운동면은 서로 독립적으로 작용하지 않으며, 실제 운동에서는 여러 운동면이 동시에 영향을 미칠 수 있다.
㉡ 수평면은 신체를 위아래로 나누며, 회전 운동을 분석하는 데 사용된다.
㉢ 관상면은 신체를 상체와 하체로 구분하는 평면이다.
㉣ 시상면은 신체를 좌우로 나누며, 이 평면에서 앞뒤로의 움직임이 이루어진다.

① ㉠, ㉡
② ㉠, ㉡, ㉣
③ ㉡, ㉢, ㉣
④ ㉠, ㉡, ㉢, ㉣

17. 인체 평형과 안정성에 대한 설명으로 옳은 것은?

① 평형 상태에서 인체의 질량 중심이 지면을 기준으로 낮아지면 안정성이 증가한다.
② 인체가 불안정한 자세일수록 무게 중심은 특정 방향으로 이동하기 쉽다.
③ 인체의 안정성이 높아지기 위해 발의 넓은 접촉 면적이 중요한 요소는 아니다.
④ 기저면이 넓어질수록 균형을 유지하기 어려워진다.

18. 〈보기〉에서 속도와 속력의 개념에 대한 설명으로 옳은 것으로만 묶인 것은?

— 〈보기〉 —
㉠ 속도와 속력은 항상 동일하다.
㉡ 물체의 속도는 속력보다 크거나 같을 수 있다.
㉢ 속력은 거리의 변화를 시간으로 나눈 값으로, 단위는 m/s이다.
㉣ 속도는 방향을 가지며, 이를 통해 물체의 운동 방향을 알 수 있다.

① ㉠, ㉡
② ㉠, ㉢
③ ㉡, ㉢
④ ㉢, ㉣

19. 외력에 대한 설명으로 옳은 것은?

① 외력은 물체 외부에서 작용하여 운동 상태를 변화시키는 힘이다.
② 외력은 물체의 질량에만 작용하며, 운동 방향에는 영향을 미치지 않는다.
③ 외력은 항상 일정한 크기와 방향을 유지해야만 한다.
④ 외력에는 중력만 포함되며, 마찰력이나 접촉력과 같은 힘은 포함되지 않는다.

20. 스포츠 영상 분석에서 2차원(2D)과 3차원(3D) 분석법의 차이점에 대한 설명으로 옳은 것은?

① 2차원 분석법은 깊이 정보를 포함하기 때문에 모든 운동 동작을 정확하게 분석할 수 있다.
② 3차원 분석법은 여러 대의 카메라를 이용하여 운동 동작을 입체적으로 분석할 수 있다.
③ 2차원 분석법은 투시 오차를 보정할 수 있으며, 3차원 분석법보다 정밀한 데이터를 제공한다.
④ 3차원 분석법은 단일 시점에서 촬영한 영상만으로도 깊이 정보까지 분석할 수 있다.

스포츠윤리 (77)

1. 레스트(J. Rest)가 제시한 도덕성 구성 요소에 해당하지 않는 것은?

① 도덕적 민감성
② 도덕적 판단력
③ 도덕적 통찰력
④ 도덕적 품성화

2. 윤리는 개인이 속한 사회나 조직 내에서 지켜야 할 강제적인 규범을 의미하며, 마땅히 지켜야 하는 이치나 도리에 따라 정해진 행동 기준이다. 다음 중 이러한 윤리의 개념과 가장 거리가 먼 것은?

① A 선수는 경기 도중 상대 팀 선수가 부상을 입었으나, 경기가 중단되지 않은 상황에서 규칙에 따라 경기에 집중하였다.
② B 선수는 체력 증진을 위해 금지 약물을 사용하지 않고, 합법적인 훈련과 영양 관리를 선택하였다.
③ C 구단은 여성 코치 채용을 확대하고, 남녀 선수들에게 동등한 훈련 환경을 제공하였다.
④ D 선수는 부상으로 경기에 나서지 못하는 동료를 위해 개인적으로 훈련을 도와주고, 심리적으로 격려하며 팀 분위기를 밝게 만들었다.

3. 〈보기〉에서 설명하는 내용과 일치하는 학자로 옳은 것은?

— 〈보기〉 —
A 감독은 훈련 일정 변경으로 일부 선수들이 불편을 겪을 수 있지만, 전체 선수들의 체력 회복과 경기력 향상을 고려할 때 팀 전체의 이익이 더 크다고 판단하여 훈련 일정을 조정하였다. 이는 '최대 다수의 최대 행복'을 목표로 한 공리주의적 판단이다.

① 아리스토텔레스
② 제레미 벤담
③ 칸트
④ 피터 싱어

4. 아레테(arete)의 개념에 대한 설명으로 가장 적절한 것은?

① 개인의 미덕보다 우월성을 과시하는 태도
② 경쟁 상황에서 상대를 존중하며 정정당당하게 겨루는 태도
③ 경기 규칙을 지키면서 승리를 목표로 하는 태도
④ 경기에서 자신의 능력을 극대화하며 탁월함을 추구하는 태도

5. 페어플레이에 대한 설명으로 옳지 않은 것은?

① 경기에서 상대를 존중하며 예의를 지키는 스포츠맨십과 동일한 개념이다.
② 경기를 정정당당하게 진행하며, 규칙을 준수해야 한다.
③ 경기 중 반칙이나 불공정한 플레이를 하지 않고, 정당한 방식으로 승리를 추구해야 한다.
④ 페어플레이의 핵심은 공정한 방법으로 경기에 임하며, 최선을 다해 승리를 추구하는 것이다.

6. 승부 조작의 해결 방안으로 옳은 것을 모두 고른 것은?

〈보기〉
㉠ 강력한 처벌
㉡ 표면적인 투명성 관리
㉢ 선수 지원 강화
㉣ 신고 시스템 제도 마련
㉤ 일회성 윤리 교육

① ㉠, ㉡, ㉢
② ㉠, ㉢, ㉣
③ ㉠, ㉡, ㉢, ㉤
④ ㉠, ㉢, ㉣, ㉤

7. 〈보기〉에서 설명하는 성차별 관련 이론은?

〈보기〉
스포츠 연맹은 여성 선수들이 남성 선수와 동등한 기회를 가질 수 있도록 경기 참여 규정을 개정하고, 동일한 상금을 지급하기로 결정하였다.

① 페미니즘 이론
② 젠더 상징 이론
③ 구조적 불평등 이론
④ 생물학적 환원주의

8. 인종 차별의 여러 원인 중 제도적 차별에 해당하는 것은?

① 과거 식민주의와 노예 제도로 인해 뿌리 깊은 편견과 불평등이 현대 사회에도 영향을 미친다.
② 특정 인종의 사람들이 고용과 주거에서 더 많은 제한을 받는다.
③ 특정 인종이 범죄자나 피해자로만 묘사되어 부정적인 고정 관념이 강화된다.
④ 사회적·문화적으로 특정 인종이 열등하다고 인식되어 차별이 지속된다.

9. 〈보기〉에서 설명하는 장애인 차별과 관련된 것은?

〈보기〉
신체적 제약이 있는 사람들이 불편함 없이 사회에 참여할 수 있도록 물리적·제도적 장벽을 제거하는 것을 의미한다. 이는 건물, 교통, 정보 접근 등 모든 환경에서 접근성과 편의성을 향상시켜, 누구나 동등하게 이용할 수 있도록 하는 개념이다.

① 배리어 프리
② 유니버설 디자인
③ 장애인 권리 협약
④ 패럴림픽

10. 스포츠에서의 장애인 차별과 관련하여, 다음 〈보기〉의 빈칸에 들어갈 내용으로 가장 적절한 것은?

〈보기〉
장애인들이 스포츠 활동에 참여하는 데 필요한 장비와 인력이 충분히 제공되지 않아 어려움을 겪는 상황을 (   )이라고 한다.

① 시설 접근의 제약
② 스포츠 프로그램 부족
③ 경제적 자원 부족
④ 체육 장비 특성

11. 부올레(Vuolle)가 제시한 스포츠와 환경의 3가지 범주 중 〈보기〉에서 각각 해당하는 범주를 바르게 배열한 것은?

〈보기〉
㉠ 등산, 래프팅, 트레일 러닝 등 자연환경에서 이루어지는 스포츠
㉡ 골프 코스, 스키장, 공원 조깅 트랙 등 일부 개발된 환경에서 이루어지는 스포츠
㉢ 야구장, 실내 체육관, 수영장 등 인공적으로 조성된 시설에서 이루어지는 스포츠

	㉠	㉡	㉢
①	개발 환경	시설 환경	순수 환경
②	순수 환경	개발 환경	시설 환경
③	순수 환경	시설 환경	개발 환경
④	개발 환경	순수 환경	시설 환경

12. 〈보기〉에서 설명하는 생태중심주의 학자는?

〈보기〉
인간과 자연이 상호 연결되어 있으며, 자연을 하나의 도덕적 공동체로 존중해야 한다고 강조하였다. 그는 자연을 인간이 이용할 대상이 아니라, 윤리적 책임을 지고 보호해야 할 존재로 바라보았다. 또한, 자연을 미적 관점에서 감상하고, 그 가치를 존중해야 한다고 주장하였다.

① 알도 레오폴드
② 아렌 네스
③ 한스 요나스
④ 베르크

13. 스포츠 폭력에 대한 설명으로 옳지 않은 것은?

① 스포츠 폭력은 신체적 공격뿐만 아니라 언어적 모욕도 포함한다.
② 상대방에게 직접적 해를 가하는 것이 목적이라면 스포츠 폭력에 해당한다.
③ 경기 중 고의성이 없는 신체 접촉으로 인한 부상도 스포츠 폭력에 해당한다.
④ 스포츠 폭력은 상대방에게 고통이나 피해를 주려는 의도를 가진 행동을 의미한다.

14. 관중 폭력에 해당하는 사례로 가장 적절한 것은?

① 경기 중 선수들 간의 신체적 충돌이 발생하여 몸싸움이 벌어진 경우
② 경기가 끝난 후 선수들이 심판 판정에 불만을 제기하는 경우
③ 응원 도구를 사용하여 소음을 유발하며 상대 팀을 응원하는 경우
④ 경기장에서 관중이 지나친 감정 표현으로 상대 팀 선수나 팬에게 신체적·언어적 폭력을 행사하는 경우

15. 도핑의 종류와 예시를 잘못 연결한 것은?

① 기계적/기술 도핑: 유전자를 조작하여 근육 성장을 촉진한다.
② 약물 도핑: 스테로이드를 사용하여 근육량을 증가시킨다.
③ 혈액 도핑: 자가 수혈을 통해 적혈구 수를 증가시킨다.
④ 비합법적 재활 기술: 허용되지 않은 방법으로 회복 시간을 단축한다.

16. 유전자 조작(gene editing)을 반대하는 이유로 적절하지 않은 것은?

① 유전자 조작을 활용하면 특정 질병을 완치할 수 있다.
② 유전자 조작 기술이 사회적 불평등을 심화시킬 수 있다.
③ 유전자 조작이 미래 세대에 부정적 영향을 미칠 수 있다.
④ 유전자 조작으로 인해 예측할 수 없는 부작용이 발생할 가능성이 있다.

17. 학생 선수의 학습권을 보장해야 하는 이유와 관련이 없는 것은?

① 교육의 기본 권리를 보장하여 모든 학생이 균등한 학습 기회를 얻을 수 있도록 한다.
② 훈련에 집중할 수 있도록 불평등한 교육 환경을 받아들인다.
③ 장기적인 학습 결핍을 방지하고, 미래사회 진출을 위한 역량을 키운다.
④ 정신적 안정과 자아 존중감을 높여 균형 잡힌 성장을 지원한다.

18. 〈보기〉에서 스포츠지도자의 비윤리적 행위에 해당하는 항목을 모두 고른 것은?

〈보기〉
㉠ 과도한 훈련 강요
㉡ 선수의 철저한 건강 관리
㉢ 부정 출전 방조
㉣ 투명한 자금 관리
㉤ 맹목적 승리 추구

① ㉠, ㉡
② ㉡, ㉣
③ ㉠, ㉢, ㉤
④ ㉢, ㉣, ㉤

19. 〈보기〉의 ㉠, ㉡에 해당하는 스포츠 조직의 윤리적 정의가 바르게 연결된 것은?

〈보기〉
㉠ A 리그는 선수 선발 과정에서 공정성을 보장하기 위해 모든 지원자에게 동일한 평가 기준과 절차를 적용하도록 규정하였다. 이를 통해 특정 팀에 유리하게 선발되는 일이 없도록 하여, 실력 있는 선수들이 공정하게 선발될 수 있도록 하였다.
㉡ B 스포츠 연맹은 각 팀의 재정 상태와 선수단 규모를 고려하여 지원금을 분배하기로 결정하였다. 재정이 부족한 팀에는 더 많은 지원금을 제공함으로써, 팀 간 경쟁력을 균등하게 맞추려는 조치를 취했다.

	㉠	㉡
①	평균적 정의	법률적 정의
②	분배적 정의	절차적 정의
③	절차적 정의	분배적 정의
④	법률적 정의	평균적 정의

20. 〈보기〉에서 설명하는 윤리적 관점과 일치하는 것은?

〈보기〉
한 국제 육상 대회에서는 반칙 여부를 판단할 때, 선수의 국적이나 사회적 배경에 관계없이 동일한 규칙을 적용한다. 또한, 경기 중 고의적인 방해가 발생할 경우, 이성적인 판단에 따라 동일한 기준으로 처벌을 내린다.

① 윤리적 절대주의
② 윤리적 상대주의
③ 윤리적 객관주의
④ 윤리적 회의주의

스포츠지도사 2급 필기
파이널 실전봉투모의고사

기출변형 모의고사

※ 본 모의고사는 최근 5개년(2024~2020년) 기출문제를 기반으로 최신 출제경향을 반영하여 난이도 조정 및 선택지를 재구성한 모의고사입니다.

※ 본 모의고사는 선택과목으로만 구성되어 있습니다. 2급 전문 및 2급 생활 자격증 응시자는 선택과목 중 5개 과목을, 2급 장애인·유소년·노인 자격증 응시자는 선택과목 중 4개 과목을 선택하여 풀이하시기 바랍니다.

선택과목 중 5개 과목을 선택(2급 장애인·유소년·노인은 선택 4과목+필수 1과목)하여 100분 내에 풀고, OMR 마킹까지 끝내야 하는 시험입니다. 선택한 과목에 ☑ 체크 후 과목별로 20분 내에 푸는 연습을 해 보세요.

구분	과목코드	페이지	풀이시간
선택과목	☐ 스 포 츠 사 회 학 (과목코드: 11)	1면	
	☐ 스 포 츠 교 육 학 (과목코드: 22)	4면	
	☐ 스 포 츠 심 리 학 (과목코드: 33)	8면	
	☐ 한 국 체 육 사 (과목코드: 44)	11면	
	☐ 운 동 생 리 학 (과목코드: 55)	14면	
	☐ 운 동 역 학 (과목코드: 66)	17면	
	☐ 스 포 츠 윤 리 (과목코드: 77)	20면	

2급 스포츠지도사 필기시험

스포츠사회학 (11)

1. <보기>에서 스포츠사회학에 대해 옳지 않은 설명을 한 학생은?

   <보기>
   주연: 스포츠사회학은 스포츠 현장의 사회 구조와 사회 과정을 설명하는 학문이야.
   용석: 스포츠사회학은 사회학의 하위 분야로, 스포츠 현장에서 인간 행동을 예측하고 이해하는 데 도움을 줘.
   효정: 스포츠사회학은 사회 영역과 밀접하게 연결되어 있어서 통찰력있고 분석적인 접근이 필요해.
   재석: 운동 참여자의 운동수행 능력과 관련된 직접적인 원인을 설명하는게 스포츠사회학이야.

   ① 주연
   ② 용석
   ③ 효정
   ④ 재석

2. 스포츠사회학 관련 이론 중 갈등 이론에 대한 설명으로 옳지 않은 것은?

   ① 일상에서 특정 물건을 소비하는 것은 자신의 계급 위치를 상징화하는 행위이다.
   ② 자원과 시간의 소비가 요구되는 스포츠에 참여하는 것은 계급 표식 행위이다.
   ③ 스포츠가 사회적 불평등과 억압을 어떻게 재생산하는지 비판적으로 분석한다.
   ④ 고가의 스포츠 용품, 골프 회원권 등의 과시적 소비 양상이 나타난다.

3. 스포츠와 정치의 결합 방법에 대한 설명으로 옳지 않은 것은?

   ① 경기에 앞서 국가 연주, 국기에 대한 경례 등의 의식을 갖는다.
   ② 국기, 국가, 유니폼 등이 국민의 반국가적 태도를 고취시키는 데 활용된다.
   ③ 대중은 선수나 팀을 자신과 일치시키는 태도를 형성한다.
   ④ 정치인의 비리, 부정 등을 은폐하기 위해 스포츠를 이용한다.

4. 국제 이벤트에서 발생한 스포츠 사건에 관한 설명 중 옳지 않은 것은?

   ① 1968년 멕시코시티 올림픽 대회에서 미국 육상 선수들이 시상대에서 성차별에 대한 항의 의사를 표명하였다.
   ② 구소련의 아프가니스탄 침공을 문제 삼아 많은 자유 진영 국가가 1980년 모스크바 올림픽 대회에 불참하였다.
   ③ 2018년 평창 동계 올림픽 대회에서 여자 아이스하키 남북 단일팀의 결성은 남북 화합을 상징하였다.
   ④ 1936년 베를린 올림픽 대회에서 나치 독일은 아리아 인종의 우월성을 선전하기 위해 올림픽을 정치적으로 활용하였다.

5. 코클리(J. Coakley)의 상업주의에 따른 스포츠의 변화에 관한 설명으로 옳지 않은 것은?

   ① 스포츠 조직의 변화: 스포츠 조직은 경품 추첨, 연예인의 시구와 같은 의전 행사에 관심을 갖게 되었다.
   ② 스포츠 구조의 변화: 축구에서 비디오 판독 시스템(VAR) 도입으로 판정의 정확도를 높이고 규칙을 변화시켰다.
   ③ 스포츠 목적의 변화: 아마추어리즘보다 흥행에 입각한 프로페셔널리즘을 추구하게 되었다.
   ④ 스포츠 내용의 변화: 축구에서 호크아이(Hawk-Eye) 도입은 상업 광고 시간 할애를 위하여 규칙을 개정한 것이다.

6. <보기>에서 상업주의 심화에 따른 스포츠의 변화에 대한 설명으로 옳은 것을 모두 고른 것은?

   <보기>
   ㉠ 경기의 외적인 요소를 중요시한다.
   ㉡ 경기의 영웅적 가치를 중요시한다.
   ㉢ 프로페셔널리즘을 추구한다.
   ㉣ 경기의 공정성을 강화하기 위해 경기 규칙을 개정한다.

   ① ㉠, ㉡
   ② ㉠, ㉡, ㉢
   ③ ㉡, ㉢, ㉣
   ④ ㉠, ㉡, ㉢, ㉣

2급 스포츠지도사 필기시험

7. 프로 스포츠의 제도 중 웨이버 조항(waiver rule)에 대한 설명으로 옳은 것은?

① 선수들이 계약이 만료된 후, 자유롭게 팀을 선택하고 계약을 체결할 수 있도록 보장하는 규정을 말한다.
② 프로 스포츠 구단이 선수를 계약 기간 동안 일정 기간 묶어 두기 위해 사용하는 조항으로, 자유 계약 자격을 제한하는 역할을 한다.
③ 프로 스포츠 구단이 소속 선수와의 계약을 해지하고 다른 구단에게 해당 선수를 양도받을 의향이 있는지 공개적으로 묻는 제도이다.
④ 선수와 구단 간 계약 과정에서 중개인이 계약 조건을 조율하는 역할을 수행하는 과정이다.

8. 〈보기〉에서 스포츠의 교육적 순기능으로만 묶인 것은?

〈보기〉
㉠ 사회 선도
㉡ 사회화 촉진
㉢ 스포츠의 상업화
㉣ 학교와 지역 사회 통합

① ㉠, ㉡, ㉢
② ㉠, ㉡, ㉣
③ ㉠, ㉢, ㉣
④ ㉡, ㉢, ㉣

9. 〈보기〉에서 학원 엘리트 스포츠에 대한 입장이 다른 학생은?

〈보기〉
지호: 학원 엘리트 스포츠는 학교의 자원 및 교육 시설을 독점할 수 있어!
하랑: 학교에 대한 애교심을 강화시킬 수도 있지.
서진: 지위 창출의 수단, 사회 이동의 기제로 작용할 수도 있잖아.
오준: 사회에서 요구되는 책임감, 성취감, 적응력 등을 배양시킬 수도 있다고 봐.

① 지호
② 하랑
③ 서진
④ 오준

10. 〈보기〉에서 설명하는 버렐(S. Birrell)과 로이(J. Loy)의 스포츠 미디어를 통해 충족할 수 있는 욕구 유형은?

〈보기〉
스포츠에 대한 흥미와 흥분을 제공해 준다.

① 인지적 욕구
② 통합적 욕구
③ 정의적 욕구
④ 도피적 욕구

11. 〈보기〉에서 맥루한(M. McLuhan)의 매체 이론에 대한 설명으로 옳은 것으로만 묶인 것은?

〈보기〉
㉠ 핫(hot) 미디어 스포츠는 관람자의 감각 참여성이 낮다.
㉡ 쿨(cool) 미디어 스포츠는 관람자의 감각 몰입성이 낮다.
㉢ 핫(hot) 미디어 스포츠는 경기 진행 속도가 빠르다.
㉣ 쿨(cool) 미디어 스포츠는 메시지의 정의성이 낮다.

① ㉠, ㉡
② ㉠, ㉣
③ ㉡, ㉢
④ ㉢, ㉣

12. 스포츠 미디어 이론 중 사회관계 이론에 대한 설명으로 옳지 않은 것은?

① 대중 매체를 통한 개인의 스포츠 소비 형태는 중요 타자의 가치와 소비 행동에 의해 영향을 받는다.
② 스포츠 수용자 역할로의 사회화는 가족뿐만 아니라 또래 집단, 친구, 동료 등 다양한 사회적 관계 속에서 형성되며, 스포츠 소비에 대한 사회적 승인과 상호 작용이 영향을 미친다.
③ 스포츠에서는 특정 집단이 선호 종목이나 미디어 소비 패턴을 통해 스포츠 소비와 참여를 나타낸다.
④ 스포츠 소비는 개인적 차원만 아니라 사회적 관계망 속에서 형성되고 변화하는 과정으로 이해된다.

13. 투민(M. Tumin)의 스포츠계층 형성 과정 중 지위의 서열화에 관한 설명으로 옳지 않은 것은?

① 스포츠 팀 구성원으로 자신의 능력이 팀의 승리에 미치는 영향력이 커야 한다.
② 특정 선수를 선망의 대상으로 생각하거나 팬으로서 특정 선수를 좋아한다.
③ 뛰어난 운동 신경과 능력뿐만 아니라 탁월한 개인적 특성을 갖추고 있어야 한다.
④ 특정 스포츠 영역에서 요구되는 운동기술이 특출한 기량을 발휘해야 한다.

14. 〈보기〉에서 스포츠에서 나타나는 사회계층 이동에 대한 설명으로 옳은 것만을 모두 고른 것은?

〈보기〉
㉠ 사회계층의 이동은 사회적 상황과 개인적 상황을 반영한다.
㉡ 스포츠는 개인의 사회적 지위를 변화시킬 수 있는 사회계층 이동의 수단이 될 수 있다.
㉢ 사회적 지위나 경제적 보상의 변화 없이 직업이나 역할이 바뀌는 계층 이동은 '수평 이동'이다.
㉣ 사회계층의 이동 유형은 시간적 거리에 따라 '세대 내 이동', '세대 간 이동'으로 구분한다.

① ㉠, ㉣
② ㉠, ㉡, ㉢
③ ㉡, ㉢, ㉣
④ ㉠, ㉡, ㉢, ㉣

15. 스포츠 사회화 과정에 대한 사례로 적절하지 않은 것은?

① 스포츠로의 재사회화: 골프 선수가 은퇴 후 새로운 직업을 찾지 않고 집에서 쉬며 스포츠와 관련된 활동을 전혀 하지 않는다.
② 스포츠를 통한 사회화: 골프의 매력에 빠져 골프 선수가 되어 사회성, 체력, 준법정신이 함양되었다.
③ 스포츠로의 사회화: 아빠와 함께 골프 연습장에 자주 가면서 골프를 배우게 되었다.
④ 스포츠로부터의 탈사회화: 손목 수술 후유증으로 인해 골프 선수를 그만두게 되었다.

16. 〈보기〉에서 설명하는 스포츠사회학 이론은?

〈보기〉
• 스포츠는 체제 유지 및 긴장 처리 기능을 한다.
• 스포츠는 사회 구성원을 통합시키는 기능을 한다.
• 스포츠는 사회 구성원이 사회 체제에 적응하게 하는 기능을 한다.

① 사회 학습 이론
② 역할 이론
③ 상징적 상호 작용 이론
④ AGIL 이론

17. 머튼(R. Merton)의 아노미 이론에서 제시한 일탈 행동 유형과 그 사례의 연결이 적절하지 않은 것은?

① 혁신주의: 러시아 육상 대표팀은 금메달을 목표로 조직적으로 도핑을 실시하여 국제대회 출전이 금지되었다.
② 의례주의: A 선수는 규칙을 지키며 경기에 참여하는 것보다 승리에 대한 집념을 중시한다.
③ 도피주의: B 선수는 연패와 부진에 실망해 훈련과 경기를 포기하고 음주와 도박에 빠졌다.
④ 반역주의: 프로 선수들의 권리를 보호하기 위해 선수 노조가 결성되었으며, 리그와의 단체 협상을 통해 계약 조건 개선을 요구하였다.

18. 스포츠 일탈 관련 이론 중 차별 교제 이론에 대한 설명으로 옳지 않은 것은?

① 스포츠 일탈을 사회적 관계와 상호 작용을 통해 학습되는 과정으로 설명한다.
② 일탈 규범을 내면화하는 사회화 과정이 존재한다.
③ 집단 간 규범 차이로 행동 기준이 모호해져 일탈 행동이 증가할 수 있다.
④ 다른 사람과 상호 작용을 통해 스포츠 일탈 행동을 학습한다.

19. 스포츠 세계화의 동인에 대한 설명으로 옳지 않은 것은?

① 제국주의 확대
② 과학 기술의 발전
③ 인종 차별의 심화
④ 종교 전파

20. 매기(J. Magee)와 서덴(J. Sugden)이 제시한 스포츠의 노동 이주 유형 중 유목민형에 대한 설명으로 옳지 않은 것은?

① 종목의 특성으로 인해 국가 간 이동이 발생한다.
② 개인의 취향에 의해 선택하는 경우도 발생한다.
③ 흥미로운 장소를 돌면서 스포츠를 즐기는 유형이다.
④ 특정 스포츠 종목의 전파나 발전을 위해 다른 지역이나 나라로 이동한다.

스포츠교육학 (22)

1. <보기>에서 설명하는 학습 성취와 관련된 교수 행동 연구를 수행한 학자는?

<보기>
- 명료성: 수업 내용과 목표를 명확하게 제시해 학생들이 혼동 없이 이해하도록 하는 것
- 다양성: 수업 방법·자료·활동을 다양하게 활용해 학생의 흥미와 참여를 높이는 것
- 열의: 교사가 학습에 대한 열정과 적극성을 보이며 학생의 학습 동기를 유발하는 것
- 과제 지향성: 학습 목표에 집중하고 불필요한 요소를 최소화해 과제에 몰입하도록 하는 것
- 학습 기회 제공: 학생 개개인에게 충분한 연습 기회를 제공하는 것

① 블룸(B. Bloom)
② 가네(R. Gagne)
③ 에릭슨(E. Erikson)
④ 로젠샤인(B. Rosenshine)과 퍼스트(N. Furst)

2. 생활스포츠 프로그램의 교육 목표 진술에 관한 설명으로 옳지 않은 것은?

① 스포츠 활동이 종료된 후 참가자의 최종 행동 변화를 구체적인 용어로 진술한다.
② 스포츠 참가자의 행동 변화를 기준으로, 적절한 동사를 사용하여 명확하게 표현한다.
③ 프로그램의 목표는 넓고 포괄적인 방식으로 제시한다.
④ 학습 주제와 기대되는 행동을 동시에 기술한다.

3. '개별화 지도 모형'의 특성으로 옳지 않은 것은?

① 학습자는 각 과제에서 요구되는 수행 기준에 도달해야 할 책임이 있다.
② 학습자는 과제 수행 기준을 스스로 설정하며, 학습 내용 선정과 진도 결정은 모두 지도자가 담당한다.
③ 학습자는 풍부한 피드백과 높은 수준의 언어적 상호 작용의 기회를 보장받는다.
④ 지도자는 학습 내용 선정과 과제 제시를 주도하고, 학습자는 수업 진행 속도를 결정한다.

4. <보기>에서 스포츠교육 평가의 신뢰도 검사 방법 중 검사-재검사에 대해 옳게 이해하고 있는 학생을 모두 고른 것은?

─── <보기> ───
영규: 같은 검사를 일정 시간이 지나고 나서 다시 해 보고, 그 결과를 비교해 보는 거야.
진욱: 두 번 검사한 결과를 비교해서 차이가 작으면 신뢰도가 높다고 보고, 차이가 크면 신뢰도가 낮다고 판단하는 거지.
도연: 검사-재검사 신뢰도는 반드시 동일한 검사를 반복해서 측정해야 하는 것이 아니라, 비슷한 검사라도 결과를 비교할 수 있다면 의미있게 유지될 수 있어.
성길: 첫 번째 검사랑 두 번째 검사 사이의 시간 차이가 너무 길거나 너무 짧으면 그만큼 신뢰도가 낮게 나올 수 있어.

① 영규, 성길
② 영규, 진욱, 도연
③ 영규, 진욱, 성길
④ 진욱, 도연, 성길

5. <보기>에서 「학교체육진흥법」(시행 2024.12.20.) 제12조 '학교 운동부 지도자'에 관한 내용으로 옳은 것을 모두 고른 것은?

─── <보기> ───
㉠ 국가는 학교 운동부 지도자의 자질 향상 및 전문성 강화를 위하여 연수 교육 계획을 수립하고, 이를 실시하여야 한다.
㉡ 학교의 장은 학교 운동부 지도자가 학생 선수의 학습권을 박탈하거나 폭력, 금품·향응 수수 등의 부적절한 행위를 하였을 경우 학교 운영 위원회의 심의를 거쳐 계약을 해지할 수 있다.
㉢ 교육감은 학교 운동부 지도자의 급여에 필요한 경비를 지원하도록 노력해야 한다.
㉣ 학교 운동부 지도자의 자격 기준, 임용, 급여, 신분, 직무 등에 필요한 사항은 교육부령으로 정한다.

① ㉠, ㉡
② ㉠, ㉢
③ ㉠, ㉡, ㉢
④ ㉡, ㉢, ㉣

6. <보기>에서 설명하는 체육 프로그램의 목표에 해당하는 영역은?

─── <보기> ───
• 축구에서 팀원들과 적극적으로 협력하며 긍정적인 태도를 유지한다.
• 농구에서 피드백을 수용하고, 자기 발전에 대한 의지를 기른다.
• 배구에서 동료들과 상호 존중하고 격려하여 스포츠맨십을 실천한다.
• 야구에서 상대 팀을 존중하고 공정한 플레이를 추구한다.

① 정의적 영역
② 인지적 영역
③ 심동적 영역
④ 사회적 영역

7. 체육 수업 연구 방법에 대한 설명으로 옳은 것은?

① 실험 연구: 연구자가 어떤 변인도 통제하지 않고, 단순히 결과가 우연히 나타나길 기다리는 방식이다.
② 현장 개선 연구: 지도자가 동료나 외부 전문가와 협력하여 자기 수업을 분석하고 발전시키는 과정을 다룬다.
③ 근거 이론 연구: 이미 확립된 이론을 그대로 적용하고, 새로운 개념이나 범주화 과정 없이 결론을 도출하는 방법이다.
④ 문헌 연구: 관련 자료를 체계적으로 검토하지 않고 무작위로 훑어본 뒤, 주관적인 견해만으로 결론을 내리는 방식이다.

8. 스포츠교육 이론 중 <보기>와 같은 순서로 학습이 진행되는 것은?

─── <보기> ───
시작 과제 → 확대 과제 → 세련 과제 → 적용 과제

① 모스턴(M. Mosston)과 애쉬워스(S. Ashworth)의 스펙트럼 이론
② 피츠(P. Fitts)와 포스너(M. Posner)의 운동학습 단계
③ 블룸(B. Bloom)의 교육 목표 분류 체계
④ 링크(J. Rink)의 내용 발달 단계

9. <보기>는 농구 수업에서 운동 기능이 부족한 학습자의 참여를 높이기 위해 고려할 수 있는 스포츠 지도 방법을 제안한 내용이다. 이 중 적절하지 않은 의견을 제시한 학생은?

―〈보기〉―
채린: 농구 수업할 때 골대 높이를 살짝 낮추면 어떨까요?
설하: 저는 제대로 된 정식 풀코트 게임을 해 보고 싶어요. 전체 코트를 쓰면 더 실감 나고 재미있지 않을까요?
용운: 자유투 라인이랑 3점 라인을 골대에 가깝게 조정해 두면 편할 것 같은데요.
재원: 공도 가벼운 농구공이나 미니 농구공으로 바꾸면 부담이 줄어들 것 같아요!

① 채린　　② 설하
③ 용운　　④ 재원

10. 시덴탑(D. Siedentop)이 제시한 스포츠교육 모형의 핵심적인 특성에 대한 설명으로 옳지 않은 것은?

① 수업을 시즌제로 운영하여 종목 특성을 충분히 경험하도록 한다.
② 결승전 행사로 축제 분위기를 조성한다.
③ 공식 경기와 기록 관리를 통해 참여 동기를 높인다.
④ 매 수업마다 팀을 재편성하여 다양성을 극대화한다.

11. <보기>는 체육 수업 중 학습자의 이탈 행동을 예방하고 과제 참여 유지를 위한 교수 행동을 설명한 사례이다. 올스테인(A. Ornstein)과 레빈(D. Levine)이 제시한 '신호 간섭'에 해당하는 교수 행동은?

―〈보기〉―
체육 교사가 수업을 진행하는 중에 몇몇 학생들이 장난으로 공을 이리저리 던져 주위를 산만하게 만드는 것을 발견하였다.

① 긴장 완화 유도: 분위기가 지나치게 무거울 때 가벼운 유머를 활용하면 이탈 행동 예방에 도움을 준다.
② 비언어적 주의 환기: 말 대신 교사가 시선, 손짓 등으로 제재의 신호를 보내어 학생들이 방해 행동을 스스로 멈추도록 유도한다.
③ 물리적 접근 또는 접촉: 학생 가까이 다가가거나 신체 접촉으로 주의를 다시 이끌 수 있다.
④ 일정과 절차의 루틴화: 수업 절차·활동을 습관화함으로써 이탈 행동을 줄인다.

12. 스포츠 참여자 평가에서 심동적(psychomotor) 영역에 해당하는 요소로 옳은 것은?

① 근력 및 근지구력: 신체 근육을 사용해 힘을 발휘하고 오래 버티는 능력
② 경기 집중력: 경기 상황에 몰입하여 주변 방해를 최소화하는 심리 상태
③ 팀워크: 동료와 협력하고 서로를 돕는 사회·정의적 태도
④ 전술 이해도: 경기 규칙과 전략을 숙지하고 적용하는 인지적 능력

13. <보기>에서 「국민체육진흥법」(시행 2025.1.31.) 제18조의3 '스포츠윤리 센터의 설립'에 관한 내용으로 옳은 것을 모두 고른 것은?

―〈보기〉―
㉠ 체육의 공정성 확보와 체육인의 인권 보호를 위하여 스포츠 윤리 센터를 설립한다.
㉡ 스포츠 윤리 센터는 법인으로 한다.
㉢ 스포츠 윤리 센터의 운영, 이사회의 구성 및 권한, 임원의 선임, 감독 등 스포츠 윤리 센터의 정관에 기재할 사항은 대통령령으로 정한다.
㉣ 스포츠 윤리 센터의 장은 업무 수행에 필요하다고 인정될 때에는 시장·군수·구청장의 승인을 받아 관계 행정 기관 소속 공무원이나 관계 기관·단체 소속 임직원의 스포츠 윤리 센터 파견 또는 지원을 요청할 수 있다.

① ㉠, ㉣　　② ㉡, ㉢
③ ㉠, ㉡, ㉢　　④ ㉡, ㉢, ㉣

14. 메츨러(M. Metzler)의 교수·학습 과정안(수업 계획안) 작성 시 고려해야 할 구성 요소 중 '과제 제시와 과제 구조'와 가장 관련이 없는 것은?

① 과제 구조를 알려주어 학습 방향을 제시
② 흥미 유발을 위한 수업 도입
③ 모든 차시에 동일한 과제를 반복적으로 배정
④ 모형 및 핵심 단서를 활용한 과제 제시

2급 스포츠지도사 필기시험

15. 다음은 한 체육 수업에서 교사와 학생들이 보여주는 교수·학습 장면을 요약한 것이다. 탐구 수업 모형의 특성과 가장 거리가 먼 장면은?

① 교사는 학생들이 스스로 해결 방법을 고민할 시간을 충분히 갖기 전에, 정답을 직접 제시하고 설명을 간단히 마무리한다.
② 교사는 다양한 움직임 상황을 제시하고, 학생들이 스스로 해결 방법을 찾아볼 수 있도록 기다려 준다.
③ 교사는 학생들이 생각해 낸 여러 가지 전략을 함께 논의하고 비교하도록 유도하여 보다 효과적인 해결 방법을 찾도록 돕는다.
④ 교사는 단순 기술 연습을 강조하기보다는 움직임과 전술이 왜 그런 방식으로 이루어지는지 학생들이 스스로 탐구하도록 유도한다.

16. 〈보기〉는 체육 수업 중 교사들의 다양한 행동을 묘사한 것이다. 각 교사의 행동과 용어가 바르게 연결된 것은?

〈보기〉
교사 A: 학생들이 과제를 수행할 때 즉각적인 피드백을 제공하고, 안전사고 예방을 위해 관찰·안내한다.
교사 B: 소방 훈련 안내가 있을 때는 학생 대피와 행정 업무를 우선 처리하며, 전달 방송이 나오면 수업을 잠시 중단하고 공지를 전달한다.
교사 C: 학생이 넘어져 다치면 수업을 일시 중단하고 부상을 확인하며, 필요 시 물 마시기나 화장실 이용 같은 기본적인 요구를 관리한다.

	교사 A	교사 B	교사 C
①	비기여 행동	직접기여 행동	간접기여 행동
②	간접기여 행동	비기여 행동	직접기여 행동
③	직접기여 행동	간접기여 행동	비기여 행동
④	직접기여 행동	비기여 행동	간접기여 행동

17. 〈보기〉는 교사 A가 배구의 '스파이크' 기술 지도에 활용할 교수 전략을 요약한 것이다. 이를 링크(J. Rink)의 내용 발달 과제 유형과 연결할 때, 가장 적절한 것은?

〈보기〉
1) 단계적 난이도 조절: 점프 없이 간단한 스윙 동작부터 시작해, '작은 점프 → 제자리 점프 → 이동 후 점프'로 점진적으로 난이도를 조절한다.
2) 부분 기능 세분화: 스파이크를 '도약 – 팔 스윙 – 타점'으로 구분해 각각 익힌 후, 전체 동작으로 통합한다.
3) 복잡성 확대: 수비자를 배치해 블로킹을 시도하게 하고, 마지막에는 미니 게임을 통해 실전 상황을 구현하여 기술의 활용 범위를 넓힌다.

① 정보(시작) 과제
② 적용(평가) 과제
③ 확대(확장) 과제
④ 세련 과제

18. 메츨러(M. Metzler)가 제시한 체육 학습 활동 유형 중 〈보기〉의 방식에 가장 적합한 것은?

〈보기〉
교사는 농구 정식 경기를 바로 진행하기 전에, 학생들이 몇 가지 주요 기술에 집중할 수 있도록 게임 형식을 간소화하고 변형하여 수업을 설계하였다.

① 스크리미지(scrimmage)
② 역할 수행(role-playing)
③ 학습 센터(learning centers)
④ 리드-업 게임(lead-up game)

19. 발달 상태나 환경이 다른 학생들을 지도할 때, '발달 수준'을 고려한 적절한 지도 방법을 실천한 스포츠지도자는?

① 박 코치: 학생들의 성별, 연령, 환경적 요인 등 차이를 고려하여 단계적으로 수업을 구성한다.
② 김 코치: 모든 학생에게 동일한 고난도 기술을 일괄 적용한다.
③ 이 코치: 경기 규칙을 정식 기준 그대로만 운영한다.
④ 전 코치: 학습자의 환경 차이를 고려하지 않고, 단기적인 기술 습득에만 집중한다.

20. 지도자의 농구 수업에서 예방적(proactive) 수업 운영 행동에 해당하지 않는 것은?

① 교사가 체스트 패스 기술의 핵심 동작을 직접 시범으로 보여준다.
② 이번 주 농구 수업의 학습 목표와 활동 내용을 게시판에 미리 공지한다.
③ 호루라기를 사용해 학생들의 주의를 집중시키고, 다음 활동으로 원활하게 진행한다.
④ 수업 시간의 시작과 종료를 정확히 지켜 학생들이 규칙적으로 참여하도록 유도한다.

스포츠심리학 (33)

1. <보기>에서 스포츠심리학의 주된 연구의 동향과 영역에 관련된 것을 모두 고른 것은?

   <보기>
   ㉠ 인지적 접근과 현장 연구
   ㉡ 경험주의에 기초한 성격 연구
   ㉢ 생리학적 항상성에 관한 연구
   ㉣ 사회적 촉진 및 각성과 운동수행의 관계 연구

   ① ㉠, ㉡
   ② ㉠, ㉢
   ③ ㉠, ㉡, ㉣
   ④ ㉡, ㉢, ㉣

2. 정보 처리 이론에 관한 설명으로 옳지 않은 것은?

   ① 정보 처리 이론은 인간을 단순한 반응자가 아닌, 능동적으로 정보를 받아들이고 처리하는 존재로 설명한다.
   ② 개방 회로 이론은 운동 프로그램이 사전에 계획된 대로 실행되며, 피드백 없이 움직임이 생성되고 제어된다고 설명한다.
   ③ 폐쇄 회로 이론은 움직임이 발생하기 이전에 상위의 대뇌 피질에서 동작에 대한 운동 프로그램이 기억되어 있다.
   ④ 폐쇄 회로 이론은 수행 중인 움직임을 피드백 정보와 비교하여 조정하고, 보다 정확한 동작을 학습하는 방식으로 설명된다.

3. 정보 처리 과정과 반응 시간의 관계에서, '반응 시간'을 구성하는 단계에 포함되지 않는 것은?

   ① 의사 결정 단계
   ② 감각 지각 단계
   ③ 반응 선택 단계
   ④ 반응 실행 단계

4. 피츠(P. Fitts)와 포스너(M. Posner)의 운동학습 단계에 대한 설명으로 옳지 않은 것은?

   ① 자동화 단계: 학습자는 기술을 안정적이며 일관성 있게 수행할 수 있다.
   ② 연합 단계: 학습자는 연습을 통해 오류를 수정하려 하며, 일부 오류를 스스로 탐지하고 조정할 수 있다.
   ③ 인지 단계: 학습자는 기술의 개념을 처음 배우고 이해하는 과정에 있다.
   ④ 고정 단계: 학습자는 기술의 기본 동작을 익혔지만, 오류가 증가하는 경향이 있다.

5. 감각 피드백의 유형에 대한 설명으로 옳지 않은 것은?

   ① 동작 수행 중 시각적 정보를 통해 움직임을 수정하거나 평가하는 피드백
   ② 신체 접촉을 통해 전달되는 정보로 동작을 교정하거나 지도하는 피드백
   ③ 소리를 통해 동작의 상태나 결과를 전달하는 피드백
   ④ 동작 결과에 대한 구체적인 정보를 제공하여 학습자의 수행을 평가하는 피드백

6. <보기>에서 제시된 단계가 설명하는 개념으로 가장 적절한 것은?

   <보기>
   반사 단계 → 기초 단계 → 기본 움직임 단계 → 스포츠 기술 단계 → 성장과 세련 단계 → 최고 수행 단계 → 퇴보 단계

   ① 운동학습
   ② 운동발달
   ③ 운동제어
   ④ 운동역학

7. <보기>에서 설명하는 개념으로 바르게 연결된 것은?

   <보기>
   ㉠ 시우는 중요한 농구 결승전에서 경기 종료 직전 자유투를 던지게 되자, 극도로 긴장하며 손이 떨리기 시작했다.
   ㉡ 성현이는 어릴 때부터 새로운 사람들과의 만남이나 낯선 환경에 가면 항상 불안하고 초조해졌다. 이번에도 축구 대회 첫 경기를 앞두고, 경기를 잘 치를 수 있을지에 대한 불안감이 어김없이 찾아왔다.

	㉠	㉡
①	부적 강화	상태 불안
②	정적 강화	부적 강화
③	상태 불안	특성 불안
④	특성 불안	상태 불안

8. <보기>의 내용과 관련 있는 불안 이론으로 옳은 것은?

   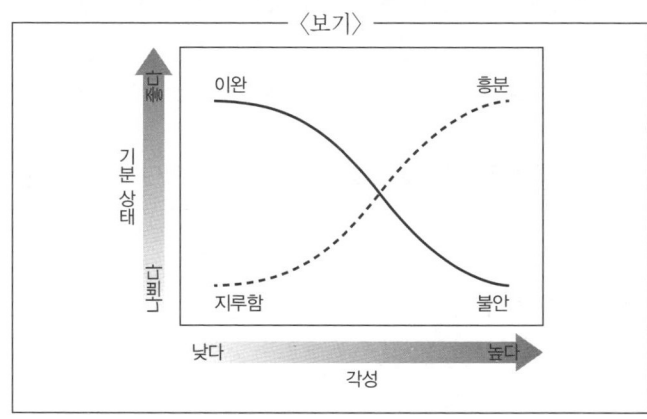

   ① 전환 이론
   ② 역U 가설
   ③ 최적 수행 지역 이론
   ④ 카타스트로피 격변 이론

9. 와이너(B. Weiner)의 경기 승패에 대한 귀인 이론에 관한 설명으로 〈보기〉의 ㉠~㉣에 들어갈 알맞은 용어는?

〈보기〉
- (㉠)은 내적이고 불안정하며, (㉡) 요인이다.
- (㉢)은 외적이고 불안정하며, (㉣) 요인이다.

	㉠	㉡	㉢	㉣
①	노력	통제 불가능	과제 난이도	통제 가능
②	능력	통제 가능	과제 난이도	통제 가능
③	능력	통제 불가능	운	통제 불가능
④	노력	통제 가능	운	통제 불가능

10. 〈보기〉에서 설명하는 자신감 이론으로 가장 적절한 것은?

〈보기〉
- 운동에서 실패 경험은 부정적인 감정을 유발하여 자신감을 낮추고, 동기를 저하시켜 운동을 중도 포기하게 만들 수 있다.
- 반대로, 성공 경험은 자기 효능감과 긍정적인 정서를 향상시키며, 자신감을 높이고 지속적인 동기 부여와 숙달감을 형성한다.

① 성공-실패 이론
② 유능성 동기 이론
③ 자아 존중감 이론
④ 신체적 자기 개념 이론

11. 〈보기〉에서 설명하는 개념으로 가장 적절한 것은?

〈보기〉
- 시합에서 느꼈던 자신감, 흥분, 행복감을 실제처럼 시각화한다.
- 부정적인 수행 장면을 성공적인 수행 이미지로 바꾼다.

① 심상
② 자신감
③ 주의 집중
④ 루틴

12. 나이데퍼(R. Nideffer)의 주의 초점 모형에 따라, 광의-외적에서 협의-외적으로 주의 초점이 변화하는 사례로 가장 적절한 것은?

① 배구 선수가 서브를 준비하며 상대 진영 전체를 살펴 빈 곳을 찾은 후, 목표 지점을 정해 해당 위치로 서브를 넣었다.
② 축구 경기에서 미드필더가 경기 전체의 흐름을 파악하기 위해 동료 선수들의 위치와 상대 수비의 움직임을 관찰하였다.
③ 농구 선수가 드리블 동작에 집중한 후, 주변 동료들의 위치를 살피며 패스할 기회를 찾았다.
④ 골프 선수가 퍼팅을 준비하며 공과 홀의 거리와 각도를 확인한 후, 퍼터의 스윙 감각에 집중하여 스트로크를 시도하였다.

13. 심리 기술 훈련 기법 중 인지 재구성과 관련된 내용으로 옳지 않은 것은?

① 테니스 경기에서 실수를 한 후, 컨디션이 좋지 않다고 생각했지만, 연습한 기술을 신뢰하고 다음 포인트에 집중하였다.
② 부정적인 생각을 인식한 후, 긍정적인 자기 대화를 통해 자신감을 높이고 수행에 집중하였다.
③ 자유투를 던질 때, 주변 소음과 관중을 무시하고 림(rim)과 공에만 집중하였다.
④ 스스로 통제할 수 있는 것에 집중하자고 다짐한다.

14. 캐런(A.V. Carron)의 팀 응집력 모형에서 응집력의 결정 요인에 속하지 않는 것은?

① 팀 요인
② 개인 요인
③ 리더십 요인
④ 발달 요인

15. ⟨보기⟩는 사회적 태만(social loafing) 현상을 극복하는 방법에 대한 대화 내용이다. 이 중 옳지 않은 설명을 한 학생은?

⟨보기⟩
채린: 대집단보다는 소집단(포지션별)으로 훈련하면 선수 개개인의 역할이 명확해지고 책임감이 증가할 거야.
유림: 지도자가 선수 개개인의 노력을 확인하고 인정해주면, 참여도를 높이고 사회적 태만을 줄일 수 있어.
이준: 선수들이 자신의 포지션뿐만 아니라 다른 역할도 경험하면, 팀워크가 향상되고 책임감도 높아질 거야.
태건: 사회적 태만은 어차피 발생할 수밖에 없으니 크게 신경 쓰지 않아도 돼.

① 채린 ② 유림
③ 이준 ④ 태건

16. ⟨보기⟩에서 설명하는 공격성 이론은?

⟨보기⟩
환경적 요인에 의해 개인은 주변에서 관찰을 통해 공격적인 행동을 배우며, 이러한 행동이 반복적으로 강화될 경우 공격 행위를 학습한다.

① 본능 이론
② 사회 학습 이론
③ 좌절-공격 가설
④ 수정된 좌절-공격 가설

17. ⟨보기⟩에서 설명하는 사회적 촉진 이론으로 가장 적절한 것은?

⟨보기⟩
타인의 존재는 수행자가 과제에 집중하는 데 방해가 될 수도 있지만, 동시에 수행자의 각성 수준을 증가시켜 수행에 긍정적인 영향을 미칠 수도 있다. 이러한 상황에서 수행자는 주의가 분산되거나 내적 갈등을 경험하며, 과제의 난이도에 따라 수행 효과가 달라질 수 있다.

① 사회적 촉진
② 단순 존재 가설
③ 평가 우려 가설
④ 주의 분산·갈등 가설

18. ⟨보기⟩에서 프로차스카(J.O. Prochaska)의 운동 변화 단계 모형(transtheoretical model)에 관한 설명으로 옳은 것만을 모두 고른 것은?

⟨보기⟩
㉠ 의사 결정 균형이란 운동을 할 때 기대할 수 있는 혜택과 손실을 평가하는 것을 의미한다.
㉡ 인지 과정이나 행동 과정과 같은 변화 과정을 통해 이전 단계에서 다음 단계로 이동하게 된다.
㉢ 운동 변화 단계가 높아질수록 운동을 통해 기대할 수 있는 혜택을 더 크게 인식할 가능성이 있다.
㉣ 준비 단계는 현재 운동에 참여하고 있거나, 1개월 이내에 운동을 시작할 의도가 있는 상태이다.

① ㉠, ㉡
② ㉠, ㉡, ㉢
③ ㉡, ㉢, ㉣
④ ㉠, ㉡, ㉢, ㉣

19. 운동 실천을 위한 환경적 영향 요인으로 옳지 않은 것은?

① 운동 집단 ② 건강 상태
③ 사회적 지지 ④ 지역 사회의 규범

20. ⟨보기⟩에서 한국스포츠심리학회가 제시한 스포츠심리상담사 상담 윤리에 대한 설명으로 옳은 것을 모두 고른 것은?

⟨보기⟩
㉠ 스포츠심리상담사는 자신의 전문 영역과 한계 영역을 명확하게 인식하고, 필요한 경우 적절한 전문가에게 의뢰해야 한다.
㉡ 스포츠심리상담사는 상담 과정에서 얻은 정보를 활용할 필요가 있을 경우, 반드시 고객과 사전에 동의 절차를 거쳐야 한다.
㉢ 스포츠심리상담사는 상담 효과를 홍보하기 위해 내담자에게 긍정적인 후기를 요청하거나 강요할 수 있다.
㉣ 스포츠심리상담사는 상담 과정에서 역할을 위임할 때, 반드시 해당 분야의 전문성이 검증된 사람에게 맡겨야 한다.

① ㉠, ㉡
② ㉡, ㉢
③ ㉠, ㉡, ㉣
④ ㉠, ㉡, ㉢, ㉣

한국체육사 (44)

1. 한국체육사의 범위에 포함되지 않는 것은?
① 역사적 접근법을 통해 한국체육과 스포츠를 분석한다.
② 한국체육과 스포츠의 미래 동향만을 조사하고 연구한다.
③ 한국체육과 스포츠의 과거를 탐구하여 현재를 이해하고 미래를 예측한다.
④ 한국체육과 스포츠의 시대적 흐름과 변화를 연구한다.

2. 〈보기〉에서 체육사 연구의 사료(史料)에 대한 설명으로 옳은 것을 고른 것은?

〈보기〉
㉠ 기록 사료는 문서로 남겨진 역사적 자료를 의미하며, 일반적으로 문헌 사료와 구전 사료로 구분된다.
㉡ 물질 사료는 실물로 존재하는 역사적 자료를 의미하며, 유물과 유적이 포함된다.
㉢ 기록 사료 중 일기, 전설, 시기, 회고담 등은 물질 사료에 해당한다.
㉣ 체육사 연구에서 물질 사료는 현대의 디지털 자료와 연결된다.

① ㉠, ㉡ ② ㉠, ㉢
③ ㉡, ㉢ ④ ㉢, ㉣

3. 화랑도에 대한 설명으로 옳지 않은 것은?
① 화랑도는 청소년 계층을 대상으로 문무를 겸비한 교육과 수련을 통해 국가적 인재를 양성하였다.
② 화랑도는 진흥왕 때 조직이 체계화되어 군사적 훈련과 국가적 안보에 기여하였다.
③ 화랑도는 서민층에서 자발적으로 결성된 조직으로 놀이와 여가 활동에 중점을 두었다.
④ 화랑도는 불교적 가르침을 바탕으로 도의와 충성을 중시하였다.

4. 〈보기〉에서 설명하는 신체 활동은?

〈보기〉
• 위기(圍棋)라는 용어로 불리기도 하였으며, 제천 의식과 관련된 대표적인 민속놀이로 여겨졌다.
• 두 사람이 서로 맞잡고 힘을 겨루는 경기로, 부족 간의 단합과 용맹을 기르는 목적이 있었다.

① 저포(樗蒲) ② 각저(角抵)
③ 축국(蹴鞠) ④ 도판희(跳板戲)

5. 〈보기〉에서 축국(蹴鞠)에 대해 옳은 설명을 한 학생을 모두 고른 것은?

〈보기〉
영규: 축국은 가죽 주머니로 만든 공을 발로 차는 놀이였어.
진욱: 축국은 돌을 던지며 치고받는 놀이였어.
성길: 축국은 혼자서도, 여러 명이 함께하는 방식으로도 할 수 있던 놀이야.
도연: 김유신과 김춘추도 즐겼던 신체 활동이었대.

① 영규, 성길
② 진욱, 성길, 도연
③ 영규, 진욱, 성길
④ 영규, 성길, 도연

6. 다음은 고려시대의 무예와 관련된 내용이다. 〈보기〉의 ㉠~㉢에 들어갈 알맞은 용어는?

〈보기〉
• 무학 교육 기관으로 설립된 (㉠)는 신체 단련과 군사적 기술을 연마하는 데 초점이 맞추어졌다.
• (㉡)는 무과 시험과 인재 선발 과정에서 중요한 평가 기준이 되었다.
• (㉢)는 군사 훈련의 일환으로 시행되었으며, 동시에 여가 활동으로도 활용되었다.

	㉠	㉡	㉢
①	강예재	수박희	격구
②	수박희	격구	강예재
③	격구	무예도보통지	강예재
④	강예재	격구	수박희

7. 〈보기〉에서 조선시대 무과 제도의 특징에 해당하는 사례를 말한 학생을 모두 고른 것은?

〈보기〉
용운: 병과에 응시하기 위해 초시를 통과하고, 복시와 전시를 준비하였다.
재원: 무예 시험과 함께 강서 같은 필기 시험에서 높은 점수를 받아 무과에 합격하였다.
재한: 군사 경험이 없어도 무과 시험에 응시할 수 있었으며, 합격 후 병조에서 관직을 받았다.
설하: 양반뿐만 아니라 중인과 평민도 무과 시험에 응시할 수 있었다.

① 용운, 재원, 재한
② 재원, 재한, 설하
③ 용운, 재원, 설하
④ 용운, 재원, 재한, 설하

8. 조선시대 사정(射亭)의 특징과 설명을 바르게 연결한 것은?

특징	설명
A. 관설 사정	㉠ 민간인이 주도적으로 관리하며 특정 지역에서 공동체의 결속을 다지는 역할을 했다.
B. 민간 사정	㉡ 군사적, 사회적, 정치적 위상을 보여주기 위한 행사의 일환으로 운영되었다.
C. 훈련 및 교육 목적	㉢ 군사적 기술 습득과 전투력을 강화하기 위한 장소로 활용되었다.
D. 활쏘기 대회	㉣ 정부가 운영하며 사정 활동을 통해 신분별 무예 능력을 평가한 공간이다.

	A	B	C	D
①	㉠	㉢	㉡	㉣
②	㉡	㉣	㉠	㉢
③	㉢	㉠	㉡	㉣
④	㉣	㉠	㉢	㉡

9. 〈보기〉는 조선시대 주요 무예서의 역사적 순서에 대한 설명이다. 이를 시대순으로 바르게 배열한 것은?

〈보기〉
㉠ 무예제보: 선조 시기에 긴급히 단병 전술 중심으로 편찬된 무예서이다.
㉡ 무예신보: 사도세자가 주도하여 18기의 무예를 체계화한 무예서이다.
㉢ 무예도보통지: 정조의 명에 따라 24기의 무예를 그림과 함께 체계화한 종합 무예서이다.
㉣ 권보: 광해군 시기에 편찬된 권법 중심의 무예서로, 중국 권법과 차별화된 내용을 포함한다.

① ㉠ → ㉡ → ㉣ → ㉢
② ㉠ → ㉣ → ㉡ → ㉢
③ ㉡ → ㉠ → ㉣ → ㉢
④ ㉣ → ㉠ → ㉢ → ㉡

10. 〈보기〉의 설명에 해당하는 개화기 민족 사립 학교와 이를 설립한 인물을 바르게 연결한 것은?

〈보기〉
• 1907년에 설립되었으며, 체육 활동이 군사 훈련의 성격을 띠었다.
• 매년 1회 대운동회를 실시하며 민족의식을 고취하였다.

① 원산학사 - 정현석
② 대성학교 - 안창호
③ 오산학교 - 이승훈
④ 숭실학교 - 선교사

11. 〈보기〉에서 개화기에 설립된 체육 단체와 그에 대한 설명으로 옳은 것을 모두 고른 것은?

〈보기〉
㉠ 대한체육구락부: 우리나라에서 최초로 조직된 근대적인 체육 친목 단체이다.
㉡ 대한국민체육회: 근대 체육의 선구자 노백린 등이 설립하였으며, 체육의 올바른 이념 정립과 체육 관련 정책의 개혁을 목표로 하였다.
㉢ 대동체육구락부: 사회 진화론적 자강론에 입각하여 체육의 가치를 국가 부강의 기반으로 인식하고, 체육 계몽 운동을 통해 강력한 국가 건설을 지향하였다.
㉣ 대한흥학회운동부: 개화기에 결성된 체육 단체 중 가장 활발한 활동을 했으며, 터너와 질레트의 노력으로 근대 스포츠의 보급과 발전에 큰 기여를 하였다.

① ㉠, ㉡
② ㉡, ㉢
③ ㉠, ㉡, ㉢
④ ㉡, ㉢, ㉣

12. 일제 강점기에 발생한 체육사적 사실로 옳지 않은 것은?

① 경성 운동장이 설립되어 전국 규모의 대회와 올림픽 대회 예선전 등이 열렸다.
② 조선 체육인들이 국제 대회에 일본 선수로 출전하여 민족적 자긍심을 높였다.
③ 조선체육회 등과 같은 체육 단체들이 결성되었다.
④ 손기정은 1936년 베를린 올림픽 대회에서 마라톤 종목 금메달을 획득하며 세계적인 주목을 받았다.

13. 조선체육회에 대한 설명으로 옳지 않은 것은?

① 첫 사업으로 전 조선 야구 대회를 개최하였다.
② 조선의 체육을 지도, 장려하는 것이 목적이었다.
③ 일본 체육 단체에 대한 대응으로 1920년 조선인 중심으로 창립되었다.
④ 경성정구회와 경성야구협회를 통합하여 조직한 단체이다.

14. <보기>에서 YMCA가 우리나라 체육에 끼친 영향으로 옳은 것을 고른 것은?

―――――――― 〈보기〉 ――――――――
㉠ 전통 스포츠의 보급 및 확산을 통한 민족의식 고양에 힘썼다.
㉡ 야구, 농구, 배구 등과 같은 서구 스포츠의 도입과 보급에 기여하였다.
㉢ YMCA의 조직망을 통해 전국적으로 스포츠를 확산하는 데 기여하였다.
㉣ 일제 강점기 YMCA는 스포츠를 통해 일제의 동화 정책을 수용하고 발전시켰다.

① ㉠, ㉡ ② ㉠, ㉢
③ ㉡, ㉢ ④ ㉡, ㉣

15. <보기>의 내용에 해당하는 올림픽 대회에 대한 설명으로 옳지 않은 것은?

―――――――― 〈보기〉 ――――――――
• 1936년에 개최된 하계 올림픽 대회
• 마라톤의 손기정이 금메달, 남승룡이 동메달을 획득한 대회

① 제11회 베를린 올림픽 대회이다.
② 손기정과 남승룡은 조선 국적을 표기하고 출전하였다.
③ 손기정은 이 대회에서 2시간 29분 19초의 기록으로 마라톤 금메달을 획득하였다.
④ 동아일보 이길용 기자에 의해 일장기 말소 사건이 발생하였다.

16. <보기>의 내용에 해당하는 최초의 체육 진흥 계획에 대한 설명으로 옳지 않은 것은?

―――――――― 〈보기〉 ――――――――
• 국민생활체육협의회가 설립되었다.
• 서울 올림픽 기념 생활관이 건립되었다.
• '호돌이 계획'으로 생활체육 진흥을 도모하는 계기가 되었다.

① 이 계획은 국민 생활체육 진흥 종합 계획이다.
② 국민들의 생활체육 참여를 높이기 위해 마련된 최초의 체육 진흥 계획이다.
③ 서울 올림픽 대회 이후 체육 인프라와 시설 확충을 주요 목표로 삼았다.
④ '호돌이 계획'이라는 명칭은 제2차 계획부터 사용되었다.

17. 태권도에 대한 설명으로 옳지 않은 것은?

① 태권도는 전통적으로 발차기 기술에 중점을 둔 스포츠로, 점수를 얻을 수 있는 유일한 기술은 발차기이다.
② 1988년 서울 올림픽에서는 시범 종목으로 채택되었으며, 2000년 시드니 올림픽에서는 정식 종목으로 채택되었다.
③ 태권도는 대한민국의 국기(國技)로, 1973년 세계태권도연맹(WT)이 설립되었다.
④ 2007년 우리나라 정부는 태권도의 진흥을 위해 태권도 진흥 및 태권도 공원 조성 등에 관한 법률을 제정하였다.

18. 우리나라 각 정권 시기의 주요 체육 관련 정책과 성과에 대한 설명으로 옳지 않은 것은?

① 호돌이 계획은 생활체육 활성화를 목표로 했으며, 이를 기반으로 국민생활체육회가 설립되었다.
② 1988년 서울 올림픽 대회는 체육뿐 아니라 경제적 성장을 상징하는 국제적 이벤트로 평가받는다.
③ 제41회 지바 세계 탁구 선수권 대회에서 남북 단일팀은 박정희 정권 시기에 결성되었다.
④ 1980년대 이후 체육 정책은 생활체육과 엘리트 체육의 균형 발전을 목표로 추진되었다.

19. 전두환 정부 시기에 시행된 체육 관련 정책에 포함되지 않는 것은?

① 국민생활체육회 설립
② 체육부 신설
③ 서울 아시아 경기 대회 개최
④ 프로 스포츠 리그 출범

20. 박정희 정권 시기에 도입된 체력장 제도에 대한 설명으로 옳지 않은 것은?

① 체력장 제도는 1971년에 도입되었다.
② 대학 입시에 체력장 평가가 포함되기 시작한 시기는 1973년이다.
③ 체력장 종목은 100m 달리기, 멀리뛰기, 높이뛰기 등 총 10개의 종목으로 구성되었다.
④ 국제체력검사표준위원회 기준을 참고하여 체력 평가 기준을 설정하였다.

2급 스포츠지도사 필기시험

운동생리학 (55)

1. 유산소 트레이닝에 의한 골격근의 적응 현상에 대한 설명으로 옳지 <u>않은</u> 것은?

① 절대 운동 강도에서의 젖산 농도 감소
② 미토콘드리아의 수와 크기 증가
③ 운동 시 평균 심박수 증가
④ 고강도 운동 시 활동근의 세동맥(arterioles) 확장을 통한 혈류량 증가

2. <보기>에서 ATP를 합성하는 데 사용되는 에너지원을 모두 고른 것은?

―――― <보기> ――――
㉠ 젖산   ㉡ 비타민C
㉢ 글루코스   ㉣ 근중성 지방

① ㉠, ㉡
② ㉡, ㉢
③ ㉠, ㉢, ㉣
④ ㉡, ㉢, ㉣

3. 트레이닝의 원리에 해당하지 <u>않는</u> 것은?

① 특이성의 원리   ② 사회성의 원리
③ 과부하의 원리   ④ 가역성의 원리

4. <보기>에서 설명하는 동맥으로 옳은 것은?

―――― <보기> ――――
심장 근육에 혈액을 직접 공급하는 동맥으로, 대동맥에서 분지되어 심근으로 혈액을 운반한다. 이 동맥은 운동 중에도 심근에 충분한 산소와 영양소를 공급하는 중요한 역할을 한다.

① 폐동맥   ② 세동맥
③ 관상 동맥   ④ 상대정맥

5. <보기>에서 설명하는 물질로 옳은 것은?

―――― <보기> ――――
근육 세포에 존재하는 산소 운반 단백질로, 산소를 저장하고 필요할 때 방출하여 근육에 에너지를 공급한다. 이 단백질은 주로 근육의 색을 결정하며, 헤모글로빈보다 산소와 더 빠르게 결합하는 특징이 있다.

① 알부민
② 아세틸콜린
③ 크레아틴
④ 마이오글로빈

6. 감각 수용기에 대한 설명으로 옳은 것은?

① 골지 건기관: 근육의 대사량 정보를 감지하여 신경계에 전달한다.
② 화학 수용기: 근육의 힘 생성량 정보를 감지하여 중추 신경계로 전달한다.
③ 기계적 수용기: 근육의 수축을 감지하여 중추 신경계로 전달한다.
④ 근방추: 근육의 길이와 변화 속도를 감지하여 신전 반사에 관여한다.

7. <보기>의 빈칸에 들어갈 내용으로 옳은 것은?

―――― <보기> ――――
운동 강도가 증가함에 따라 (   ) 순으로 근 섬유 동원이 증가하게 된다.

① TypeⅠ 섬유 → TypeⅡa 섬유 → TypeⅡx 섬유
② TypeⅡa 섬유 → TypeⅡx 섬유 → TypeⅠ 섬유
③ TypeⅡx 섬유 → TypeⅡa 섬유 → TypeⅠ 섬유
④ TypeⅠ 섬유 → TypeⅡx 섬유 → TypeⅡa 섬유

8. 운동 유발성 근육 경직(exercise-associated muscle cramps)을 방지하기 위한 방법으로 적절하지 <u>않은</u> 것은?

① 단백질 섭취를 줄인다.
② 운동 전후 충분한 수분 섭취와 전해질 보충으로 체내 균형을 유지한다.
③ 운동 중 갑작스러운 동작 변화를 최소화한다.
④ 경직이 자주 발생하는 근육을 규칙적으로 스트레칭하여 유연성을 유지한다.

9. 〈보기〉에서 해수면과 비교하여 고지 환경에서 운동 시 생리적 반응으로 옳은 것으로만 묶인 것은?

〈보기〉
㉠ 최대하 운동 시 폐환기량이 감소한다.
㉡ 최대하 운동 시 동맥혈 산화 헤모글로빈 포화도는 감소한다.
㉢ 무산소 운동 능력보다 유산소 운동 능력이 더 감소한다.
㉣ 최대하 운동 시 심박수와 심박출량은 감소한다.

① ㉠, ㉡　　② ㉠, ㉢
③ ㉡, ㉢　　④ ㉢, ㉣

10. 〈보기〉에서 운동 단위(motor unit)에 대한 설명으로 옳은 것을 모두 고른 것은?

〈보기〉
㉠ TypeⅡ(속근) 운동 단위는 TypeⅠ(지근) 운동 단위에 비해 더 많은 근섬유를 포함한다.
㉡ 운동 단위는 여러 알파 운동 뉴런과 여러 근섬유의 조합으로 구성된다.
㉢ TypeⅡ(속근) 운동 단위의 알파 운동 뉴런은 TypeⅠ(지근) 운동 단위의 알파 운동 뉴런보다 크다.
㉣ TypeⅠ(지근) 운동 단위는 낮은 강도의 운동에서 먼저 동원되며, 지속적인 활동에 적합하다.

① ㉠, ㉢　　② ㉠, ㉢, ㉣
③ ㉡, ㉢, ㉣　　④ ㉠, ㉡, ㉢, ㉣

11. 근육의 힘, 파워, 속도의 관계에 대한 설명으로 옳지 <u>않은</u> 것은?

① 단축성(concentric) 수축에서 속도가 빨라질수록 근육이 생성하는 힘(장력)은 줄어든다.
② 근육이 발휘할 수 있는 최대 파워는 근수축 속도가 매우 빠를 때 나타난다.
③ 신장성(eccentric) 수축에서 늘어나는 속도가 증가하면 근육이 생성하는 힘(장력)은 커진다.
④ 단축성 수축에서 동일한 속도라면, 속근 섬유가 더 많은 근육이 더 큰 힘을 발휘한다.

12. 〈보기〉에서 항상성 유지를 위한 신체 반응으로 부적 피드백(negative feedback)에 해당하는 것을 모두 고른 것은?

〈보기〉
㉠ 혈액 응고 과정에서 혈소판 활성화 증가
㉡ 혈중 pH가 낮아질 때 호흡 속도 증가
㉢ 체온 하강 시 근육 떨림(오한)으로 열 생성 증가
㉣ 혈당 유지를 위한 호르몬 조절

① ㉠, ㉡, ㉢　　② ㉠, ㉢, ㉣
③ ㉡, ㉢, ㉣　　④ ㉠, ㉡, ㉢, ㉣

13. 심폐지구력, 근력, 근지구력, 유연성, 신체 구성 등 건강 체력 요소를 측정하는 방법으로 옳은 것은?

① 100m달리기, 서전트 점프
② 제자리멀리뛰기, 윗몸일으키기
③ 오래달리기 측정, 악력 측정
④ 오래달리기 측정, 생체 전기 저항 분석

14. 〈보기〉의 설명에 해당하는 호르몬으로 적절한 것은?

〈보기〉
부신 피질에서 분비되며 나트륨(Na^+)의 흡수 및 수분 손실을 억제하는 기능을 한다.

① 성장 호르몬　　② 에피네프린
③ 알도스테론　　④ 코르티솔

2급 스포츠지도사 필기시험

15. 〈보기〉에서 열 손실의 '증발' 기전에 해당하는 것을 고른 것은?

〈보기〉
㉠ 피부 표면에서 땀이 증발하며 열을 방출한다.
㉡ 공기 흐름이 빠를수록 땀의 증발이 촉진된다.
㉢ 대기 습도가 높을수록 열 손실이 효과적으로 증가한다.
㉣ 운동 중 노출된 피부 면적이 넓을수록 땀 증발에 의한 열 손실이 감소한다.

① ㉠, ㉡
② ㉠, ㉢
③ ㉡, ㉢
④ ㉡, ㉣

16. 에너지 대사 과정에 대한 설명으로 옳지 않은 것은?

① 해당 과정 중 NADH가 생성된다.
② 크렙스 회로와 전자 전달계는 미토콘드리아에서 발생하는 에너지 대사 과정이다.
③ 포도당 한 분자의 해당 과정은 ATP 2분자와 피루브산염 2분자를 생성하며, 산소가 부족할 경우 에너지 생성이 증가한다.
④ 중증도 강도(예 VO_{2max} 50%)의 운동을 30분 이상 지속하면 점진적으로 지방 대사의 비율이 증가한다.

17. 에너지 시스템에서 ATP 생성량에 대한 설명으로 가장 적절한 것은?

① 해당 작용에서 순생성량은 2개의 ATP이다.
② 크렙스 회로는 아세틸-CoA 1분자당 32개의 ATP를 생성한다.
③ 피루브산에서 아세틸-CoA로 전환되는 과정에서 ATP가 1개 생성된다.
④ 지방산 베타 산화 과정에서 포도당 1분자당 38개의 ATP가 생성된다.

18. 〈보기〉에서 저항성 트레이닝의 생리적 적응으로 옳은 것을 고른 것은?

〈보기〉
㉠ 근육 내 구조 단백질의 양 증가
㉡ 신경근 접합부의 크기 및 활성 감소
㉢ 시냅스 소포 수 증가
㉣ 골밀도 증가

① ㉠, ㉡
② ㉠, ㉣
③ ㉡, ㉢
④ ㉢, ㉣

19. 심혈관계에 대한 설명으로 옳지 않은 것은?

① 심장은 우심방, 우심실, 좌심방, 좌심실의 네 개의 방으로 이루어져 있다.
② 우심방으로 들어온 혈액은 우심실을 거쳐 폐동맥을 통해 폐로 이동한다.
③ 대동맥을 통해 박출된 혈액은 온몸을 순환하며 조직에 산소와 영양을 공급한다.
④ 산소가 풍부한 혈액은 폐동맥을 통해 좌심방으로 이동한다.

20. 근지구력(muscle endurance) 향상을 위한 운동 강도로 가장 적합한 것은?

① (1RM의 30~40%)의 고반복(세트당 20~25회)
② (1RM의 50~60%)의 중반복(세트당 15~18회)
③ (1RM의 70~80%)의 저반복(세트당 8~10회)
④ (1RM의 80~90%)의 저반복(세트당 2~5회)

2급 스포츠지도사 필기시험

운동역학 (66)

1. 〈보기〉에서 선운동량 또는 충격량에 대한 설명으로 옳은 것을 모두 고른 것은?

   ─〈보기〉─
   ㉠ 선운동량은 물체의 질량과 선속도의 곱으로 결정되는 물리량이다.
   ㉡ 충격량은 힘이 작용하는 시간에 비례하며, 운동량의 변화량과 같다.
   ㉢ 힘-시간 그래프에서 그래프 아래 면적은 충격량을 의미한다.
   ㉣ 충격량이 클수록 반드시 속도의 변화도 크다.

   ① ㉠, ㉡　　② ㉡, ㉢
   ③ ㉠, ㉡, ㉢　　④ ㉡, ㉢, ㉣

2. 〈보기〉에서 운동역학(kinetics)의 내용으로 적절한 것을 고른 것은?

   ─〈보기〉─
   ㉠ 스포츠 경기에서 신체 움직임을 정량적·정성적으로 분석하는 학문이다.
   ㉡ 운동 중 발생하는 근육 피로와 에너지 대사를 연구하는 학문이다.
   ㉢ 스포츠 수행 중 발생하는 심리적 요인을 연구하는 학문이다.
   ㉣ 스포츠 활동 중 신체에 작용하는 힘과 그 결과를 분석하는 학문이다.

   ① ㉠, ㉡　　② ㉠, ㉣
   ③ ㉡, ㉢　　④ ㉢, ㉣

3. 운동역학에서 동작 분석 시 사용하는 장비와 그 기능에 대한 설명이 옳지 않은 것은?

   ① 근전도 분석기: 넙다리 곧은근(대퇴직근) 활성도
   ② 지면 반력기: 넙다리 곧은근(대퇴직근) 활성도
   ③ 지면 반력기: 압력 중심의 위치
   ④ 동작 분석기: 무릎 관절 각속도

4. 〈보기〉에서 인체의 안정성에 관한 설명으로 옳은 것을 모두 고른 것은?

   ─〈보기〉─
   ㉠ 기저면의 크기가 클수록 안정성이 증가할 가능성이 높다.
   ㉡ 기저면의 모양은 안정성에 영향을 줄 수 있다.
   ㉢ 무게 중심의 높이는 안정성과 관계가 없다.
   ㉣ 무게 중심을 지나는 중력선이 기저면 중심에 가까울수록 안정성이 증가한다.

   ① ㉠, ㉡　　② ㉡, ㉣
   ③ ㉠, ㉡, ㉣　　④ ㉡, ㉢, ㉣

5. 근수축 형태와 기계적 일(mechanical work)에 대한 설명으로 옳지 않은 것은?

   ① 위팔 두 갈래근(상완 이두근, biceps brachii)의 신장성 수축(eccentric contraction)은 팔꿉 관절(elbow joint)에서 음(negative)의 일을 한다.
   ② 위팔 두 갈래근의 단축성 수축(concentric contraction)은 팔꿉 관절에서 양(positive)의 일을 한다.
   ③ 위팔 두 갈래근의 등척성 수축(isometric contraction)은 팔꿉 관절에서 양(positive)의 일을 한다.
   ④ 위팔 두 갈래근의 등척성 수축(isometric contraction) 시 팔꿉 관절에서 발생하는 기계적 일은 0이다.

6. 농구 자유투의 투사체 운동(projectile motion)에 대한 설명으로 옳은 것은? (단, 공기 저항은 무시함)

   ① 농구공의 무게 중심은 포물선을 그리며 이동하며, 수직 방향의 가속도는 중력 가속도와 동일하다.
   ② 농구공의 무게 중심이 최고점에 도달할 때, 수평 속도도 0m/s가 된다.
   ③ 농구공이 포물선을 따라 이동하는 동안 수평 가속도는 중력 가속도와 동일하다.
   ④ 농구공의 무게 중심이 이동하는 동안 속도(speed) 벡터의 크기는 일정하게 유지된다.

7. <보기>의 설명에 해당하는 가장 적절한 개념은?

〈보기〉
단위 시간당 이동한 변위(displacement)를 나타내는 벡터량으로, 크기뿐만 아니라 방향도 중요한 특성을 가진다. 이는 운동 방향에 따라 양(+) 또는 음(-)의 값을 가질 수 있으며, 평균값과 순간값으로 구분될 수 있다.

① 속도(velocity)
② 거리(distance)
③ 가속도(acceleration)
④ 각속도(angular velocity)

8. <보기>의 현상을 가장 적절하게 설명하는 개념은?

〈보기〉
이 현상은 베르누이의 원리(bernoulli principle)로 설명될 수 있으며, 물체의 형태 비대칭성과 회전(spin)에 의해 발생한다. 이로 인해 유체의 속도 차이에 따라 압력 차이가 형성되며, 물체는 특정 방향으로 힘을 받게 된다.

① 외력(external force)
② 부력(buoyancy)
③ 항력(drag)
④ 양력(lift)

9. <보기>에서 인체의 지레(lever)에 대한 설명으로 옳은 것은?

〈보기〉
㉠ 1종 지레에서는 받침점(fulcrum)이 힘점(effort)과 작용점(load) 사이에 위치한다.
㉡ 2종 지레에서는 받침점(fulcrum)이 작용점(load)과 힘점(effort) 사이에 위치한다.
㉢ 3종 지레에서는 힘점(effort)이 받침점(fulcrum)과 작용점(load) 사이에 위치한다.
㉣ 인체에서 대부분의 관절 운동은 3종 지레에 해당하며, 이는 힘의 이득을 증가시키는 구조이다.

① ㉠, ㉡
② ㉠, ㉢
③ ㉡, ㉢
④ ㉢, ㉣

10. 다이빙 선수가 가지는 에너지 변화에 대한 설명으로 적절한 것은?

① 플랫폼에서 정지해 있는 선수는 운동 에너지가 0이다.
② 다이빙 선수가 플랫폼에서 낙하할수록 위치 에너지가 증가한다.
③ 다이빙 선수가 낙하하는 동안 운동 에너지는 감소한다.
④ 외력이 없다고 가정할 때, 다이빙 선수의 역학적 에너지 총량은 증가한다.

11. 항력에 대한 설명으로 옳지 않은 것은?

① 유선형 형태의 물체는 각진 형태의 물체보다 항력이 적다.
② 야구에서 투구 시 공기 저항을 줄이기 위해 회전을 조절한다.
③ 유체와 물체의 표면 사이에서 발생하는 마찰력도 항력의 한 종류이다.
④ 날아가는 골프공의 단면적(유체의 흐름 방향에 수직한 면적)이 증가하면 항력도 증가한다.

12. <보기>의 ㉠, ㉡에 들어갈 내용을 바르게 연결한 것은?

〈보기〉
야구공을 수평 방향으로 초기 속도 25m/s로 던졌을 때, 공기 저항을 무시할 경우, 야구공의 (㉠) 시간이 3초라면, 수평으로 이동한 거리는 (㉡)이다.

	㉠	㉡
①	체공	75m
②	저항	50m
③	체공	100m
④	저항	75m

2급 스포츠지도사 필기시험

13. 〈보기〉에서 충돌에 대한 설명으로 옳은 것을 모두 고른 것은?

〈보기〉
㉠ 탄성(elasticity)은 충돌하는 물체의 재질, 온도, 충돌 속도 등의 영향을 받지 않는다.
㉡ 탄성이란 외부 힘에 의해 변형된 물체가 원래 상태로 되돌아가려는 성질을 의미한다.
㉢ 복원 계수(반발 계수, coefficient of restitution)는 단위가 없으며, 0에서 1 사이의 값을 가진다.
㉣ 충돌 시 두 물체의 속도 변화는 각각의 질량에 반비례한다.

① ㉠, ㉡
② ㉡, ㉢
③ ㉠, ㉡, ㉣
④ ㉡, ㉢, ㉣

14. 어떤 물체를 힘을 가해 10초 동안 5m 이동시키려 한다. 이때 필요한 일률이 100W라면, 물체에 가해야 할 힘의 크기는 얼마인가? (단, 힘의 작용 방향과 이동 방향은 일치함)

① 200N
② 250N
③ 400N
④ 800N

15. 무게 중심(center of gravity)이 항상 신체 내부에 위치하는 자세로 가장 적절한 것은?

① 멀리뛰기에서 공중으로 도약하는 순간
② 높이뛰기에서 착지하는 순간
③ 체조 선수가 공중에서 회전하는 동작
④ 차렷 자세로 서 있는 상태

16. 〈보기〉에서 뉴턴(I. Newton)의 선운동 법칙에 대한 설명으로 옳은 것을 모두 고른 것은?

〈보기〉
㉠ 물체에 외부 힘이 작용하지 않으면, 정지해 있던 물체는 계속 정지 상태를 유지하려 한다.
㉡ 힘이 작용하면 물체는 힘의 크기에 비례하는 가속도를 얻게 된다.
㉢ 속력이 일정한 물체에도 항상 가속도가 존재한다.
㉣ 같은 힘이 작용할 때, 질량이 클수록 더 큰 가속도가 발생한다.

① ㉠, ㉡
② ㉠, ㉡, ㉢
③ ㉠, ㉢, ㉣
④ ㉠, ㉡, ㉢, ㉣

17. 〈보기〉의 빈칸에 들어갈 용어로 가장 적절한 것은?

〈보기〉
육상 선수의 100m 달리기 동작에서 발목 관절이 저측 굴곡(plantar flexion)과 배측 굴곡(dorsiflexion)하는 움직임은 (　　　)에서 수행되는 움직임이다.

① 수평면
② 정면
③ 관상면
④ 시상면

18. 〈보기〉에서 운동학적(kinematic) 및 운동역학적(kinetic) 변인에 대한 설명으로 옳은 것으로만 묶인 것은?

〈보기〉
㉠ 질량(mass)은 크기만을 갖는 스칼라량이다.
㉡ 시간(time)은 크기와 방향을 갖는 벡터량이다.
㉢ 속도(velocity)는 크기만을 갖는 스칼라량이다.
㉣ 거리(distance)는 물체가 이동한 총 경로의 길이를 나타내는 스칼라량이다.

① ㉠, ㉡
② ㉠, ㉣
③ ㉡, ㉢
④ ㉢, ㉣

19. 역학적 에너지가 가장 크게 작용하는 동작으로 적절한 것은? (단, 중력 가속도는 $9.8m/s^2$으로 가정함)

① 3m 높이에 서 있는 질량 70kg 다이빙 선수의 위치 에너지
② 6m 높이에 서 있는 질량 55kg 다이빙 선수의 위치 에너지
③ 6.5m/s로 평지를 달리고 있는 질량 85kg 럭비 선수의 운동 에너지
④ 9m/s로 평지를 달리고 있는 질량 95kg 럭비 선수의 운동 에너지

20. 수영 선수의 추진 속도(propelling velocity)를 분석하고자 한다. 이 분석은 운동역학적 접근 방법 중 어떤 범주에 포함되는가?

① 운동학(kinematics)
② 정역학(statics)
③ 동역학(dynamics)
④ 측정 및 평가(measurement and evaluation)

2급 스포츠지도사 필기시험

스포츠윤리 (77)

1. 〈보기〉에서 '도덕적 선(善)'의 의미를 내포한 것을 모두 고른 것은?

   〈보기〉
   ㉠ 골을 넣을 기회가 있었지만, 팀워크를 위해 동료에게 패스하는 '좋은' 플레이
   ㉡ 체조 경기에서 난도 높은 기술을 완벽하게 수행하는 '좋은' 연기
   ㉢ 축구 경기에서 상대 팀의 공격 패턴을 분석하여 효과적으로 차단하는 '좋은' 수비 전략
   ㉣ 경기 도중 상대 선수가 부상을 입자 즉시 경기를 멈추고 도와주는 '좋은' 스포츠맨십

   ① ㉠, ㉡
   ② ㉡, ㉢
   ③ ㉡, ㉣
   ④ ㉠, ㉣

2. 맹자(孟子)의 사상인 '수오지심'에 대한 사례로 옳은 것은?

   ① 상대 공이 아웃으로 판정되었지만, 실제로 라인을 맞았음을 알고 득점을 양보하고자 하는 마음
   ② 육상에서 스타트 실수를 심판이 놓치자 재출발을 요청하는 공정한 마음
   ③ 축구 경기에서 골을 넣으려는 상대 선수를 손으로 밀었는데, 심판이 반칙을 보지 못해 경기가 계속 진행될 때 스스로 부끄러워 하는 마음
   ④ 농구 경기에서 자신과 부딪쳐서 부상을 당해 병원으로 이송되는 상대 선수를 걱정해 주는 마음

3. 의무론적 도덕 추론에 해당하지 않는 것은?

   ① 행위의 도덕성은 그 동기와 의무에 따라 결정되며, 결과와 상관없이 옳은 행위를 해야 한다.
   ② 행위의 도덕성은 그 행위가 가져올 결과에 따라 평가된다.
   ③ 도덕적 판단은 절대적인 윤리 원칙에 따라 이루어지며, 상황에 따라 변하지 않는다.
   ④ 의무론적 윤리관은 칸트의 정언 명령과 깊은 관련이 있다.

4. 〈보기〉에서 스포츠맨십(sportsmanship)에 해당하는 것을 모두 고른 것은?

   〈보기〉
   ㉠ 상대 선수와의 충돌 후 먼저 다가가 상태를 확인하는 행동
   ㉡ 경기에서 패배한 후 심판과 상대 팀에게 존중을 표하는 태도
   ㉢ 심판의 판정을 불복하고 거칠게 항의하는 행동
   ㉣ 경기 종료 후 유니폼을 교환하며 선의의 경쟁을 나누는 모습

   ① ㉠, ㉡
   ② ㉠, ㉢
   ③ ㉡, ㉢, ㉣
   ④ ㉠, ㉡, ㉣

5. <보기>에서 ㉠, ㉡이 설명하는 용어가 바르게 연결된 것은?

―― <보기> ――
㉠ 경쟁과 승리를 추구한다.
㉡ 신체적·도덕적 탁월성을 추구한다.

	㉠	㉡
①	아곤	아레테
②	로고스	파토스
③	아곤	에토스
④	아레테	아곤

6. 의도적 구성 반칙의 특징으로 적절하지 않은 것은?

① 경기의 결과에 영향을 미치기 위해 특정한 동기와 목표를 가지고 행해진다.
② 스포츠의 본질적인 성격을 부정하는 의미로 해석할 수 있다.
③ 실격, 몰수패, 출전 정지, 영구 제명 등의 처벌이 따른다.
④ 의도적 구성 반칙은 스포츠의 공정성을 유지하기 위한 긍정적인 전략이다.

7. <보기>의 대화에서 성차별의 원인에 대한 올바르지 않은 설명을 한 학생은?

―― <보기> ――
민지: 스포츠에서 성차별이 왜 생길까? 사회에서 고정된 성 역할이 여전히 영향을 미치는 것 같아.
찬미: 맞아, 남녀의 차이를 차별로 정당화하는 논리도 큰 문제잖아.
도원: 또 신체 구조나 운동 능력에 대한 편견도 여전히 존재하지.
은혜: 그러게, 여성성이 훼손된다고 생각해서 일부 스포츠에 여성의 참여를 반대하는 경우도 있더라.

① 민지
② 찬미
③ 도원
④ 은혜

8. <보기>에서 설명하는 인종 차별에 관한 개념으로 적절한 것은?

―― <보기> ――
한 국가에서 열린 축구 리그에서는 규정상 선수들의 피부색에 따라 팀이 구분되었고, 흑인 선수들은 열악한 구장에서만 경기를 해야 했다. 백인 팀은 최신 시설과 넓은 관중석을 갖춘 경기장에서 뛰었고, 흑인 팀은 관중도 거의 없는 낡은 구장에서 경기를 치렀다. 심지어 흑인 선수들은 백인 선수들과 같은 리그에서 경쟁할 수 없었으며, 우승 기회는 오로지 백인 팀에게만 주어졌다.

① 생물학적 환원주의
② 게발트(Gewalt)
③ 아파르트헤이트(Apartheid)
④ 지속 가능한 발전

9. <보기>에서 장애인의 스포츠 참여를 지원하는 방법으로 옳은 것을 고른 것은?

―― <보기> ――
㉠ 장애인이 이용할 수 있도록 체육 시설의 접근성을 개선
㉡ 장애 학생과 비장애 학생을 분리하여 전문 지도자를 통한 맞춤형 교육 지원
㉢ 장애 유형에 맞춘 경기 규칙 조정 및 보조 장비 제공
㉣ 장애인 스포츠를 홍보하는 단기 이벤트 위주로 운영

① ㉠, ㉡
② ㉠, ㉢
③ ㉡, ㉢
④ ㉢, ㉣

2급 스포츠지도사 필기시험

10. 폴 테일러(P. Taylor)가 제시한 내용으로 옳지 <u>않은</u> 것은?

① 불침해의 의무: 다른 생명체에 해를 끼쳐서는 안 된다.

② 불간섭의 의무: 자연의 자율적 과정을 존중하고 간섭해야 한다.

③ 신뢰의 의무: 낚시나 덫처럼 동물을 기만하는 행위를 해서는 안 된다.

④ 보상적 정의의 의무: 부득이하게 해를 끼친 경우 피해를 보상해야 한다.

11. 스포츠 환경과 관련된 이론을 제시한 학자와 그에 대한 설명으로 옳지 <u>않은</u> 것은?

① 베르크(A. Berque): 인간과 환경의 관계에 중점을 두는 것보다는 자연중심주의를 강조하였다.

② 레오폴드(A. Leopold): 자연을 하나의 공동체로 보고, 인간이 자연을 존중하고 보호할 도덕적 책임을 강조하였다.

③ 네스(A. Naess): 인간 중심적 사고에서 벗어나 생태계 전체의 권리와 가치를 강조하였다.

④ 슈바이처(A. Schweitzer): 모든 생명체가 동등한 가치를 지닌다고 보는 생명중심주의를 제시하였다.

12. 경기 중 관중의 폭력성과 관련된 사례로 적절하지 <u>않은</u> 것은?

① 1964년 페루 리마에서 열린 축구 경기에서 관중 난동으로 인해 약 300명이 사망하는 참사가 발생했다.

② 1969년 온두라스와 엘살바도르의 월드컵 예선전으로 양국 간 정치적 긴장이 고조되었고, 결국 실제 전쟁으로 이어졌다.

③ 1985년 벨기에 브뤼셀의 헤이젤 경기장에서 열린 리버풀과 유벤투스의 유러피언컵 결승전에서 관중 충돌로 39명이 사망했다.

④ 2002 시즌, LA 레이커스의 샤킬 오닐과 코비 브라이언트가 상대 팀 선수와 몸싸움을 벌여 출장 금지 처분을 받았다.

13. 스포츠에서 공격이 윤리적이어야 하는 이유로 옳은 것을 〈보기〉에서 모두 고른 것은?

〈보기〉
㉠ 공격은 상대 선수의 기량을 억제하고, 경기의 흐름을 방해하는 수단으로 활용되어야 하기 때문이다.
㉡ 공격은 상대의 기량 발휘를 침해하지 않아야 하기 때문이다.
㉢ 공격은 단순한 신체적 힘이 아닌, 전술과 전략적 사고를 바탕으로 발전적인 방향으로 이루어져야 하기 때문이다.
㉣ 공격과 방어는 규칙을 준수하는 가운데 이루어지는 소통의 구조를 형성해야 하기 때문이다.

① ㉠, ㉡
② ㉡, ㉢
③ ㉠, ㉡, ㉢
④ ㉡, ㉢, ㉣

14. 스포츠에서 도핑을 반대해야 하는 이유로 적절하지 <u>않은</u> 것은?

① 경기의 공정성을 해치고, 정당한 경쟁을 저해하기 때문이다.

② 선수의 신체 능력을 지나치게 강화하여 경기 기록을 경신하기 어렵게 만들기 때문이다.

③ 장기적으로 선수의 건강을 심각하게 위협하며, 다양한 부작용을 초래할 수 있기 때문이다.

④ 도핑 사례는 청소년 운동선수들에게 부정적인 본보기가 되어, 스포츠 윤리를 저해할 수 있기 때문이다.

15. 스포츠 경기에 적용되는 과학 기술에 대한 설명으로 옳지 <u>않은</u> 것은?

① 스마트 보호 장비와 충격 흡수 기술은 선수들의 안전을 보장하는 역할을 하며, 경기 중 부상 위험을 줄이는 데 기여한다.

② 스포츠 경기에서 사용되는 맞춤형 신발과 특수 제작된 장비는 모든 선수에게 동등한 기회를 제공하며, 경기의 공정성을 높이는 역할을 한다.

③ 비디오 판독(VAR)과 AI 기반 판정 시스템은 심판의 주관적 판단을 보완하고, 판정의 정확성을 높이는 역할을 한다.

④ 스마트 경기장과 자동 기후 조절 시스템은 경기장 내 환경을 최적화하여 선수들의 경기력 유지와 관중 경험 향상에 기여한다.

16. 학생 운동선수의 학습권 보장을 위한 방안으로 적절하지 않은 것은?

① 유연한 학사 운영과 경기 일정 조정
② 학생 선수의 특성을 반영한 학업 성취도 평가 개선
③ 개인 맞춤형 학습 지원을 위한 튜터링 및 멘토링 제공
④ 체육 활동 시간을 확대하고 학업을 최소화하여 적절한 균형 유도

17. 스포츠에서 인성 관련 이론을 주장한 학자와 그에 대한 설명으로 옳지 않은 것은?

① 맥페일(P. McPhail): 스포츠를 실천적 학습의 장으로 보고, 자기 통제와 사회적 책임을 배울 기회를 제공한다고 주장했다.
② 피아제(J. Piaget): 스포츠를 통해 규칙 이해와 타협 능력을 배우며, 자율적 도덕 판단이 발전한다고 본다.
③ 피터스(R. Peters): 교육의 본질을 인격 형성으로 보고, 교육은 지식 전달뿐 아니라 도덕적·사회적 가치를 내면화시키는 과정이라고 강조했다.
④ 콜버그(L. Kohlberg): 스포츠가 정의, 공정성, 책임감 등 도덕적 판단 능력을 발전시킨다고 주장했다.

18. 〈보기〉의 대화에서 성폭력 예방 또는 대처 방안으로 적절하지 않은 주장을 한 학생은?

〈보기〉
혜진: 선수들은 성폭력 예방 교육을 통해 자신의 권리를 알고, 부당한 상황에서 거부 의사를 표현하는 방법을 배워야 해.
승윤: 성폭력 사건이 발생하면 피해자가 즉시 공개적으로 문제를 제기해야 해.
세은: 성폭력 예방을 위해 신뢰할 수 있는 상담 창구를 마련하고, 익명 신고 시스템을 구축해야 해.
아람: 성폭력 사건을 신고한 피해자가 보호받을 수 있도록 제도를 강화해야 해.

① 혜진 ② 승윤
③ 세은 ④ 아람

19. 스포츠에서 심판의 윤리적 자질에 대한 설명으로 옳지 않은 것은?

① 심판은 경기 중 어느 한쪽 팀에 유리하거나 불리한 판정을 하지 않으며, 규칙을 엄격하게 적용한다.
② 심판은 경기 중 선수나 코칭 스태프의 항의에 감정적으로 반응하지 않고, 냉정하고 일관된 태도로 경기를 운영하는 것이 중요하다.
③ 심판은 경기에서는 공정한 판정을 내리도록 최선을 다하지만, 경기 이후 판정 결과에 대해 논란이 발생하더라도 책임을 지지 않아도 된다.
④ 심판은 경기 전후로 특정 팀이나 관계자로부터 금전적 이익을 취하거나 선물을 받지 않으며, 외부 압력에 흔들리지 않는 태도를 견지해야 한다.

20. 〈보기〉의 ㉠~㉢에 해당하는 스포츠 조직의 윤리적 원칙이 바르게 연결된 것은?

〈보기〉
㉠ 지역 스포츠 센터에서는 모든 연령대의 회원들이 동일한 기준으로 시설 예약을 할 수 있도록 운영 방침을 정했다.
㉡ 국가대표 육상팀은 선수별 경기 성적과 훈련 성과를 고려하여 맞춤형 훈련 프로그램을 제공하기로 했다.
㉢ 국제 스포츠 연맹은 경기 규칙을 결정할 때, 특정 국가나 개인의 이익이 아니라 모든 선수에게 공정한 결과가 되도록 익명 평가를 활용했다.

	㉠	㉡	㉢
①	기회 균등 원칙	차등의 원칙	원초적 원칙
②	평등의 원칙	자유의 원칙	차등의 원칙
③	자유의 원칙	기회 균등 원칙	법률적 정의
④	차등의 원칙	평등의 원칙	원초적 원칙

스포츠지도사 2급 필기
파이널 실전봉투모의고사

실전 모의고사 2회

※ 본 모의고사는 선택과목으로만 구성되어 있습니다. 2급 전문 및 2급 생활 자격증 응시자는 선택과목 중 5개 과목을, 2급 장애인·유소년·노인 자격증 응시자는 선택과목 중 4개 과목을 선택하여 풀이하시기 바랍니다.

선택과목 중 5개 과목을 선택(2급 장애인·유소년·노인은 선택 4과목+필수 1과목)하여 100분 내에 풀고, OMR 마킹까지 끝내야 하는 시험입니다. 선택한 과목에 ☑ 체크 후 과목별로 20분 내에 푸는 연습을 해 보세요.

구분	과목코드	페이지	풀이시간
선택과목	☐ 스 포 츠 사 회 학 (과목코드: 11)	1면	
	☐ 스 포 츠 교 육 학 (과목코드: 22)	4면	
	☐ 스 포 츠 심 리 학 (과목코드: 33)	8면	
	☐ 한 국 체 육 사 (과목코드: 44)	11면	
	☐ 운 동 생 리 학 (과목코드: 55)	14면	
	☐ 운 동 역 학 (과목코드: 66)	17면	
	☐ 스 포 츠 윤 리 (과목코드: 77)	20면	

2급 스포츠지도사 필기시험

스포츠사회학 (11)

1. <보기>에서 설명하는 스포츠의 사회적 기능은?

― <보기> ―
올림픽과 같은 국제 스포츠 대회는 전 세계 다양한 국가와 민족이 한자리에 모여 각자의 전통과 가치를 자연스럽게 공유하며 서로를 이해하는 기회를 제공한다.

① 사회 통합   ② 정체성 형성
③ 문화적 교류   ④ 국수주의

2. <보기>의 내용을 통해 알 수 있는 스포츠와 정치의 결합 방식으로 가장 적절한 것은?

― <보기> ―
1988년 서울 올림픽 대회가 한국에서 개최되면서 국민들은 "우리나라가 세계인의 축제를 성공적으로 이끌고 있다."라는 자부심과 함께 국가에 대한 긍지를 느꼈다.

① 상징   ② 동일화
③ 구체성   ④ 조작

3. 국제 정치에서 스포츠의 역할로 적절한 것을 <보기>에서 모두 고른 것은?

― <보기> ―
㉠ 국제적 위상 강화
㉡ 외교 수단으로 활용
㉢ 전인적 성장 지원
㉣ 이념 및 정치 체제 홍보
㉤ 국제 협력과 평화 증진

① ㉠, ㉡
② ㉢, ㉣
③ ㉡, ㉢, ㉤
④ ㉠, ㉡, ㉣, ㉤

4. 스포츠 상업주의의 성격이 다른 하나는?

① 대규모 투자와 스폰서십이 증가하여 경기장과 훈련 시설 등 인프라가 개선되고, 지역 스포츠 환경이 발전한다.
② 스포츠가 대중에게 더 널리 알려지고, 다양한 미디어 노출로 인해 팬층이 확대된다.
③ 특정 선수나 종목에 재정적 지원이 집중되면서 종목 간 자원의 배분이 편중되는 경향이 나타난다.
④ 스포츠 대회나 이벤트가 열리면 지역 관광객 증가와 소비 증대 효과로 지역 경제가 활성화된다.

5. <보기>의 사례에 해당하는 메가 이벤트의 경제적 효과로 가장 적절한 것은?

― <보기> ―
2018년 평창 올림픽 대회 개최를 앞두고 고속철도와 도로망이 확충되면서 경기장뿐만 아니라 인근 지역의 접근성이 크게 개선되었다.

① 인프라 개발
② 일자리 창출
③ 국가 이미지 상승
④ 국가의 자긍심 제고

6. <보기>에서 설명하는 학원 스포츠의 기능을 바르게 연결한 것은?

― <보기> ―
㉠ 학교 스포츠 대회를 통해 학생들은 협동심과 리더십을 배우고, 다양한 배경의 친구들과 교류하며 사회적 관계를 형성하는 기회를 얻는다.
㉡ 자원 부족으로 동일한 기회를 제공받지 못한 다른 학교들이 경쟁에서 불리한 위치에 놓였다.

	㉠	㉡
①	인성 교육	과도한 성적 지향
②	사회적 발달	불공정한 경쟁
③	인성 교육	불공정한 경쟁
④	사회적 발달	과도한 성적 지향

7. 버렐(S. Birrell)과 로이(J. Roy)의 '스포츠 미디어를 통해 충족할 수 있는 욕구 유형'에 대한 설명으로 옳지 않은 것은?

① 인지적 욕구: 스포츠 미디어는 경기 결과와 선수에 대한 분석 정보를 제공하여 관람자의 이해도를 높인다.
② 도피적 욕구: 스포츠 미디어는 관람자에게 일상에서 벗어나 감정적 스트레스를 해소할 기회를 제공한다.
③ 통합적 욕구: 스포츠 미디어는 사회 구성원 간의 연대감을 형성하고, 공동체 의식을 강화하는 데 기여한다.
④ 정의적 욕구: 스포츠 미디어는 스트레스와 불안을 해소하며 관람자에게 심리적 안정을 제공한다.

8. <보기>의 대화에서 ㉠, ㉡에 해당하는 저널리즘 유형을 바르게 연결한 것은?

―――――――― <보기> ――――――――
㉠ 나리: 얼마 전에 한 스포츠 스타의 부상 복귀 과정을 다룬 기사를 봤어. 그 기사에서는 인터뷰, 가족 이야기, 훈련 일지 등을 바탕으로 선수의 이야기를 서사적으로 풀어내 감동을 전달했어.
㉡ 광록: 그런가 하면, 단순히 경기 결과와 선수의 발언을 정리해서 독자들에게 그대로 전달하는 기사도 자주 보이더라.

	㉠	㉡
①	뉴 저널리즘	팩 저널리즘
②	탐사 저널리즘	옐로 저널리즘
③	팩 저널리즘	시민 저널리즘
④	옐로 저널리즘	뉴 저널리즘

9. 투민(M. Tumin)이 제시한 스포츠계층의 특성 중 <보기>의 설명에 해당하는 것은?

―――――――― <보기> ――――――――
세계 어느 사회에서든 스포츠 참여는 소득, 교육 수준과 관계없이 모든 계층에서 나타나며, 이는 사람들의 일상에 깊이 자리 잡고 있다.

① 사회성 ② 영향성
③ 편재성 ④ 역사성

10. <보기>에서 설명하는 스포츠와 계층과의 관계를 나타내는 이론으로 가장 적절한 것은?

―――――――― <보기> ――――――――
테니스 경기장에서 VIP석에 앉아 경기를 관람하는 상류층은 높은 경제력과 사회적 지위를 바탕으로 더 나은 관람 환경을 누린다. 이러한 차이는 스포츠 참여와 관람의 기회가 사회적 배경에 따라 차등적으로 주어질 수 있음을 보여준다. 이로 인해 스포츠 공간 내에서도 계층 간 격차가 자연스럽게 드러난다.

① 계급론 ② 계층론
③ 문화자본론 ④ 헤게모니론

11. 하류 계층의 스포츠 참가 한계 요인에 대한 설명으로 옳지 않은 것은?

① 스포츠 참가를 위해 필요한 장비 구입과 시설 이용료는 하류 계층에게 큰 부담이 된다.
② 생계를 유지하기 위해 긴 노동 시간을 보내면서 스포츠에 참여할 시간이 부족하다.
③ 스포츠교육과 훈련에 대한 접근성이 낮아, 전문적인 참여가 제한된다.
④ 스포츠를 즐기는 방식이 사회적 이미지나 체면과 연결되기 때문에 특정 스포츠만 선택하게 될 수 있다.

12. 스포츠 사회화 과정에 대한 설명으로 옳지 않은 것은?

① 스포츠로의 사회화: 가정, 학교, 또래 집단의 영향을 받아 스포츠 활동에 처음 참여하는 과정이다.
② 스포츠를 통한 사회화: 스포츠 활동을 통해 협동심, 규칙 준수, 팀워크와 같은 사회적 가치를 배우는 과정이다.
③ 스포츠로부터의 탈사회화: 스포츠 활동을 중단하거나 은퇴하여 스포츠 관련 사회적 역할에서 벗어나는 과정이다.
④ 스포츠로의 재사회화: 스포츠 활동을 중단한 후, 과거의 동일한 팀, 역할, 규칙 속에서 아무런 변화 없이 스포츠에 복귀하는 과정이다.

13. <보기>의 ㉠, ㉡에 해당하는 파슨스(T. Parsons)의 사회적 기능 모형(AGIL)을 바르게 연결한 것은?

〈보기〉
㉠ 올림픽 조직 위원회는 예상치 못한 기후 변화에 맞춰 경기 일정을 조정하고, 지역 자원을 효율적으로 활용해 대회를 성공적으로 운영했다.
㉡ 축구팀은 월드컵 우승을 위해 체계적인 훈련과 전략을 수립하며, 모든 구성원이 같은 방향으로 노력했다.

	㉠	㉡
①	적응	목표 성취
②	적응	통합
③	유형 유지	목표 성취
④	유형 유지	통합

14. 스포츠로의 사회화 촉진 요소에 대한 설명으로 옳지 않은 것은?

① 부모나 형제의 스포츠 활동 참여는 어린 시절 스포츠 입문에 큰 영향을 미친다.
② 미디어는 유명 선수의 경기만이 아니라, 스포츠에 대한 비판적 시각을 제공해 사회화를 촉진한다.
③ 친구들의 스포츠 활동이 스포츠 참여를 자연스럽게 유도하며, 스포츠에 대한 관심을 높인다.
④ 스포츠가 중요한 역할을 하는 문화에서는 스포츠 참여가 자연스럽게 촉진된다.

15. <보기>에서 스포츠 일탈의 원인과 관련이 있는 것으로만 묶인 것은?

〈보기〉
㉠ 경쟁 과열
㉡ 경제적 이익 추구
㉢ 사회적 압력
㉣ 스포츠 팬덤 문화
㉤ 감독 및 제재 강화

① ㉠, ㉡, ㉢
② ㉠, ㉢, ㉣
③ ㉡, ㉢, ㉤
④ ㉡, ㉣, ㉤

16. <보기>의 사례에 해당하는 머튼(R. Merton)의 아노미 이론상의 적응 유형은?

〈보기〉
한 선수가 더 이상 국가대표가 되는 목표는 포기했지만, 매일 훈련에 성실히 참여하고 규칙에 따라 경기를 준비하며 소속 팀의 일원으로서 역할을 충실히 수행했다.

① 도피주의
② 동조주의
③ 의례주의
④ 혁신주의

17. 스포츠 일탈 방지를 위한 전략으로 옳지 않은 것은?

① 스포츠 선수와 지도자를 대상으로 스포츠 윤리와 가치를 교육하여 일탈 행위를 예방한다.
② 승리와 성과를 최우선으로 강조하여 선수들의 경기 집중력을 높인다.
③ 선수들이 규정된 약물 사용을 준수하도록 예방 및 검사를 강화한다.
④ 선수들이 심리적 압박을 해소하고 건강한 정신 상태를 유지하도록 지원한다.

18. 미래사회의 스포츠에서 미디어와 통신 기술의 확장과 직접적인 관련이 없는 것은?

① 다양한 소셜 미디어와 스트리밍 플랫폼을 통해 스포츠 이벤트를 실시간으로 관람할 수 있다.
② VR 기술로 관중석에서 보는 것처럼 현실감을 제공하고, AR로 경기 데이터를 화면에 실시간으로 제공한다.
③ AI를 활용한 경기 분석, 드론 촬영으로 제공되는 새로운 시점과 고화질의 중계로 경기 몰입감을 극대화한다.
④ 전 세계 시청자가 동일한 시간에 관람하도록 시간대를 조정하여 팬층을 확장하고 참여를 높인다.

19. 스포츠 세계화의 특징에 대한 설명으로 옳지 않은 것은?

① 스포츠 스타들이 세계적으로 활동하며 국제적 영향력을 발휘한다.
② 스포츠 관련 산업이 글로벌 시장을 목표로 성장하고 국경을 초월해 협력한다.
③ 스포츠 규범과 규칙은 문화적 차이에 따라 지역별로 다르게 적용된다.
④ 스포츠를 통해 다양한 문화와 상호 작용하며 교류한다.

20. <보기>의 ㉠~㉢에 해당하는 스포츠 세계화의 동인을 바르게 연결한 것은?

<보기>
㉠ 종교적 가치와 스포츠가 결합되어 스포츠 확산에 기여
㉡ VR과 AR 기술을 활용하여 몰입감 있는 관람 경험과 실시간 데이터, 선수 정보를 제공
㉢ 스포츠 산업의 상업화와 글로벌 시장 확대를 촉진

	㉠	㉡	㉢
①	민족주의	미디어의 상업화	국제 스포츠 이벤트
②	종교	기술 발전의 진보	경제적 요인
③	민족주의	기술 발전의 진보	문화적 융합
④	종교	미디어의 상업화	경제적 요인

스포츠교육학 (22)

1. 19세기 초·중반 스포츠 교육의 특성으로 가장 적절한 것은?

① 민족주의적 체조 교육과 기구를 활용한 신체 능력 향상을 강조하였다.
② 여성의 역할을 강화하기 위해 스포츠 활동에서의 리더십을 적극적으로 장려하였다.
③ 산업화와 도시화의 영향으로 스포츠 활동이 기독교적 가치를 배제한 세속적 활동으로 전환되었다.
④ 스포츠교육에서 아마추어리즘과 페어플레이 정신은 아직 핵심 가치로 자리 잡지 못했다.

2. <보기>의 ㉠, ㉡이 설명하는 스포츠교육의 개념을 바르게 연결한 것은?

<보기>
㉠ 특정 규칙을 통해 경쟁과 협력의 가치를 학습하며, 스포츠맨십과 공동체 의식을 중시한다.
㉡ 인간의 움직임 전반을 포함해 다양한 연령층의 신체적, 정신적, 사회적 성장을 목표로 한다.

	㉠	㉡
①	협의의 스포츠교육	협의의 스포츠교육
②	협의의 스포츠교육	광의의 스포츠교육
③	광의의 스포츠교육	협의의 스포츠교육
④	광의의 스포츠교육	광의의 스포츠교육

3. <보기>에서 「학교체육진흥법」(시행 2024.12.20.) 제2조(정의) 기준으로 밑줄 친 학생과 지도자의 법적 명칭을 바르게 연결한 것은?

<보기>
한 학생은 학교 운동부에 소속되어 축구 선수로 활동하며, 「국민체육진흥법」에 따라 체육 단체에도 등록되어 있다. 이 학생의 체육 활동은 해당 학교에서 축구팀을 담당하는 지도자의 감독 아래 이루어진다.

	학생	지도자
①	학교 스포츠 클럽 회원	스포츠 강사
②	학생 선수	학교 운동부 지도자
③	학생 선수	스포츠 강사
④	학교 스포츠 클럽 회원	학교 운동부 지도자

❖ 정답과 해설 P.75

4. <보기>는 스포츠교육학이 추구하는 가치 영역에 대한 설명이다. ㉠~㉢에 해당하는 용어가 바르게 연결된 것은?

<보기>
㉠ 학생들이 다양한 스포츠 활동을 통해 건강을 증진하고, 체력과 스포츠 기술을 발달시킨다.
㉡ 체육 수업 중 협력 활동을 통해 사회적 기술과 도덕적 인격을 함양하고, 심리적 안정을 얻는다.
㉢ 체육 활동을 통해 학습자의 학업 성적을 향상시키고, 지적 기능 발달에 기여한다.

	㉠	㉡	㉢
①	신체적 가치	인지적 가치	정의적 가치
②	신체적 가치	정의적 가치	인지적 가치
③	인지적 가치	정의적 가치	신체적 가치
④	정의적 가치	신체적 가치	인지적 가치

5. 유소년 스포츠(유아 및 아동)의 특징에 대한 설명으로 가장 적절한 것은?

① 간단한 규칙을 가진 스포츠 게임을 통해 협동심을 기르고 기본적인 규칙 준수를 학습하며 사회성을 발달시킨다.
② 체력 증진과 전문적인 스포츠 기술 습득을 목표로 하는 훈련을 강조한다.
③ 다양한 신체 활동을 통해 단순한 신체 움직임만을 반복하며, 협동심이나 규칙 준수와 같은 사회성 발달 요소는 고려하지 않는다.
④ 특정 스포츠 종목에서 경쟁력을 갖추도록 전문적인 코칭을 제공한다.

6. <보기>의 ㉠, ㉡에 해당하는 스포츠교육 학습자의 역할을 바르게 연결한 것은?

<보기>
㉠ 한 학생은 축구 팀 활동에 참여하며 협력과 의사소통을 통해 또래 친구들과의 사회적 관계를 발전시켰다.
㉡ 그는 팀 활동 중 지도자로부터 받은 피드백을 바탕으로 자신의 기술을 개선하기 위해 노력하고 있다.

	㉠	㉡
①	스포츠 활동 참여자	스포츠 활동 참여자
②	사회적 관계 형성자	자기 피드백 수용자
③	자기 피드백 수용자	스포츠 활동 참여자
④	성취 목표 설정자	사회적 관계 형성자

7. 스포츠교육 행정가에 대한 설명으로 옳은 것은?

① 학교 체육 수업에서 학생들의 운동기술을 지도하고 평가하는 전문가를 의미한다.
② 스포츠교육 프로그램을 기획하고 운영하며, 스포츠교육 환경을 조성하고 관리하는 전문가를 의미한다.
③ 지역 사회에서 스포츠 경기를 직접 운영하고 심판 역할을 수행하는 전문가를 의미한다.
④ 스포츠 시설 건축 및 유지 보수를 담당하며 시설 안전성을 관리하는 전문가를 의미한다.

8. <보기>의 사례에서 교사가 활용한 메츨러(M. Metzler)의 교사 지식으로 가장 적절한 것은?

<보기>
• 수업 중 한 학생이 예기치 못한 질문을 던졌을 때, 교사는 수업 목표와 연결된 답변을 제공하며 수업의 흐름을 유지했다.
• 활동 중 다른 학생이 실수를 반복하자, 교사는 즉각적으로 적절한 피드백을 제공하고 실수를 수정하도록 도왔다.

① 명제적 지식
② 절차적 지식
③ 이론적 지식
④ 상황적 지식

9. 심슨과 해로우(Simpson & Harrow)의 심동적 영역 중 복합 기술에 해당하는 것은?

① 감각을 통해 받은 자극을 해석하고 다른 자극으로 이어지는 행동을 표현한다.
② 기본 운동 능력과 지각 능력을 조합하여 단순한 움직임 패턴을 형성한다.
③ 체력과 효율성을 바탕으로 여러 신체 능력을 결합해 고난도의 운동기술을 실행한다.
④ 자극에 즉각 반응하여 자동으로 이루어지는 무의식적인 움직임을 수행한다.

10. <보기>에서 설명하는 크래스홀(Krathwhol)의 정의적 영역으로 옳은 것은?

―〈보기〉―
학생이 다양한 가치를 비교·분석하고, 이를 체계화하여 자신의 가치 체계를 형성하고 의사 결정에 반영하는 과정에 해당한다.

① 반응화
② 인격화
③ 조직화
④ 수용화

11. <보기>는 생활체육 프로그램의 실천 단계별 사례이다. ㉠~㉢의 단계를 올바른 순서로 배열한 것은?

―〈보기〉―
㉠ 프로그램을 설계할 때 참여자들의 피드백과 요구를 반영하여 목표를 설정했다.
㉡ 실행 후 참가자들의 참여율과 운동 능력 향상 정도를 평가했다.
㉢ 평가 결과를 바탕으로 기존 프로그램을 수정하고 새로운 개선 방안을 추가했다.

① ㉠ → ㉡ → ㉢
② ㉠ → ㉢ → ㉡
③ ㉡ → ㉠ → ㉢
④ ㉢ → ㉡ → ㉠

12. <보기>는 전술 게임 모형의 6단계에 관한 내용이다. ㉠~㉢에 들어갈 알맞은 순서를 바르게 연결한 것은?

―〈보기〉―
게임 소개 → (㉠) → (㉡) → (㉢) → 기술 연습 → 실제 게임 수행

	㉠	㉡	㉢
①	게임 이해	전술 인지	의사 결정
②	전술 인지	의사 결정	게임 이해
③	의사 결정	게임 이해	전술 인지
④	게임 이해	의사 결정	전술 인지

13. 동료 교수 모형의 정의로 가장 적절한 것은?

① 교사가 수업을 주도하며, 학생들의 신체적 학습을 체계적으로 지도하고 피드백을 제공하는 수업 방식이다.
② 학생들이 팀을 이루어 목표를 달성하며 정의적 학습을 우선으로 두는 협력 학습 방식이다.
③ 학생들이 교사와 학습자 역할을 번갈아 가며 과제를 수행하고 협력하여 학습 능력과 인지 발달을 향상시키는 방식이다.
④ 학생들이 문제를 해결하며 신체 활동을 탐구하고, 교사는 질문을 통해 학습을 유도하는 방식이다.

14. <보기>의 설명에 해당하는 모스턴(M. Mosston)의 교수 스타일로 가장 적절한 것은?

―〈보기〉―
교사가 수업의 전 과정을 계획하고 주도하며, 학생들은 교사의 구체적인 지시와 시범에 따라 활동을 수행한다. 학생들은 창의적인 의사 결정보다는 정확한 동작 수행에 중점을 두고 학습한다.

① 유도 발견형 스타일(F)
② 연습형 스타일(B)
③ 자검식(자기 점검형) 스타일(D)
④ 지시형(명령식) 스타일(A)

15. <보기>의 ㉠~㉢에 해당하는 평가의 유형을 바르게 연결한 것은?

―〈보기〉―
㉠ 교육 프로그램 시작 전에 학습자의 특성을 파악하여 학습 방향을 설정하고, 방해 요인을 확인한다.
㉡ 학습 과정 중 피드백을 제공하여 학습 방법을 개선하고, 프로그램과 지도 방법의 수정을 돕는다.
㉢ 프로그램 종료 후 학습자의 성취도와 프로그램 효율성을 평가하여 성공 여부를 판단한다.

	㉠	㉡	㉢
①	진단 평가	형성 평가	총괄 평가
②	형성 평가	총괄 평가	진단 평가
③	총괄 평가	형성 평가	진단 평가
④	진단 평가	총괄 평가	형성 평가

16. 신뢰도 검사 방법에 대한 설명으로 옳지 <u>않은</u> 것은?

① 검사 – 재검사: 일정한 시간 간격을 두고 동일한 검사를 반복 실시하여 결과의 일관성을 평가하는 방식
② 동형 검사: 동일한 내용과 구조를 가진 두 개의 검사지를 사용하여 결과의 일관성을 평가하는 방식
③ 반분 신뢰도 검사: 검사 도구가 측정하려는 대상을 얼마나 정확하게 측정하는지를 평가하는 방식
④ 내적 일관성 검사: 검사 내 문항들이 동일한 개념을 얼마나 일관되게 반영하는지를 평가하는 방식

17. 학교체육 전문인의 핵심 역량 중 태도적 자질에 해당하는 것은?

① 학생들의 신체 활동 과정을 관찰하고, 이를 평가할 수 있는 능력
② 전문성 향상을 위한 지속적인 자기반성과 실천, 건전한 인성과 교직에 대한 책임감을 갖춘 태도
③ 체육 교육의 이론과 원리를 이해하고, 이를 학습 상황에 적용하는 능력
④ 체육 수업을 개발하고 운영하며, 다양한 교육 환경에 맞는 교수법을 적용하는 능력

18. 〈보기〉의 ㉠~㉢에 해당하는 평가 기법을 바르게 연결한 것은?

― 〈보기〉 ―
㉠ 학습자의 수행을 1~5점과 같은 척도로 평가하여, 행동의 질적 수준을 판단한다.
㉡ 특정 행동이나 과제 수행 여부를 간단히 확인할 수 있으며, 신속하게 성취 여부를 평가할 수 있다.
㉢ 평가 기준을 명확히 제시하여, 학습자가 평가 과정에 적극적으로 참여할 수 있도록 돕는다.

	㉠	㉡	㉢
①	체크리스트	평정 척도	루브릭
②	루브릭	평정 척도	관찰법
③	체크리스트	사건 기록법	학습자 일지
④	평정 척도	체크리스트	루브릭

19. 절대 평가의 사례로 가장 적절한 것은?

① 학생이 자신이 설정한 목표에 도달했는지를 기준으로 스스로 평가한다.
② 학생의 점수가 반 전체에서 상위 10%에 해당하는지를 기준으로 평가한다.
③ 팀 프로젝트에서 동료가 맡은 역할을 얼마나 효과적으로 수행했는지 평가한다.
④ 특정 운동기술을 수행할 때, 90% 이상의 정확도를 달성했는지를 기준으로 평가한다.

20. 〈보기〉에서 설명하는 마튼스(R. Martens)의 전문체육 프로그램 지도 개발 단계로 가장 적절한 것은?

― 〈보기〉 ―
훈련 계획을 수립하기 전, 선수의 능력뿐만 아니라 훈련 환경, 경쟁 상황, 경기 일정, 기후 등의 외부 요인을 종합적으로 분석하여 최적의 훈련 전략을 설계하는 단계이다.

① 선수 이해
② 상황 분석
③ 지도 방법 선택
④ 연습 계획 수립

스포츠심리학 (33)

1. 스포츠심리학의 영역에 포함되지 <u>않는</u> 것은?

   ① 운동제어 ② 운동학습
   ③ 운동발달 ④ 운동과학

2. <보기>의 ㉠, ㉡에 해당하는 운동제어 체계와 관련 내용으로 옳은 것은?

   ─── <보기> ───
   ㉠ 여러 감각 정보가 일치하지 않는 자극을 처리할 때 일치하는 자극보다 반응 시간이 늦어지는 현상
   ㉡ 필요한 특정 정보만 선택적으로 주의를 기울이거나 의식하게 되는 현상

	㉠	㉡
①	스트룹 효과	칵테일 파티 효과
②	지각 협소화	무주의 맹시
③	무주의 맹시	스트룹 효과
④	칵테일 파티 효과	지각 협소화

3. 번스타인(Bernstein)의 학습 단계 이론의 과정으로 옳은 것은?

   ① 자유도 풀림 → 자유도 고정 → 반작용 활용
   ② 반작용 활용 → 자유도 고정 → 자유도 풀림
   ③ 반작용 활용 → 자유도 풀림 → 자유도 고정
   ④ 자유도 고정 → 자유도 풀림 → 반작용 활용

4. <보기>의 빈칸에 들어갈 용어로 가장 적절한 것은?

   ─── <보기> ───
   높은 (   )은/는 오랜 시간이 지나도 배운 기술을 잊지 않고 잘 수행하는 것이며, 낮은 경우에는 학습 후 시간이 지나면서 기술을 잊거나 수행이 어려워지는 것이다.

   ① 연습 ② 파지
   ③ 루틴 ④ 망각

5. 정적 강화에 포함되지 <u>않는</u> 것은?

   ① 칭찬 ② 보너스
   ③ 스트레스 감소 ④ 상장 수여

6. 운동발달의 원리에 대한 설명으로 옳지 <u>않은</u> 것은?

   ① 운동발달은 개인마다 속도와 방식이 다르며, 동일한 발달 경로를 따르지 않는다.
   ② 운동발달은 일반적으로 머리에서 발끝 방향으로 진행된다.
   ③ 운동발달은 일반적으로 단계적이고 지속적으로 진행된다.
   ④ 운동발달은 유전적 요인과 환경적 요인이 각각 독립적으로 영향을 미친다.

7. 뉴웰(K. Newell)의 움직임 제한 요소 중 인지적 요소에 해당하지 <u>않는</u> 것은?

   ① 인종 ② 기억
   ③ 정서 상태 ④ 동기

8. ⟨보기⟩에서 설명하는 질문지법은?

⟨보기⟩
- 심리 상담, 인재 선발, 임상 진단 등에서 구체적인 성격 특성을 평가할 때 사용한다.
- 실제 행동과 경험을 기반으로 개발한 검사로, 16개의 성격 요인을 측정하여 성격을 세부적으로 평가한다.
- 평가 방식은 연속적인 스펙트럼으로 각 성격 요인을 점수화하여, 개인의 성격을 세밀하게 분석한다.

① MMPI 검사
② 16PF 검사
③ Big Five 성격 검사
④ MBTI 검사

9. 정서 이론에 대한 설명으로 옳지 않은 것은?

① 제임스 – 랑게 이론: 정서는 생리적 반응에 대한 인식에서 발생한다.
② 캐논 – 바드 이론: 생리적 반응과 정서는 자극에 의해 동시에 발생하며, 각각의 경로를 통해 경험된다.
③ 샤흐터 – 싱어 이론: 정서는 생리적 반응과 인지적 해석이 결합하여 발생한다.
④ 자기 인식 이론: 정서는 개인이 상황을 어떻게 해석하고 평가하는지에 따라 달라진다.

10. ⟨보기⟩에서 불안과 스트레스 관리 기법 중 '인지적 기법'에 해당하는 것을 모두 고른 것은?

⟨보기⟩
㉠ 체계적 둔감화   ㉡ 자화
㉢ 점진적 이완   ㉣ 자생 훈련
㉤ 바이오 피드백   ㉥ 자기 대화

① ㉠, ㉡, ㉢
② ㉡, ㉢, ㉤
③ ㉠, ㉡, ㉣, ㉥
④ ㉡, ㉢, ㉣, ㉥

11. ⟨보기⟩는 귀인 재훈련에 대한 내용이다. ㉠~㉢에 들어갈 내용으로 적절한 것은?

⟨보기⟩

구분	수행 결과	원인 및 정서 변화
바람직하지 못한 귀인	실패	통제 불가능 요인: ㉠
바람직한 귀인	성공	통제 가능 요인: ㉡
	실패	통제 가능 요인: ㉢

	㉠	㉡	㉢
①	무능감	자기 효능감	죄책감
②	포기	노력	전략
③	내적 요인	포기	능력 부족
④	성공 기대	개선 가능성	무능감

12. ⟨보기⟩에서 설명하는 자신감에 영향을 미치는 요인으로 가장 적절한 것은?

⟨보기⟩
지훈이는 같은 팀에서 뛰는 동료가 비슷한 체격과 실력을 가지고 있음에도 불구하고 중요한 경기에 출전해 성공적으로 득점을 올리는 모습을 보고, 자신도 충분히 잘할 수 있다는 자신감을 얻었다.

① 성공 경험
② 대리 경험
③ 언어적 격려
④ 정서적 상태

13. 심상 관련 이론 중 '심리 심경근 이론'에 대한 설명으로 옳은 것은?

① 심상은 자극 전제(상상해야 할 상황의 조건)와 반응 전제(심상의 결과로 일어나는 반응)로 구성된다.
② 심상을 통해 운동을 실제로 수행하는 데 필요한 운동 계획이나 전략을 머릿속으로 연습하면 운동수행을 더욱 원활하게 한다.
③ 심상을 할 때 뇌는 실제 운동을 하는 것과 비슷하게 자극과 반응을 처리한다.
④ 심상을 할 때 실제 운동을 할 때와 유사한 근육의 전기적 활동이 일어난다.

14. 주의 집중을 향상시키는 기법에 대한 설명으로 옳지 않은 것은?

① 다양한 상황에서 주의 초점을 전환하는 연습을 반복적으로 한다.
② 수행 전 루틴을 설정하고 이를 반복적으로 연습한다.
③ 주의 집중력을 높이기 위해 다양한 환경에서 주의를 분산시키는 연습을 한다.
④ 통제할 수 있는 요소에만 주의를 집중하는 연습을 한다.

15. 〈보기〉의 사례에 해당하는 집단의 사회적 태만 유형으로 가장 적절한 것은?

〈보기〉
축구 경기에서 민수는 팀이 이기고 있다는 이유로, 자신에게 주어진 수비 역할만을 충실히 수행하며, 필요 이상의 움직임이나 추가적인 참여는 의도적으로 피했다. 그는 자신에게 부여된 역할 이상의 활동은 불필요하다고 판단하고, 정해진 역할 범위 내에서만 경기를 이어갔다.

① 할당 전략
② 최소화 전략
③ 무임승차 전략
④ 반무임승차 전략

16. 강화의 종류에 대한 사례로 옳지 않은 것은?

① 1차적 강화: 훈련 후 열심히 뛴 선수들에게 물과 음식을 제공하여 노력에 대한 보상을 하였다.
② 2차적 강화: 선수가 연습 목표를 달성하자 코치가 추가적인 체력 훈련을 면제해 주었다.
③ 연속 강화: 농구 훈련 중 슛이 성공할 때마다 코치가 즉시 칭찬을 하였다.
④ 간헐 강화: 훈련 중 일정 횟수 이상의 성공적인 슛을 할 때만 보상을 주었다.

17. 반두라(A. Bandura)의 모델링 이론에 속하지 않는 것은?

① 파지
② 동기화
③ 재생
④ 루틴

18. 〈보기〉에서 운동의 심리(정신)적 효과를 모두 고른 것은?

〈보기〉
㉠ 스트레스 감소
㉡ 우울증 완화
㉢ 인지 기능 감소
㉣ 사회적 유대 강화
㉤ 자신감 향상

① ㉠, ㉡
② ㉡, ㉢, ㉣
③ ㉠, ㉡, ㉣, ㉤
④ ㉠, ㉡, ㉢, ㉣, ㉤

19. 운동실천 중재 전략의 종류 중 〈보기〉의 내용과 관련이 있는 것은?

〈보기〉
• 시간 관리: 운동 시간 확보, 일상에 통합
• 자기 모니터링: 성과 평가, 목표 달성 추적

① 행동 수정 전략
② 의사소통 전략
③ 자기 규제 전략
④ 인지 전략

20. 미국 응용스포츠심리학회(AASP)의 일반 원칙에 관한 내용으로 옳지 않은 것은?

① 내담자와의 상호 작용에서 객관성을 유지하고 감정을 배제해야 한다.
② 상담자는 전문 지식과 기술을 지속적으로 발전시켜야 한다.
③ 상담자는 내담자의 기본적인 권리와 존엄성을 존중해야 한다.
④ 상담자로서 사회에 대한 책임감을 실천하는 것이 중요하다.

2급 스포츠지도사 필기시험

한국체육사 (44)

1. 스포츠체육사를 연구하는 이유로 가장 적절한 것은?
   ① 스포츠 경기를 효과적으로 조직하고 운영하기 위해서
   ② 스포츠의 기원과 본질을 이해하여 체계적인 학문으로 발전시키기 위해서
   ③ 스포츠를 통해 경제적 이익을 극대화하기 위해서
   ④ 현대 스포츠 규칙의 개선과 수정을 위해서

2. 체육사 연구 방법과 설명으로 옳은 것은?
   ① 기술적 연구: 과거의 사실을 규명하기 위해 사료에 의존하며, 객관성을 중시한다.
   ② 해석적 연구: 과거의 사실을 수집하고 분류하여 단순 기술하는 데 중점을 둔다.
   ③ 기술적 연구: 역사가의 관점에 따라 과거 사실을 평가하고 분석한다.
   ④ 해석적 연구: 과거의 체육 활동을 실험적으로 검증하여 사실을 도출한다.

3. 〈보기〉에서 설명하는 삼국시대의 민속 스포츠를 바르게 연결한 것은?

   ─〈보기〉─
   ㉠ 돌을 던지며 대결하는 전투형 놀이
   ㉡ 말 위에서 묘기를 펼치는 활동

	㉠	㉡
①	석전	마상재
②	도판희	격구
③	마상재	방응
④	격구	축국

4. 〈보기〉의 ㉠, ㉡에 들어갈 화랑도의 체육 사상을 바르게 연결한 것은?

   ─〈보기〉─
   신체와 정신의 조화를 강조한 사상은 (㉠)이며, 국토를 신성시하고 이를 지키기 위해 입산수련과 편력을 중시한 사상은 (㉡)이다.

	㉠	㉡
①	신체미의 숭배 사상	군사주의 체육 사상
②	심신 일체론적 신체관	불국토 사상
③	불국토 사상	신체미의 숭배 사상
④	군사주의 체육 사상	심신 일체론적 신체관

5. 통일신라시대의 체육 활동에 대한 설명으로 가장 적절한 것은?
   ① 국방 체육은 농업 활동과 연계된 체력 단련을 중심으로 이루어졌다.
   ② 화랑도 체육은 신체적 훈련만을 강조하며 정신적 수련은 배제하였다.
   ③ 통일신라의 체육은 무예 교육과 군사 훈련을 통해 강인한 인재 양성에 주력하였다.
   ④ 무사 교육은 상류층에 국한되어 일반 청소년의 참여가 제한되었다.

6. 〈보기〉에서 고려시대 교육 기관과 그에 대한 설명으로 옳은 것으로만 묶인 것은?

   ─〈보기〉─
   ㉠ 국자감: 유학 전파와 지방민 교화를 목적으로 운영된 교육 기관이다.
   ㉡ 향교: 지방에 설치된 관립 교육 기관으로, 중앙 귀족 자제만을 대상으로 하였다.
   ㉢ 서당: 향촌의 부락에 설치된 초등 교육 기관으로, 민간에서 운영되었다.
   ㉣ 사학 12도: 사립 교육 기관으로, 과거 시험 준비를 중심으로 운영되었다.

   ① ㉠, ㉢   ② ㉡, ㉢
   ③ ㉡, ㉣   ④ ㉢, ㉣

7. 고려시대 향학의 주요 체육 활동으로 적절한 것은?
   ① 병법 교육
   ② 검술
   ③ 활쏘기와 음악
   ④ 군사 훈련

8. 〈보기〉에서 조선시대 교육 기관과 그에 대한 설명으로 옳은 것을 모두 고른 것은?

   〈보기〉
   ㉠ 성균관: 대사례에서 궁술 의례를 진행하여 예절과 신체 단련을 겸하였다.
   ㉡ 향교: 지방 유학 교육 기관으로, 지역 인재 양성을 목적으로 설립되었다.
   ㉢ 사학: 서울에 설치된 네 곳의 교육 기관으로, 과거 시험 준비에 중점을 두었다.
   ㉣ 훈련원: 군사 훈련을 담당한 교육 기관으로, 무예와 군사 기술을 실용적으로 교육하였다.

   ① ㉠, ㉡
   ② ㉡, ㉢
   ③ ㉠, ㉢, ㉣
   ④ ㉠, ㉡, ㉢, ㉣

9. 격구에 대한 설명으로 가장 적절한 것은?
   ① 맨손과 발을 사용하여 상대를 공격하거나 방어하는 격투 기술이다.
   ② 말을 타고 나무 공을 장시라는 채로 쳐서 구문에 넣는 경기로, 고도의 승마 기술과 무예적 기량을 요구한다.
   ③ 도교 사상을 바탕으로 한 체조로, 건강 유지와 질병 예방을 목표로 한다.
   ④ 활을 이용한 경기로, 주로 사냥을 목적으로 발전한 스포츠이다.

10. 〈보기〉에서 설명하는 조선시대 귀족 사회의 민속 스포츠로 옳은 것은?

    〈보기〉
    공중에서 공을 쳐서 구멍에 넣는 놀이로, 현대의 골프와 유사한 형태였다.

    ① 봉희
    ② 농주
    ③ 악삭
    ④ 투호

11. 〈보기〉에서 설명하는 조선시대 사상은?

    〈보기〉
    문과 무를 균형 있게 갖추는 인재 양성을 강조하며, 무력을 천시하는 분위기를 탈피하고 무의 중요성을 재평가한 정조의 국정 철학이다.

    ① 병학통
    ② 무예도보통지
    ③ 병전
    ④ 문무겸전

12. 〈보기〉는 개화기 교육 개혁의 일부를 설명한 것이다. ㉠, ㉡에 들어갈 용어를 바르게 연결한 것은?

    〈보기〉
    고종의 (㉠) 반포는 근대 교육 체계의 출범을 알리는 계기가 되었으며, 덕양, 체양, 지양의 삼양(三養)을 강조하며 (㉡) 과목을 정식으로 채택하였다.

	㉠	㉡
①	갑오개혁	체조
②	교육입국조서	체조
③	갑오경장	산수
④	교육입국조서	국어

13. 〈보기〉에서 설명하는 개화기 체육 단체로 가장 적절한 것은?

    〈보기〉
    노백린 등이 주도하여 설립된 단체로, 근대 체육의 선구자로서 체육 이념을 정립하고 체육 관련 정책 개혁을 목표로 하였다.

    ① 대한체육구락부
    ② 황성기독교청년회운동부
    ③ 대한국민체육회
    ④ 대동체육구락부

14. 〈보기〉에서 일제 강점기의 체육 단체와 주요 특징으로 옳은 것을 모두 고른 것은?

〈보기〉
㉠ YMCA: 한국 최초의 실내 체육관 설립, 서구 스포츠 도입
㉡ 조선체육회: 제1회 전 조선 야구 대회 개최
㉢ 관서체육회: 평양에서 결성되어 씨름 대회 및 각종 체육 대회 개최

① ㉠, ㉡
② ㉠, ㉢
③ ㉡, ㉢
④ ㉠, ㉡, ㉢

15. 〈보기〉에서 설명하는 박정희 정권기의 체육 정책은?

〈보기〉
청소년들의 기초 체력 향상을 위해 전국적으로 시행된 제도로, 정기적인 체력 평가를 통해 청소년들의 체력을 강화하고자 하였다.

① 체력장 제도 시행
② 국민재건체조 개정
③ 체육진흥법 제정
④ 사회체육진흥계획 시행

16. 〈보기〉에서 광복 이후의 체육 사상에 대한 설명으로 옳은 것을 모두 고른 것은?

〈보기〉
㉠ 건민주의는 국민의 체력을 강화하여 민족의 자존심을 상징하는 우수 선수를 양성하였다.
㉡ 국가주의는 체육을 민족주의 운동의 일환으로 바라보며, 엘리트 체육 정책을 도입하였다.
㉢ 건민주의는 부강한 국가를 위해 국민성을 기르고, 이를 위해 체육 진흥을 범국민적으로 추진하였다.
㉣ 엘리트주의는 체육의 대중화를 목표로 삼아 일반 시민의 참여를 강조하였다.

① ㉠, ㉡
② ㉡, ㉢
③ ㉠, ㉢, ㉣
④ ㉠, ㉡, ㉢, ㉣

17. 〈보기〉에서 설명하는 교육과정으로 옳은 것은?

〈보기〉
국민 공통 기본 교육과정을 구성하고, 학생의 능력에 맞는 수준별 교육과정을 도입하였다.

① 4차 교육과정
② 5차 교육과정
③ 6차 교육과정
④ 7차 교육과정

18. 〈보기〉에 제시된 올림픽 대회와 해당 주요 사건을 바르게 연결한 것은?

〈보기〉
㉠ 1988년 서울 올림픽 대회
㉡ 1992년 바르셀로나 올림픽 대회

	㉠	㉡
①	'KOREA'라는 이름으로 최초 참가	황영조 마라톤 우승
②	여자 핸드볼 금메달 획득	태권도 시범 종목 채택
③	올림픽 첫 금메달 획득	동계 올림픽 대한민국 개최
④	태권도 시범 종목 채택	여자 핸드볼 금메달 획득

19. 〈보기〉의 ㉠, ㉡에 들어갈 알맞은 내용을 바르게 연결한 것은?

〈보기〉
2018년 평창 올림픽은 대한민국에서 개최된 첫 (㉠)으로, 이 올림픽에서는 남북 단일팀이 (㉡) 종목에 출전하여 역사적인 순간을 만들어냈다.

	㉠	㉡
①	하계 올림픽	쇼트 트랙
②	하계 올림픽	여자 아이스하키
③	동계 올림픽	스키 점프
④	동계 올림픽	여자 아이스하키

20. 〈보기〉에서 설명하는 동계 올림픽 대회로 가장 적절한 것은?

〈보기〉
이 대회에서 대한민국은 쇼트 트랙 종목에서 첫 동계 올림픽 금메달을 획득하였으며, 이를 계기로 동계 스포츠 강국으로 성장하기 시작하였다.

① 1994년 릴레함메르 동계 올림픽
② 1992년 알베르빌 동계 올림픽
③ 1998년 나가노 동계 올림픽
④ 2002년 솔트레이크시티 동계 올림픽

2급 스포츠지도사 필기시험

운동생리학 (55)

1. <보기>에서 저온 환경에서 운동 시 신체에 미치는 영향에 대한 설명으로 옳은 것으로만 묶인 것은?

   ─── <보기> ───
   ㉠ 저온 운동 시 혈관 수축이 발생하여 혈액 순환이 저하될 수 있다.
   ㉡ 저온 환경은 종종 운동 중 부상의 위험을 줄인다.
   ㉢ 저온에서 체온을 유지하기 위해 에너지를 더 소모하게 된다.
   ㉣ 저온 운동은 신체의 운동수행에 부정적인 영향을 줄 수 있다.

   ① ㉠, ㉡, ㉢ ② ㉠, ㉡, ㉣
   ③ ㉠, ㉢, ㉣ ④ ㉡, ㉢, ㉣

2. 체력의 정의로 옳지 않은 것은?
   ① 체력은 신체적 활동 수행 능력을 나타내는 지표이다.
   ② 체력은 오로지 근력에만 의존하는 요소이다.
   ③ 체력은 스포츠의 수행 능력을 강조하는 개념이다.
   ④ 체력은 건강 유지와 관련된 필수적인 요소이다.

3. 고강도 운동 시 젖산 축적으로 인한 근육 피로의 원인으로 옳은 것은?
   ① 근육 내 pH 상승
   ② 근력 유지 증가
   ③ 산-염기 균형 방해
   ④ 글리코겐 저장량 증가

4. 신경계 구성 요소에 대한 설명으로 옳은 것은?
   ① 신경계는 뇌, 척수 및 신경으로 구성된다.
   ② 신경계는 오직 말초 신경만으로 이루어진다.
   ③ 중추 신경계는 주로 운동 기능만을 조절한다.
   ④ 신경계는 내분비계의 기능을 직접 조절한다.

5. 골격근의 구조 단위를 크기 순으로 나열한 것은?
   ① 근원섬유 → 근섬유 → 근세포 → 근다발
   ② 근섬유 → 근원섬유 → 근세포 → 근다발
   ③ 근다발 → 근원섬유 → 근섬유 → 근세포
   ④ 근원섬유 → 근다발 → 근섬유 → 근세포

6. <보기>에서 호르몬에 대한 설명으로 옳지 않은 것을 모두 고른 것은?

   ─── <보기> ───
   ㉠ 에피네프린은 운동 중 신체의 에너지를 증가시키는 역할을 한다.
   ㉡ 글루카곤은 운동 중 근육의 에너지를 저장하는 데 주로 작용한다.
   ㉢ 성장 호르몬은 주로 운동 전후에만 분비된다.
   ㉣ 세로토닌은 주로 운동 중 우울감을 줄이는 데 작용한다.

   ① ㉠, ㉡ ② ㉡, ㉣
   ③ ㉠, ㉢, ㉣ ④ ㉡, ㉢, ㉣

7. 운동 중 피부로의 혈액 공급이 증가하는 원인으로 옳은 것은?
   ① 체온 조절 ② 영양 공급
   ③ 신체 허혈 방지 ④ 근육 수축 촉진

8. <보기>의 빈칸에 들어갈 내용으로 가장 적절한 것은?

   ─── <보기> ───
   (   )의 주요 증상으로는 40도 이상의 고체온, 혼란, 어지러움, 두통, 빠르고 강한 맥박 등이 있으며, 피부가 건조하거나 땀이 많이 나는 증상이 나타날 수 있다.

   ① 열사병 ② 저산소증
   ③ 열탈진 ④ 동상

9. 근육 수축을 시작하는 과정에서 필수적인 역할을 하는 이온으로 옳은 것은?

① 칼슘 ② 염소
③ 마그네슘 ④ 나트륨

10. <보기>의 설명에 해당하는 트레이닝 원리는?

<보기>
특정 운동에 필요한 능력과 기술을 향상시키려면 해당 운동과 관련된 훈련을 실시해야 한다는 원리다.

① 점진적 원리 ② 과부하 원리
③ 특이성 원리 ④ 개별성 원리

11. 말초 신경계에 대한 설명으로 옳지 않은 것은?

① 말초 신경계는 신체의 모든 부위에 분포하여 정보를 전달한다.
② 말초 신경계는 감각 정보를 중추 신경계로 전송하는 역할을 한다.
③ 말초 신경계는 오직 감각 정보를 처리하는 기능만을 갖고 있다.
④ 말초 신경계는 운동 신경을 통해 중추 신경계의 명령을 근육에 전달한다.

12. 유산소성 운동 시 대사 기능을 위한 근육 섬유 유형으로 옳은 것은?

① Type I ② Type IIa
③ Type IIx ④ Type III

13. 내분비계와 운동의 관계에 대한 설명으로 옳은 것은?

① 운동은 스트레스 호르몬인 코르티솔의 분비를 억제한다.
② 운동은 신체의 인슐린 감수성을 감소시키는 경향이 있다.
③ 운동 시 호르몬 분비는 탄수화물 대사를 증진시킨다.
④ 마라톤과 같은 지구력 운동은 호르몬의 균형을 해치는 경향이 있다.

14. <보기>에서 운동이 심혈관계에 미치는 영향에 대한 설명으로 옳은 것으로만 묶인 것은?

<보기>
㉠ 규칙적인 유산소 운동은 심장 용적을 증가시킬 수 있다.
㉡ 고강도 훈련은 심혈관 건강에 항상 긍정적인 영향을 미친다.
㉢ 운동 강도가 높아질수록 심박수는 증가한다.
㉣ 유산소 운동은 심혈관계의 효율성을 개선하는 데 도움이 된다.

① ㉠, ㉡, ㉢ ② ㉠, ㉡, ㉣
③ ㉠, ㉢, ㉣ ④ ㉡, ㉢, ㉣

15. 온도와 운동수행의 관계에 대한 설명으로 옳은 것은?

① 낮은 온도에서 운동 시 가장 최적의 심박수 범위를 유지할 수 있다.
② 고온 환경에서 운동하면 체온 조절이 더 어렵다.
③ 저온 환경에서는 신진대사가 감소하여 운동 효율이 높아진다.
④ 아열대 기후에서의 운동은 체력 향상에 기여한다.

16. <보기>에서 에너지 대사와 관련된 설명으로 옳은 것으로만 묶인 것은?

— <보기> —
㉠ ATP는 신체의 에너지 저장 분자로, 모든 세포에서 사용된다.
㉡ 유산소성 대사는 주로 지방과 탄수화물을 에너지원으로 사용한다.
㉢ 무산소성 대사는 체내 산소가 충분할 때 주로 활성화된다.
㉣ 운동 강도가 증가하면 젖산 축적이 줄어들고 피로도가 감소한다.

① ㉠, ㉡ ② ㉠, ㉢
③ ㉡, ㉢ ④ ㉢, ㉣

17. <보기>의 빈칸에 들어갈 내용으로 가장 적절한 것은?

— <보기> —
(   )의 자극은 전기적 신호로 전달되어 신체의 다양한 부분에서 즉각적인 반응을 이끌어낸다. 감각 정보의 처리와 운동 조절, 기억 및 학습 등의 기능을 수행한다.

① 근골격계   ② 신경계
③ 심혈관계   ④ 내분비계

18. <보기>에서 골격근 수축의 유형에 대한 설명으로 옳은 것으로만 묶인 것은?

— <보기> —
㉠ 등척성 수축은 근육의 길이가 일정하게 유지되면서 힘을 발휘하는 방식이다.
㉡ 단축성 수축은 근육이 짧아지면서 힘을 발생시키는 방식이다.
㉢ 신장성 수축은 근육이 짧아지면서 힘을 발생시키는 방식이다.
㉣ 등장성 수축에는 단축성, 신장성 수축이 포함된다.

① ㉠, ㉡, ㉢ ② ㉠, ㉡, ㉣
③ ㉠, ㉢, ㉣ ④ ㉡, ㉢, ㉣

19. 심장의 기능에 대한 설명으로 옳지 않은 것은?

① 심장은 신체에 필요한 기초 대사를 위한 혈액을 지속적으로 순환시킨다.
② 심장은 산소가 풍부한 혈액을 폐에서 신체의 각 조직으로 운반한다.
③ 심장은 혈액의 압력을 조절하여 전신에 혈액을 원활하게 공급한다.
④ 심장은 영양분이 없는 혈액을 대정맥을 통해 폐로 직접 보낸다.

20. <보기>에서 고산지대에서 운동하는 것이 신체에 미치는 영향에 대한 설명으로 옳은 것으로만 묶인 것은?

— <보기> —
㉠ 고산지대에서는 산소 공급이 원활하여 운동수행 능력이 증가한다.
㉡ 고산지대 적응은 심박수를 증가시키는 데 기여할 수 있다.
㉢ 고산지대에서의 운동은 혈중 산소 포화도를 낮출 수 있다.
㉣ 고산지대에서는 기압이 높아 일반적으로 체내 산소 공급이 향상된다.

① ㉠, ㉡ ② ㉠, ㉢
③ ㉡, ㉢ ④ ㉡, ㉣

운동역학 (66)

1. 〈보기〉에서 설명하는 동작 분석의 접근 방법으로 가장 적절한 것은?

   〈보기〉
   객관적인 수치 데이터를 바탕으로 동작을 분석하는 방법으로 주로 비디오 분석을 포함하여 신체의 움직임을 평가하는 데 활용된다.

   ① 질적 분석 ② 정량적 분석
   ③ 생리학적 분석 ④ 기능적 분석

2. 〈보기〉에서 운동역학의 목적에 대한 설명으로 옳은 것을 모두 고른 것은?

   〈보기〉
   ㉠ 운동 부상의 원인을 파악하고 예방할 수 있도록 한다.
   ㉡ 운동의 기술적 요소를 개선하기 위한 기초 데이터를 제공한다.
   ㉢ 운동역학은 신체 구조나 운동 기초 원리와 무관하게 감각적인 평가에만 의존한다.
   ㉣ 운동의 기계적 원리를 이해하여 수행 능력을 극대화할 수 있게 한다.

   ① ㉡, ㉢ ② ㉢, ㉣
   ③ ㉠, ㉡, ㉢ ④ ㉠, ㉡, ㉣

3. 해부학적 움직임에서 '관상면'에 대한 설명으로 옳은 것은?

   ① 관상면은 몸을 좌우로 나누고, 앞뒤 방향으로의 움직임을 정의한다.
   ② 관상면은 주로 상하 방향의 움직임을 포함한다.
   ③ 관상면에서의 움직임은 주로 측면으로의 움직임을 포함한다.
   ④ 관상면은 인체의 정중선에서 수직으로 나누는 평면이다.

4. 인체의 중심에 대한 설명으로 옳은 것은?

   ① 인체의 무게 중심은 움직임에 상관없이 일정하다.
   ② 일반적으로 유아는 성인보다 무게 중심이 낮다.
   ③ 인체의 질량 중심은 신체의 안정성에 큰 영향을 미친다.
   ④ 인체의 무게 중심은 오직 하체의 위치에 따라 결정된다.

5. 거리와 변위에 대한 설명으로 옳은 것은?

   ① 거리는 이동 경로의 길이를 의미하며 항상 양수인 값을 갖는다.
   ② 변위는 이동 경로와 관계없이 시작점과 끝점 간의 최단 거리만을 고려한다.
   ③ 변위는 반드시 거리와 동일해야 하며, 항상 양수인 값을 갖는다.
   ④ 거리와 변위는 동일한 물리적 특성을 가진다.

6. 〈보기〉에서 외력의 영향을 받은 물체의 운동에 대한 설명으로 옳지 않은 것을 모두 고른 것은?

   〈보기〉
   ㉠ 외력이 없는 경우, 물체는 항상 정지 상태를 유지한다.
   ㉡ 외력이 작용해도 물체의 질량이 크면 가속도가 반드시 증가한다.
   ㉢ 외력은 반드시 물체를 회전시키는 효과를 가져온다.
   ㉣ 외력이 물체에 작용하면 운동 방향이 변하거나, 운동의 크기가 변할 수 있다.

   ① ㉠, ㉣ ② ㉠, ㉡, ㉢
   ③ ㉠, ㉡, ㉣ ④ ㉡, ㉢, ㉣

2급 스포츠지도사 필기시험

7. 양의 일과 음의 일에 대한 설명으로 옳은 것은?

   ① 양의 일은 물체에 힘이 작용하면서 물체가 힘의 방향으로 이동할 때 발생한다.
   ② 음의 일은 물체가 힘의 방향과 같은 방향으로 이동할 때만 발생한다.
   ③ 양의 일은 항상 일정하며, 음의 일은 무한대일 수 있다.
   ④ 음의 일은 운동 에너지를 증가시키는 역할을 한다.

8. 〈보기〉에서 설명하는 분석 방법으로 가장 적절한 것은?

   ─〈보기〉─
   신체의 구성 요소를 평가하는 방법으로, 체지방, 근육량, 수분 등의 비율을 측정하여 신체의 건강 상태와 운동 성능을 평가한다.

   ① 영상 분석 ② 체성분 분석
   ③ 지면 반력 분석 ④ 근전도 분석

9. 〈보기〉는 운동역학의 분석 영역에 대한 설명이다. 정량적 분석에 해당하는 설명으로 옳은 것을 모두 고른 것은?

   ─〈보기〉─
   ㉠ 선수의 속도, 거리, 힘 등을 수치적으로 평가하여 훈련 효과를 분석할 수 있다.
   ㉡ 운동 중 발생하는 신체 반응을 정확한 수치로 기록하여 생리학적 변화에 대한 연구를 진행할 수 있다.
   ㉢ 비디오 장비와 프로그램을 활용해 동작을 시각적으로 관찰하고 분석할 수 있다.
   ㉣ 특정 운동의 반복 횟수와 강도를 수치적으로 분석해 개인 맞춤형 훈련 프로그램을 개발할 수 있다.

   ① ㉠, ㉡ ② ㉡, ㉢
   ③ ㉠, ㉡, ㉣ ④ ㉡, ㉢, ㉣

10. 회전 운동에 대한 설명으로 옳은 것은?

    ① 회전 운동에서는 물체의 모든 점이 각각 동일한 속도로 이동하며, 회전축에서의 거리에 관계없이 속도는 항상 일정하다.
    ② 회전 운동은 주로 각속도와 선속도로 설명할 수 있으며, 회전축의 위치에 따라 선속도 및 관성 모멘트 등이 달라진다.
    ③ 물체의 회전 운동에서는 외부 힘이 필수적이며, 힘이 없으면 운동을 유지할 수 없다.
    ④ 회전 운동에서 질량 중심에서의 거리와 선속도는 반비례 관계에 있다.

11. 〈보기〉에서 인체의 평형에 미치는 영향에 대한 설명으로 옳은 것으로만 묶인 것은?

    ─〈보기〉─
    ㉠ 기저면의 너비가 증가하면 인체의 안정성이 증가하여 평형 유지가 용이해진다.
    ㉡ 일정한 기저면에서 질량 중심이 높아지면 인체의 안정성이 더욱 향상된다.
    ㉢ 기저면이 작아지면 동일한 질량 중심 위치에서도 불안정해질 수 있다.
    ㉣ 기저면의 위치나 형태가 변하면 질량 중심의 위치 또한 조정해야 할 필요가 있다.

    ① ㉠, ㉡, ㉢ ② ㉠, ㉡, ㉣
    ③ ㉠, ㉢, ㉣ ④ ㉡, ㉢, ㉣

12. 〈보기〉의 ㉠, ㉡에 들어갈 용어를 바르게 연결한 것은?

    ─〈보기〉─
    회전축에 가까운 질량일수록 (㉠)에 더 큰 영향을 미치며, (㉡)이/가 작아져 회전에 대한 저항이 줄어든다.

	㉠	㉡
①	각운동	관성 모멘트
②	선운동	회전 반경
③	구심력	토크
④	원심력	반발 계수

13. 〈보기〉에서 설명하는 에너지로 가장 적절한 것은?

    ─〈보기〉─
    물체의 변형 정도와 관련이 있으며, 변형 상태에 따라 달라지기 때문에 항상 일정하지 않다.

    ① 운동 에너지 ② 위치 에너지
    ③ 기능 에너지 ④ 탄성 에너지

14. 회전 충격량에 대한 설명으로 옳은 것은?

① 회전 충격량은 물체의 회전 운동에 대한 변화를 나타내는 양이다.
② 회전 충격량은 물체의 질량에만 의존하며, 속도나 회전 반지름의 영향을 받지 않는다.
③ 회전 충격량은 항상 양의 값만 갖는다.
④ 회전 충격량은 힘과 시간의 곱으로 정의되며, 물체의 관성 모멘트와 관련이 있다.

15. 근전도 원리에 대한 설명으로 옳지 않은 것은?

① 근전도는 근육이 수축할 때 발생하는 전기 신호를 측정한다.
② EMG 신호는 근육의 활성화 정도를 정량적으로 평가할 수 있다.
③ 근전도를 통해 근육의 수축 속도와 신호의 주파수를 파악할 수 있다.
④ 근전도는 주로 심박수 측정에 사용되어 근육의 피로도를 평가한다.

16. 〈보기〉에서 운동역학 원리에 대한 설명으로 옳지 않은 것을 모두 고른 것은?

〈보기〉
㉠ 운동 시 관절의 각도 변화는 운동 에너지의 증가와 항상 비례한다.
㉡ 외부 힘이 작용하지 않으면, 물체는 본래의 운동 상태를 유지한다.
㉢ 모든 운동은 일정한 속도를 유지하기 위해 지속적인 힘이 필요하다.
㉣ 운동 중 관절의 움직임은 서로 무관하게 이루어진다.

① ㉠, ㉡
② ㉡, ㉣
③ ㉠, ㉢, ㉣
④ ㉡, ㉢, ㉣

17. 해부학적 자세에 대한 설명으로 옳지 않은 것은?

① 해부학적 자세에서 사람은 항상 수직으로 서 있어야 한다.
② 팔은 몸통의 옆으로 자연스럽게 내려져 있어야 한다.
③ 시선은 정면을 바라보며 머리는 수평으로 유지한다.
④ 해부학적 자세에서는 다리의 위치가 비대칭이어도 무방하다.

18. 〈보기〉에서 인체와 질량에 대한 설명으로 옳지 않은 것을 모두 고른 것은?

〈보기〉
㉠ 인체의 질량은 신체의 크기와 관계없이 항상 일정하다.
㉡ 질량은 물체의 저항력을 결정한다.
㉢ 인체의 질량은 운동 중에만 영향을 미치며, 정지 상태에서는 영향을 미치지 않는다.
㉣ 질량이 큰 운동선수는 항상 더 빠르게 달릴 수 있다.

① ㉠, ㉡
② ㉡, ㉢
③ ㉠, ㉢, ㉣
④ ㉡, ㉢, ㉣

19. 〈보기〉의 빈칸에 들어갈 용어로 가장 적절한 것은?

〈보기〉
( )에서 수평 성분과 수직 성분은 각각 독립적으로 작용하며, 이는 물체의 비행 경로에 대한 이해를 돕는 중요한 특징이다.

① 선운동
② 병진 운동
③ 포물선 운동
④ 복합 운동

20. 뉴턴의 제1법칙에 대한 설명으로 옳은 것은?

① 정지 상태에 있는 물체는 계속 정지 상태를 유지하려 한다.
② 물체가 일정한 속도로 움직이는 상태를 유지하기 위해서는 계속 외부 힘이 작용해야 한다.
③ 물체의 속도는 항상 증가한다.
④ 관성의 크기는 물체의 질량에 비례하지 않는다.

2급 스포츠지도사 필기시험

스포츠윤리 (77)

1. 가치 판단에 대한 설명으로 옳지 않은 것은?
   ① 가치 판단은 객관적으로 검증이 가능한 정보를 바탕으로 판단을 한다.
   ② 가치 판단은 옳고 그름 등에 대한 주관적 가치에 의해 판단한다.
   ③ 가치 판단은 도덕적, 미적, 경제적, 사회적 등 다양한 기준에 따라 이루어진다.
   ④ 가치 판단은 절대적이지 않고, 시대나 문화에 따라 변할 수 있다.

2. 〈보기〉에서 스포츠윤리의 특징으로 옳은 것을 모두 고른 것은?

   〈보기〉
   ㉠ 스포츠 정신에 기초하여 공정성과 정직성을 강조한다.
   ㉡ 스포츠 참가자 간의 상호 존중과 배려를 중시한다.
   ㉢ 보편적 윤리 원칙을 따르되, 스포츠 상황에 맞는 독자성을 갖는다.
   ㉣ 승리를 최우선 목표로 간주하여 경쟁을 강화한다.
   ㉤ 규칙 준수와 페어플레이를 중요한 가치로 여긴다.

   ① ㉠, ㉡, ㉤
   ② ㉠, ㉡, ㉣
   ③ ㉢, ㉣, ㉤
   ④ ㉠, ㉡, ㉢, ㉤

3. 덕론적 윤리의 의미로 옳지 않은 것은?
   ① 덕론적 윤리는 행위 자체보다는 행위자의 품성과 실천에 초점을 맞춘 윤리 이론이다.
   ② 덕을 실천함으로써 좋은 사람, 즉 이상적인 삶을 지향하는 것을 강조한다.
   ③ 덕론적 윤리는 행위의 결과나 목적에 따라 도덕적 기준이 달라질 수 있다고 본다.
   ④ 덕론적 윤리는 특정 상황에서 행위의 결과보다는 행위자의 인격을 중요하게 여긴다.

4. 스포츠맨십의 개념에 대한 설명으로 옳지 않은 것은?
   ① 스포츠맨십은 경기에서 공정성과 예의를 지키는 태도를 포함한다.
   ② 스포츠맨십은 규칙 준수와 심판의 판정에 대한 옳고 그름을 판단하는 것이다.
   ③ 스포츠맨십은 패배를 인정하고 겸손한 승리를 추구하는 태도를 포함한다.
   ④ 스포츠맨십은 스포츠인이라면 반드시 지켜야 할 기본적인 태도를 의미한다.

5. 〈보기〉에서 구성적 규칙에 대한 사례로 옳은 것으로만 묶인 것은?

   〈보기〉
   ㉠ 축구에서 공을 발로 차서 골에 넣어야 한다는 규칙
   ㉡ 축구에서 핸드볼 반칙이 발생하면 프리킥을 주는 규칙
   ㉢ 농구에서 파울 횟수를 초과하면 자유투를 주는 규칙
   ㉣ 농구에서 공을 드리블하면서 이동해야 하며, 두 걸음 이상 이동할 수 없다는 규칙

   ① ㉠, ㉡
   ② ㉠, ㉣
   ③ ㉡, ㉢
   ④ ㉢, ㉣

2급 스포츠지도사 필기시험

6. 〈보기〉는 승부 조작에 가담한 선수의 사례이다. 이 사례에서 승부 조작의 직접적인 원인으로 가장 적절한 것은?

   〈보기〉
   A 선수는 경기에 대한 과도한 심리적 압박과 성적 부진으로 인해 팀 내에서 불안한 입지를 걱정하던 중, 불법 조직으로부터 접근을 받았고 금전적 유혹에 넘어가 승부 조작에 가담하게 되었다.

   ① 심리적 스트레스와 압박
   ② 팀 내 불안한 입지
   ③ 불법 조직의 압박
   ④ 경기에 대한 열정 부족

7. 〈보기〉의 ㉠, ㉡에 들어갈 알맞은 내용을 바르게 연결한 것은?

   〈보기〉
   과거 스포츠에서는 여성 선수에 대한 (㉠)이 강하여 참여 기회가 제한되었지만, 현재는 (㉡)이/가 확대되면서 여성 스포츠에 대한 인식이 개선되고 있다.

	㉠	㉡
①	차별	후원
②	성평등	제한
③	편견	출전 금지
④	고정 관념	성평등

8. 성차별과 관련하여 Title IX에 대한 설명으로 옳은 것은?

   ① 남성과 여성 간 임금 격차 문제를 해결하기 위한 법적 제도이다.
   ② 여성 스포츠 참여와 평등을 옹호하고 지원하는 단체를 의미한다.
   ③ 미국에서 여성과 남성의 동등한 교육 기회를 보장하기 위해 제정된 법이다.
   ④ 남성과 여성 모두 전통적인 성 역할에서 벗어나 다양한 능력을 발휘할 수 있도록 돕는 개념이다.

9. 인종 차별 해결을 위한 방안으로 옳지 않은 것은?

   ① 경제적 불평등 해소를 위한 정책을 마련한다.
   ② 특정 인종의 우월성을 강조하는 문화를 조성한다.
   ③ 커뮤니티 참여와 협력을 통해 인종 간 화합을 증진한다.
   ④ 정책 결정 과정에서 소수 인종의 참여를 확대하여 대표성을 강화한다.

10. 〈보기〉는 생명중심주의 학자 폴 테일러(Paul Taylor)가 제시한 인간의 의무와 관련된 내용이다. ㉠, ㉡에 들어갈 용어를 바르게 연결한 것은?

    〈보기〉
    폴 테일러(Paul Taylor)에 따르면, 인간은 자연의 개체에 해를 끼치지 않도록 주의할 (㉠) 의무를 지키고, 자연의 자율적 과정을 방해하지 않도록 (㉡) 의무를 준수해야 한다.

	㉠	㉡
①	불침해	불간섭
②	신뢰	보상적
③	불간섭	불침해
④	보상적	신뢰

11. 스포츠 폭력과 관련된 이론에 대한 설명으로 옳지 <u>않은</u> 것은?

① 좌절-공격 이론: 좌절감이 누적될 경우 폭력으로 이어질 수 있다고 본다.
② 악의 평범성 이론: 사람들이 사회적 긴장 속에서 폭력을 억제하지 못한다고 설명한다.
③ 모방적 경쟁 이론: 사람들이 서로의 욕망을 모방하면서 경쟁이 심화될 수 있다고 설명한다.
④ 규율과 권력 이론: 규율과 권력을 통해 사회 통제가 이루어진다고 설명한다.

12. 관중 폭력을 설명하는 개념으로 가장 적절한 것은?

① 관중이 경기 중 심판의 판정에 항의하며 응원을 멈추는 행동
② 경기 중 응원 도구를 사용하여 소음을 유발하는 행동
③ 경기 중 특정 선수에게만 열렬한 환호를 보내는 행동
④ 관중이 경기 중 과격한 행동으로 경기 진행을 방해하는 행동

13. 선수들이 도핑에 가담하는 원인으로 옳지 <u>않은</u> 것은?

① 체력 향상 및 기록 개선을 위한 승리 욕구
② 도핑 사용에 대한 규정상의 허용
③ 외부로부터의 강요나 압박
④ 심리적 스트레스와 경기 성적에 대한 압박

14. 〈보기〉는 생체 공학의 활용이 스포츠에 미치는 영향에 대한 대화 내용이다. 그 영향에 대해 의견이 <u>다른</u> 학생은?

〈보기〉
준성: 생체 공학 기술 덕분에 부상 예방이 수월해져서 선수들의 경기가 한층 안전해졌어.
우석: 맞아! 데이터 기반 훈련으로 선수들이 자신의 약점을 효과적으로 보완할 수 있게 되었지.
은진: 그리고 경기 장비 성능 개선을 통해 선수들이 더 나은 기록을 낼 수 있었어.
서진: 지나친 기술 의존은 오히려 부작용을 초래할 수도 있어.

① 준성 ② 우석
③ 은진 ④ 서진

15. 〈보기〉에서 학생 선수의 학습권 보장을 위한 방안으로 적절한 것을 모두 고른 것은?

〈보기〉
㉠ 경기 일정에 맞춘 학사 일정의 유연한 운영
㉡ 온라인 수업을 통한 학습 공백 최소화
㉢ 체육 성과가 높은 선수의 학업을 면제하는 제도 도입
㉣ 개인 맞춤형 학습 지원을 위한 튜터링 및 멘토링 제공
㉤ 학업 성취도 평가 개선을 통한 공정한 학업 관리

① ㉠, ㉡, ㉢
② ㉡, ㉢, ㉣
③ ㉠, ㉡, ㉣, ㉤
④ ㉠, ㉢, ㉣, ㉤

16. <보기>는 성폭력의 주요 원인에 대한 내용이다. ㉠, ㉡에 들어갈 용어를 바르게 연결한 것은?

<보기>
성폭력의 주요 원인으로는 (㉠)(으)로 인한 부당한 성적 요구와 성범죄 가해자에 대한 미약한 처벌, 그리고 피해자 보호와 지원 시스템의 (㉡) 등이 있다.

	㉠	㉡
①	사회적 인식 부족	부실한 법적 처벌
②	위계적 조직 문화	강화
③	피해자 보호 미비	교육 부족
④	권력의 남용	미비

17. 학교체육의 역할에 대한 설명으로 옳지 않은 것은?

① 체육 활동은 무엇보다 개인의 체력 향상을 최우선 목표로 삼고 신체적 능력을 극대화한다.
② 체육 활동을 통해 팀워크와 협동심을 배우고 의사소통 능력을 기른다.
③ 체육 활동을 통해 자신감과 자제력, 도전 정신 등을 길러 정신적으로 성장할 수 있는 기회를 제공한다.
④ 규칙을 지키고 상대방을 존중하며 공정성과 스포츠맨십을 체득한다.

18. 스포츠 심판의 윤리적 자질에 포함되지 않는 것은?

① 정직성 ② 불공정
③ 전문성 ④ 자제력

19. <보기>의 사례에서 설명하는 윤리적 원칙은?

<보기>
한 스포츠 단체는 지역 사회의 취약 계층을 위한 무료 스포츠 프로그램을 운영하고, 소외 계층 청소년에게 스포츠 장비와 코칭을 지원하며, 모든 사람의 스포츠 참여 기회를 확대하기 위한 포용적 정책을 적극적으로 추진하고 있다.

① 사회 윤리 ② 개인 윤리
③ 책임감 윤리 ④ 공정성 윤리

20. 스포츠 조직의 윤리적 원칙에 대한 설명으로 옳지 않은 것은?

① 기회 균등 원칙: 모든 사람에게 동일한 기회를 제공해야 한다는 원칙이다.
② 평등의 원칙: 모든 사람에게 동일한 권리와 자격을 보장해야 한다는 원칙이다.
③ 차등의 원칙: 특정 개인의 이익을 우선적으로 고려해야 한다는 원칙이다.
④ 자유의 원칙: 모든 사람에게 기본적인 자유가 공평하게 보장되어야 한다는 원칙이다.

스포츠지도사 2급 필기
파이널 실전봉투모의고사

실전 모의고사 3회

※ 본 모의고사는 선택과목으로만 구성되어 있습니다. 2급 전문 및 2급 생활 자격증 응시자는 선택과목 중 5개 과목을, 2급 장애인·유소년·노인 자격증 응시자는 선택과목 중 4개 과목을 선택하여 풀이하시기 바랍니다.

선택과목 중 5개 과목을 선택(2급 장애인·유소년·노인은 선택 4과목+필수 1과목)하여 100분 내에 풀고, OMR 마킹까지 끝내야 하는 시험입니다.
선택한 과목에 ☑ 체크 후 과목별로 20분 내에 푸는 연습을 해 보세요.

구분	과목코드	페이지	풀이시간
선택과목	☐ 스포츠사회학 (과목코드: 11)	1면	
	☐ 스포츠교육학 (과목코드: 22)	4면	
	☐ 스포츠심리학 (과목코드: 33)	7면	
	☐ 한국체육사 (과목코드: 44)	10면	
	☐ 운동생리학 (과목코드: 55)	14면	
	☐ 운동역학 (과목코드: 66)	16면	
	☐ 스포츠윤리 (과목코드: 77)	19면	

2급 스포츠지도사 필기시험

스포츠사회학 (11)

1. <보기>에서 설명하는 스포츠사회학 이론은?

   <보기>
   동호회 농구팀에 참여한 오준이는 경기에서 느끼는 성취감과 팀원들과의 유대감이 동호회 활동 비용보다 더 큰 만족감을 주어 꾸준히 참여하고 있다.

   ① 교환 이론
   ② 상징적 상호 작용 이론
   ③ 비판 이론
   ④ 구조기능주의 이론

2. <보기>에서 설명하는 스포츠 국제 이벤트의 정치적 주요 사건이 발생한 시기는?

   <보기>
   올림픽 역사상 최악의 테러 사건 중 하나로, 팔레스타인 무장 단체 '검은 구월단(Black September Organization)'이 이스라엘 선수단을 인질로 삼았다. 테러리스트들은 이스라엘에 구금된 팔레스타인 수감자들의 석방을 요구했으며, 독일 경찰과의 대치 끝에 인질 구출 작전이 실패하면서 이스라엘 선수 11명과 독일 경찰 1명이 사망하는 참사가 발생하였다. 이 사건은 올림픽의 안전 문제를 재조명하는 계기가 되었으며, 이후 올림픽 보안 체계 강화에 영향을 미쳤다.

   ① 1936년 베를린 올림픽
   ② 1968년 멕시코시티 올림픽
   ③ 1972년 뮌헨 올림픽
   ④ 1980년 모스크바 올림픽

3. 스포츠가 정치에 미치는 영향에 대한 설명으로 적절하지 않은 것은?

   ① 국제 스포츠 대회를 통해 특정 국가의 문화와 가치를 세계에 알리며, 국가 인지도를 높이고 긍정적인 이미지를 형성하는 데 기여할 수 있다.
   ② 정부의 스포츠 장려 정책은 공공 체육 시설 확충과 스포츠 프로그램 지원을 통해 국민들의 스포츠 참여 기회를 확대하는 데 기여할 수 있다.
   ③ 스포츠는 국민들이 공동의 목표를 설정하고 단결하여 협력하는 분위기를 조성하며, 사회적 통합의 도구로 작용할 수 있다.
   ④ 스포츠는 외교적 관계를 형성하거나 개선하는 데 활용될 수 있으며, 국가 간 협력과 갈등 완화의 매개체로 사용될 수 있다.

4. <보기>에서 설명하는 코클리(J. Coakley)가 제시한 상업주의에 따른 스포츠의 변화로 옳은 것은?

   <보기>
   프로 축구 리그는 단순히 경기의 승패를 넘어 스타 선수들의 상업적 가치를 극대화하기 위해, 선수의 개인 브랜드와 상품 광고를 결합한 마케팅 전략을 채택하였다.

   ① 스포츠 구조 변화
   ② 스포츠 조직 변화
   ③ 스포츠 내용 변화
   ④ 스포츠 목적 변화

5. <보기>에서 프로 스포츠의 순기능과 역기능을 바르게 분류한 것은?

   <보기>
   ㉠ 스포츠 대중화
   ㉡ 아마추어 활성화
   ㉢ 팬덤의 과열
   ㉣ 스포츠 본질 훼손

	순기능	역기능
①	㉠, ㉡	㉢, ㉣
②	㉠, ㉢	㉡, ㉣
③	㉡, ㉢	㉠, ㉣
④	㉠, ㉡, ㉢	㉣

6. <보기>에서 설명하는 학원 스포츠의 문화적 특성은?

   <보기>
   청소년 축구팀 감독이 선수들의 참여와 즐거움은 고려하지 않고, 오직 대회 우승만을 목표로 삼아 휴식 없이 과도한 훈련과 경쟁을 강요하였다.

   ① 섬 문화
   ② 승리지상주의 문화
   ③ 군사주의 문화
   ④ 엘리트 선호 문화

7. <보기>의 빈칸에 공통으로 들어갈 말로 가장 적절한 것은?

<보기>
- 스포츠는 ( )을/를 통해 전 세계에 전달되며, 흥미와 열정을 불러일으키는 강력한 콘텐츠로 작용한다.
- ( )은/는 스포츠의 상업적 가치를 높이고, 선수와 대회의 인지도를 확산시키는 역할을 한다.

① 교육
② 경제
③ 미디어
④ 정치

8. 맥루한(McLuhan)의 매체 이론에 대한 설명으로 옳은 것은?

① 핫 매체는 정의성이 높으며, 수용자는 수동적으로 참여한다.
② 쿨 매체는 정의성이 높으며, 수용자는 적극적으로 참여한다.
③ 핫 매체는 속도가 빠르며, 계획된 정보를 제공한다.
④ 쿨 매체는 속도가 느리며, 즉흥적인 정보를 제공한다.

9. <보기>에서 미디어가 스포츠에 미치는 영향에 해당하는 것을 모두 고른 것은?

<보기>
㉠ 스포츠 본질 훼손
㉡ 경기 규칙 및 환경 개선
㉢ 미디어 장비 및 인프라 확장
㉣ 스포츠 산업 성장

① ㉠, ㉡
② ㉡, ㉢
③ ㉠, ㉡, ㉣
④ ㉡, ㉢, ㉣

10. 투민(M. Tumin)이 제시한 스포츠계층 형성 과정의 순서로 옳은 것은?

① 지위의 서열화 → 지위의 분화 → 보수 부여 → 평가
② 지위의 분화 → 지위의 서열화 → 평가 → 보수 부여
③ 지위의 서열화 → 지위의 분화 → 평가 → 보수 부여
④ 지위의 분화 → 지위의 서열화 → 보수 부여 → 평가

11. 계층에 따른 스포츠 참가 유형 중 그 유형이 <u>다른</u> 것은?

① 대중 스포츠
② 골프, 승마 등 개인 스포츠 참가
③ 사회적 네트워킹
④ 전문적인 시설 이용

12. 케년(G. Kenyon)의 스포츠 참가 유형에 대한 설명으로 옳지 <u>않은</u> 것은?

① 행동적 참가에는 경기에 직접적으로 관여하는 선수, 코치, 감독, 심판 등이 포함되며, 모두 1차적 참여에 해당한다.
② 스포츠에 대한 지식과 정보를 습득하고 분석하는 참가는 인지적 참가에 해당한다.
③ 스포츠에 대한 감정적 유대와 열정을 느끼는 참가는 정의적 참가에 해당한다.
④ 스포츠 참가 유형은 단순한 놀이 활동에서부터 전문적인 스포츠 활동까지 다양한 형태로 나타난다.

13. 스포츠를 통한 사회화에 영향을 미치는 요소에 대한 설명으로 옳지 <u>않은</u> 것은?

① 스포츠 참여가 자발적일수록 사회화 효과가 높아질 수 있다.
② 경기 규칙이 복잡할수록 스포츠 사회화 효과가 커진다.
③ 스포츠 참가의 빈도와 몰입 정도는 사회적 규범 학습에 영향을 미칠 수 있다.
④ 스포츠를 통한 사회적 관계 형성과 상호 작용은 사회화 과정에서 중요한 역할을 한다.

14. 스포츠로부터의 탈사회화의 의미로 옳은 것은?

① 선수 생활 후 코치나 감독으로 스포츠에 참여하는 것이다.
② 프로 스포츠를 그만두고 아마추어 스포츠에 참여하는 것을 의미한다.
③ 개인이 스포츠 활동을 중단한 후 새로운 스포츠에 참여하는 현상이다.
④ 개인적 선택 등 다양한 이유로 인해 스포츠와 관련된 규범, 역할 행동에서 이탈하는 현상이다.

15. ⟨보기⟩는 코클리(J. Coakley)가 제시한 스포츠 일탈에 대한 사례이다. 이에 해당하는 것은?

⟨보기⟩
어느 축구팀에서는 경기 중 상대 팀의 시간을 지연시키기 위해 일부러 부상을 과장하는 '다이빙' 행위를 한다. 하지만 이 팀 내부에서도 이를 부정적으로 바라보며, 일부 선수들은 규칙을 엄격히 지켜야 한다고 주장한다. 반면, 다른 리그에서는 이러한 행위가 전술의 일부로 인정되기도 한다.

① 상대론적 관점 – 과소 동조
② 절대론적 관점 – 과잉 동조
③ 상대론적 관점 – 과잉 동조
④ 절대론적 관점 – 과소 동조

16. ⟨보기⟩에서 관중 폭력의 발생 원인에 해당하는 것으로만 묶인 것은?

⟨보기⟩
㉠ 과도한 경쟁
㉡ 소규모 군중
㉢ 철저한 보안 관리
㉣ 사회적 갈등
㉥ 알코올 및 약물 남용

① ㉠, ㉡, ㉢
② ㉠, ㉣, ㉥
③ ㉡, ㉢, ㉣
④ ㉡, ㉣, ㉥

17. ⟨보기⟩는 스포츠 일탈 관련 이론에 대한 사례이다. 이에 해당하는 것은?

⟨보기⟩
한 농구 선수가 경기 중 상대 선수와 충돌한 뒤, 고의적인 반칙을 했다는 비난을 받았다. 이후 팬들과 언론은 그에게 '반칙왕'이라는 낙인을 찍었고, 그는 억울함을 호소했지만 이 이미지를 벗어나지 못했다. 시간이 지나면서 그는 자신의 행동을 개선하기보다는 오히려 더 공격적이고 거친 플레이를 펼치기 시작했고, 결국 이러한 경기 스타일이 굳어지게 되었다.

① 사회 통제 이론
② 낙인 이론
③ 차별 교제 이론
④ 문화 규범 이론

18. 부르디외(P. Bourdieu)는 문화자본을 개인이 사회적 지위를 형성하는 데 중요한 요소로 보고, 이를 세 가지 유형으로 구분하였다. 다음 중 문화자본 유형에 해당하지 않는 것은?

① 체화된 문화자본
② 객관화된 문화자본
③ 구조화된 문화자본
④ 제도화된 문화자본

19. ⟨보기⟩의 설명에 해당하는 스포츠 세계화 관련 용어로 가장 적절한 것은?

⟨보기⟩
세계적인 축구 프리미어 리그인 EPL(English Premier League)은 글로벌 시장을 대상으로 브랜드를 확장하고 있다. 이를 위해 다양한 언어로 콘텐츠를 제작하고, 각국의 문화적 특성을 반영한 마케팅 전략을 활용하고 있다. 특정 지역의 팬들에게 맞춘 맞춤형 경기 일정 조정, 로컬 스폰서십 계약, 국가별 공식 소셜미디어 운영 등을 통해 각 지역의 팬들과 더욱 긴밀하게 소통하고 있다.

① 문화 동질화(Cultural Homogenization)
② 글로컬리제이션(Glocalization)
③ 문화 이질화(Cultural Heterogenization)
④ 세계 표준화(Global Standardization)

20. 스포츠 세계화가 스포츠에 미치는 영향에 대한 설명으로 옳지 않은 것은?

① 스포츠 세계화는 스포츠 규칙 및 표준화를 촉진하여 국제 대회 운영의 효율성을 높인다.
② 선수 노동 이주로 인해 특정 리그나 팀의 경쟁력이 강화되기도 한다.
③ 글로벌 팬덤 형성으로 지역 스포츠만의 고유성이 강화된다.
④ 국제 스포츠 이벤트의 증가로 경제적 부담이 늘어날 수 있다.

2급 스포츠지도사 필기시험

스포츠교육학 (22)

1. 아마추어리즘과 페어플레이 정신에 대한 설명으로 가장 적절한 것은?
   ① 스포츠는 오직 승리를 위한 경쟁이며, 이를 극대화하는 것을 목표로 한다.
   ② 스포츠, 건강, 종교를 통합하여 시민 종교를 탄생시켰으며, 공정한 경기와 자기 절제를 중요한 가치로 삼는다.
   ③ 스포츠의 상업적 성공과 전문 선수 양성을 강조하며, 프로 스포츠의 발전을 목표로 한다.
   ④ 스포츠는 개인의 신체 건강을 증진하는 데 초점을 맞추며, 사회적 가치와는 직접적인 연관이 없다.

2. 스포츠교육학이 추구하는 핵심 가치만으로 구성된 것은?
   ① 신체적 가치, 인지적 가치, 정의적 가치
   ② 체육 교육과정의 체계화, 교사의 교수법 향상, 스포츠 프로그램의 다양화
   ③ 건강 증진, 경쟁심 함양, 체육 교육의 실용성 강화
   ④ 스포츠 기술 숙달, 경기 규칙 이해, 전문 선수 양성

3. 「국민체육진흥법」(시행 2025.1.31.) 제2조(정의)에서 규정한 체육지도자에 해당하지 않는 것은?
   ① 전문스포츠지도사
   ② 생활스포츠지도사
   ③ 지역체육협력사
   ④ 건강운동관리사

4. 〈보기〉에서 설명하는 스포츠교육 지도자로 가장 적절한 것은?

   〈보기〉
   - 체육 교육에 대한 폭넓은 이해와 윤리적 자질을 갖추고 있으며, 학교에서 체육 교육을 담당하는 역할을 수행한다.
   - 학생들의 체육 학습을 지도하고 보조하며, 신체 활동을 통한 전인적 성장과 인성 교육을 강조한다.
   - 학생들에게 긍정적인 롤 모델이 되어 스포츠맨십과 협동심을 함양할 수 있도록 돕는다.

   ① 스포츠 강사
   ② 체육 교사
   ③ 전문스포츠지도사
   ④ 생활스포츠지도사

5. 블룸(B. Bloom)의 인지적 영역 중 주어진 자료를 세부적으로 나누고, 각 요소 간의 관계를 체계적으로 탐색하여 결론을 도출하는 과정은?
   ① 지식
   ② 이해
   ③ 종합
   ④ 분석

6. 〈보기〉에 해당하는 교육 모형과 설명으로 적절한 것은?

   〈보기〉
   (직접적 ↔ 상호 작용적 ↔ 간접적)
   - 내용 선정: 직접적
   - 수업 운영: 상호 작용적
   - 과제 제시: 직접적
   - 참여 형태: 상호 작용적~간접적
   - 교수적 상호 작용: 상호 작용적
   - 학습 진도: 간접적
   - 과제 전개: 상호 작용적~간접적

   ① 탐구 수업 모형: 학생들이 문제 해결 과정을 통해 신체 활동을 탐구하도록 유도한다.
   ② 개별화 지도 모형: 학생 개별의 학습 속도에 맞춰 자기 주도적으로 학습하도록 유도한다.
   ③ 직접 교수 모형: 교사가 수업을 주도하며, 학생들의 신체적 학습을 체계적으로 지도한다.
   ④ 협동 학습 모형: 학생들이 팀을 이루어 협력하여 목표를 달성하고, 협동 학습을 통해 사회적 관계를 형성한다.

7. 〈보기〉에서 설명하는 교수 기능을 향상시키기 위한 연습 방법으로 가장 적절한 것은?

〈보기〉
거울 앞에서 자신의 말과 행동을 직접 관찰하며 교수 기능을 익히는 방식이다. 교사는 자신의 표정, 몸짓, 목소리 톤, 말의 속도 및 강약 조절 등을 스스로 점검하며, 교수법을 개선할 수 있다. 또한, 이를 반복적으로 연습함으로써 자신감과 유창성을 높이고, 교수 활동에서의 비언어적 표현을 효과적으로 활용하는 능력을 향상시킬 수 있다.

① 마이크로 티칭 ② 동료 교수
③ 반성적 교수 ④ 1인 연습

8. 〈보기〉는 메이거(R. Mager)의 교수 목표 진술 방식에 대한 설명이다. 이에 근거할 때, 가장 올바르게 진술된 교수 목표는?

〈보기〉
메이거(R. Mager)는 효과적인 교수 목표 진술을 위해 다음 세 가지 요소를 포함해야 한다고 보았다.
- 도착점 행동(Performance): 학습자가 실제로 수행해야 하는 구체적인 행동
- 조건 명시(Condition): 학습자가 행동을 수행하는 특정 조건이나 상황
- 수락 기준(Criterion): 행동이 어느 정도 성취되어야 하는지 평가할 수 있는 기준

즉, 교수 목표는 학습자가 어떤 조건에서 어떤 행동을 수행해야 하며, 이를 어떤 기준으로 평가할지를 명확히 진술해야 한다.

① 학생은 체육 수업에서 농구 패스 기술을 연습한다.
② 학생은 농구 경기 중, 수비수 2명이 압박하는 상황에서, 정확한 패스를 5회 중 4회 이상 성공적으로 수행할 수 있다.
③ 학생은 체육 수업 후, 패스 기술의 원리를 이해하고, 경기 상황에서 적절한 패스를 선택할 수 있다.
④ 학생은 연습 활동을 통해 패스 기술을 익히고, 경기에서 팀원과 협력하는 능력을 기른다.

9. 평가 유형과 그 기능이 적절하게 연결되지 않은 것은?

① 진단 평가: 학습이 시작되기 전에 학습자의 수준과 특성을 파악하여 맞춤형 지도 계획을 수립한다.
② 형성 평가: 학습 과정에서 학습 방법을 점검하고, 교육 프로그램의 효과성을 종합적으로 판단한다.
③ 총괄 평가: 교육 프로그램이 종료된 후 학습자의 성취도와 프로그램의 효율성을 평가하여 개선 방향을 설정한다.
④ 형성 평가: 학습이 진행되는 동안 피드백을 제공하여 교수 방법을 수정할 수 있도록 지원한다.

10. 〈보기〉에서 설명하는 평가의 타당도를 측정하는 방법으로 가장 적절한 것은?

〈보기〉
평가 도구가 측정하고자 하는 심리적 특성을 얼마나 정확하게 반영하는지 확인하는 것은 중요하다. 이를 위해 평가 도구가 이론적 개념과 일치하는지를 검증하고, 실제로 해당 개념을 측정하고 있는지 분석하는 과정이 필요하다.

① 내용 타당도 ② 공인 타당도
③ 구인 타당도 ④ 예측 타당도

11. 평가의 개념에 대한 설명으로 가장 적절한 것은?

① 평가는 교육과정의 가치를 판단하기보다는 학습자의 점수를 단순 비교하는 과정이다.
② 평가는 특정 기준에 따라 양을 수치화하는 측정과 동일한 개념이다.
③ 평가는 자료를 수집하고 분석하여 교육과정, 교수 활동, 교육 환경 등의 가치를 판단하는 포괄적인 과정이다.
④ 평가는 학습자의 검사 결과를 바탕으로 점수만 제공하는 기능을 한다.

12. 탐구 수업 모형은 학습자가 문제 해결 과정을 통해 지식을 구성하고 논리적 사고를 촉진하며, 탐구적 태도를 기르는 것을 목표로 한다. 다음 중 탐구 수업 모형에서 학습의 우선순위를 바르게 나열한 것은?

① 정의적 학습 → 심동적 학습 → 인지적 학습
② 인지적 학습 → 심동적 학습 → 정의적 학습
③ 정의적 학습 → 인지적 학습 → 심동적 학습
④ 심동적 학습 → 인지적 학습 → 정의적 학습

13. <보기>에서 설명하는 체육 학습 활동 유형으로 가장 적절한 것은?

― <보기> ―
축구 정식 경기를 진행하기 전에, 학생들이 특정 기술에 집중할 수 있도록 간소화된 형태의 축구 게임을 설계하는 활동 방식이다.

① 정식 경기
② 리드업 게임
③ 역할 수행
④ 학습 센터

14. <보기>의 사례가 나타내는 스포츠 지도를 위한 교육 모형으로 가장 적절한 것은?

― <보기> ―
체육 수업에서 학생들은 학기 초에 팀을 구성하고, 시즌제 방식으로 공식 경기를 진행하였다. 또한, 경기 결과를 기록하며, 시즌이 종료된 후에는 팀별 경기 성과와 협동 능력을 평가하였다.

① 문제 해결 과정 중심의 탐구 수업 모형
② 학생 중심의 자기 주도적 학습을 강조하는 개별화 지도 모형
③ 협력과 공동 목표 달성을 중심으로 한 협동 학습 모형
④ 실제 스포츠 경험을 강조하는 스포츠교육 모형

15. 「학교체육진흥법」(시행 2024.12.20.) 제11조 '학교 운동부 운영'에 대한 설명으로 옳지 않은 것은?

① 학교의 장은 학생 선수가 최저 학력 기준에 미달할 경우 별도의 기초 학력 보장 프로그램을 운영하여야 한다.
② 학교의 장은 학생 선수의 학습권과 정서적 발달을 위해 학기 중 상시 합숙 훈련을 제한하기 위해 노력해야 한다.
③ 학교의 장은 후원금을 학교 회계에 편입하지 않고 독립적으로 운영하여 학교 운동부의 재정 투명성을 보장할 수 있다.
④ 국가 및 지방 자치 단체는 학교 운동부 운영과 관련된 경비를 예산 범위 내에서 지원할 수 있다.

16. 체육 전문인으로 성장하기 위한 방안 중 '형식적 성장' 방법에 해당하는 것은?

① 스포츠 관련 워크숍에 참석하여 최신 트렌드를 학습한다.
② 세미나 및 강연을 통해 전문가의 지식을 습득한다.
③ 체육 교육 및 코칭 관련 자격증 과정을 이수한다.
④ 코칭 관련 서적과 잡지를 활용하여 코칭에 대한 지식을 스스로 습득한다.

17. <보기>에서 설명하는 전문체육 지도자의 역량으로 옳은 것은?

― <보기> ―
김 코치는 팀 훈련 중 선수들이 무리하지 않도록 각 선수의 신체 상태를 주기적으로 점검하며, 운동 전후로 스트레칭과 근육 이완 요법을 지도하고 있다. 또한, 경기 중 발생할 수 있는 부상을 예방하기 위해 올바른 운동 자세와 보호 장비 착용법을 지속적으로 교육하고 있다.

① 안전 및 상해 예방
② 신체적 컨디셔닝
③ 심리적 컨디셔닝
④ 지도법 및 커뮤니케이션

18. <보기>에서 모스턴(M. Mosston)의 체육 교수 스타일에 대한 설명으로 옳은 것으로만 묶인 것은?

― <보기> ―
㉠ 지시형(명령식) 스타일: 교사의 지시에 따라 과제를 수행하며, 학습 속도와 리듬을 학생이 스스로 결정한다.
㉡ 연습형(연습식) 스타일: 학생이 자신의 학습 속도를 조절하며, 교사가 개별적으로 피드백을 제공한다.
㉢ 포함식(포괄형) 스타일: 모든 학생에게 동일한 난이도의 과제를 부여하며, 학습 결과를 교사가 전적으로 평가한다.
㉣ 유도 발견식 스타일: 교사가 논리적인 질문을 통해 학생이 스스로 개념과 기능을 발견하도록 유도한다.
㉤ 자기 학습식 스타일: 학생이 교사와 학습자의 역할을 동시에 수행하며, 모든 학습 결정을 스스로 내린다.

① ㉠, ㉡, ㉢
② ㉠, ㉢, ㉤
③ ㉡, ㉣, ㉤
④ ㉢, ㉣, ㉤

19. 〈보기〉에서 하나로 수업 모형에 대한 설명으로 옳은 것을 모두 고른 것은?

〈보기〉
㉠ 체육 수업에서 직접 체험과 간접 체험을 균형 있게 활용하는 것을 강조한다.
㉡ 직접 체험에서는 기술적 요소뿐만 아니라 신체 활동을 통한 심법적 요소도 포함된다.
㉢ 간접 체험은 학생들이 신체 활동을 직접 수행하지 않더라도, 영상 시청, 토론 등을 통해 기술적·기법적 요소를 학습할 수 있도록 돕는다.
㉣ 직접 체험은 학생이 스스로 학습 내용을 탐구하는 방식으로, 교사의 개입을 최소화하고 학생 중심으로 진행된다.

① ㉠, ㉡
② ㉢, ㉣
③ ㉠, ㉡, ㉢
④ ㉡, ㉢, ㉣

20. 협의의 스포츠교육에 해당하는 사례로 가장 적절한 것은?

① 체육 수업에서 학생들이 스포츠 경기뿐만 아니라 전통놀이, 댄스, 요가 등 다양한 신체 활동을 경험하며, 문화적 요소를 함께 학습한다.
② 창의적 체험 활동의 일환으로 학생들이 다양한 스포츠 클럽에 참여할 기회를 제공하며, 새로운 스포츠 종목을 체험할 수 있도록 한다.
③ 체육 수업에서 승패보다는 참여와 협력을 강조하며, 신체 활동보다 스포츠 활동을 통한 심리적 성장을 우선적으로 지도한다.
④ 체육 수업에서 학생들을 팀으로 나누어 특정 스포츠 종목을 정식 경기 방식으로 운영하며, 스포츠 규칙을 준수하고 팀워크와 경쟁을 경험할 수 있도록 한다.

스포츠심리학 (33)

1. 협의의 스포츠심리학의 연구 범위에 포함되지 않는 것은?

① 운동선수의 심리적 특성이 경기력에 미치는 영향을 분석하는 연구
② 훈련 및 경기 중 스트레스와 불안이 운동수행에 미치는 영향을 탐색하는 연구
③ 스포츠 활동이 개인과 팀의 심리적 기능과 정서적 상태에 미치는 영향을 연구
④ 운동기술 습득과 운동제어 원리를 중심으로 인간 운동의 생리적 메커니즘을 연구

2. 〈보기〉에서 설명하는 운동제어 체계 단계는?

〈보기〉
축구 경기에서 상대 팀 공격수가 슛을 시도할 때, 골키퍼는 공의 위치, 슈팅 방향, 슈팅 자세, 바람의 세기 등 다양한 환경적 정보를 시각적으로 인식한다. 이 감각 정보를 바탕으로 슛이 어느 방향으로 날아올지 빠르게 분석하는 과정이 이루어진다.

① 반응 선택 단계
② 반응 실행 단계
③ 감각 지각 단계
④ 고정화 및 다양화 단계

3. 운동학습 이론 중 손다이크(Thorndike)의 S-R 이론에 대한 설명으로 옳은 것은?

① 피드백을 통해 동작을 수정하고 개선한다고 보는 이론이다.
② 운동학습을 뇌의 신경 연결망을 통해 설명하는 이론이다.
③ 협응과 제어의 변화를 통해 운동학습을 설명하는 이론이다.
④ 자극에 대한 반복된 반응을 통해 학습이 이루어진다고 보는 이론이다.

4. <보기>의 ㉠~㉣에 해당하는 학습 전이를 바르게 연결한 것은?

―〈보기〉―
㉠ 테니스 스윙을 잘하면, 배드민턴 스매시를 더 쉽게 익힐 수 있다.
㉡ 테니스 백핸드 동작이 배드민턴 백핸드 학습에 혼란을 준다.
㉢ 새로운 배팅 기술을 배운 후, 이전에 익힌 배팅 기술이 변화한다.
㉣ 축구에서 사용한 발차기 기술이 풋살 경기에서도 적용된다.

	㉠	㉡	㉢	㉣
①	정적 전이	부적 전이	역전이	수평적 전이
②	수평적 전이	역전이	부적 전이	정적 전이
③	역전이	제로 전이	정적 전이	수직적 전이
④	정적 전이	역전이	제로 전이	수평적 전이

5. 운동기술의 일차원적 분류 중 '움직임의 연속성' 요소에 해당하지 않는 것은?

① 연속적
② 불연속적
③ 폐쇄적
④ 계열적

6. 운동발달에 영향을 미치는 요인 중 사회적·문화적 요소에 해당하지 않는 것은?

① 미디어에서 다루는 운동과 스포츠가 개인의 운동 습관 형성에 영향을 미친다.
② 가족, 친구, 코치 등의 지지는 운동발달에 중요한 역할을 한다.
③ 자아 존중감, 동기, 스트레스와 같은 심리적 요인이 운동학습과 수행에 영향을 미친다.
④ 사회적 성 역할에 대한 기대가 운동 참여와 발달에 영향을 미친다.

7. 홀랜더(E.P. Hollander)의 성격 구조에 대한 설명으로 옳지 않은 것은?

① 성격을 원초아, 자아, 초자아로 구분하며, 무의식과 심리적 갈등이 성격 형성에 영향을 미친다고 설명한다.
② 성격의 가장 깊은 내면에 해당하며, 개인의 가치관, 신념, 자아상과 같이 비교적 변하지 않는 요소들로 구성된다.
③ 일상적인 상황에서 반복적으로 나타나는 행동 패턴으로, 비교적 일관성이 있는 성향을 의미한다.
④ 사회적 상황이나 역할에 따라 달라질 수 있는 표면적인 행동을 의미한다.

8. <보기>에서 설명하는 성격 측정의 투사법에 해당하는 것은?

―〈보기〉―

이 측정은 집, 나무, 사람의 그림을 통해 내면 세계를 평가하는 것이다.

① 무드 평가 검사(TAT)
② 로르샤흐 검사
③ KFD 검사
④ HTP 검사

9. 불안의 종류 중 '특성 불안'의 사례로 적절한 것은?

① 경기 직전에 심장이 빠르게 뛰고 손이 떨리며 긴장을 느꼈다.
② 중요한 승부차기를 앞두고 순간적으로 강한 긴장과 불안을 경험했다.
③ 훈련 중 사소한 실수에도 과도하게 불안해하며 끊임없이 걱정한다.
④ 연습 때는 잘하지만, 실제 경기에서는 항상 심한 긴장과 불안을 느낀다.

10. <보기>의 사례에 해당하는 동기 이론으로 옳은 것은?

   ─ <보기> ─
   축구 선수인 제하는 처음에는 부모님의 권유로 인해 축구를 시작했다. 그러나 시간이 지나면서 점차 축구 자체에 흥미를 느끼게 되었고, 훈련을 통해 자신의 기술이 향상되는 과정에서 큰 만족감을 얻었다. 이제 그는 경기에서 승리하는 것뿐만 아니라, 개인적인 성장과 발전에서도 동기 부여를 받고 있다.

   ① 성취 목표 성향 이론
   ② 동기 분위기 이론
   ③ 자기 효능감 이론
   ④ 자기 결정성 이론

11. <보기>는 학생들이 성취 목표 성향에 대해 나누는 대화이다. 이 중 목표 성향이 다른 학생은?

   ─ <보기> ─
   성현: 축구에서 제일 중요한 건 이기는 거야. 상대 팀보다 더 많은 골을 넣기 위해 항상 경쟁심을 가지고 경기에 임해.
   태린: 경기에서 상대 팀보다 더 많은 득점을 올리기 위해 늘 경쟁심을 가지고 훈련해.
   지연: 탁구를 칠 때 친구보다 더 잘하면 뿌듯해. 경쟁을 통해 실력을 키우는 과정이 정말 재미있어.
   오준: 농구 연습을 할 때 어제보다 더 좋은 슛 성공률을 기록하면 정말 뿌듯해. 다른 사람과 비교하기보다는 내 목표를 세우고 노력하는 게 중요하다고 생각해.

   ① 성현   ② 태린
   ③ 지연   ④ 오준

12. 자신감 이론 중 자아 존중감에 대한 설명으로 옳지 않은 것은?

   ① 자신이 가치 있는 존재라고 느끼는 개인의 전반적인 자기 평가를 의미한다.
   ② 특정 과제나 상황에서 자신의 성공 가능성을 믿는 것을 의미한다.
   ③ 타인과의 비교나 외부 평가에 영향을 받을 수 있으며, 지속적으로 성장하고 유지하는 것이 중요하다.
   ④ 자신의 능력과 성과에 대한 긍정적인 인식에서 형성되며, 높은 자아 존중감은 도전과 목표 달성에 중요한 역할을 한다.

13. 심상 훈련의 실천 방법과 관련이 없는 것은?

   ① 체력 훈련 강화   ② 적절한 장소 선정
   ③ 동기 부여   ④ 운동 장면 기록

14. <보기>의 ㉠, ㉡에 해당하는 루틴의 유형은?

   ─ <보기> ─
   ㉠ 테니스 선수가 랠리 도중 포인트 사이마다 일정한 패턴으로 공을 튀기고 라켓을 돌리는 동작을 반복하며 마음을 안정시킨다.
   ㉡ 골프 경기 중 샷이 잘못되었을 때 짧은 심호흡을 하며 빠르게 평정심을 되찾고, 다음 샷을 준비하며 스윙 연습을 반복한다.

	㉠	㉡
①	수행 전 루틴	수행 간 루틴
②	미니 루틴	수행 후 루틴
③	수행 간 루틴	미니 루틴
④	수행 후 루틴	수행 전 루틴

15. 첼라드라이(P. Chelladerai)의 다차원 리더십 모델에 대한 설명으로 옳지 않은 것은?

   ① 규정 행동은 특정 상황에서 리더가 수행해야 할 행동으로, 팀 목표 달성과 조직 규칙 준수를 의미한다.
   ② 다차원 리더십 모델은 리더가 반드시 구성원이 원하는 행동에만 초점을 맞추어야 한다고 설명한다.
   ③ 실제 행동은 리더가 실제로 보이는 행동으로, 리더의 성격과 스타일에 따라 달라질 수 있다.
   ④ 선호 행동은 팀 구성원이 리더에게 기대하는 행동으로, 구성원의 요구를 반영하는 리더십 스타일을 의미한다.

16. 공격성 이론에 대한 설명으로 가장 적절하지 않은 것은?

   ① 단서 촉발 이론: 공격성은 부정적 감정과 무관하게 외부 자극만으로 촉발될 수도 있다고 본다.
   ② 좌절-공격 이론: 좌절이 공격성을 유발하는 직접적인 원인이라고 본다.
   ③ 본능 이론: 공격성은 본능적이며, 타고난 충동에서 비롯된다고 본다.
   ④ 사회 학습 이론: 공격성은 타고난 것이 아니라, 관찰과 모방을 통해 학습된다고 본다.

17. 〈보기〉에서 설명하는 개념으로 옳은 것은?

〈보기〉
- 축구 훈련 중 규칙을 위반하면 휴식 시간이 줄어든다.
- 훈련 태도가 나쁘면 음악을 들을 수 없다.
- 테니스 훈련에 집중하지 않으면 자유 시간이 감소한다.

① 부적 강화 ② 정적 강화
③ 정적 처벌 ④ 부적 처벌

18. 〈보기〉에서 설명하는 신체 활동과 심리 상태를 측정하는 척도는?

〈보기〉
운동과 우울증 연구에서 운동의 정신 건강 효과를 검증하는 중요한 도구로 사용된다. 이 척도는 운동이 정신적 스트레스와 우울 증상 완화에 미치는 긍정적 영향을 평가하는 데 적합하다.

① CES-D
② VAS
③ 기분 상태 검사(POMS)
④ 운동 자각도(RPE) 척도

19. 〈보기〉에서 설명하는 프로차스카(J. Prochaska)의 운동 변화 단계는?

〈보기〉
- 운동에 참여할 준비가 되어 있고, 곧 행동에 나설 의지가 생긴 단계
- 변화를 위한 구체적인 계획을 세우고 실천을 준비하는 단계
- 1개월 이내에 운동에 참여하려는 의도가 확립된 단계

① 관심 단계 ② 준비 단계
③ 실천 단계 ④ 유지 단계

20. 〈보기〉에서 스포츠심리상담 기법에 대한 내용으로 옳은 것으로만 묶인 것은?

〈보기〉
㉠ 진솔한 태도로 일관성 있게 상담을 진행해야 한다.
㉡ 내담자가 쉽게 표현하는 감정만 경청한다.
㉢ 내담자의 말을 주의 깊게 경청하며 반영해야 한다.
㉣ 내담자의 실수를 자연스러운 과정으로 수용해야 한다.
㉤ 긍정적인 요소보다는 부정적 측면에 집중한다.

① ㉠, ㉡, ㉢ ② ㉠, ㉢, ㉣
③ ㉡, ㉢, ㉣ ④ ㉢, ㉣, ㉤

한국체육사 (44)

1. 〈보기〉에서 설명하는 체육사의 연구 방법으로 가장 적절한 것은?

〈보기〉
체육사는 과거의 체육 관련 사건이나 운동을 연구하면서, 그 사건이 일어난 당시의 사회적·문화적 배경을 고려하고, 당시 사람들의 가치관이나 이념을 반영하여 사건의 의미를 해석한다. 이 과정에서 체육사는 단순히 사건을 기술하는 데 그치지 않고, 사건의 깊은 의미를 분석하며 그 결과를 현재의 관점으로 해석하려 한다.

① 기술적 연구
② 비교적 연구
③ 실험적 연구
④ 해석적 연구

2. 체육사의 시대 구분에 대한 설명으로 가장 적절한 것은?

① 시대 구분은 고정된 방식으로만 적용해야 한다.
② 시대 구분은 역사적 연구의 편의상 사용하는 도구일 뿐이다.
③ 시대 구분은 고정된 규칙에 의해 변화가 불가능하다.
④ 시대 구분은 지역과 주제에 따라 변하지 않는다.

3. 부족국가시대의 제천 행사에 대한 설명으로 가장 적절한 것은?

① 고구려의 동맹은 종교적 의식만을 중심으로 한 행사였다.
② 부여의 영고는 군사 훈련을 주된 목적으로 진행된 행사였다.
③ 신라의 가배는 제천 행사로서 음주, 가무, 유희 등이 포함된 행사였다.
④ 삼한의 수릿날과 계절제는 농경과 무관하게 진행되었다.

2급 스포츠지도사 필기시험

4. 고구려의 태학과 경당의 공통점으로 적절하지 <u>않은</u> 것은?

   ① 모두 국가 관리를 양성할 목적으로 설립되었다.
   ② 고구려 사회의 계층별 필요에 맞춘 교육이 이루어졌다.
   ③ 신체 활동이 포함된 교육이 실시되었다.
   ④ 교육과정에 유학 경전 학습과 활쏘기 교육이 포함되었다.

5. 선사시대의 신체 활동에 대한 설명으로 가장 적절한 것은?

   ① 생존을 위한 사냥과 전투술의 발달이 이루어졌다.
   ② 신체 건강을 유지하기 위한 체계적인 운동 방식이 정립되었다.
   ③ 스포츠 경기가 발전하여 다양한 형태로 이루어졌다.
   ④ 정신 수양과 인간성 회복을 위한 체육 활동이 주요 목적이었다.

6. 〈보기〉의 설명에 해당하는 화랑도의 체육 사상은?

   ─〈보기〉─
   신체 활동을 통해 도덕적 수양과 정신적 단련을 강조하였으며, 개인의 수련을 넘어 국가와 사회를 위해 헌신하는 자세를 기르고자 하였다. 또한, 체육을 통해 몸과 마음을 닦아 궁극적으로 이상적인 국가 건설을 목표로 삼았다.

   ① 신체미의 숭배 사상
   ② 심신 일체론적 신체관
   ③ 군사주의 체육 사상
   ④ 불국토 사상

7. 〈보기〉에서 설명하는 고려시대의 전통 신체 활동으로 가장 적절한 것은?

   ─〈보기〉─
   각저(角抵), 각력(角力), 상박(相撲) 등으로 불리며, 상대방을 넘어뜨리는 것을 목표로 하는 전통 신체 활동이다. 주로 서민들 사이에서 인기가 높았으며, 힘과 기술을 겨루는 형태로 발전하였다.

   ① 씨름
   ② 추천(鞦韆)
   ③ 방응(放鷹)
   ④ 석전(石戰)

8. 〈보기〉에서 조선시대 교육 기관과 그 특징을 바르게 설명한 학생을 모두 고른 것은?

   ─〈보기〉─
   영규: 성균관에서는 대사례에서 활쏘기 의례를 시행했어.
   진욱: 향교는 지방에서 유학 교육을 목적으로 설립된 기관이야.
   환일: 서원은 유학자들이 학문을 연마하고 과거를 준비하던 사립 교육 기관이야.
   성길: 서당은 기술 교육과 군사 훈련을 담당하던 곳이야.

   ① 영규, 진욱
   ② 환일, 성길
   ③ 영규, 진욱, 환일
   ④ 영규, 환일, 성길

9. 〈보기〉에 해당하는 조선시대의 체육 활동으로 옳은 것은?

   ─〈보기〉─
   도가의 건강법을 기반으로 한 체조로, 치료보다 예방을 목표로 한다. 무병장수를 위해 신체적·정신적 건강을 유지하는 데 중점을 둔 신체 활동이다.

   ① 활인심방
   ② 도판희
   ③ 궁도
   ④ 장치기

10. 조선시대의 체육 사상에 대한 설명으로 옳지 않은 것은?

① 성리학적 가치관의 영향으로 신체 활동보다는 정신 수양이 중시되었다.
② 숭문천무 사상으로 인해 체육 활동은 무반에게만 국한되었다.
③ 문무겸전 사상으로 문관도 군사적 능력을 기를 필요성이 강조되었다.
④ 군사적 필요성에 따라 무과 시험을 통해 체육 활동이 제도적으로 뒷받침되었다.

11. 〈보기〉의 ㉠, ㉡에 들어갈 용어로 적절한 것은?

〈보기〉
일제 강점기에 운동회는 국권 회복 운동 시기에 민족주의 감정을 표출하는 중요한 행사로 활용되었다. 특히, (㉠)에서 체육 활동을 강화하며, 학생들과 사회가 함께 참여하여 (㉡)을/를 드러내는 장이 되었다.

	㉠	㉡
①	학교	체력 단련
②	학교	독립 의지
③	체육 단체	스포츠 정신
④	교육계	단결 의지

12. 개화기 교육 기관과 그 설립 목적이 바르게 연결되지 않은 것은?

① 원산학사: 문예반과 무예반을 운영하며, 전통 교육과 실용 과목을 병행하였다.
② 배재학당: 유교적 전통을 강화하고, 국가와 사회에 봉사할 인재 양성을 목표로 하였다.
③ 이화학당: 기독교 교육을 바탕으로 여성의 사회적 역할 확대와 자립을 추구하였다.
④ 대성학교: 국권 회복을 목표로 민족 지도자를 양성하고, 군사 교육도 실시하였다.

13. 〈보기〉는 개화기 교육 개혁과 관련된 주요 사건들이다. 발생 순서대로 바르게 나열한 것은?

〈보기〉
㉠ 고종이 교육입국조서를 반포하여 체조를 정식 과목으로 채택하였다.
㉡ 군국기무처가 주도하여 갑오개혁이 시작되었다.
㉢ 신분제 타파와 과거제 철폐를 포함한 갑오개혁이 단행되었다.

① ㉠ → ㉡ → ㉢
② ㉡ → ㉢ → ㉠
③ ㉢ → ㉠ → ㉡
④ ㉢ → ㉡ → ㉠

14. 〈보기〉의 설명에 해당하는 개화기 체육 사상을 바르게 연결한 것은?

〈보기〉
㉠ 유교적 전통이 왜곡되면서 체육이 도덕적 성장과는 별개로 인식되었다.
㉡ 국권 상실의 위기는 체육을 민족주의적 이념과 결합시키는 계기가 되었다.
㉢ 체육은 다양한 민족적 정체성을 포용하는 다원주의적 민족주의 사상과 연결되었다.

	㉠	㉡	㉢
①	사회 진화론	유교주의	민족주의
②	유교주의	민족주의	사회 진화론적 민족주의
③	유교주의	사회 진화론	전통주의
④	민족주의	사회 진화론	유교주의

15. 〈보기〉의 설명에 해당하는 개화기 체육 사상가는?

〈보기〉
근대 체육 교육의 중요성을 강조하며, 체육을 국가의 운명을 결정짓는 중요한 요소로 인식하였다. 그는 체육을 통해 신체를 단련하는 것이 정신적 성장에도 필수적이며, 민족 자주성과 국가 발전을 위한 필수 과제라고 주장하였다. 또한, 체육 교육의 체계적 발전을 위해 체육 학교를 설치하고, 체육 교사를 양성할 것을 제안하였으며, 체육 학술 연구를 위해 청년들을 해외에 파견할 필요성을 역설하였다.

① 문일평 ② 노백린
③ 이황   ④ 정약용

16. 일제 강점기 체육 통제기(1941~1945년)의 체육에 대한 설명으로 가장 적절한 것은?

① 태평양 전쟁 이후, 체육이 군국주의 체육으로 변화하여 체력장 제도가 도입되었다.
② 체육 교육이 민주주의적 체육으로 변화하면서 국민의 건강 증진을 위한 체조과가 확대되었다.
③ 체육 경기가 활성화되었으며, 국제 스포츠 교류를 통해 일본의 체육 수준을 높이는 데 집중하였다.
④ 병식 체조 중심에서 스웨덴식 체조로 전환하였다.

17. 〈보기〉의 설명에 해당하는 사건은?

〈보기〉
1936년 베를린 올림픽 마라톤에서 우승한 손기정 선수는 일본의 식민 통치하에 있어 일본 대표로 출전해야 했다. 경기 후, 그의 업적을 보도하는 과정에서 특정한 편집 조치가 이루어졌으며, 이로 인해 일제의 강력한 탄압이 가해졌고, 한 언론사는 무기정간 처분을 받았다.

① 조선체육회의 해산
② 조선 신궁 대회
③ 메이지 신궁 경기 대회
④ 일장기 말소 사건

18. 〈보기〉에서 제시한 사건을 발생 순서대로 바르게 나열한 것은?

〈보기〉
㉠ 조선체육동지회 결성
㉡ 국제올림픽위원회(IOC) 가입
㉢ 대한민국의 첫 공식 하계 올림픽 참가
㉣ 대한올림픽위원회(KOC) 설립

① ㉠ → ㉡ → ㉣ → ㉢
② ㉠ → ㉣ → ㉡ → ㉢
③ ㉡ → ㉣ → ㉢ → ㉠
④ ㉣ → ㉠ → ㉡ → ㉢

19. 〈보기〉에서 2000년대 한국체육사의 주요 사건과 해당 연도가 바르게 연결된 것은?

〈보기〉
㉠ 평창 동계 올림픽 개최지 확정
㉡ 한일 월드컵 개최
㉢ 시드니 올림픽에서 태권도 정식 종목으로 채택

	㉠	㉡	㉢
①	2011년	2002년	2000년
②	2011년	2002년	2004년
③	2007년	2002년	2000년
④	2007년	2002년	2004년

20. 한국 올림픽 스포츠 스타와 관련된 역사적 의의로 적절하지 않은 것은?

① 손기정은 1936년 일제 강점기 당시 한국인으로서 마라톤 금메달을 획득하며 민족적 자긍심을 고취시켰다.
② 양정모는 대한민국 올림픽 역사상 첫 금메달을 획득하며 국가 체육 발전의 전기를 마련하였다.
③ 황영조는 대한민국 최초의 동계 올림픽 금메달리스트로 쇼트 트랙 역사를 새롭게 썼다.
④ 김연아는 2010년 피겨 스케이팅 금메달로 한국이 동계 올림픽 피겨 강국으로 자리매김하는 계기를 마련하였다.

2급 스포츠지도사 필기시험

운동생리학 (55)

1. 에너지 대사의 경로에 대한 설명으로 옳지 <u>않은</u> 것은?
   ① 해당 과정은 포도당을 분해하여 에너지를 생산하는 과정이다.
   ② 지질 대사는 가장 빠르게 에너지를 생성하는 경로이다.
   ③ 크렙스 회로는 유산소 대사의 중요한 단계 중 하나이다.
   ④ 무산소성 대사에서 젖산이 생성될 수 있다.

2. 〈보기〉에서 설명하는 근육의 종류로 적절한 것은?

   〈보기〉
   이 근육은 자율적으로 수축하는 특별한 형태로, 인체의 특정 기관에서 지속적으로 운동을 조절하는 역할을 한다. 주로 짧고 가지치기된 섬유로 이루어져 있으며, 세포 하나가 여러 개의 핵을 지니고 있는 특징이 있다.

   ① 심장근 ② 수의근
   ③ 골격근 ④ 내장근

3. 〈보기〉의 빈칸에 들어갈 용어로 적절한 것은?

   〈보기〉
   (   )은 췌장의 베타 세포에서 분비되는 호르몬으로, 혈당을 조절하는 역할을 한다. 혈액 속 포도당을 세포 내로 운반하여 에너지원으로 활용한다.

   ① 에피네프린 ② 인슐린
   ③ 글루카곤   ④ 갑상선 호르몬

4. 운동 환경이 인체에 미치는 영향에 대한 설명으로 옳은 것은?
   ① 고온 환경에서 운동하면 체온 상승에 의해 체내 수분 손실이 증가한다.
   ② 저온 환경에서 운동할 때는 체온이 항상 안전하게 유지된다.
   ③ 습도가 높은 조건에서는 땀의 증발 속도가 빨라진다.
   ④ 고산지대에서의 운동은 부상 위험을 증가시키지 않는다.

5. 〈보기〉에서 신경계에 대한 설명으로 옳은 것으로만 묶인 것은?

   〈보기〉
   ㉠ 중추 신경계는 신경의 정보를 처리하고 통합하는 역할을 한다.
   ㉡ 말초 신경계는 중추 신경계에서 신체 각 부위로 정보를 전달한다.
   ㉢ 중추 신경계는 외부 환경에 대한 즉각적인 반응을 조절하고 통합한다.
   ㉣ 말초 신경계는 자극에 대한 반사적 반응만을 담당하며, 다른 신경 기능에는 관여하지 않는다.

   ① ㉠, ㉡, ㉢ ② ㉠, ㉡, ㉣
   ③ ㉠, ㉢, ㉣ ④ ㉡, ㉢, ㉣

6. 〈보기〉에서 설명하는 대사 과정으로 적절한 것은?

   〈보기〉
   세포의 에너지 대사 과정 중 하나로, 포도당 한 분자가 효소의 촉매 작용을 통해 두 분자의 피루브산으로 분해되는 일련의 화학 반응을 포함하는 대사 경로이다. 이 과정에서 ATP가 생성되며, 산소의 유무에 따라 해당 산물이 다르게 대사될 수 있다.

   ① 해당 과정   ② ATP-PC 시스템
   ③ 산화적 인산화 ④ TCA 회로

7. 지구성 운동으로 인한 장기적인 신체 적응 현상으로 옳은 것은?
   ① 심박수의 증가   ② 골격근 구성의 변화
   ③ 체지방 비율의 증가 ④ 체온의 감소

8. 트레이닝 원리 중 특이성 원리에 대한 설명으로 옳지 <u>않은</u> 것은?
   ① 훈련하는 운동의 종류에 따라 신체의 반응이 달라진다.
   ② 다양한 운동을 통해 심폐지구력을 균등하게 향상시킬 수 있다.
   ③ 특정 운동에 대한 훈련은 그 운동에 필요한 능력을 향상시키는 데 효과적이다.
   ④ 특정한 근육군이나 에너지 시스템을 목표로 훈련할 수 있도록 활용된다.

9. 〈보기〉에서 설명하는 신경 전달 물질로 적절한 것은?

〈보기〉
신경 세포와 근육 세포 간의 신호 전달에 필수적인 역할을 하며, 특히 신경근 접합부에서 분비되어 근육 수축을 유도한다. 이 물질은 신경계와 근육계 간의 원활한 소통을 담당하며, 운동 신경에서 전달된 신호를 근육 세포가 효과적으로 받아들일 수 있도록 돕는다.

① 뉴런
② 아세틸-CoA
③ 아세틸콜린
④ 근방추

10. 〈보기〉에서 유산소 운동 시 심박수가 상승하는 생리학적 이유로 옳은 것을 모두 고른 것은?

〈보기〉
㉠ 근육 내 글리코겐 저장량 증가
㉡ 이산화탄소 배출 증가
㉢ 심장의 혈액 펌프 능력 증가
㉣ 산소 공급의 증가

① ㉠, ㉢
② ㉡, ㉣
③ ㉠, ㉢, ㉣
④ ㉡, ㉢, ㉣

11. 근육이 외부 저항에 대해 최대한의 힘을 발휘하는 능력을 의미하는 체력 요소는?

① 근력
② 협응력
③ 심폐지구력
④ 순발력

12. 에너지 대사와 관련된 운동 유형에 대한 설명으로 옳지 않은 것은?

① 유산소 운동은 주로 지방 산화를 통해 에너지를 공급한다.
② 무산소 운동은 짧은 시간 동안 높은 강도를 유지하는 데 도움을 준다.
③ 근육량을 증가시키는 데에는 저항 운동보다 유산소 운동이 더 효과적이다.
④ 무산소성 지구력 운동은 주로 젖산을 생성하면서 에너지를 제공한다.

13. 에피네프린(epinephrine) 호르몬에 대한 설명으로 옳은 것은?

① 이자(췌장)에서 분비되며, 혈당을 낮추는 역할을 한다.
② 부신 수질에서 분비되며, 스트레스 상황에서 심박수 증가와 혈당 상승을 유도한다.
③ 갑상선에서 분비되며, 체온 조절과 기초 대사율 증가에 관여한다.
④ 근육에서 직접 분비되며, 젖산을 에너지원으로 변환하는 역할을 한다.

14. 심장근에 대한 설명으로 옳지 않은 것은?

① 자율 신경계의 지배를 받지 않는다.
② 불수의 근육으로, 의식적으로 조절할 수 없다.
③ 자체적인 전기 신호를 생성하여 박동한다.
④ 심장근섬유로 구성되어 있다.

15. 저온 환경에서의 운동에 대한 설명으로 옳지 않은 것은?

① 저온 환경에서는 혈관이 수축하여 근육으로 가는 혈류량이 줄어들 수 있다.
② 체온이 저하되면 근육의 신경 전달 속도가 감소하여 운동수행 능력이 저하될 수 있다.
③ 추운 환경에서는 근육 경직이 발생할 가능성이 높아져 부상 위험이 증가할 수 있다.
④ 저온에서 운동하는 것은 일반적으로 근육 성장(근비대)에 긍정적인 영향을 미친다.

16. 건강 관련 체력 요소로만 구성된 것은?

① 신체 조성, 민첩성
② 협응성, 근지구력
③ 순발력, 심폐지구력
④ 신체 조성, 근력, 유연성

17. 호흡계 용어에 대한 설명으로 옳은 것은?

① 확산: 농도가 높은 곳에서 낮은 곳으로 이동하는 분자의 무작위적인 움직임이다.
② 환기: 외부 공기가 폐로 이동하는 과정이며, 기체 교환 과정과 무관하다.
③ 내호흡: 폐에서 산소를 흡입하고 이산화탄소를 배출하는 과정을 포함한다.
④ 외호흡: 모세 혈관을 통해 산소가 조직 세포로 전달되고, 이산화탄소는 혈액으로 확산되어 배출되는 과정이다.

18. 고산지대에서의 운동에 대한 설명으로 옳지 않은 것은?

① 고산지대에서는 산소 농도가 낮아 운동 능력이 저하될 수 있다.
② 고산지대에 적응될 경우 심폐 기능이 향상된다.
③ 장기적인 고산지대 운동은 적혈구 수를 증가시킬 수 있다.
④ 고산지대에서의 운동은 낮은 기압과 산소 부족으로 인한 생리적 위험을 초래하지 않는다.

19. 〈보기〉에서 심장의 구조와 기능에 대한 설명으로 옳은 것을 모두 고른 것은?

─────〈보기〉─────
㉠ 심장은 좌측과 우측의 두 개의 심방과 두 개의 심실로 구성된다.
㉡ 심장의 주기적인 수축은 심장 근육의 자발적인 전기 신호에 의해 발생한다.
㉢ 심장은 대동맥을 통해 산소가 없는 혈액을 전신으로 보낸다.
㉣ 심장 판막은 혈액의 역류를 방지하는 역할을 한다.

① ㉠, ㉡
② ㉡, ㉢
③ ㉠, ㉡, ㉣
④ ㉡, ㉢, ㉣

20. 단기 고강도 운동 중 에너지를 빠르게 생성하는 대사 경로로 옳은 것은?

① 산화적 인산화
② TCA 회로
③ 무산소성 해당 작용
④ 크렙스 회로

운동역학 (66)

1. 〈보기〉에서 양(+)의 일과 음(-)의 일에 대한 설명으로 옳은 것을 모두 고른 것은?

─────〈보기〉─────
㉠ 양의 일은 물체의 운동 에너지를 증가시키는 경우에 해당한다.
㉡ 음의 일은 물체의 운동 에너지를 감소시키는 경우에 해당한다.
㉢ 양의 일이 발생할 때 물체는 항상 속도를 증가시키는 결과를 초래한다.
㉣ 음의 일을 하는 힘이 작용할 때, 물체는 힘의 방향과 반대 방향으로 운동한다.

① ㉢, ㉣
② ㉠, ㉡, ㉢
③ ㉠, ㉡, ㉣
④ ㉠, ㉡, ㉢, ㉣

2. 지면 반력기를 사용하여 얻을 수 있는 정보로 옳지 않은 것은?

① 운동 중 각 발에 작용하는 힘의 크기
② 회전 운동의 중심을 찾기 위한 데이터
③ 근육의 발휘도와 운동 효율성
④ 물체의 질량과 가속도

3. 정역학의 기본 개념에 대한 설명으로 옳지 않은 것은?

① 정역학에서 물체의 합력은 항상 0이어야 하며, 이는 물체가 정지해 있음을 의미한다.
② 균형 상태에 있는 물체는 모든 작용의 힘이 서로 상쇄되어야 한다.
③ 정역학은 이동 중인 물체의 힘과 운동량 변화를 주로 다룬다.
④ 물체가 안정된 자세를 유지하기 위해서는 지렛대의 원리를 활용할 수 있다.

2급 스포츠지도사 필기시험

4. 〈보기〉의 설명에 해당하는 용어로 가장 적절한 것은?

〈보기〉
이 자세는 신체의 정렬과 균형을 평가하는 기준이 된다. 이 자세에서는 신체가 곧게 선 상태를 유지하며, 팔은 몸통의 양옆에 위치하고 손바닥은 앞을 향해야 한다. 또한, 다리는 어깨 너비 정도로 벌어져 서로 평행하게 놓이며, 머리는 정면을 바라본다. 신체의 여러 구조를 비교하고 분석할 때 활용된다.

① 해부학적 자세
② 생리학적 자세
③ 운동학적 자세
④ 기능학적 자세

5. 인체 평형과 안정성에 대한 설명으로 옳지 않은 것은?

① 운동 중 인체의 균형을 유지하려면 시각과 평형 감각이 필요하다.
② 높은 질량 중심을 가진 자세는 일반적으로 더 안정적이다.
③ 균형을 유지하기 위해서는 근육의 긴장과 조절이 필수적이다.
④ 동적 평형에서는 움직임이 있는 상태에서도 균형을 유지해야 한다.

6. 속도와 속력에 대한 설명으로 옳은 것은?

① 속력은 물체가 이동한 총거리의 변화율을 의미하며 방향성을 가진 스칼라량이다.
② 속도는 물체의 변위와 방향을 포함한 벡터량이다.
③ 속력과 속도는 같은 개념으로 항상 서로 대체 가능하다.
④ 속도는 거리의 양에 비례하지만 속력은 영향을 받지 않는다.

7. 〈보기〉에서 뉴턴의 선운동 제2법칙에 대한 설명으로 옳은 것을 모두 고른 것은?

〈보기〉
㉠ 인체에 작용하는 총힘이 0일 경우, 물체는 일정한 속도로 운동하거나 정지 상태를 유지한다.
㉡ 물체에 작용하는 힘이 클수록 가속도는 증가한다.
㉢ 질량이 증가할수록, 같은 힘을 받는 물체의 가속도는 감소한다.
㉣ 물체의 가속도는 작용하는 힘의 크기와 질량에 따라 결정된다.

① ㉡, ㉢
② ㉠, ㉡, ㉣
③ ㉠, ㉢, ㉣
④ ㉡, ㉢, ㉣

8. 운동 에너지에 대한 설명으로 옳은 것은?

① 운동 에너지는 물체의 질량과 속도의 제곱에 비례하며, 속도가 0일 때 운동 에너지는 0이다.
② 운동 에너지는 물체가 정지 상태에서도 존재할 수 있다.
③ 운동 에너지는 음수의 값을 가질 수 있다.
④ 모든 물체의 운동 에너지는 질량에만 영향을 받으며, 속도는 관계가 없다.

9. 〈보기〉에서 근전도기(EMG)의 주된 사용 목적으로 옳은 것을 모두 고른 것은?

〈보기〉
㉠ 운동 중 근육의 전기적 활동을 분석하여 근육의 기능을 이해하기 위함이다.
㉡ 근육의 피로도를 평가하고 근육 활성 패턴을 분석하기 위함이다.
㉢ 운동선수의 심박수를 기록하기 위해 사용된다.
㉣ 체온 변화와 관련된 데이터를 수집하기 위함이다.

① ㉠, ㉡
② ㉠, ㉢
③ ㉡, ㉢, ㉣
④ ㉠, ㉡, ㉢, ㉣

10. 운동역학의 적용 영역에 대한 설명으로 옳은 것은?

① 운동역학은 과학적 분석을 통해 재활 치료 및 부상 예방에도 활용될 수 있다.
② 운동역학은 운동선수에게만 적용되며, 일반인의 운동이나 일상생활에는 관련이 없다.
③ 운동역학은 힘을 계산하는 것에만 국한되며, 신체 움직임의 분석과는 무관하다.
④ 운동역학은 운동기술의 향상에 영향을 미치지 않으며, 경기력 개선과 관련이 없다.

11. 해부학적 움직임에서 '관절의 회전축'에 대한 설명으로 옳지 않은 것은?

① 굴곡과 신전 운동은 주로 시상축을 중심으로 이루어진다.
② 외회전과 내회전은 주로 수직축을 중심으로 발생한다.
③ 어깨 관절의 움직임은 프론탈축을 기준으로 발생할 수 있다.
④ 회전축은 이동하는 물체의 전체 힘의 방향에 영향을 미치지 않는다.

12. <보기>에서 운동 에너지의 변화에 대한 설명으로 옳은 것을 모두 고른 것은?

〈보기〉
㉠ 마찰력이 작용하는 경우 운동 에너지는 점차 감소할 수 있다.
㉡ 물체가 높은 곳에서 아래로 낙하할 때, 위치 에너지는 점점 운동 에너지로 전환된다.
㉢ 속도가 2배가 되면 운동 에너지는 원래의 2배가 아니라 4배가 된다.
㉣ 같은 힘을 받는 두 개의 물체 중 질량이 더 작은 물체가 더 빠르게 가속되므로, 같은 시간이 지나면 운동 에너지가 더 커질 수 있다.

① ㉠, ㉡, ㉢
② ㉠, ㉢, ㉣
③ ㉡, ㉢, ㉣
④ ㉠, ㉡, ㉢, ㉣

13. 기저면과 안정성의 관계에 대한 설명으로 옳은 것은?
① 기저면은 인체가 지면과 접촉하는 면적을 의미하며, 기저면이 넓을수록 안정성이 증가한다.
② 기저면이 좁을수록 균형을 유지하기가 더 쉬워진다.
③ 기저면의 위치는 신체의 자세 변화와 관계없이 항상 일정하다.
④ 기저면은 인체가 이동할 때 변하지 않고 일정하게 유지된다.

14. <보기>에서 각운동에 대한 설명으로 옳은 것을 모두 고른 것은?

〈보기〉
㉠ 각운동은 물체의 모든 점이 동일한 경로를 따라 이동하는 경우를 지칭한다.
㉡ 각운동에서 각속도는 물체의 회전 운동의 속도를 나타내는 벡터량이다.
㉢ 각운동량은 외부에서 순토크가 가해지지 않는 한 보존된다.
㉣ 각운동은 오직 강한 힘이 작용할 때만 발생한다.

① ㉠, ㉡
② ㉠, ㉣
③ ㉡, ㉢
④ ㉡, ㉢, ㉣

15. 항력에 대한 설명으로 옳은 것은?
① 항력은 물체의 운동 방향과 일치하는 방향으로 작용하는 힘이다.
② 항력은 유체(액체나 기체) 내에서 물체가 운동할 때 발생하는 저항력이다.
③ 항력의 크기는 물체의 질량에만 의존한다.
④ 항력은 항상 일정하게 유지되며 변화하지 않는다.

16. <보기>에서 설명하는 에너지원으로 적절한 것은?

〈보기〉
물체가 중력의 영향을 받는 환경에서 저장될 수 있는 형태의 에너지이다. 이는 물체의 질량과 특정한 기준점에서의 상대적인 높이에 따라 달라지며, 외부 힘의 영향으로 변환될 수 있다. 예를 들어, 높은 곳에서 자유롭게 떨어지는 물체는 이 에너지를 점차 다른 형태의 에너지로 바꾸게 된다.

① 위치 에너지
② 운동 에너지
③ 화학 에너지
④ 탄성 에너지

17. 관성 모멘트에 대한 설명으로 옳은 것은?
① 관성 모멘트는 물체의 질량에만 의존하며 회전축과는 무관하게 결정된다.
② 관성 모멘트는 물체가 회전하는 데 필요한 힘을 결정하는 요소이다.
③ 물체의 회전 속도는 관성 모멘트와는 관계없이 항상 일정하다.
④ 관성 모멘트는 물체의 질량 분포와 회전축 거리의 제곱에 비례한다.

18. <보기>의 설명에 해당하는 운동 형태로 적절한 것은?

〈보기〉
물체 전체의 위치가 시간에 따라 변하는 운동으로, 각 구성 요소가 동일한 방향과 속도로 이동한다. 특히, 직선 경로를 따라 움직일 때 가장 쉽게 관찰되며, 회전 없이 일정한 방향으로 진행되는 특징이 있다.

① 각운동
② 병진 운동
③ 복합 운동
④ 회전 운동

19. 몸무게가 400N인 사람이 시소의 중심으로부터 1.80m 떨어진 곳에 앉아 있다. 반대편에서 몸무게가 600N인 사람이 시소를 균형 있게 유지하려면, 시소의 중심에서 몇 m 떨어진 곳에 앉아야 하는가?

① 1.00m
② 1.10m
③ 1.20m
④ 1.30m

20. 〈보기〉의 빈칸에 들어갈 용어로 옳은 것은?

〈보기〉
( )은/는 회전 운동에서 순간적으로 작용하는 힘(토크)에 의해 변할 수 있는 물리량으로, 외부의 지속적인 힘 없이도 순간적인 힘의 크기와 방향 변화에 따라 달라질 수 있다. 이는 운동량 변화와 관련이 있으며, 힘이 작용하는 시간에 따라 그 크기가 달라진다.

① 관성 모멘트
② 구심력
③ 원심력
④ 회전 충격량

스포츠윤리 (77)

1. 스포츠윤리의 목적으로 적절하지 않은 것은?

① 스포츠맨십과 페어플레이 정신을 통해 바람직한 공동체의 모습을 제시한다.
② 스포츠에서 비윤리적 상황에 대처할 수 있는 능력을 기른다.
③ 선수들의 기술적 역량을 극대화하고 경쟁에서 승리할 수 있도록 한다.
④ 스포츠를 통한 도덕적 자질과 인격 함양을 추구한다.

2. 〈보기〉에서 제시한 학생들의 대화 내용을 동양 사상가의 윤리와 관련지어 이해한 내용으로 옳지 않은 것은?

〈보기〉
윤서: 스포츠에서는 상대방을 존중하고 규칙을 지키는 것이 중요해. 공정한 경기를 통해 도덕과 예의를 실천할 수 있어.
제이: 승리에 대한 욕심을 버리고 경기 자체를 자연스럽게 즐기는 것이 진짜 중요한 것 같아.
선혜: 스포츠에서 모든 사람을 동등하게 대하고, 차별 없이 배려하는 것이 중요한 가치를 만들어.
서호: 스포츠에서 규칙보다는 각자의 판단에 맡겨 자유롭게 경기를 운영하는 것이 더 의미 있다고 생각해.

① 윤서의 발언은 공자의 '인(仁)'과 '예(禮)' 사상과 일치하는 내용이다.
② 제이의 발언은 노자의 '무위자연(無爲自然)'과 관련이 깊다.
③ 선혜의 발언은 묵자의 '겸애(兼愛)' 사상과 뜻이 통한다.
④ 서호의 발언은 한비자의 '법치(法治)' 사상에 따른 것이다.

3. 맹자의 사상과 내용이 일치하지 않는 것은?

① 수오지심(羞惡之心): 한 선수가 경기 중 규칙을 어기고 심판에게 지적을 받자 자신의 잘못을 부끄러워하며 사과하였다.
② 시비지심(是非之心): 한 선수가 경기가 끝난 후 심판의 잘못된 판정을 묵인하며 문제 삼지 않았다.
③ 측은지심(惻隱之心): 부상을 입은 상대 선수를 보고 안타까운 마음에 경기가 끝난 후 위로하였다.
④ 사양지심(辭讓之心): 골 기회를 동료에게 양보하며 팀플레이를 우선시하였다.

2급 스포츠지도사 필기시험

4. 〈보기〉의 내용에 해당하는 페어플레이의 규칙과 규범으로 가장 적절한 것은?

   〈보기〉
   - 경기 중 상대 팀이 실수했을 때 고의로 득점하지 않고 기회를 주는 태도
   - 경기 규칙을 지키는 것뿐만 아니라, 선수 간의 신뢰와 존중을 바탕으로 암묵적인 예절을 실천하는 태도

   ① 비형식적 주의
   ② 형식적 주의
   ③ 구성적 규칙
   ④ 규제적 규칙

5. 〈보기〉는 승부 조작으로 인해 발생한 사례이다. 이 사례와 가장 관련이 깊은 윤리적 문제는?

   〈보기〉
   한 유명 스포츠 리그에서 승부 조작 사건이 발생하자, 팬들은 경기 결과에 깊은 실망감을 느꼈고, 해당 리그는 신뢰를 잃어 인기가 급격히 하락하였다. 이로 인해 여러 스폰서들이 계약을 취소하며 리그에 심각한 타격을 입혔다.

   ① 신뢰 상실
   ② 공정성 훼손
   ③ 사회적 손실
   ④ 법적 문제

6. 성인지 감수성에 대한 설명으로 옳지 <u>않은</u> 것은?

   ① 성별에 따른 고정 관념과 편견을 인식하고 개선하려는 태도를 포함한다.
   ② 상대방이 느끼는 감정에 공감하고 존중하는 태도를 의미한다.
   ③ 성차별적 발언이나 행동을 인식하고 문제 제기할 수 있는 능력을 포함한다.
   ④ 성별과 무관하게 모든 사람을 동일하게 대우하는 것을 목표로 하며 성별의 차이를 인정하지 않는다.

7. 〈보기〉에서 성평등을 이루기 위한 방안으로 적절한 것을 모두 고른 것은?

   〈보기〉
   ㉠ 법적 제도 개선
   ㉡ 성차별적 관행 개선
   ㉢ 리더십과 의사 결정에서의 성평등 실천
   ㉣ 성평등을 위한 사회적 인식 변화

   ① ㉠, ㉡
   ② ㉠, ㉡, ㉣
   ③ ㉡, ㉢, ㉣
   ④ ㉠, ㉡, ㉢, ㉣

8. 〈보기〉의 사례에 해당하는 인종 차별 관련 개념으로 가장 적절한 것은?

   〈보기〉
   한 스포츠 단체는 선수 선발 과정에서 인종이나 출신 배경에 상관없이 공정한 경쟁을 강조한다고 밝히면서도 정작 다양한 인종적 배경을 가진 선수를 고려하지 않는 정책을 유지하였다. 이로 인해 특정 인종이 과소대표되고 있다는 비판을 받았다.

   ① 컬러블라인드 인종주의
   ② 인종 프로파일링
   ③ 인종주의
   ④ 아파르트헤이트

9. 〈보기〉에서 장애인의 스포츠 참가의 의의로 옳은 것을 모두 고른 것은?

   〈보기〉
   ㉠ 신체적 건강 증진
   ㉡ 경쟁을 통한 우월성 확보
   ㉢ 사회적 통합
   ㉣ 심리(정신)적 건강 향상
   ㉤ 재활 및 기능 회복

   ① ㉠, ㉢, ㉣
   ② ㉡, ㉢, ㉣
   ③ ㉠, ㉢, ㉣, ㉤
   ④ ㉡, ㉢, ㉣, ㉤

10. 유니버설 디자인의 7원칙에 해당하지 않는 것은?

① 공평한 사용
② 사용의 융통성
③ 재활을 위한 설계
④ 오류 최소화

11. 〈보기〉의 사례와 관련된 종차별주의를 주장한 학자는?

〈보기〉
한 산악 마라톤 대회가 인기를 끌면서 코스를 확장하고 관람 시설을 대규모로 건설하였다. 초기에는 많은 이익을 얻었지만, 산림 훼손으로 자연경관이 손상되면서 참가자 수가 급감하였고 지역 경제에 악영향을 미쳤다. 이를 계기로 대회 조직위는 경제적 지속 가능성을 고려해 자연 복원과 환경 보호를 병행하는 운영 방식을 도입하였다.

① 아리스토텔레스(A. Aristotle)
② 존 패스모어(J. Passmore)
③ 데카르트(R. Descartes)
④ 피터 싱어(P. Singer)

12. 선수 폭력의 유형과 설명으로 옳지 않은 것은?

① 신체적 폭력: 상대 선수에게 부상을 입히거나 위협하는 행동
② 언어적 폭력: 상대를 비하하거나 모욕하는 말 또는 욕설
③ 심리적 폭력: 상대방을 정신적으로 위축시키거나 괴롭히는 행위
④ 구조적 폭력: 팀 내에서 발생하는 사소한 갈등이나 개인 간의 의견 차이로 인한 일시적인 마찰

13. 개인적 폭력에 해당하는 예로 가장 적절한 것은?

① 상대 선수를 넘어뜨리고 승리하기 위해 일부러 부상을 입힌 경우
② 경기 중 발생한 심판 판정에 화가 나서 상대 팀에게 주먹을 휘두른 경우
③ 팀의 승리를 위해 고의로 경기 시간을 지연시킨 경우
④ 특정 목표 달성을 위해 경기에서 폭력을 도구로 사용한 경우

14. 도핑으로 인해 발생하는 가장 핵심적인 문제는?

① 도핑 적발 시 법적 제재를 받을 수 있다.
② 도핑을 한 선수는 건강상의 부작용을 겪을 수 있다.
③ 경기의 공정성을 훼손하여 스포츠의 신뢰를 떨어뜨린다.
④ 도핑을 하지 않는 선수들에게 경쟁에서 불이익을 줄 수 있다.

15. 〈보기〉의 사례에서 선수들이 도핑을 선택하지 않도록 하기 위한 근본적인 방지 방안은?

〈보기〉
한 국제 대회에서는 선수들이 과도한 약물 사용 없이도 최상의 경기력을 발휘할 수 있도록, 훈련 프로그램을 개선하고 경기 일정과 회복 시간을 조정하는 등의 노력을 기울였다.

① 건강한 경기 환경 조성
② 스포츠 기술의 발전과 적용
③ 교육 프로그램 강화
④ 엄격한 제재와 처벌 시행

16. <보기>에 제시된 내용이 활용되는 스포츠 분야는?

   ─── <보기> ───
   • 웨어러블 디바이스   • 생체 모니터링
   • 유전자 조작   • 보조 기구(의수, 의족)

   ① 정보 기술(IT)
   ② 재활 및 회복 기술
   ③ 생체 공학 기술
   ④ 환경 및 시설 기술

17. 최저 학력 제도에 대한 설명으로 가장 적절한 것은?

   ① 학생 선수의 학습권을 보호하기 위해 학교에서 자율적으로 시행하는 제도
   ② 학생 선수가 일정 수준 이상의 학업 성취도를 유지해야만 대회에 참가할 수 있도록 하는 제도
   ③ 학생 선수들이 가까운 지역 학교에서 주말 리그에 참여하여 경기 경험을 쌓도록 지원하는 제도
   ④ 체육 특기자의 학사 관리를 강화하여 학업과 운동의 균형을 유지하도록 하는 제도

18. 성폭력의 해결 방안에 대한 내용으로 옳지 않은 것은?

   ① 성교육 강화: 성폭력 상황에 대한 인식과 대처 방법을 교육한다.
   ② 강력한 처벌: 성폭력 범죄에 대한 법적 제재와 처벌을 강화한다.
   ③ 성폭력 감시 기구 설치: 위계적 구조를 개선하고 성폭력 예방을 위한 규칙을 강화한다.
   ④ 피해자 보호 시스템 마련: 신속한 신고 절차와 지원 시스템을 구축하여 피해자를 보호한다.

19. <보기>에서 심판 오심 대응 방안에 대한 내용으로 옳은 것을 모두 고른 것은?

   ─── <보기> ───
   ㉠ 비디오 판독 시스템 도입
   ㉡ 추가 심판 배치
   ㉢ 심판의 결정에 대해 항의하는 횟수 제한
   ㉣ 심판에 대한 적절한 보수 제공
   ㉤ 심판 교육 강화

   ① ㉠, ㉡
   ② ㉡, ㉢, ㉣
   ③ ㉠, ㉡, ㉢, ㉤
   ④ ㉠, ㉡, ㉣, ㉤

20. <보기>의 ㉠, ㉡에 해당하는 스포츠 조직의 의사 결정과 행동 기준에 따른 윤리 내용으로 바르게 연결한 것은?

   ─── <보기> ───
   ㉠ 개인이 도덕적 감정에 따라 자발적으로 행동하는 윤리
   ㉡ 행동의 결과에 대해 책임을 강조하는 윤리

	㉠	㉡
①	심정 윤리	책임 윤리
②	책임 윤리	심정 윤리
③	개인 윤리	사회 윤리
④	결과 윤리	심정 윤리

고맙다
끝까지 애써 온 너의 최선이
너에게 다정한 결실이 되어 올 것이다

Feel Good~!

정답과 해설

스포츠지도사 2급 필기
파이널 실전봉투모의고사

2024년기출 모의고사

선택과목	1	2	3	4	5	6	7	8	9	10	11	12	13	14	15	16	17	18	19	20
스포츠사회학	④	①	④	③	③	①	④	②	①	②	①	③	②	④	④	④	③	②	①,③	②
스포츠교육학	①	④	③	②	②	④	③	①	②	④	③	①	④	②	③	②	③	①	④	①
스포츠심리학	②	①	②	②	③	③	②	③	①	②	③	③	④	①	①	③	②	④	④	
한국체육사	②	②	③	①	④	①	①	③	③	③	①	④	②	④	①	④	③	②	④	
운동생리학	②	③	①	④	④	①	④	④	②	③	②	②	①,③	④	③	③	①	①	①	②
운동역학	①,②,③,④	③	①	②	①	②	④	③	②	④	④	③	④	②,③	④	④	③	③	②	④
스포츠윤리	②	④	④	①	①	②	②	④	③	①	④	④	①,②,③,④	①	③	①	③	③	③	②

☑ 나의 점수 분석표

선택과목	맞힌 개수 / 문제 수	총점
	/ 20	/ 100
	/ 20	/ 100
	/ 20	/ 100
	/ 20	/ 100
	/ 20	/ 100
합계	평균 ( )점	

▶ 과락 기준: 과목별 20문제 중 맞힌 문제 수가 8개 미만

☑ 약점 보강 키워드

※ 틀린 문제 중 본인이 부족했던 개념과 중요 키워드를 정리해 보세요.

스포츠사회학

1	④	2	①	3	④	4	③	5	③
6	①	7	④	8	②	9	①	10	②
11	①	12	③	13	②	14	④	15	④
16	④	17	③	18	②	19	①,③	20	②

1 ④

㉠, ㉡, ㉢ 모두 정부(정치)의 스포츠 개입 목적에 해당한다.

2 ①

「스포츠클럽법」 시행에 따라 지정 스포츠 클럽은 전문 선수 육성 프로그램을 운영할 수 있다.

➕ 개념 PLUS

스포츠클럽법(시행 2024.7.24.)

제1조(목적) 이 법은 스포츠 클럽의 지원과 진흥에 필요한 사항을 규정함으로써 국민 체육 진흥과 스포츠 복지 향상 및 지역 사회 체육 발전에 기여함을 목적으로 한다.
제3조(국가 및 지방 자치 단체의 책무) ① 국가 및 지방 자치 단체는 스포츠 클럽의 지원 및 진흥에 필요한 시책을 수립·시행하여야 한다.
제9조(지정 스포츠 클럽) ① 문화 체육 관광부 장관은 다음 각 호의 사업을 추진하기 위하여 스포츠 클럽 중에서 지정 스포츠 클럽을 지정할 수 있다.
1. 스포츠 클럽과 「학교체육진흥법」에 따른 학교 스포츠 클럽 및 학교 운동부와의 연계
2. 종목별 전문 선수의 육성
3. 연령·지역·성별 특성을 반영한 스포츠 프로그램의 운영
4. 장애인 선수의 육성 및 장애 유형과 정도, 성별 등의 특성을 반영한 스포츠 프로그램의 운영
5. 대통령령으로 정하는 기초 종목 및 비인기 종목의 육성
6. 그 밖에 대통령령으로 정하는 사항

3 ④

오답풀이 ❶

㉡ 사회 갈등 유발 기능은 구조기능주의보다 갈등 이론과 더 관련이 있는 개념이다.

4 ③

㉠ 피라미드 모형: 참여 기반을 넓히고 그중에서 우수 선수를 배출하는 구조이다.
㉡ 낙수 효과 모형: 엘리트 선수들이 성공함으로써 대중의 스포츠 참여를 확대시키는 구조이다.
㉢ 선순환 모형: 우수한 성과가 참여 확대를 촉진하고, 그 참여가 다시 우수한 선수를 길러내는 순환적 구조이다.

5 ③

오답풀이 ❶

㉢ 스포츠의 세계화는 다양한 문화와 인종이 상호 작용할 수 있는 기회를 제공하면서 인종 간 장벽을 허물고, 인종 차별이 점차 감소하는 데 기여한다.

6 ①

오답풀이 ❶

② 역사성: 계층 불평등은 시간에 따라 변화한다.
③ 영향성: 계층 불평등이 다른 사회적 현상에 영향을 미친다.
④ 다양성: 계층 불평등은 사회 내 여러 형태로 나타난다.

7 ④

사회계층의 이동 유형은 이동 방향에 따라 '수평 이동', '수직 이동'으로 구분한다.

➕ 개념 PLUS

사회 이동의 유형

대상에 따른 이동 (이동 준거)	개인적 이동	개인의 노력이나 외부 요인에 의한 지위 변화
	집단적 이동	집단 전체의 사회적·경제적 위치 변화
방향에 따른 이동 (이동 방향)	수직 이동	상향(지위 상승) 또는 하향(지위 하락) 이동
	수평 이동	지위 변화 없이 직업이나 지역만 변경
세대에 따른 이동 (시간적 거리)	세대 간 이동	부모와 자녀 세대 간의 계층 이동
	세대 내 이동	개인이 자신의 삶에서 경험하는 지위 이동
사회 구조에 따른 이동	구조적 이동	경제 및 정치의 변화로 인한 계층 이동
	교환 이동	전체 계층 구조 변화 없이 서로의 위치만 교환
의도에 따른 이동	의도적 이동	개인의 노력으로 지위 변화
	비의도적 이동	외부 요인에 의한 지위 변화

8 ②

차별 교제 이론은 개인은 사회적 집단의 규범을 학습하며, 일탈 행동도 사회적 상호 작용을 통해 배운다고 설명한다.

오답풀이

① 문화 규범 이론: 사회의 문화와 규범에 의해 행동이 형성되고, 규범을 따르는 것이 요구된다.
③ 개인차 이론: 사람들은 성격, 능력, 경험 등의 개인적 습성에 차이가 나며, 이러한 개인적 차이가 행동과 학습에 영향을 미친다.
④ 아노미 이론: 목표와 수단 간 불일치가 일탈 행동을 유발할 수 있다.

9 ①

경계 폭력은 경기 규칙을 위반하지만, 많은 선수나 지도자들이 전략적 목적으로 어느 정도 용인하는 폭력 유형을 의미한다.

오답풀이

② 범죄 폭력: 스포츠 경기 중 발생했더라도 법적으로 범죄 행위로 간주될 수 있는 폭력을 말한다.
③ 유사 범죄 폭력: 스포츠의 공식적 · 비공식적 규칙 모두 위반하는 수준의 폭력을 말한다.
④ 격렬한 신체 접촉: 부상을 유발할 수 있는 형태의 강한 신체 접촉으로 선수들 사이에서 스포츠 참가의 일부로 받아들여진다.

10 ②

코클리(J. Coakley)가 제시한 상업주의와 관련된 스포츠 규칙 변화의 결과로는 극적인 요소 증가, 상업 광고 시간 증가, 경기 진행 속도의 빨라짐 등이 있다.
② 득점이 감소하는 것은 상업주의와 관련된 변화로 보기 어렵다.

11 ①

파슨스(T. Parsons)의 사회적 기능 모형(AGIL) 이론은 적응(Adaptation), 목표 달성(Goal attainment), 통합(Integration), 체계 유지(Latency)의 네 기능으로 사회 체계를 설명한다.

오답풀이

②는 체계 유지, ③은 통합, ④는 적응에 관련된 설명이다.

12 ③

선수는 국가를 위해 국위를 선양하고, 국가는 선수에게 혜택을 제공하는 방식으로 상호 의존성이 나타난다.

오답풀이

① 보수성: 스포츠는 기존 사회 질서와 권력 구조 유지에 기여하며, 변화를 지양한다.
② 대표성: 국가대표 선수들의 성과가 국가 이미지 및 자부심과 연결된다.
④ 권력 투쟁: 스포츠는 정치적 이익과 권력 증대를 위한 장으로 활용된다.

13 ②

㉠ 나치 독일의 정치적 선전 도구로 활용되었으므로 정치 이념 선전에 해당한다.
㉡ 핑퐁 외교로 알려진 이 사건은 외교적 도구로 활용되었다.
㉢ 검은 구월단 사건은 올림픽 무대에서 발생한 테러로, 갈등 및 적대감의 표출에 해당한다.
㉣ 아파르트헤이트는 국제적으로 스포츠 제재와 같은 외교적 항의로 대응하였다.

14 ④

베일(J. Bale)이 제시한 스포츠 세계화의 특징 중 하나는 외국인 선수 증가로 국가의 정체성보다 팀, 스폰서의 정체성이 강화된다는 점이다.

개념 PLUS

스포츠 세계화의 특징과 이점

특징	• 국제 스포츠 이벤트 개최 • 스포츠 스타의 글로벌 영향력 • 스포츠 산업의 다국적화 • 문화 간 스포츠 교류 • 미디어와 스포츠의 글로벌화 • 스포츠 규범의 국제적 표준화
이점	• 국제 협력 강화 • 문화 교류 활성화 • 스포츠 관련 기술 및 훈련 발전 • 세계적 스포츠 인프라 구축 • 사회적 통합 촉진 • 글로벌 경제 활성화 • 다국적 기업의 스폰서 및 투자 증가

15 ④

승리지상주의는 승리를 위해 수단과 방법을 가리지 않는 태도를 조장할 수 있으며, 이는 스포츠의 교육적 본질을 훼손하는 역기능으로 간주된다.

16 ④

스포츠 미디어가 성차별 이데올로기를 생산할 때, 여성 선수의 성과보다는 여성성에 더 초점을 맞추고 강조하는 경향이 있다.

17 ③

- 과잉 동조: 규칙과 사회적 기대를 지나치게 따르며, 무리한 행동이나 극단적인 헌신을 보이는 것이다.
- 과소 동조: 규칙이나 사회적 규범을 무시하고 따르지 않는 일탈적 행동이다.

18 ②

새로운 운동 기능 학습, 동기 부여, 지도자가 적합하다고 생각하는 지식을 전달하는 과정은 코칭과 관련된 사회화 기제로 설명된다.

오답풀이
① 강화: 학습된 행동을 반복하도록 자극을 제공하는 과정이다.
③ 보상: 특정 행동에 대한 보상을 통해 동기를 유발하는 개념이다.
④ 관찰 학습: 타인의 행동을 관찰하고 이를 모방하는 과정이다.

19 ①, ③

스포츠로부터의 탈사회화는 개인이 스포츠 활동에서 벗어나거나 중단하는 과정으로, 개인적 선택 등 다양한 이유로 인해 스포츠와 관련된 규범, 역할, 행동에서 이탈하게 되는 현상을 말한다.

오답풀이
② 스포츠 참여를 통한 행동의 변화는 스포츠를 통한 사회화에 대한 내용이다.
④ 재정, 시간, 환경적 상황은 외부적 요인 또는 구조적 제약에 속하며, 대인적 제약(인간관계의 갈등, 사회적 기대 등)과는 다르다.
※ 출제 오류로 복수 정답 처리됨

20 ②

VAR 시스템은 인간 심판의 역할을 줄이고 기술에 의존하는 형태로 변화한 것이다.

스포츠교육학

1	①	2	④	3	③	4	②	5	②
6	④	7	③	8	①	9	②	10	④
11	③	12	①	13	④	14	②	15	③
16	②	17	③	18	①	19	④	20	①

1 ①

내용 지식은 교사가 가르칠 특정 교과목의 개념, 사실, 구조 등을 깊이 있게 이해하는 지식을 말한다.

오답풀이
② 내용 교수법 지식: 특정 상황과 학습자의 특성에 맞는 교수 방법을 적절히 선택하고 적용할 수 있는 능력
③ 교육 환경 지식: 교실이나 운동장과 같은 학습 환경이 학습에 미치는 영향을 이해하고, 이를 효과적으로 관리할 수 있는 능력
④ 학습자와 학습자 특성 지식: 학습자의 발달 수준과 개별적인 학습 특성을 이해하여 맞춤형 교육을 제공할 수 있는 능력

2 ④

동료 평가는 학생들 간의 상호 평가로, 집단 내에서 구성원들이 서로의 성취나 행동을 평가하여 상호 발전을 도모하는 평가 기법이다.
④ 교사와 학생 간의 대화를 통해 심층적인 정보를 수집하는 것은 학습자 면접에 해당한다.

3 ③

상규적 활동은 수업에서 반복적으로 이루어지는 절차나 규칙을 통해 시간을 절약하고 학습 효율성을 높이는 활동을 말한다.
〈보기〉에서 출석 점검, 건강 이상 확인, 활동 구역 지정, 일지 회수 등은 수업 전, 중, 후에 반복적으로 수행되는 활동으로, 상규적 활동의 전형적인 예에 해당한다.

4 ②

㉠ 협동 학습 모형: '서로를 위해 서로 함께 배우기'를 통해 긍정적 상호 의존과 개인 책임감을 증대시키며, 인간관계 기술 향상을 목표로 한다.

ⓒ 개인적 · 사회적 책임감 지도 모형: 학생들이 타인의 권리와 책임을 존중하고 관계를 형성하며 사회적 책임을 실천하도록 돕는 데 중점을 둔다.

> 오답풀이 ❶

• 스포츠교육 모형: 학생들이 스포츠에서 다양한 역할을 경험하여 '유능하고, 박식하며, 열정적인 스포츠인'으로 성장하도록 하는 데 목적이 있다.

5 ②

㉠ 직접기여 행동: 안전한 학습 환경 조성과 피드백 제공처럼 수업에 직접적으로 기여하는 활동을 의미한다.
㉡ 비기여 행동: 소방 연습이나 전달 방송과 같이 수업과 무관한 활동을 포함한다.
㉢ 간접기여 행동: 학생의 부상 관리나 물 마시기와 같이 학습에 간접적으로 기여하는 지원 활동을 포함한다.

6 ④

㉠ 이동 움직임: 걷기, 달리기, 뛰기, 피하기 등과 같이 공간을 이동하는 동작을 포함한다.
㉡ 비이동 움직임: 서기, 앉기, 구부리기, 비틀기 등 위치를 유지하며 수행하는 동작을 의미한다.
㉢ 조작 움직임: 치기, 잡기, 배팅하기처럼 물체를 다루는 동작으로 구성된다.

> 오답풀이 ❶

• 표현 움직임: 감정, 생각, 주제 등을 신체를 통해 창의적으로 표현하는 움직임을 의미한다.
• 전략적 움직임: 농구나 축구에서 수비뿐만 아니라 공격, 포지셔닝 등 경기 상황에 따라 역동적으로 적용되는 전술적 동작을 의미한다.

7 ③

학교의 장은 학교 스포츠 클럽 활동 내용을 학교생활 기록부에 기록하여 상급 학교 진학 자료로 활용할 수 있도록 하여야 한다.

8 ①

모스턴(M. Mosston)의 상호 학습형 교수 스타일은 학습자가 수행자와 관찰자의 역할을 번갈아 수행하며, 관찰자가 수행 기준에 따라 피드백을 제공하는 방식이다. 이 스타일에서 교사는 학습 내용과 수행 기준을 선정하고 명확히 전달하며, 학습자는 이를 기반으로 활동한다.

9 ②

㉠ 지식: 학습자 이해와 교과 지식에 대한 이론적 배경을 의미
㉡ 수행: 교육과정 운영, 수업 계획, 평가와 같은 실행 능력
㉢ 태도: 교직에 대한 사명감과 전문성 개발을 위한 자세 포함

10 ④

모스턴(M. Mosston)의 인지(사고) 과정에서 인지적 불일치(dissonance) 단계는 학습자가 목표를 설정하고 이를 실행하기 위해 동기화되면서, 목표 달성에 어려움을 느낄 때 나타나는 현상을 설명한다. 즉, 인지적 불일치는 학습자가 새로운 정보나 행동을 배울 때 발생하는 갈등과 혼란을 의미하며, 이로 인해 동기와 학습이 촉진된다.

> 오답풀이 ❶

① 자극(stimulus): 학습자가 인지적 사고를 시작하도록 유도하는 외부적인 자극으로, 학습자는 기존 지식과 새로운 정보 사이에서 인지적 부조화를 경험하게 된다.
② 반응(response): 학습자가 사색 과정에서 얻은 해결책을 실행하는 과정으로, 움직임 패턴의 변화가 일어나고, 지속적인 피드백을 통해 학습이 발전한다.
③ 사색(mediation): 학습자가 문제 해결을 위해 해답을 탐색하는 과정으로, 사고, 기억, 발견, 창조 등의 인지적 과정이 포함된다.

11 ③

「국민체육진흥법」 제11조의 스포츠윤리 교육과정에는 성폭력 등 폭력 예방 교육, 도핑 방지 교육, 체육의 공정성 확보와 체육인의 인권 보호를 위하여 문화 체육 관광부령으로 정하는 교육, 스포츠 비리 및 체육계 인권 침해 방지를 위한 예방 교육이 포함된다.

12 ①

동료 교수 모형은 교사가 과제를 제시하고 학습자들이 상호 작용을 통해 서로 가르치고 배우는 방식으로 진행된다. 제시된 프로

파일에서 직·간접 요소가 혼합된 형태는 동료 교수 모형의 특징을 잘 반영한다.

오답풀이

② 직접 교수 모형: 교사가 수업을 주도하며, 학생들의 신체적 학습을 체계적으로 지도한다.
③ 개별화 지도 모형: 학생 개별의 학습 속도에 맞춰 자기 주도적으로 학습하도록 유도한다.
④ 협동 학습 모형: 학생들이 팀을 이루어 협력하여 목표를 달성하고, 협동 학습을 통해 사회적 관계를 형성한다.

13 ④

반성적 교수는 수업을 계획, 실행, 평가하며, 객관적 자료와 피드백을 통해 교수 효과를 분석하고 개선하는 과정이다. 〈보기〉는 반성적 교수의 핵심 특징을 잘 보여준다.

오답풀이

① 동료 교수: 소집단의 동료와 함께 수업 상황을 모의로 구성하여 교수 기능을 연습한다.
② 축소 수업: 모의 상황에서 소수의 동료나 학습자를 대상으로 교수 기능을 일정 시간 내에 연습하는 방법이다.
③ 실제 교수: 직전 교사(예비 교사)가 일정 기간 실제 학급에서 수업을 담당하며 교수 기능을 실습한다.

14 ②

초등학교의 장은 「학교체육진흥법」 제13조 제2항(국가 및 지방자치 단체는 학생의 체육 수업 흥미 제고 및 체육 활동 활성화를 위하여 「초·중등교육법」 제2조 제2호에 따른 초등학교에 스포츠 강사를 배치할 수 있다.)에 따라 「국민체육진흥법」 제2조 제6호에 따른 체육 지도자 중에서 스포츠 강사를 임용할 수 있다.

오답풀이

① 「학교체육진흥법」 제13조 제1항: 국가와 지방 자치 단체는 학생의 체육 수업 흥미 제고 및 체육 활동 활성화를 위하여 「초·중등교육법」 제2조 제2호에 따른 초등학교에 스포츠 강사를 배치할 수 있다.
③ 「학교체육진흥법」 제2조 제6호: "학교 운동부 지도자"란 학교에 소속되어 학교 운동부를 지도·감독하는 사람을 말한다.
④ 「학교체육진흥법 시행령」 제3조 제4항: 학교의 장은 학교 운동부 지도자를 재임용할 때에는 직무 수행 실적, 복무 태도, 학교 운동부 운영 성과, 학생 선수의 학습권 및 인권 침해 여부를 평가한 후 그 결과에 따라 재임용 여부를 결정해야 한다.

15 ③

메츨러(M. Metzler)가 제시한 리드-업 게임(lead-up game)은 정식 게임을 단순화하여 학습자들이 특정 기능이나 기술에 초점을 두고 연습할 수 있도록 설계된 활동이다. 이는 학습자들이 정식 게임에 필요한 기술과 전략을 쉽게 습득하도록 돕는 데 목적이 있다.

오답풀이

① 역할 수행(role-playing): 학습자들이 스포츠 활동에서 심판, 코치, 선수 등의 역할을 직접 경험하며 학습하는 방법
② 스크리미지(scrimmage): 게임 도중 언제든지 멈출 수 있는 형태로 진행하는 연습 경기 방식
④ 학습 센터(learning centers): 학습자를 소집단으로 나누어, 연습 장소에 배치된 여러 개의 센터(스테이션)를 순환하며 학습하는 방법

16 ②

시덴탑(D. Siedentop)의 스포츠교육 모형은 스포츠에 대한 열정을 강조하며, 인지적 영역에서 규칙과 전략의 이해를 바탕으로 경기 방식을 변형하여 학습자의 참여를 촉진한다.

17 ③

연구가 실천적이고, '문제 파악-개선 계획-실행-관찰-반성'의 순환 과정을 거치는 특징은 현장 개선(action) 연구에 해당한다. 현장 개선 연구는 실무자가 실제 현장에서 문제를 개선하고 발전시키기 위해 수행하는 연구 방법이다.

오답풀이

① 문헌(literature) 연구: 책, 논문 등의 자료를 파악하여 분석하는 연구
② 실험(experiment) 연구: 실험을 통하여 얻은 결과를 통해 이론을 정립하는 연구
④ 근거 이론(grounded theory) 연구: 수집된 자료를 근거로, 체계적으로 분석한 이론을 생성하는 연구

18 ①

쿠닌(J. Kounin)의 '동시 처리(overlapping)'는 교사가 수업의 흐름을 유지하면서 동시에 발생하는 여러 상황을 관리하는 능력을 의미한다.

개념 PLUS

쿠닌(J. Kounin)의 예방 관리 교수 기능

상황 이해	교사가 학습자의 행동을 예측하고 상황을 파악하여 사전 예방을 하는 능력
동시 처리	교사가 여러 가지 수업 활동을 동시에 처리하는 능력
유연한 수업	수업 중 흐름을 끊김 없이 유연하게 이어가는 능력
여세 유지	수업의 활력을 유지하며, 학습자들이 학습에 계속 몰입하도록 유도하는 능력
집단 경각	학생들이 수업에 집중하도록 하여, 학습 효과를 높이는 기능
학생 책무성	학생들에게 과제 수행에 대한 책임감을 부여하여, 학습 참여를 독려

19 ④

'국민 체력 100'의 체력 인증 센터는 이용자에게 체력 측정 서비스, 맞춤형 운동 처방, 국민 체력 인증서 발급 등의 서비스를 제공하지만 스포츠 클럽 등록 및 운영 지원은 제공하지 않는다.

20 ①

평정 척도는 운동수행을 평가할 때 자주 사용하는 방법이며, 수행의 질적인 면을 수치나 척도로 평가하는 방식이다.

오답풀이

② 사건 기록법: 특정 행동이 발생할 때마다 그 사건을 기록하는 방법
③ 학생 저널: 학생들이 스포츠 활동을 수행하면서 느낀 점, 배운 내용, 수행 과정 등을 기록하는 방법
④ 체크리스트: 학습자의 특정 행동이나 과제 수행 여부를 간단하게 확인하는 도구

스포츠심리학

1	②	2	①	3	②	4	②	5	③
6	③	7	②	8	③	9	①	10	④
11	②	12	③	13	③	14	④	15	①
16	①	17	③	18	②	19	④	20	④

1 ②

사회 학습 이론은 다른 사람의 행동을 관찰하고 모방하는 과정을 통해 학습이 이루어진다고 설명한다.

오답풀이

① 특성 이론: 성격을 16개의 주요 성격 특성으로 구성된다고 본다.
③ 욕구 위계 이론: 인간의 성격 발달을 '생리적 욕구 → 안전 욕구 → 사회적 욕구 → 존경 욕구 → 자아실현 욕구' 5단계 욕구 계층에 따라 설명한다.
④ 정신 역동 이론: 성격을 원초아(id), 자아(ego), 초자아(superego)의 3가지 구조로 나누어 설명하며, 무의식과 심리적 갈등이 성격 형성에 영향을 미친다고 본다.

2 ①

개방 운동기술은 환경이 변화하고, 동작을 수행하는 동안 외부 요인에 의해 조정이 필요한 기술을 의미한다.
① 농구에서 자유투는 환경이 고정되어 있고, 외부의 변수가 적은 상황에서 수행되므로 폐쇄 운동기술에 해당한다.

3 ②

㉠ 동기: 노력이 어느 방향으로 얼마나 강하게 향하는지를 설명한다.
㉡ 내적 동기: 스포츠 자체를 좋아해서 참여하는 동기이다.
㉢ 외적 동기: 보상을 받거나 처벌을 피하기 위해 스포츠에 참여하는 동기이다.

오답풀이

• 귀인: 자신 혹은 타인이 특정 행동을 했을 경우, 그 원인을 찾기 위하여 추론하는 과정

4 ②

㉠ 테니스 선수가 상대 코트에서 넘어오는 공의 궤적, 방향, 속도에 관한 환경 정보를 탐지하는 것은 첫 번째 단계인 자극 확인에 해당한다.
㉡ 환경 정보를 바탕으로 어떤 기술로 공을 받아쳐야 할지 결정하는 것은 반응 선택 단계에 해당한다.

5 ③

인지 재구성은 부정적인 생각을 긍정적인 생각으로 바꾸는 과정을 의미한다. 〈보기〉에서 선수는 '파울을 할 것 같은 부정적인 생각'을 멈추고, '연습한 대로 구름판을 밟자'라고 긍정적인 생각으로 전환하고 있다. 이는 부정적 사고를 긍정적으로 바꾸는 인지 재구성의 예시이다.

오답풀이 ❶

① 명상: 마음을 가다듬고 내면에 집중하여 정신을 차분하게 유지하는 방법을 말한다.
② 자생 훈련: 신체적 이완과 함께 스스로를 통제하여 마음의 평정과 집중을 유지하는 훈련 방법을 말한다.
④ 인지적 왜곡: 상황을 왜곡하여 비합리적으로 해석하는 잘못된 사고 패턴을 말하며, 인지 재구성과 반대되는 개념이다.

6 ③

갤라휴(Gallahue)의 운동발달 단계는 다음과 같이 진행된다.
반사적 움직임 단계 → 초기(기초적) 움직임 단계 → 기본 움직임 단계 → 스포츠 기술(전문화) 단계 → 성장과 세련 단계 → 최고 수행 단계 → 퇴보 단계

개념 PLUS

갤라휴(Gallahue)의 운동발달 단계

반사 운동 단계	신생아가 반사적인 움직임을 보이는 시기
초기 움직임 단계	의도적이고 기본적인 움직임이 시작되는 단계로, 걷기, 달리기 등 가장 기초적인 동작이 발달하는 시기
기본 움직임 단계	신체가 성장하면서 기본적인 운동 능력이 발달하는 단계로, 주요 운동기술을 습득하는 시기
스포츠 기술 단계	숙련된 운동기술과 협응력이 발달하는 시기이며, 개인의 흥미에 따라 다양한 신체 활동을 선택할 수 있는 단계
성장과 세련 단계	운동기술이 더욱 정교해지며, 스포츠와 같은 복잡한 기술을 연습하는 단계
최고 수행 단계	운동기술을 최대한 발휘하는 단계로, 전문적인 운동수행 능력을 갖추는 시기
퇴보 단계	나이가 들면서 신체 기능과 운동기술이 점차 퇴보하는 시기

7 ②

반두라(A. Bandura)가 제시한 4가지 정보원 중 자기 효능감에 가장 큰 영향을 미치는 것은 성취 경험이다. 성취 경험은 개인이 성공적으로 과제를 수행한 경험을 통해 자신감을 얻게 되는 것으로, 이는 자기 효능감을 강화하는 가장 중요한 요인으로 간주된다.

8 ③

오답풀이 ❶

㉢ 분산 연습은 연습 시간보다 휴식 시간이 더 길거나 비슷하게 주어져서, 연습 사이에 충분한 휴식을 취하며 진행하는 연습 방식이다.
'운동기술 과제를 여러 개의 하위 단위로 나누어'라고 설명한 것은 전체 기술을 나누어 연습하는 것이므로 분습법에 해당한다.

9 ①

스포츠심리상담 윤리 규정에서는 특정 대상과의 전문적인 상담을 강조한다.

10 ④

절차적 기억(procedural memory)은 운동기술이나 습관처럼 의식적으로 회상하지 않아도 자동적으로 수행할 수 있는 기억을 의미한다.

오답풀이 ❶

① 감각 기억(sensory memory): 감각 기관을 통해 들어온 정보를 아주 짧은 시간 동안 유지하는 기억
② 일화적 기억(episodic memory): 개인이 경험한 사건이나 특정한 순간에 대한 기억
③ 의미적 기억(semantic memory): 일반적인 지식, 개념, 사실 등을 포함하는 기억

11 ②

피들러(F. Fiedler)의 상황 부합 리더십 모델에서는 통제상황에 따라 리더십 유형이 다르게 작용한다. 통제상황이 극단적으로 높

거나 낮을 때는 과제 지향 리더가, 통제 상황이 중간일 때 높은 성과를 보이는 경우는 관계 지향 리더가 더 효과적이다.

12 ③

운동 과제 수행의 수준과 환경의 요구에 대한 근골격계의 기능이 효율적으로 좋아진다는 것은 신체적인 변화와 관련된 설명이다.

13 ③

㉠ 태도: 행동을 수행하는 것에 대한 개인의 정서적이고 평가적인 요소를 반영한다.
㉡ 주관적 규범: 어떤 행동을 할 것인지 또는 안 할 것인지에 대해 개인이 느끼는 사회적 압력을 말한다.
㉢ 의도: 어떠한 행동은 개인의 의도에 따라 그 행동 여부가 결정된다.
㉣ 행동 통제 인식: 어떤 행동을 하기가 쉽거나 어려운 정도에 대한 인식 정도를 의미한다.

14 ④

오답풀이 ❶

㉡ 도식 이론은 빠른 운동과 느린 운동을 구별하고, 재인 도식(느린 움직임-폐쇄 회로)과 회상 도식(빠른 움직임-개방 회로)을 통해 다양한 운동 동작을 생성하고 제어한다고 설명한다.
기억 흔적과 지각 흔적의 작용으로 움직임을 생성하고 제어한다고 설명하는 것은 폐쇄 회로 이론에 해당한다.

15 ①

㉠ 사회적 촉진: 타인의 존재가 과제 수행에 긍정적 또는 부정적인 영향을 미친다.
㉡ 단순 존재 가설: 타인의 존재만으로도 각성 수준이 높아진다.
㉢ 주의 분산/갈등 가설: 타인의 존재가 집중을 방해하지만, 동시에 수행 욕구를 높일 수 있다.

오답풀이 ❶

• 평가 우려 가설: 개인이 타인의 평가를 의식할 때 수행이 영향을 받는다는 이론으로, 단순하고 익숙한 과제에서는 수행이 향상되지만, 복잡하고 어려운 과제에서는 오히려 방해를 받을 수도 있다.
• 관중 효과: 운동수행자가 관중의 존재로 인해 운동수행이 향상되거나 저하되는 현상을 의미하며, 운동선수의 심리적 상태, 동기 수준, 경기 경험 등에 따라 관중 효과는 다르게 나타난다.

16 ①

힉스(W. Hick)의 법칙에서 자극-반응 선택의 대안이 많아질수록 반응 시간은 길어진다. 즉, 선택의 수가 늘어나면 결정하는 데 더 오랜 시간이 걸린다.

17 ③

복싱 선수가 상대방에게 맞는 장면을 반복적으로 떠올리는 것은 부정적인 심상의 한 예이며, 이 선수에게 필요한 것은 이러한 부정적인 심상을 통제하고 긍정적인 심상을 떠올리는 심상 조절력이다. 심상 조절력이란 원하지 않는 부정적인 장면을 떠올리지 않고, 자신에게 도움이 되는 심상을 의도적으로 형성하는 능력을 의미한다.

오답풀이 ❶

① 내적 심상: 자신의 몸이나 움직임을 상상하는 것이다.
② 외적 심상: 외부에서 나를 바라보는 시각에서 심상을 떠올리는 것이다.
④ 심상 선명도: 심상에서 상상한 이미지나 장면이 얼마나 생생하고 뚜렷하게 떠오르는지를 의미한다.

18 ②

㉠ 천장 효과: 운동기술 과제가 너무 쉬워 더 이상 성과가 향상될 여지가 없는 상태를 의미한다.
㉡ 바닥 효과: 운동기술 과제가 너무 어려워 성과를 제대로 내기 힘든 상태를 의미한다.

19 ④

오답풀이 ❶

㉡ 교육 수준은 개인적 요인에 속하며, 개인적 요인에는 성별, 연령, 소득 수준, 신체적 건강 상태, 심리적 특성(자아 효능감, 성격), 운동 경험 등이 포함된다.

20 ④

심리적 불응기(psychological-refractory period)는 첫 번째 자극에 대한 반응을 처리하는 동안 두 번째 자극에 대해 반응하는 시간이 지연되는 현상을 의미한다.

오답풀이 ❶

① 스트룹 효과(stroop effect): 자동화된 정보 처리와 의도적인

정보 처리 간의 충돌로 인해 반응 시간이 지연되는 현상
② 무주의 맹시(inattention blindness): 주의가 특정 대상에 집중되어 있을 때, 눈에 보이는 다른 자극을 인식하지 못하는 현상
③ 지각 협소화(perceptual narrowing): 스트레스나 압박 상황에서 인지적으로 중요한 정보에만 집중하고 주변 자극을 간과하는 현상

한국체육사

1	②	2	②	3	③	4	①	5	④
6	①	7	①	8	③	9	③	10	③
11	①	12	④	13	②	14	②	15	④
16	①	17	④	18	③	19	②	20	④

1 ②

㉠ 한국체육과 스포츠의 시대별 양상을 연구하는 것은 한국체육사의 중요한 연구 주제 중 하나이다.
㉡ 한국체육사는 한국체육과 스포츠를 역사적 맥락에서 발전 과정을 연구하는 학문이다.
㉣ 한국체육과 스포츠의 과거를 살펴보고 이를 통해 현재를 직시하고 미래를 조망하는 것이 한국체육사의 중요한 역할이다.

오답풀이
㉢ 한국체육사에서 역사의 기술은 사실 확인이 우선이며, 가치 평가는 그다음에 이루어진다.

2 ②

오답풀이
㉠ 무천은 동예의 제천 의식이다.
㉡ 가배는 신라의 제천 의식이다.

3 ③

〈보기〉의 내용은 부족국가시대 신체 활동 중 하나인 성년 의식에 해당한다. 중국 역사 자료에 따르면, 젊은 청년들이 힘과 용기를 시험하는 과정을 통해 성인으로 인정받는 의식이 있었다. 이 의식은 청년들이 나무를 메고 운송하는 등 신체적인 능력을 발휘하여 성인으로서의 자격을 갖추었음을 나타내며, 이를 통해 공동체 내에서 성인의 지위를 획득하였다.

4 ①

㉠ 신라는 궁전법을 통해 인재를 등용하며 무예를 중요시하였다.
㉡ 고구려는 경당에서 활쏘기와 같은 무예 교육이 이루어졌으며, 이는 고구려의 교육적 특징이다.

> 오답풀이 ❶

ⓒ 훈련원은 조선시대의 무예 교육 기관이다.

5 ④

고려시대의 최고 교육 기관인 국자감은 무학 교육을 포함한 종합적인 교육을 담당했으며, 강예재는 무예 교육을 담당하는 제도였다.

> 오답풀이 ❶

- 성균관: 조선시대에 유학 교육을 담당하는 최고 교육 기관
- 대빙재: 국자감에 설치된 7재 중 하나로 상서를 교육

6 ①

기격구는 주로 귀족층과 상류 계층에서 유희와 군사 훈련의 일환으로 즐기던 신체 활동이었다.

7 ①

석전은 돌을 던져 승부를 겨루는 전통적인 민속놀이로, 주로 명절에 행해졌으며 군사 훈련의 일환으로도 활용되었다. 그러나 관료 선발과는 관련이 없다.

8 ③

종정도와 승경도는 관직 체계를 이해하거나 출세와 관련된 놀이로 귀족층에서 즐기는 놀이에 포함된다.

9 ③

『권보』는 광해군과 관련된 문헌이 아니며, 『무예제보』의 내용과 무관하다.

10 ③

㉠ 조선시대 궁술은 군사 훈련의 수단으로 활용되었다.
㉡ 궁술은 무과 시험의 필수 과목으로 지정되어 무인의 기본 자질을 평가하는 데 중요한 역할을 하였다.
ⓒ 궁술은 단순한 무예를 넘어 심신 수련을 위한 학사 사상을 강조하며 정신적 수양과 연계되었다.

> 오답풀이 ❶

ⓔ 불국토 사상은 불교에서 말하는 이상적인 나라(정토)를 의미하며, 궁술과 직접적인 연관이 없다.

11 ①

교육입국조서는 조선 말기 근대 교육의 기틀을 마련한 중요한 문서로, 국가의 발전과 인재 양성을 위한 교육의 중요성을 강조하였다. 이 문서에서 언급된 삼양(三養)은 덕성을 기르는 덕양(德養), 신체를 단련하는 체양(體養), 지식을 함양하는 지양(智養)을 뜻하며, 이를 통해 전인적인 인간 양성을 추구하였다. 이러한 삼양의 순서와 강조는 교육의 방향성을 제시하고 국가의 미래를 이끌 인재를 키우는 데 기여한 중요한 원칙이었다.

12 ④

1885년 아펜젤러(H.G. Appenzeller)에 의해 설립된 배재학당은 근대 교육의 기틀을 마련한 대표적인 기독교계 학교이다. 헐벗(H.B. Hulbert)은 배재학당에서 도수 체조를 지도하였으며, 이 학교는 야구, 축구, 농구 등 다양한 스포츠를 과외 활동으로 실시하며 체육 교육의 선구적 역할을 하였다.

> 오답풀이 ❶

① 경신학당: 언더우드(H.G. Underwood)가 설립하였으며, 1891년 이후 체조를 정식 교과목으로 편성하였다.
② 이화학당: 스크랜턴(E.M. Scranton)에 의해 설립된 한국 최초의 여성 교육 기관으로, 기독교 교육을 통해 한국 여성의 자존심을 회복하고 한국의 미래 지도자로 육성하는 것을 목표로 삼았다.
③ 숭실학교: 미국 북 장로교 선교사 베어드(W.M. Baird)가 기독교 정신에 입각한 중등 교육을 실시하고자 평양에 설립한 교육 기관이다.

13 ②

개화기 학교 운동회는 주로 육상 등의 신체 활동을 중심으로 이루어졌다. 민족의식을 고취하고, 사회 체육 발달의 촉진제 역할을 하였으며, 근대 스포츠의 도입과 확산에 기여하였다.
② 구기 종목은 이후 점차 도입되었다.

14 ②

개화기에 설립된 체육 단체에는 대한체육구락부, 대동체육구락부, 황성기독교청년회운동부 등이 있다.

② 조선체육진흥회는 일제 강점기 시기에 체육 활동을 통제하고 민족 운동을 억제하기 위한 단체로 설립되었다.

⊕ 개념 PLUS

개화기의 체육 단체

대한체육구락부 (1906년)	우리나라 최초의 근대적인 체육 단체로, 회원 간의 운동회 및 친선 경기 등을 통해 한국체육의 발전에 기여
황성기독교청년회 운동부 (1906년)	개화기에 결성된 체육 단체 중 가장 활발한 활동을 했으며, 터너와 질레트의 노력으로 근대 스포츠의 보급과 발전에 기여
대한국민체육회 (1907년)	노백린 등의 주도로 설립된 단체로, 근대 체육의 선구자로서 체육 이념 정립과 체육 관련 정책 개혁을 목표로 운영
대동체육구락부 (1908년)	사회 진화론적 자강론에 입각하여 체육의 가치를 국가 부강의 기반으로 인식하고, 체육 활동을 통해 강력한 국가 건설을 지향

15 ④

노백린은 체조 강습회 개최, 대한국민체육회 창립, 광무학당 설립 등 체육 활동을 통해 애국심 고취와 체육 저변 확대에 기여한 인물이다. 그의 활동은 근대 체육 발전과 민족주의 운동의 중요한 일환이었다.

오답풀이

① 서재필: 한국인 최초의 미국 시민권자로, 독립운동가이자 언론인으로 활동하였다. 체육과 관련하여 직접적인 영향력보다는 언론을 통해 근대적 개혁을 주장했으며, 스포츠 보급에 간접적으로 기여하였다.
② 문일평: 조선일보사의 편집 고문으로, 체육을 국가의 운명을 결정짓는 중요한 요소로 인식하였다. 또한, '체육론'을 발표하고, 체육 교사 양성과 체육 학교 설치의 필요성을 주장하였다.
③ 김종상: 황성기독교청년회 초대 체육 간사로 활동하며, 축구, 야구, 높이뛰기 등의 현대식 운동 경기를 보급한 개척자이다.

16 ①

원산학사는 개화기에 설립된 한국 최초의 근대식 학교로, 일제 강점기의 체육사적 사실과는 시기적으로 맞지 않다.

17 ④

㉠ 조선체육회는 전 조선 축구 대회를 창설하며 스포츠 활성화를 이끌었다.
㉡ 조선체육회가 조선체육협회에 강제로 흡수되어 일본의 통제 아래 놓였다.
㉢ 국내 운동가와 일본 유학 출신자들이 설립하여 민족 체육을 이어갔다.
㉣ 전 조선 종합 경기 대회와 같은 종합 체육 대회를 개최하여 체육 활동의 체계화를 도모하였다.

18 ③

여운형은 일제 강점기 체육 사상가로, '체육 조선의 건설'이라는 글에서 체육을 통해 사회를 강화하고 구성원의 힘을 길러야 한다고 주장하였다. 그는 교육의 기초로서 체육의 중요성을 강조하며, 체육을 통해 민족의 자강을 도모하려는 의지를 나타냈다.

오답풀이

① 박은식: 문(지식) 위주의 교육을 비판하고 학교체육의 중요성을 강조하였다.
② 조원희: 휘문의숙 체육 교사로 학교 체조의 이론적·실천적 개선을 위해 노력하였으며, 『신편유희법』을 발간하였다.
④ 이기: 한성사범학교 교관으로 지덕체 중 '체'를 중시하였고, 대한자강회를 조직하였다.

19 ②

대한민국 정부의 체육 정책을 담당하는 부처는 처음 체육부로 시작하여, 이후 문화 체육부로 명칭이 변경되었고, 마지막으로 문화 체육 관광부로 개편되었다.

20 ④

㉠ 1973년 사라예보 세계 선수권 대회에서 여자 탁구 대표팀은 단체전 우승을 달성하였다.
㉡ 1976년 몬트리올 올림픽 대회에서 여자 배구 대표팀은 동메달을 획득하며 한국 여자 배구의 국제적 성과를 기록하였다.
㉢ 1988년 서울 올림픽 대회에서 여자 핸드볼 대표팀이 당시 최강국을 이기고 금메달을 획득하며 큰 성과를 거두었다.

운동생리학

1	②	2	③	3	①	4	④	5	④
6	①	7	④	8	④	9	②	10	③
11	②	12	②	13	①,③	14	④	15	③
16	③	17	①	18	①	19	①	20	②

1 ②

지구성 훈련은 지근 섬유(Type I)에 여러 가지 생리적 변화를 유도한다. 마이오글로빈은 근육에서 산소를 저장하는 역할을 하며, 마이오글로빈 함유량은 증가한다. 모세 혈관 밀도의 증가, 미토콘드리아의 수와 크기 증가, 그리고 동일한 절대 운동 강도에서의 젖산 농도 감소는 모두 훈련의 긍정적인 효과에 해당한다.

2 ③

유산소성 트레이닝은 미토콘드리아 분해 및 제거율을 증가시킨다.

3 ①

인슐린은 혈당을 낮추는 호르몬으로, 지방 저장을 촉진하고 지방 분해를 억제하는 역할을 한다.

4 ④

고강도 운동 시 근육에 더 많은 산소와 영양분을 공급하기 위해 활동근의 세동맥이 확장되어 혈류량이 증가한다.

오답풀이 ❶
① 점증 부하 운동 시 산소 요구량이 증가하여 심근 산소 소비량이 증가한다.
② 고강도 운동 시 근육으로의 혈류가 증가하여 내장 기관으로의 혈류 분배 비율이 감소한다.
③ 일정한 부하의 장시간 운동 시 산소 요구량 증가에 따라 심박수가 증가한다.

5 ④

• 심근 산소 소비량 = 심박수 × 수축기 혈압
• 다리 운동은 효율적으로 에너지를 사용하며 심장에 대한 부담을 줄이는 반면, 팔 운동은 심박수와 혈류 저항을 높여 심근 산소 소비량이 더 크게 나타난다. 즉, 다리 운동 시 팔 운동에 비해 산소 소비량이 더 낮게 나타난다.

6 ①

• 특이장력은 근력을 근횡단면적으로 나눈 값으로, 특정 근육의 힘을 평가하는 데 사용된다.
• 근파워는 힘과 수축 속도의 곱으로 정의되며, 수축 속도가 근파워에 중요한 역할을 한다.

7 ④

㉠ 근방추: 근육의 길이 정보 전달
㉡ 골지 건기관: 힘 생성량 정보 전달
㉢ 근육의 화학 수용기: 근육 대사량 정보 전달

8 ④

도피반사에서는 통증을 회피하기 위해 통증 부위의 굴곡근을 수축하고, 신전근은 억제된다.

9 ②

고온 환경으로 인해 혈류 재분배(피부 혈류량 증가)와 수분 손실이 발생하지만, 심박수 증가를 통해 심박출량은 유지될 수 있다. 문제의 조건에서 '심각한 탈수 현상은 발생하지 않는 환경'이라고 하였기 때문에, 1회 박출량 감소는 주요 요인으로 보기 어렵다.

10 ③

주어진 조건은 체중 50kg, 속도 12km/h = 200m/min, 시간 10분, 경사도 5%이므로,
• 수평 이동 거리: 속도 × 시간 = 200m/min × 10분 = 2,000m
• 수직 상승 거리: 수평 이동 거리 × 경사도 비율 = 2,000m × 0.05 = 100m
따라서, 운동량(일) = 체중 × 수직 상승 거리 = 50kg × 100m = 5,000kpm

11 ②

해당 작용은 포스포프룩토키나아제(PFK)로써 그 속도를 조절한다.

12 ②

오답풀이

ⓒ 근육의 최대 근파워는 등장성 수축에서 발현된다.

13 ①, ③

① 카테콜라민은 부신 수질에서 분비되는 호르몬이다.
③ α1 수용체에 결합하면 혈관이 수축하게 된다. 기관지 수축은 일반적으로 콜린성 자극에 의해 발생하며, 카테콜라민은 β2 수용체와 결합할 때 기관지가 이완된다.
※ 출제 오류로 복수 정답 처리됨

14 ④

오답풀이

㉠ 해당 과정 중 NADH가 생성된다.

15 ③

노르에피네프린은 지방 조직의 산화를 촉진한다.

16 ③

오답풀이

㉠ 중강도 운동으로 혈액량이 부족해지면 알도스테론의 분비가 증가한다.
㉣ 운동에 의한 땀 분비는 수분 상실을 초래하여 삼투질의 농도를 높인다.

17 ①

㉠ 분당 환기량(V_E) = 1회 호흡량 × 호흡률
- 주은의 분당 환기량: 375 × 20 = 7,500mL/min
- 민재의 분당 환기량: 500 × 15 = 7,500mL/min
- 다영의 분당 환기량: 750 × 10 = 7,500mL/min

㉡ 폐포 환기량(V_A) = (호흡수 × 1회 호흡량) − (호흡수 × 사강량)
- 다영의 폐포 환기량: (750 − 150) × 10 = 6,000mL/min
  = 6L/min

오답풀이

ⓒ
- 주은의 폐포 환기량: (375 − 150) × 20 = 4,500mL/min
- 민재의 폐포 환기량: (500 − 150) × 15 = 5,250mL/min
- 다영의 폐포 환기량: (750 − 150) × 10 = 6,000mL/min

따라서, 주은의 폐포 환기량이 가장 작다.

18 ①

심박수가 증가하면 충만 시간(이완기 시간)이 짧아져 1회 박출량이 감소할 수 있다.

19 ①

칼슘은 근형질세망에 저장되었다가 아세틸콜린에 의해 분비된다.

오답풀이

② 운동 단위는 운동 뉴런이 지배하는 근섬유의 결합이다.
③ 신경근 접합부(시냅스)에서 분비되는 신경 전달 물질은 아세틸콜린이다.
④ 지연성 근통증은 신장성 수축 시 더 쉽게 발생한다.

20 ②

오답풀이

① 지근 섬유는 높은 피로 저항력을 갖는다.
③ 속근 섬유는 마이오신 ATPase의 활성이 빠르다.
④ 속근 섬유는 운동 신경 세포의 직경이 크다.

● 개념 PLUS

근섬유의 종류

구분	속근 섬유	지근 섬유
수축 속도	빠름	느림
파워	강함	약함
미토콘드리아	적음	많음
글리코겐	많음	적음
ATP 분해 효소	많음	적음
혈관	적음	많음
지구력	낮음	높음
주 에너지 대사	무산소	유산소
근섬유 굵기	두꺼움	얇음
역할	고강도 운동	지속적인 운동

운동역학

1	①,②③,④	2	③	3	①	4	②	5	①
6	②	7	④	8	③	9	③	10	④
11	④	12	③	13	④	14	②,③	15	④
16	④	17	③	18	③	19	②	20	④

1 ①, ②, ③, ④

① 뉴턴의 선운동 제1법칙 관성의 법칙
② 뉴턴의 선운동 제2법칙 가속도의 법칙
③ 뉴턴의 선운동 제3법칙 작용-반작용의 법칙
④ 뉴턴의 각운동 제1법칙 각관성의 법칙
※ 출제 오류로 복수 정답 처리됨

2 ③

오답풀이

㉠ 힘은 한 물체가 다른 물체를 당기거나 밀 때 작용하며, 물체의 운동 상태를 변화시키는 역할을 한다. 에너지는 일을 할 수 있는 능력으로, 크기를 가진 스칼라량을 말한다.
㉣ 힘은 크기와 방향을 갖는 벡터(vector)이다.

3 ①

원심력과 구심력은 물체가 원운동을 할 때 서로 크기가 같고, 방향이 반대인 힘이다. 구심력은 물체를 원의 중심으로 끌어당기는 힘이고, 원심력은 반대로 물체가 바깥쪽으로 나가려는 것처럼 느껴지는 힘이다.

오답풀이

② 원심력은 선수의 질량과 비례한다.
③ 원심력은 반지름과 반비례한다. 즉, 반지름을 크게 하여 원심력을 줄일 수 있다.
④ 쇼트 트랙 경기에서 몸을 원운동 중심 방향으로 기울이는 것은 원심력의 영향을 적게 받기 위해서이다.

4 ②

충격량은 충격력과 충돌이 가해진 시간의 곱으로 정의되는 물리량이며, 힘의 방향과 동일한 벡터량이다.

오답풀이

① 선운동량은 질량(m)과 선속도(v)의 곱으로 결정되는 물리량이다.
③ 시간에 따른 힘 그래프에서 밑넓이가 충격량을 의미한다.
④ 충격량은 운동량의 변화량으로, 선운동량으로 전환할 때 토크와 관련 없다.

5 ①

일률과 힘은 운동역학적(kinetic) 분석 요인이고, 속도는 운동학적(kinematic) 분석 요인이다. 운동역학은 물체의 움직임을 일으키는 원인, 즉 힘, 토크, 일률(힘과 속도의 곱) 등을 분석한다.

6 ②

오답풀이

㉡ 일(work)은 물체에 가해진 힘이 물체를 이동시킬 때 전달되는 에너지이다.
㉢ 마찰력은 두 물체의 마찰로 발생하는 힘으로 크기와 방향을 갖는 벡터이다.

7 ④

물체가 유체 속에서 이동할 때 유체의 저항에 의해 힘이 발생한다. 특히, 유체와 물체의 접촉 면에서의 난류(turbulence)나 층류(laminar flow)에 의해 항력이 생성된다.

오답풀이

㉠ 육상의 원반 투사 시, 최적의 공격각은 양력/항력이 최대일 때의 각도이다.
㉡ 야구에서 커브 볼은 직선 운동과 회전 운동이 결합되는 복합 운동에 해당한다.

8 ③

배율법은 주로 수평면에서의 움직임을 분석하는 데 사용된다. 체조의 공중회전과 같은 3차원적인 운동은 보다 복잡한 분석을 필요로 하며, 이 경우 다른 방법(예 3차원 비디오 분석 등)을 사용한다.

9 ③

오답풀이

㉠ 각속력은 크기만 갖는 스칼라이고, 각속도는 크기와 방향을 갖는 벡터이다.
㉢ 각변위는 물체의 처음과 마지막 각위치의 변화량이다.

10 ④

㉠ 유체의 밀도가 커질수록 부력도 커진다.
㉡ 물의 온도가 올라갈수록 부력은 작아진다.
㉢ 부력 중심의 위치는 수중에서의 자세 변화에 따라 달라진다.
㉣ 부력은 물에 잠긴 신체의 부피에 비례하여 수직으로 밀어 올리는 힘이다.

11 ④

㉠ 회전 반경 감소율: 회전축에서 공까지의 거리가 2m에서 1m로 감소하였으므로, 회전 반경(r)은 초기 값의 절반, 즉 1/2로 줄어든다.
㉡ 관성 모멘트 감소율: 관성 모멘트(I)는 회전 반경(r)의 제곱에 비례하므로, 회전 반경이 1/2로 감소하면, 관성 모멘트는 초기 값의 1/4로 감소한다.
㉢ 회전 속도 증가율: 각운동량이 보존되기 위해 각속도는 관성 모멘트의 감소에 반비례하여 4배 증가한다.

12 ③

3종 지레는 힘점이 축과 저항점 사이에 위치하며, 일반적으로 역학적 이점은 1보다 작다.

13 ④

수직 점프에서 무게 중심이 가장 높은 지점(C)에서는 상방 운동이 멈추고 하강이 시작되기 직전이므로, 이 시점에서 속도는 0m/sec가 된다.

오답풀이

① (A)부터 (B)까지 한 일(work)은 위치 에너지의 변화량과 같지 않다.
② 넙다리 네 갈레근(대퇴 사두근)은 (A)에서 (B)로 갈 때 주로 단축성 수축을 한다.
③ (B)부터 (C)까지는 중력의 영향을 받기 때문에 무게 중심의 수직 가속도는 감소한다.

14 ②, ③

② 회전하는 물체의 각속도는 호의 길이를 반지름으로 나누고, 그 결과를 소요 시간으로 나누어 구한다.
③ 관성 모멘트는 회전축의 방향에 따라 변하지 않고 질량과 회전 반경에 영향을 받는다.
※ 출제 오류로 복수 정답 처리됨

15 ④

무게 중심의 위치는 인체의 자세나 동작에 따라 변한다. 예를 들어, 달리기, 점프, 회전 등 동작의 변화에 따라 무게 중심의 위치는 계속 변할 수 있다.

16 ④

던진 배구공이 상승하는 과정에서도 중력 가속도의 영향을 받는다. 중력은 항상 작용하며, 공이 상승하는 동안에도 중력 가속도 9.8m/s^{2}이 계속 작용하여 공의 속도를 감소시키고 결국에는 정지한 후 하강하게 된다.

17 ③

작용근은 특정한 운동을 수행할 때 활성화되는 주요 근육으로, 운동의 주체 역할을 한다.

오답풀이

① 골격근의 수축은 관절에서 회전 운동을 발생시킨다.
② 인대는 뼈와 뼈를 연결하는 역할을 하며, 골격근을 뼈에 부착시키는 것은 힘줄(tendon)이다.
④ 팔꿈치 관절에서 굽힘근의 수축은 관절의 각도를 작게 만들어 굽힘(flexion) 운동을 일으킨다.

18 ③

평균대에서 외발 서기를 할 때 양팔을 벌리면 기저면이 넓어지는 것이 아닌 균형이 좋아지는 것이다.

19 ②

일률은 힘(F)과 물체의 속도(v)의 곱으로 산출한다.

오답풀이

① 일의 단위는 Joule이다.

③ 일률은 일의 양을 단위 시간(1초)으로 나눈 것이다. 일의 양은 힘과 이동 거리의 곱이기 때문에, 일률은 이동한 거리를 고려한다.
④ 일은 가해진 힘의 크기에 비례한다.

20 ④

가상 현실을 활용한 심상 훈련은 심리적, 인지적 훈련에 가까우며, 물리적 운동역학의 직접적인 적용보다는 기술적 요소와 심리적 요소를 포함하는 훈련이다.

스포츠윤리

1	②	2	④	3	④	4	①	5	①
6	②	7	②	8	②	9	③	10	①
11	④	12	④	13	①,②③,④	14	①	15	③
16	①	17	③	18	③	19	③	20	②

1 ②

「스포츠기본법」은 국민 모두가 스포츠 활동에 자유롭고 평등하게 참여하며, 스포츠의 다양한 가치를 사회 전반에 확산시키기 위해 제정된 법이다.

2 ④

- 직접적 폭력: 상대방에게 신체적 상해를 가할 의도를 가진 가시적이고 물리적인 폭력이다.
- 구조적 폭력: 사회적 제도나 구조에 의해 발생하는 장기적이고 비가시적인 폭력이다.
- 문화적 폭력: 언어, 종교, 전통 등 문화적 요소를 통해 직접적·구조적 폭력을 정당화하거나 은폐하는 역할을 한다.

3 ④

여성 참정권은 여성의 정치적 권리와 관련된 문제로, 스포츠 내에서의 성차별과 직접적인 연관은 없다.

오답풀이 ❶
① 여성의 운동 능력을 생물학적으로만 해석하며 차별을 정당화하는 원인이다.
② 신체적 차이에 근거해 스포츠에서 차별이 발생하는 주요 원인이다.
③ 근대 스포츠가 남성 중심으로 발전한 역사적 배경으로 인해 여성 차별이 심화될 수 있다.

4 ①

테일러(P. Taylor)는 모든 생명체가 고유한 내재적 가치를 지니고 있으며, 인간은 다른 생명체에 해를 끼쳐서는 안 된다는 생명중심주의 윤리를 주장한 대표적인 학자이다.

오답풀이 ❶

② 베르크(A. Berque): 인간과 자연의 조화와 상호 작용을 중시한다.
③ 콜버그(L. Kohlberg): 스포츠가 정의, 공정, 책임감 등 도덕적 판단 능력을 발전시킨다고 주장한다.
④ 패스모어(J. Passmore): 자연은 인간의 이익을 위해 존재하지만, 과도한 착취는 안 된다고 주장한다.

5 ①

오답풀이 ❶

- 젠더: 사회적·문화적으로 형성된 성 역할이나 특정 성별에 대한 기대와 규범을 의미한다.
- 젠더화 과정: 사회가 특정 성별에게 특정 역할을 부여하고 이를 통해 성별 간의 차이를 형성해가는 과정이다.

6 ②

의무주의는 행위의 결과보다는 그 행위 자체의 도덕적 원칙을 중시하는 이론이다.

오답풀이 ❶

① 최대 다수의 최대 행복: 가능한 한 많은 사람들에게 최대의 행복을 가져오는 것이 도덕적으로 옳다는 공리주의 원칙으로, 존 스튜어트 밀이 주장한다.
③ 쾌락주의: 쾌락을 궁극적인 선으로 보고, 고통을 피하고 쾌락을 추구하는 것이 인간의 가장 중요한 목표라는 윤리 사상이다.
④ 좋음은 옳음의 근거: 결과주의 이론에서 도덕적 행위는 그 결과의 좋음에 따라 평가된다.

7 ②

스포츠딜레마(sport dilemma)는 특정 상황에서의 윤리적 선택의 어려움을 의미한다.

오답풀이 ❶

① 페어플레이(fair play): 경기를 정정당당하게 진행하는 것으로, 경기 규칙을 철저히 지키며 부정한 방법으로 승리를 추구하지 않는 것이 핵심이다.
③ 스포츠에토스(sport ethos): 스포츠에서 도덕적 성품과 신뢰성을 강조하는 개념으로, 정정당당한 경쟁과 규칙 준수, 상대방에 대한 존중 등의 윤리적 가치를 포함한다.
④ 스포츠퍼슨십(sportpersonship, 스포츠맨십): 경기에서 공정함, 존중, 예의를 지키며 상대방과 규칙을 준수하는 윤리적 태도를 의미한다. 이는 단순한 규칙 준수를 넘어, 경기의 가치를 존중하고 상대 선수와의 관계를 배려하는 태도를 포함한다.

8 ②

아크라시아(akrasia)는 옳지 않음을 알면서도 의지력 부족으로 잘못된 행동을 하는 상태를 의미한다.

오답풀이 ❶

① 테크네(techne): 기술과 숙련을 의미
③ 에피스테메(episteme): 지식을 의미
④ 프로네시스(phronesis): 실천적 지혜를 의미

9 ③

정언 명령은 칸트(Kant)의 윤리 이론으로, 어떤 상황에서도 반드시 지켜야 할 도덕적 의무를 의미한다.

오답풀이 ❶

① 모방 욕구: 사람들이 서로의 욕망을 모방하면서 경쟁이 발생하는 현상을 말한다.
② 가언 명령: 특정 목표를 달성하기 위해 조건에 따라 따라야 하는 규칙으로, 목적에 종속된 조건부 명령을 의미한다.
④ 배려 윤리: 타인에 대한 공감과 배려를 기반으로 도덕적 의사 결정을 강조하는 이론이다.

10 ①

행위 공리주의는 각각의 행위가 최대 다수에게 최대의 행복을 가져오는지를 기준으로 도덕적 옳고 그름을 판단하는 이론이다.

11 ④

절차적 정의는 공정한 절차와 과정을 통해 정의를 실현하는 개념이다.

오답풀이 ❶

① 자연적 정의: 공정한 절차와 편견 없는 판단을 통해 모든 사람에게 동등한 변론의 기회를 보장하는 것
② 평균적 정의: 동일한 조건에서 동일한 규칙을 적용하는 것
③ 분배적 정의: 각자의 능력이나 상황에 따라 다르게 대우하는 것

12 ④

㉠ 충서(忠恕): 성실함과 배려심
㉡ 충(忠): 성실하고 진실된 마음
㉢ 서(恕): 마음을 이해하고 용서하는 태도

> **오답풀이** ❶

- 충효(忠孝): 충성과 효도
- 정의(正義): 공정함과 올바름
- 정명(正名): 이름과 역할의 일치
- 충(忠): 임금이나 국가 따위에 충직함
- 효(孝): 부모에 대한 효도
- 정(正): 바른 일
- 의(義): 도덕적 옳음
- 명(名): 이름과 지위

13 ①, ②, ③, ④

〈보기〉는 경기에서 승패에 상관없이 양측 모두가 만족할 수 있다는 가능성을 제시하며, 승리와 패배가 반드시 1과 0이라는 이분법적 결과로 끝나지 않음을 강조하는 것이다.

※ 출제 오류로 복수 정답 처리됨

14 ①

> **오답풀이** ❶

② 비의도적 구성 반칙: 의도하지 않았으나, 결과적 반칙에 해당하는 경우로, 규칙을 알지 못하여 발생할 수 있다.
③ 의도적 규제 반칙: 명확한 의도를 가지고 이루어지는 반칙으로, 전술적인 반칙이 이에 해당한다.
④ 비의도적 규제 반칙: 의도하지 않았지만 일어나는 일반적인 반칙으로, 우연에 의해 일어날 수 있는 반칙도 포함한다.

15 ③

종차별주의는 인간을 다른 동물보다 우월한 존재로 간주하여 동물을 차별하는 태도를 말한다.

16 ①

매킨타이어(A. MacIntyre)는 덕 윤리를 강조한 철학자로, 미덕을 배우고 실천하며 훌륭한 역할 모델을 따르는 것을 강조하고 역사적·사회적 맥락에서 형성된 덕을 중시한다.

> **오답풀이** ❶

② 의무주의(deontology): 행동의 결과가 아니라 행동 자체의 도덕적 의무에 초점을 맞춘다.
③ 쾌락주의(hedonism): 도덕적 판단 기준을 개인의 쾌락과 고통에 둔다.
④ 메타윤리(metaethics): 실천적 행동보다는 윤리적 용어와 판단의 분석에 중점을 둔다.

17 ③

스포츠윤리는 보편적 윤리에 기반하여 공정성, 정직, 스포츠맨십 등 사회적 가치와 도덕적 기준을 따른다.

18 ③

> **오답풀이** ❶

㉡ 리그 승강 제도는 리그 간의 승격과 강등이 이루어지는 시스템을 의미한다. 특정 리그에서 성적이 좋은 팀은 상위 리그로 승격하고, 성적이 저조한 팀은 하위 리그로 강등되는 방식이다.

19 ③

윤리적 상대주의는 도덕적 가치나 윤리적 판단이 사회적, 문화적, 개인적 차이에 따라 달라질 수 있다는 관점을 의미한다.

> **오답풀이** ❶

① 윤리적 절대주의: 정의, 용기, 절제 등의 덕목이 이데아 세계에 존재하는 절대적인 가치라고 주장한다.
② 윤리적 회의주의: 도덕적 진리에 대해 회의적이며, 도덕적 지식이 확실하지 않다고 주장한다.
④ 윤리적 객관주의: 도덕 원리는 보편적이고 객관적인 타당성을 지니며 도덕적 규범은 예외를 허용할 수 없다고 주장한다.

20 ②

특수 제작된 신발과 같은 기술적 장비는 운동선수의 능력을 향상시키기 위한 기술적 도움을 활용한 사례이다.

> **오답풀이** ❶

① 약물 도핑: 스테로이드, 각성제, 이뇨제 등을 사용한 도핑을 말한다.
③ 브레인 도핑: 뇌에 전기 자극을 주어 운동 능력을 향상시킨다.
④ 유전자 도핑: 유전자를 조작하여 근육 성장을 촉진하거나, 지구력을 향상시킨다.

기출변형 모의고사

선택과목	1	2	3	4	5	6	7	8	9	10	11	12	13	14	15	16	17	18	19	20
스포츠사회학	④	③	②	①	④	②	③	②	①	③	②	③	②	④	①	④	②	③	③	④
스포츠교육학	④	③	②	③	①	①	②	④	②	④	②	①	③	③	①	④	③	④	①	①
스포츠심리학	③	③	①	④	④	②	③	①	④	②	①	③	④	④	②	④	④	②	③
한국체육사	②	①	③	②	④	①	④	④	②	③	③	②	④	③	②	④	①	③	①	③
운동생리학	③	③	②	③	④	④	①	①	③	②	②	③	④	③	①	③	①	②	④	①
운동역학	③	②	②	③	③	①	①	④	②	①	②	③	④	①	④	①	④	②	④	①
스포츠윤리	④	③	②	④	①	④	④	③	②	②	①	④	④	②	②	④	①	②	③	①

☑ 나의 점수 분석표

선택과목	맞힌 개수 / 문제 수	총점
	/ 20	/ 100
	/ 20	/ 100
	/ 20	/ 100
	/ 20	/ 100
	/ 20	/ 100
합계	평균 ( )점	

▶ 과락 기준: 과목별 20문제 중 맞힌 문제 수가 8개 미만

☑ 약점 보강 키워드

※ 틀린 문제 중 본인이 부족했던 개념과 중요 키워드를 정리해 보세요.

스포츠사회학

1	④	2	③	3	②	4	①	5	④
6	②	7	③	8	②	9	①	10	③
11	②	12	③	13	②	14	④	15	①
16	④	17	②	18	③	19	③	20	④

1 ④

스포츠사회학은 스포츠를 단순한 신체 활동이 아닌 사회적 현상으로 바라보며, 그 안에서 나타나는 사회적, 문화적, 경제적, 정치적 상호 작용 관계를 연구하는 학문이다.
- 재석: 운동 참여자의 운동수행 능력과 관련된 직접적인 원인을 설명하는 학문은 운동생리학이다. 운동생리학은 운동 중 신체 내부에서 일어나는 변화와 에너지 사용 과정을 연구하여, 운동 능력에 영향을 미치는 요인을 설명한다.

2 ③

갈등 이론은 스포츠를 사회적 불평등과 갈등을 강화하는 수단으로 해석하며, 상류층의 이익을 위해 활용된다고 본다.
③ 스포츠가 사회적 불평등과 억압을 재생산하는 방식을 분석하는 것은 비판 이론에 대한 설명이다. 이를 통해 지배 구조와 권력 관계를 파악하고 변화의 필요성을 강조한다.

3 ②

국기, 국가, 유니폼 등은 국민의 애국심과 자부심을 고취하는 데 활용되며, 이는 스포츠와 정치의 결합 방법 중 상징에 해당한다. 반면, 반국가적 태도란 국가의 정체성을 부정하거나 체제와 방침에 반대하며, 국가에 해를 끼치려는 성향을 의미한다.

> **오답풀이** ❶
>
> 스포츠와 정치의 결합 방법 중 ①은 상징, ③은 동일화, ④는 조작에 해당한다.

4 ①

1968년 멕시코시티 올림픽 대회에서 미국 육상 선수들은 시상대에서 인종 차별에 반대하는 메시지를 전달하며 스포츠가 사회적 문제와 밀접하게 연결될 수 있음을 보여준 상징적인 사건으로 평가받는다.

5 ④

스포츠 내용의 변화는 관중의 흥미 극대화, 상업 광고 시간 확대, 미디어 연계 콘텐츠 제공, 영웅적 가치를 강조하는 방식으로 스포츠의 본질을 재구성하는 상업주의적 요소를 반영한다.
호크아이(Hawk-Eye) 도입은 경기의 공정성을 높이고, 판정의 정확성을 강화하기 위한 기술적 도구로 활용된다.

> **➕ 개념 PLUS**
>
> **코클리(J. Coakley)가 제시한 상업주의에 따른 스포츠의 변화**
>
> | 스포츠 조직 변화 | 스포츠 조직의 대형화, 전문화, 복잡한 운영 |
> |---|---|
> | 스포츠 구조 변화 | 경기 규칙 및 시간 조정, 득점 다양화, 리그 체계 변화, 프로그램 구성 변화 |
> | 스포츠 목적 변화 | 상업적 이익, 국가 자부심 확대, 스타 선수의 상업적 가치 증가 |
> | 스포츠 내용 변화 | 관중의 흥미 극대화, 상업 광고에 시간 할애, 미디어 연계 콘텐츠 중시, 심미적 가치보다 영웅적 가치 중시 |

6 ②

㉠ 관중과 시청자의 관심을 끌기 위해 외적인 요소(스폰서십, 광고, 이벤트, 연출 등)를 중시하게 되는 것이 상업화의 특징 중 하나이다.
㉡ 스포츠 상업화에서는 영웅적 선수와 스타 플레이어를 부각시켜 대중의 관심을 끌고, 이를 통해 더 큰 상업적 이익을 추구한다.
㉢ 프로 리그나 프로 선수 체계를 강화하여 경기의 질을 높이고, 이를 통해 더 많은 수익을 창출하려는 경향이 있다.

> **오답풀이** ❶
>
> ㉣ 상업화의 핵심은 이익 극대화이다. 경기의 흥미를 높이기 위해 규칙이 개정되기도 하지만, 이는 공정성을 강화하려는 목적보다는 흥행성이나 관중의 재미를 높이기 위한 경우가 많다.

7 ③

웨이버 조항(waiver rule)은 팀이 선수를 공개해 다른 팀에서 영입할 수 있는 기회를 주는 제도이다. 선수가 웨이버에 오를 경우, 일정 기간 동안 다른 팀이 영입 의사를 표시할 수 있고, 우선권이 있는 팀이 선수를 데려갈 수 있다.

> **오답풀이** ❶
>
> ① 자유 계약(free agent)에 대한 설명이다.
> ② 보류 조항(reserve clause)에 대한 설명이다.
> ④ 선수 대리인(agent)의 역할에 대한 설명이다.

8 ②

스포츠의 교육적 순기능에는 전인적 성장, 사회적 통합, 사회 선도 등이 포함된다.

오답풀이 ❶

ⓒ 스포츠의 교육적 역기능에 해당한다.

➕ 개념 PLUS

스포츠의 교육적 순기능

전인적 성장	• 신체적·정서적 발달 • 학업 장려 • 도전 정신, 팀워크 등의 사회화
사회적 통합	• 학교 내 통합(소속감) • 규칙과 질서 준수 • 문화적 다양성 수용 • 학교와 지역 사회 통합
사회 선도	• 사회적 모범 • 성차별 의식 개선(여권 신장) • 사회적 관심 증대 • 평생 체육과 연계 • 장애인의 삶의 질 향상

9 ①

하랑, 서진, 오준은 학원 엘리트 스포츠를 지지하는 입장이다. 반면, 지호는 학원 엘리트 스포츠가 학교의 자원과 교육 시설을 독점하면, 일반 학생들의 교육 기회가 제한되고, 학교의 본래 교육 목적이 약화될 수 있으며 재정적 부담과 내부 갈등이 생길 가능성도 있다는 비판적 관점을 포함하고 있다. 즉, 학원 엘리트 스포츠의 부정적 측면을 지적하고 있다.

10 ③

〈보기〉의 내용은 정의적 욕구에 해당한다. 정의적 욕구는 스포츠를 통해 흥미와 흥분, 재미를 느끼고 성취감을 얻으려는 인간의 본능적 욕구를 의미한다.

오답풀이 ❶

① 인지적 욕구: 스포츠를 통해 새로운 정보를 배우고 지식을 얻으려는 욕구이다.
② 통합적 욕구: 스포츠를 통해 소속감과 사회적 유대를 강화하려는 욕구이다.
④ 도피적 욕구: 스포츠를 통해 스트레스와 불안을 해소하고 일상의 긴장에서 벗어나려는 욕구이다.

11 ②

오답풀이 ❶

ⓒ 쿨(cool) 미디어 스포츠는 관람자의 감각 몰입성이 높다.
ⓒ 핫(hot) 미디어 스포츠는 경기 진행 속도가 느리다.

➕ 개념 PLUS

맥루한(M. McLuhan)의 매체 이론

핫 미디어	• 정보 풍부, 참여 적음 • 속도 느림, 사전 계획 • 주입식 정보 전달
쿨 미디어	• 정보 불완전, 참여 필요 • 즉흥적 정보, 속도 빠름 • 주관적 개입, 반응 유도

12 ③

사회관계 이론은 스포츠 미디어가 사람들 간 관계를 형성하고 강화한다고 보는 것으로, 개인의 스포츠 소비가 가족, 친구, 동료 등과 형성된 사회적 관계망 속에서 영향을 받으며 자연스럽게 사회화되는 과정을 의미한다.
③ 사회 범주 이론에 대한 설명이다. 사회 범주 이론은 사람들이 특정 사회적 범주(성별, 연령, 계층 등)에 따라 공통된 관심사나 행동 양식을 공유한다고 본다.

13 ②

투민(M. Tumin)의 스포츠계층 형성 과정에서 지위의 서열화는 사회가 각 지위를 중요성에 따라 순위를 매기는 것으로, 스포츠에서는 선수, 코치, 감독 등의 역할이 성과나 기여도에 따라 위계적으로 분류된다.
② 스포츠 계층 형성 과정 중 평가에 해당한다.

➕ 개념 PLUS

투민(M. Tumin)의 스포츠계층 형성 과정

지위의 분화	사회에 다양한 직업과 역할이 존재하며, 각기 다른 지위를 가진다.
지위의 서열화	사회는 지위를 중요성에 따라 서열화한다.
평가	각 지위는 기여도에 따라 다르게 평가된다.
보수 부여	높은 평가를 받은 지위는 더 많은 보수를 받는다.

14 ④

사회계층 이동은 개인이나 집단이 스포츠와 같은 수단을 통해 기존 계층에서 상위 또는 다른 계층으로 변화하는 과정을 말한다.
㉠ 사회계층 이동은 개인적 요인뿐만 아니라 경제적 환경, 스포츠

시스템, 교육 기회 등의 사회적 요인에 의해 영향을 받는다.
ⓒ 스포츠는 개인의 사회적 지위를 변화시킬 수 있는 사회계층 이동의 수단이 될 수 있다.
ⓒ 수평 이동은 사회적 지위나 경제적 보상이 변화하지 않고, 같은 계층 내에서 직업이나 역할이 변화하는 이동을 의미한다.
ⓔ 사회계층의 이동 유형은 시간적 거리(세대에 따른 이동)에 따라 '세대 내 이동'과 '세대 간 이동'으로 구분하며, 세대 내 이동은 개인이 자신의 삶에서 경험하는 지위 이동을, 세대 간 이동은 부모와 자녀 세대 간의 계층 이동을 의미한다.

15 ①

스포츠로의 재사회화는 개인이 스포츠 활동을 중단한 후 다시 스포츠와 관련된 활동이나 역할에 참여하며 사회적 관계를 형성하고 자신의 정체성을 재구성하는 과정을 말한다.
골프 선수가 은퇴 후 스포츠와 관련된 어떠한 활동도 하지 않는 것은 스포츠로부터의 탈사회화의 사례에 해당한다.

16 ④

〈보기〉의 내용은 파슨스(T. Parsons)의 AGIL 이론(사회적 기능 모형)에 대한 설명이다.

(오답풀이) ❶

① 사회 학습 이론: 개인이 타인의 행동을 관찰하고 모방하며, 보상과 처벌을 통해 사회적 행동과 규범을 학습한다.
② 역할 이론: 스포츠에서 개인은 역할에 맞는 행동을 학습하고 수행하며, 이를 통해 사회적 행동과 관계를 형성한다.
③ 상징적 상호 작용 이론: 개인 간의 상호 작용을 통해 사회적 의미와 정체성을 형성한다.

● 개념 PLUS

파슨스(T. Parsons)의 사회적 기능 모형(AGIL)

적응 (Adaptation)	사회가 환경에 적응하고 자원을 효율적으로 활용하는 기능
목표 성취 (Goal attainment)	사회가 목표를 설정하고 이를 달성하기 위한 과정
통합 (Integration)	사회 구성원 간의 조화를 유지하고 규범을 통해 통합을 이루는 기능
유형 유지 (Latent pattern maintenance)	사회가 문화와 가치를 유지하며 다음 세대에 전수하는 기능

17 ②

의례주의는 사회적 목표는 포기하고 수단만 따르는 것을 의미한다. 승리에 대한 집념을 중시하는 목표보다는 규칙을 지키며, 경기에 참여하는 수단만을 따르는 것이 의례주의의 사례로 적합하다.

(오답풀이) ❶

① 혁신주의: 새로운 수단으로 목표를 달성하는 일탈적 방식이다.
③ 도피주의: 사회적 목표와 수단을 모두 포기하는 것이다.
④ 반역주의: 새로운 목표 달성을 위해 자신만의 독창적인 방법이나 수단을 사용하는 것이다.

18 ③

차별 교제 이론은 개인은 사회적 집단의 규범을 학습하며, 일탈 행동도 사회적 상호 작용을 통해 배운다고 설명한다.
③ 문화 규범 이론에 대한 설명이다. 문화 규범 이론은 서로 다른 문화적 규범이 충돌할 때 일탈 발생 가능성 증가한다고 본다.

19 ③

스포츠 세계화의 동인은 스포츠가 전 세계로 퍼지고 서로 연결될 수 있도록 작용하는 다양한 요인을 의미한다. 그러므로 스포츠 세계화의 동인은 인종 차별 및 편견을 완화시킨다.

(오답풀이) ❶

① 제국주의 확대: 식민지 확장을 통해 서구 스포츠가 세계로 퍼진다.
② 과학 기술의 발전: 인터넷, TV, 소셜 미디어가 스포츠의 글로벌 전파를 촉진한다.
④ 종교 전파: 종교적 가치와 스포츠가 결합하며 스포츠를 확산시킨다.

20 ④

유목민형은 특정 장소에 정착하지 않고, 흥미나 기회에 따라 여러 곳을 경험하고 탐험하는 것을 의미한다.
④ 개척자형에 대한 설명이다. 개척자형은 특정 스포츠 종목의 전파 또는 발전을 위해 다른 지역이나 나라로 이동하여 확산시키는 것을 의미한다.

● 개념 PLUS

매기(J. Magee)와 서덴(J. Sugden)의 노동 이주 유형

개척자형	새로운 스포츠 기회를 찾아 미개발 지역으로 이주하는 유형
정착민형	한 지역에 장기적으로 정착하여 활동하는 유형
귀향민형	해외에서 활동 후 본국으로 복귀하는 유형
유목민형	여러 나라를 옮겨 다니며 활동하는 유형

스포츠교육학

1	④	2	③	3	②	4	③	5	①
6	①	7	②	8	④	9	②	10	④
11	②	12	①	13	③	14	③	15	①
16	④	17	③	18	④	19	①	20	①

1 ④

로젠샤인(B. Rosenshine)과 퍼스트(N. Furst)는 효과적인 교수 행동 연구를 통해 학습 성취와 관련된 지도자의 특성을 제시하였다.

오답풀이 ❶

① 블룸(B. Bloom): 교육 목표 분류학을 개발하여 학습 성취 평가와 목표 달성에 기여하였다.
② 가네(R. Gagne): 학습의 9가지 단계 이론을 통해 학습 성취를 체계적으로 설명하였다.
③ 에릭슨(E. Erikson): 심리 사회적 발달 이론을 통해 학습 동기와 성취에 영향을 미치는 심리적 요인을 연구하였다.

2 ③

프로그램의 목표가 지나치게 포괄적이면 학습자나 평가자가 결과를 명확히 이해하거나 측정하기 어려우므로 프로그램의 목표는 구체적이고 명확하게 설정해야 한다.

오답풀이 ❶

①, ②는 교육 목표 진술의 구체성과 다양성을 강조한 것이며, ④는 학습 주제와 기대되는 행동의 동시 기술이 교육 목표 설정에서 중요한 요소임을 설명한 것으로 적절한 설명이다.

3 ②

개별화 지도 모형에서 지도자는 학습 내용을 선정하고 과제를 제시하며, 학습자는 지도자가 설정한 기준과 과제에 따라 자신의 속도에 맞춰 학습을 수행하지만, 과제 수행 기준을 스스로 설정하지 않는다.

4 ③

• 영규: 검사–재검사 신뢰도는 동일한 검사를 일정 시간이 지난 후 다시 실시하여 결과를 비교하는 방식이다.
• 진욱: 검사 결과가 일관되게 나오면 신뢰도가 높다고 평가하는 것이 검사–재검사 신뢰도의 핵심 개념이다.
• 성길: 검사 간격이 너무 짧으면 기억 효과(기억으로 인해 동일한 응답 가능)로 인해 신뢰도가 과대 평가될 수 있으며, 너무 길면 개인의 특성이 변할 가능성이 있어 신뢰도가 낮게 나올 수 있다.

오답풀이 ❶

• 도연: 검사–재검사 신뢰도에서는 동일한 검사를 반복해서 측정해야 한다.

5 ①

오답풀이 ❶

ⓒ 국가 및 지방 자치 단체는 학교 운동부 지도자의 급여에 필요한 경비를 지원하도록 노력해야 한다.
ⓔ 학교 운동부 지도자의 자격 기준, 임용, 급여, 신분, 직무 등에 필요한 사항은 대통령령으로 정한다.

6 ①

〈보기〉에서 강조하는 내용은 태도, 협력, 존중, 스포츠맨십 등과 관련된 요소들이다. 이는 감정, 태도, 가치관 형성과 관련된 정의적 영역에 해당한다. 정의적 영역은 학생들이 긍정적 태도, 사회적 책임감, 공정한 플레이를 배우도록 하는 데 중점을 둔다.

오답풀이 ❶

② 인지적 영역: 체육에 대한 지식, 경기 규칙 이해, 전략 습득 등 학습과 관련된 목표를 포함한다.
③ 심동적 영역: 신체 움직임, 운동기술, 체력과 관련된 목표를 다룬다.
④ 사회적 영역: 협력과 소통을 강조하지만, 정의적 영역에서 다루는 태도, 가치와는 구별된다.

7 ②

현장 개선 연구는 교사나 지도자가 자신의 수업을 분석하고 개선하기 위해 동료나 외부 전문가와 협력하는 실천적 연구 방식이다. 현장 개선 연구는 문제 해결을 목표로 하며, 실제 교육 현장에서의 적용과 개선 과정을 중시한다.

오답풀이 ❶

① 실험 연구: 연구자가 변인을 의도적으로 통제하고 조작하여 결과를 관찰하는 방식이다.
③ 근거 이론 연구: 기존 이론을 적용하는 것이 아니라, 데이터를 바탕으로 새로운 개념과 이론을 창출하는 방식이다.
④ 문헌 연구: 관련 자료를 체계적으로 검토하고 분석하는 방식이다.

8 ④

〈보기〉의 내용은 링크(J. Rink)가 제시한 내용 발달 단계의 과정으로, 학습 과제를 점진적으로 심화하며 적용할 수 있도록 구성하는 체계적 접근 방식이다.

오답풀이 ❶

① 스펙트럼 이론: 교사의 지도 스타일과 학습자의 참여 수준을 설명하는 이론
② 운동학습 단계: 운동기술 습득 과정을 인지 단계, 연합 단계, 자동화 단계로 설명하는 이론
③ 교육 목표 분류 체계: 학습 목표를 인지적, 정의적, 심동적 영역으로 구분하는 이론

9 ②

운동 기능이 부족한 학습자의 참여를 유도하기 위해서는 활동의 난이도를 조정하거나 부담을 줄이며, 활동에 대한 흥미를 높이는 방식을 고려해야 한다.
• 설하: '정식 풀코트 게임'은 활동 난이도가 높고 운동 기능이 부족한 학생들에게는 참여 부담을 증가시킬 가능성이 있으므로 적절하지 않다.

10 ④

시덴탑(D. Siedentop)의 스포츠교육 모형은 스포츠의 본질적 경험을 제공하고 학생들의 체육 참여를 극대화하기 위해 설계되었다. 핵심적인 특성으로는 시즌제 운영, 팀 소속, 공식 경기, 결승전 이벤트, 기록 유지, 축제화가 포함된다.
④ 스포츠교육 모형에서는 매 수업마다 팀을 재편성하지 않고 고정된 팀을 유지한다.

● 개념 PLUS

시덴탑(D. Siedentop)의 스포츠교육 모형의 핵심적인 특성

시즌	전통적인 체육 단원 대신 '시즌'이라는 개념을 적용한다.
팀 소속	시즌 기간 동안 한 팀의 일원으로 활동한다.
공식 경기	시즌의 조직과 운영에 관한 의사 결정에 참여한다.
결승전 이벤트	시즌은 토너먼트, 팀 또는 개인 경쟁 등의 다양한 이벤트로 마무리된다.
기록 유지	경기 결과는 전략 교육이나 팀 간의 흥미를 높이는 데 사용되며 평가에도 반영된다.
축제화	시즌 동안 경기는 축제 분위기 속에서 진행된다.

11 ②

올스테인(A. Ornstein)과 레빈(D. Levine)이 강조한 '신호간섭'은 교사가 이탈 행동을 예방하기 위해 학생들에게 의도적이고 간접적이고 부드러운 신호를 보내는 전략을 의미한다. 이러한 신호는 언어적 지시 대신 비언어적인 방식으로 전달될 때 더욱 효과적일 수 있다.

오답풀이 ❶

① 긴장 완화 유도: 심리적 안정에는 도움이 되지만, 이탈 행동 예방과 과제 참여 향상과는 직접적인 관련이 없다.
③ 물리적 접근 또는 접촉: 주의 환기에 효과적일 수 있으나, 학생들에게 불편함을 줄 가능성이 있으며, 상황에 따라 부작용을 초래할 위험이 있다.
④ 일정과 절차의 루틴화: 예측 가능성을 높여 이탈 행동을 줄이는 데 유용하지만, 즉각적인 행동 수정에는 효과가 제한적일 수 있다.

12 ①

스포츠 참여자 평가에서 심동적(psychomotor) 영역은 신체적 기술과 동작 수행 능력에 초점을 맞춘다. 이 영역에는 운동기술, 체력, 신체 조정 능력 등이 포함되며, 근력 및 근지구력은 이를 대표하는 요소 중 하나이다.

오답풀이 ❶

② 경기 집중력과 ③ 팀워크는 정의적(affecive) 영역에, ④ 전술 이해도는 인지적(cognitive) 영역에 해당한다.

13 ③

오답풀이 ❶

㉡ 스포츠 윤리 센터의 장은 업무 수행에 필요하다고 인정될 때

에는 문화 체육 관광부 장관의 승인을 받아 관계 행정 기관 소속 공무원이나 관계 기관·단체 소속 임직원의 스포츠 윤리 센터 파견 또는 지원을 요청할 수 있다.

14 ③

메츨러(M. Metzler)는 교수·학습 과정안 작성 시 과제의 명확한 제시와 과제 구조를 통해 학습자들이 학습 방향을 이해하고 효율적으로 학습할 수 있도록 해야 한다고 강조하였다.
③ 과제 구조는 학습이 점진적으로 발전할 수 있도록 구성되어야 하므로, 단순 반복은 적절하지 않다.

15 ①

탐구 수업 모형에서는 교사가 정답을 직접 제공하기보다는 학생들이 문제 해결 과정을 통해 논리적으로 사고하고 답을 도출할 수 있도록 유도해야 한다.

오답풀이

② 학생들이 문제 해결력을 키우는 방식은 탐구 수업 모형과 일치한다.
③ 학생들이 문제 해결 과정에서 다양한 전략을 탐색하고 비교하는 것은 탐구 학습의 핵심 요소 중 하나이다.
④ 탐구를 통해 운동의 원리와 개념을 깊이 이해하도록 하는 것은 탐구 수업 모형의 주요 특징 중 하나이다.

16 ④

- 교사 A: 학생들이 과제를 수행할 때 즉각적인 피드백을 제공하고, 안전사고 예방을 위해 관찰·안내하는 행동은 학습 과정에 직접적인 영향을 미치는 직접기여 행동이다.
- 교사 B: 상부에서 전달된 행정 업무를 수행하고 공지를 안내하며, 수업을 일시적으로 중단하는 행동은 학습 과정과 직접적인 관련이 없으므로 비기여 행동에 해당한다.
- 교사 C: 수업이 종료되면 학생들에게 휴식 및 물 마시기를 허용하고 부상 방지를 위한 기본적인 욕구를 관리하는 행동은 학습 환경 조성에 기여하는 간접기여 행동에 해당한다.

17 ③

링크(J. Rink)가 제시한 과제 유형은 정보(시작) 과제, 확대(확장) 과제, 세련 과제, 적용(평가) 과제로 구분된다. 〈보기〉에서 교사는 기본 동작에서 점진적으로 난이도를 조절하고, 추가적인 과제 요소를 제공하여 학습을 확장하고 있다. 이는 확대 과제의 핵심 개념과 가장 부합한다.

오답풀이

① 정보(시작) 과제: 새로운 기술, 개념, 또는 동작을 처음 소개하는 단계의 과제이다.
② 적용(평가) 과제: 학습자가 익힌 기술을 실제 경기나 특정 상황에서 활용하도록 요구하는 과제이다.
④ 세련 과제: 운동수행의 질을 높일 수 있도록 세부적인 조정과 수정을 요구하는 과제이다.

18 ④

리드-업 게임(lead-up game)은 정식 경기나 활동을 단순화하거나 변형하여 학생들이 특정 기술, 전략 또는 기능에 집중할 수 있도록 설계된 방식이다. 〈보기〉의 사례에서 교사는 농구 정식 경기를 진행하기 전에 게임 형식을 간소화하고 변형하여 주요 기능에 집중하도록 설계하였다. 이는 리드-업 게임의 특성에 해당한다.

오답풀이

① 스크리미지(scrimmage): 정식 경기에 가까운 환경에서 연습 경기를 진행하는 방식으로, 실제 경기 경험을 제공하는 데 초점이 맞춰져 있다.
② 역할 수행(role-playing): 학생이 특정 역할을 맡아 수행하며 상황을 이해하거나 경험을 쌓는 방식으로, 기술 연습보다는 상황 이해와 의사 결정 학습에 초점이 맞춰져 있다.
③ 학습 센터(learning centers): 여러 개의 스테이션이나 활동 공간을 마련하여 학생들이 개별 과제를 수행하며 학습하는 방식으로, 게임 형식과는 직접적인 관련이 없다.

19 ①

학생들의 발달 상태와 성별, 연령, 환경적 요인 등을 고려하여 수업을 단계적으로 구성하는 것은 개별 학습자의 차이를 반영하고, 적절한 학습 환경을 조성하며, 발달 수준에 맞는 지도 방식을 적용하는 방법이다.

오답풀이

② 김 코치: 모든 학생에게 동일한 기술을 일괄적으로 적용하는 방식은 개별 학습자의 발달 상태나 환경적 차이를 고려하지 못한다.
③ 이 코치: 경기 규칙을 정식 기준 그대로만 운영하는 것은 발달 수준에 따른 변형이나 조정을 반영하지 않는 경직된 방식이다.
④ 전 코치: 학생들의 환경 차이를 고려하지 않고, 단기적인 기술 습득에만 집중하는 방식은 장기적인 발달과 학습 효과를 저해할 수 있다.

20 ①

예방적(proactive) 수업 운영은 문제 발생을 사전에 방지하고 원활한 학습 환경을 조성하는 방식으로 규칙 확립, 학습 목표 안내, 원활한 진행 유도 등이 포함된다.
① 기술 시범은 효과적인 교수 전략이지만, 문제 행동 예방과는 직접적인 관련이 없다.

오답풀이 ❶

② 수업 목표와 활동을 사전에 안내하는 것은 예방적 수업 운영의 대표적인 사례이다.
③ 학생들의 주의를 집중시키고, 수업 흐름을 원활하게 유지하는 예방적 전략에 해당한다.
④ 일관된 시간 관리와 규칙 확립은 예방적 수업 운영의 핵심 요소 중 하나이다.

스포츠심리학

1	③	2	③	3	①	4	④	5	④
6	②	7	③	8	①	9	④	10	②
11	①	12	①	13	③	14	④	15	④
16	②	17	④	18	④	19	②	20	③

1 ③

ⓒ 생리학적 항상성에 관한 연구는 운동생리학과 관련한 연구의 동향과 영역이라고 할 수 있다.

오답풀이 ❶

㉠ 인지적 접근과 현장 연구: 인지심리학적 접근을 통해 운동수행과 심리적 요소 간의 관계를 연구한다.
ⓒ 경험주의에 기초한 성격 연구: 경험적 데이터를 바탕으로 운동선수의 성격 특성과 심리적 특성을 분석하고, 운동수행과의 관련성을 조사한다.
㉢ 사회적 촉진 및 각성과 운동수행의 관계 연구: 사회적 환경과 각성 수준이 운동수행에 미치는 영향을 분석한다.

2 ③

폐쇄 회로 이론은 수행 중 피드백을 받아들이고 조정하는 방식을 설명하며, 운동 프로그램이 사전에 기억되는 것이 아니라, 감각 피드백과 비교하여 조정된다. 운동 프로그램이 사전에 기억되는 개념은 개방 회로 이론과 관련이 있다.

오답풀이 ❶

① 정보 처리 이론은 인간이 능동적으로 주변 환경을 분석하고 판단해 적절한 움직임을 결정한다고 본다.
② 개방 회로 이론은 피드백 없이 사전 계획된 운동 프로그램이 그대로 실행되는 과정을 설명한다.
④ 폐쇄 회로 이론은 수행 중 피드백을 활용하여 움직임을 조절하는 이론으로, 현재 동작과 감각 정보를 비교하며 실시간으로 수정한다.

3 ①

정보 처리 과정에서 운동제어 체계는 자극에 대한 반응이 실제 행동으로 이어지기까지의 과정을 설명한다. 이 과정은 '감각 지각 단계 → 반응 선택 단계 → 반응 실행 단계'로 구분된다.

오답풀이 ①

② 감각 지각 단계: 환경에서 오는 자극을 인식하고 그 정보를 분석하는 단계
③ 반응 선택 단계: 자극에 대해 어떻게 반응할지를 결정하는 단계
④ 반응 실행 단계: 선택된 반응을 실제 행동으로 옮기기 위해 근육을 움직이게 하는 단계

4 ④

피츠(P. Fitts)와 포스너(M. Posner)의 3단계 모델은 인지 단계, 연합 단계(고정 단계), 자동화 단계로 구분된다. 연합 단계는 기술의 기본 동작을 이해하고 연습하면서 오류를 줄여가는 과정이며, 오류가 증가하는 단계가 아니다.

오답풀이 ①

① 자동화 단계: 반복 학습을 통해 동작이 자동화되며, 의식적인 노력 없이도 효율적으로 수행할 수 있는 단계이다.
② 연합 단계: 기술을 연습하면서 오류를 줄이고 동작을 정교하게 다듬는 과정이 이루어지는 단계이다.
③ 인지 단계: 기술을 처음 배우는 단계로, 동작을 이해하고 인지적으로 분석하며 수행 방법을 익히는 과정이다.

5 ④

동작 결과에 대한 구체적인 정보를 제공하여 학습자의 수행을 평가하는 것은 외재적 피드백(보강 피드백) 중 결과 지식(KR)에 해당한다.

◆ 개념 PLUS

피드백의 구분

내재적 피드백 (감각 피드백)	신체 내부 감각 정보를 통해 자신의 움직임을 스스로 인식하는 피드백 예 운동 중 근육의 긴장감이나 동작의 정확성을 스스로 느끼는 것 • 뉴로 피드백: 뇌파 활동을 통해 신경 상태 조절 • 바이오 피드백: 생리적 신호(심박수, 호흡)로 신체 기능 조절 • 고유 감각 피드백: 근육과 관절에서 오는 신체 위치 감각
외재적 피드백 (보강 피드백)	외부 자원이나 타인으로부터 동작의 결과나 정확성을 알게 되는 피드백 예 코치의 코멘트, 동작의 비디오 분석, 점수판의 결과 • 자기 통제 피드백: 학습자 스스로 원할 때 선택적으로 요청하여 받는 피드백 • 결과 지식(KR): 행동의 결과에 대한 정보로, 목표에 얼마나 가까운지에 대한 피드백을 제공 • 수행 지식(KP): 행동의 수행 과정에 대한 정보로, 움직임이나 기술 자체가 어떻게 수행되었는지에 대한 피드백을 제공

6 ②

〈보기〉에 제시된 단계는 갤라휴(Gallahue)의 운동발달 단계를 설명하는 개념이다.

오답풀이 ①

① 운동학습: 운동기술을 배우고 숙달하는 과정을 연구하며, 학습 단계, 피드백, 연습 방법 등을 다룬다.
③ 운동제어: 신경계가 움직임을 계획, 조정, 실행하는 과정을 연구하며, 운동의 효율성과 조정 능력을 다룬다.
④ 운동역학: 운동 중 신체에 작용하는 힘과 움직임의 원리를 분석하는 학문으로, 운동수행과 관련된 물리적 요소를 연구한다.

7 ③

㉠ 상태 불안: 특정 상황에서 발생하는 일시적인 불안이다.
㉡ 특성 불안: 개인의 성격으로 인해 일상적으로 느끼는 불안이다.

오답풀이 ①

• 부적 강화: 불쾌한 자극을 제거하여 행동을 강화시킨다.
• 정적 강화: 보상 제공으로 행동을 강화시킨다.

8 ①

〈보기〉의 그래프는 애프터의 전환(반전) 이론을 나타낸 것이다. 전환 이론은 높은 각성 수준을 긍정적 흥분으로 느끼거나 부정적 불안으로 해석할 수 있다고 본다.

오답풀이 ①

② 역U 가설: 각성 수준이 너무 낮거나 높으면 수행이 떨어지고, 중간 수준에서 최고 성과를 낸다고 보는 이론
③ 최적 수행 지역 이론(적정 기능 구역 이론): 각성 수준이 최적일 때 수행이 가장 좋다는 개념을 제시한 것으로, 각 선수와 운동 종목별로 적정 각성이 다르다고 보는 이론

④ 카타스트로피 격변 이론: 각성이 증가하면서 운동수행이 개선되지만, 특정 수준을 넘어서면 급격히 수행 능력이 저하된다고 보는 이론

9 ④

와이너(B. Weiner)의 3차원 귀인 모델에 따르면, 노력은 내적 요인이며, 불안정적이고 통제 가능한 요인이다. 운은 외적 요인이며, 불안정적이고, 통제 불가능한 요인이다.

오답풀이 ❶
- 능력은 내적이고 안정적이며, 통제 불가능한 요인이다.
- 과제 난이도는 외적이고 안정적이며, 통제 불가능한 요인이다.

10 ②

〈보기〉의 내용은 유능성 동기 이론에 대한 설명이다. 유능성 동기 이론은 개인이 성공과 실패 경험을 통해 자신감을 형성하고, 자신의 능력을 긍정적으로 평가하며, 기술이나 지식을 향상시키려는 내적 동기를 중시하는 이론이다.

오답풀이 ❶
① 성공—실패 이론(귀인 이론): 개인이 자신의 성공이나 실패를 어떤 요인(능력, 노력, 운, 과제 난이도)으로 귀속하는지를 설명하는 이론
③ 자아 존중감 이론: 개인이 자신을 얼마나 가치있다고 느끼는지(전반적인 자아 존중감)를 설명하는 이론
④ 신체적 자기 개념 이론: 개인이 자신의 스포츠 유능감, 신체적 힘, 신체적 매력, 신체적 컨디션에 가지는 인식과 평가를 설명하는 이론

11 ①

〈보기〉에서 설명하는 과정(시각화, 이미지 변환 등)은 심상의 대표적인 특징이다. 심상은 이미지나 장면을 생생하게 떠올리며, 실제로 경험하지 않은 상황이나 감각을 상상하는 것이다.

오답풀이 ❶
② 자신감: 자신의 능력이나 가치를 믿는 신념으로, 특정 상황에서 원하는 결과를 달성할 수 있다는 확신을 의미한다.
③ 주의 집중: 운동수행에서 중요한 정보에 의식적으로 집중하는 능력으로, 불필요한 정보를 배제하고 최적의 수행을 돕는 과정이다.
④ 루틴: 경기나 수행 전 반복적으로 실행하는 일정한 행동이나 절차로, 심리적 안정과 집중력을 유지하는 데 도움을 준다.

12 ①

상대 진영 전체를 살피며 빈 공간을 찾는 과정은 광의-외적 초점에 해당하며, 특정 목표 지점에 집중하여 서브를 수행하는 과정은 협의-외적 초점에 해당한다.

오답풀이 ❶
② 경기 전체 흐름을 살피고 선수들의 위치를 관찰하는 과정은 광의-외적 초점이 유지되는 사례이다.
③ 드리블 동작(협의-외적)에 집중한 후, 동료들의 위치를 확인하는 과정은 협의-외적에서 광의-외적으로 변화하는 사례이다.
④ 공과 홀의 거리와 각도(협의-외적)를 확인한 후, 퍼터의 스윙 감각에 집중하는 과정은 협의-외적에서 협의-내적으로 변화하는 사례이다.

◯ 개념 PLUS

나이데퍼(R. Nideffer)의 주의 집중의 유형

광의-외적	다양한 외부 요소들(경기장의 환경, 관중, 날씨 등)을 빠르게 파악하지만 중요한 단서를 놓칠 수 있다.
광의-내적	여러 생각을 동시에 처리하여 전략을 세우지만, 불필요한 생각을 할 수 있다.
협의-외적	특정 몇 가지 중요한 단서에 집중하지만 주의의 폭이 좁을 수 있다.
협의-내적	정신적 리허설을 하거나 감정을 조절하는 데 집중하는 상태로 내적 감정에 깊게 집중한다.

13 ③

인지 재구성은 부정적이거나 비합리적인 사고를 긍정적이고 현실적인 사고로 바꾸려는 과정이다. 이는 운동수행 중 불안, 긴장, 부정적 감정을 줄이고 자신감을 높이기 위해 사용된다.
③ 주의 집중과 관련된 내용이다. 주의 집중은 운동수행에서 필요한 정보에 의식적으로 집중하고 불필요한 자극을 차단하는 과정이다. 특정 동작이나 목표에 집중하는 것은 최상의 수행을 이끌어내는 데 중요한 역할을 한다.

14 ④

캐런(A.V. Carron)의 팀 응집력 결정 요인은 환경 요인, 개인 요인, 리더십 요인, 팀 요인이다.

+ 개념 PLUS

캐런(A.V. Carron)의 집단 응집력 결정 요인

환경 요인	계약 이행의 책임, 조직의 성향
개인 요인	개인의 성향, 만족도, 개인차
리더십 요인	리더십 행동, 리더십 스타일, 코치와 선수 성격
팀 요인	팀의 목표, 팀의 승부욕, 조직의 성향, 팀의 안정성

15 ④

사회적 태만은 개인이 집단 활동에 참여할 때, 책임감이 분산되어 자신의 노력을 줄이는 현상을 의미한다. 집단의 규모가 커질수록 개인이 느끼는 책임감이 감소하여 개별 성과가 낮아지는 문제가 발생할 수 있다. 이를 방지하기 위해서는 개인의 기여도를 명확히 하고, 책임감을 높이는 전략이 필요하다.
④ 태건은 문제를 방치하는 태도를 보이고 있어 적절하지 않다.

오답풀이 ❶

- 채린: 소집단 훈련은 개인의 책임감을 높여 사회적 태만을 줄이는 효과적인 방법이다.
- 유림: 개인의 노력을 인정하면 책임감을 높이고 동기 부여가 되어 사회적 태만을 줄일 수 있다.
- 이준: 다양한 역할을 경험하면 팀 내 협동심과 이해도가 증가하여 사회적 태만을 줄이는 데 도움이 된다.

16 ②

사회 학습 이론은 타인의 행동을 관찰하고 모방하는 과정을 통해 공격적인 행동을 포함한 다양한 사회적 행동을 학습하는 이론이다.

오답풀이 ❶

① 본능 이론: 인간의 공격 행동은 타고난 본능이며, 환경적 요인과 무관하다고 설명하는 이론이다.
③ 좌절 – 공격 가설: 좌절이 발생하면 자연스럽게 공격 행동이 나타난다고 설명하는 이론이다.
④ 수정된 좌절 – 공격 가설: 기존의 좌절 – 공격 가설을 보완한 개념으로, 좌절이 반드시 공격 행동을 유발하지는 않지만, 좌절이 공격성을 촉진하는 감정적 상태(분노)를 증가시킬 수 있다고 설명한다.

17 ④

〈보기〉의 설명은 주의 분산·갈등 가설에 해당한다. 주의 분산·갈등 가설은 타인의 존재가 수행자의 주의를 분산시키거나 과제 수행에 갈등을 유발할 수 있다고 설명하는 이론이다.

오답풀이 ❶

① 사회적 촉진: 경쟁자나 동료의 존재가 개인의 수행 능력을 향상시킨다고 설명하는 이론이다.
② 단순 존재 가설: 타인의 단순한 존재만으로도 각성 수준이 높아져 자동화된 과제에서는 수행 능력이 향상된다고 설명하는 이론이다.
③ 평가 우려 가설: 타인의 존재로 인해 평가받을 것이라는 우려가 생기면 개인이 더 열심히 하게 되어 수행 능력이 향상된다고 주장하는 이론이다.

18 ④

프로차스카(J.O. Prochaska)의 운동 변화 단계 모형은 개인이 운동 행동을 변화시키는 과정을 여러 단계로 구분하여 설명하는 이론이다.
㉠ 의사 결정 균형은 운동을 통해 얻을 수 있는 이점(혜택)과 운동으로 인해 발생할 수 있는 단점(손실)을 비교하는 과정이다.
㉡ 운동 변화 단계 이론에서는 운동 행동 변화가 '인지 과정'과 '행동 과정'의 조합을 통해 이루어진다고 설명한다.
㉢ 변화 단계가 높아질수록, 즉 운동을 지속하는 단계로 갈수록 운동의 혜택을 더 크게 인식하는 경향이 있다.
㉣ 준비 단계는 운동을 곧 시작하려고 계획하고 있으며, 일부는 이미 운동을 시작했지만 아직 규칙적이지 않은 상태이다.

19 ②

건강 상태는 개인적 요인 중 배경 요인에 포함된다. 배경 요인에는 성별, 연령, 직업, 교육 수준, 건강 상태 등이 있다.

+ 개념 PLUS

운동 실천 관련 요인

개인적 요인	• 배경 요인: 연령, 성별, 직업, 교육 수준, 건강 상태 등 • 신체적·정신적 상태: 건강 상태, 체력, 운동에 대한 동기나 의지, 자기 효능감, 태도 등 • 습관과 경험: 과거 운동 경험과 습관, 운동에 대한 선호도
사회적 요인 (사회적 환경 포함)	• 지도자: 코치나 트레이너의 지도와 동기 부여 • 운동 집단: 함께 운동하는 그룹이나 팀, 운동 공동체 • 사회적 지지: 가족, 친구, 동료들의 응원과 격려, 자원 제공 • 문화적 요인: 지역 사회의 규범, 신념, 사회적 관습
물리적 환경 요인	• 운동 시설과 장소: 체육관, 공원 등 운동할 수 있는 물리적 공간 • 날씨와 환경: 기후 조건과 운동하기에 적절한 안전한 환경

20 ③

㉠ 스포츠심리상담사는 자신의 전문성과 한계를 인식하고, 필요한 경우 다른 전문가에게 의뢰해야 하므로 윤리적 원칙에 부합한다.
㉡ 상담 과정에서 얻은 정보는 내담자의 동의를 얻은 후 활용할 수 있다. 내담자와 상의하고 동의를 얻는 과정은 윤리적으로 적절한 행동이다.
㉣ 스포츠심리상담사는 자신의 전문성을 넘어서는 부분을 다루거나 특정 역할을 수행할 필요가 있을 경우, 그 역할을 적절한 자격과 경험을 갖춘 전문가에게 위임해야 한다. 상담의 효과성과 내담자의 안전을 보장하기 위해, 위임받는 사람이 충분한 자격과 전문성을 갖추었는지 확인하는 과정은 필수적이다.

> **오답풀이** ❶

㉢ 스포츠심리상담사는 내담자의 자발적 평가에 의존해야 하며, 좋은 평가나 소감을 강요하는 것은 비윤리적이다. 이러한 행위는 내담자에게 부적절한 부담을 줄 수 있으며, 상담사의 신뢰성을 해칠 수 있다.

한국체육사

1	②	2	①	3	③	4	②	5	④
6	①	7	④	8	④	9	②	10	③
11	③	12	②	13	④	14	③	15	②
16	④	17	①	18	③	19	①	20	③

1 ②

한국체육사는 과거, 현재, 미래를 종합적으로 분석하며, 특히 과거의 역사적 사실을 기반으로 현재를 이해하고 미래를 전망하는 통합적 접근을 중요시한다.

> **오답풀이** ❶

① 역사적 방법을 활용해 과거의 기록과 사실을 바탕으로 체육과 스포츠의 발전 과정을 분석하는 것은 한국체육사의 기본 연구 방법이다.
③ 한국체육사는 과거의 사례와 역사를 통해 현재의 문제를 분석하고, 이를 바탕으로 미래를 전망하는 것을 주요 연구 목표로 삼는다.
④ 한국체육사는 체육과 스포츠가 시대별로 어떤 변화를 겪어 왔는지 연구하는 학문으로, 시대별 양상 연구는 핵심 과제 중 하나이다.

2 ①

> **오답풀이** ❶

㉢ 일기, 전설, 시기, 회고담은 기록 사료에 해당하며, 물질 사료가 아니다.
㉣ 물질 사료는 실제 물리적 형태를 가진 사료를 의미하며, 현대의 디지털 자료는 기록 사료의 새로운 형태로 볼 수 있다.

3 ③

화랑도는 서민층이 아닌 귀족 청소년을 중심으로 조직되었다. 국가에서 체계적으로 운영한 조직으로, 국가적 이념과 교육을 중시했으며, 단순한 놀이·여가 활동을 위한 단체가 아니었다.

> **오답풀이** ❶

① 화랑도는 신라의 귀족 청소년 계층을 대상으로 문무 교육과 정신 수련을 통해 국가적 인재를 양성하는 조직이었다.

② 화랑도는 신라 진흥왕(6세기 중반) 때 체계적으로 정비되었으며, 이후 국가의 군사적 조직으로 발전하였다.
④ 화랑도는 불교적 가르침(세속오계 등)을 바탕으로 충성, 의리, 도덕성을 강조한 조직이었다.

4 ②

각저(角抵)는 씨름과 유사한 활동으로, 두 사람이 서로 맞잡고 힘을 겨루는 경기이다. 이는 제천 의식과 관련되어 부족 간의 단합과 용맹함을 기르는 데 활용되었다.

오답풀이

① 저포(樗蒲): 나무로 만든 주사위로 하는 도박성 놀이로, 신체적인 힘을 겨루는 활동과는 거리가 멀다.
③ 축국(蹴鞠): 가죽 주머니로 만든 공을 발로 차는 놀이로, 씨름과 같은 힘 겨루기와는 관련이 없다.
④ 도판희(跳板戲): 널뛰기와 비슷한 놀이로, 주로 놀이와 오락의 성격이 강하며, 힘 겨루기와 직접적인 관련이 없다.

5 ④

· 영규: 축국은 가죽 주머니로 공을 만들어 발로 차는 놀이로, 체력 증진과 유희적인 요소가 결합된 놀이였다.
· 성길: 축국은 한 명, 두 명, 열 명 등 다양한 형식으로 실시되었다.
· 도연: 축국은 『삼국사기(三國史記)』와 『삼국유사(三國遺事)』에도 기록되어 있으며, 김유신과 김춘추가 축국을 통해 신체 활동을 즐겼다는 기록이 있다.

오답풀이

· 진욱: 돌을 던지며 치고받는 놀이는 석전(石戰)이다.

6 ①

㉠ 강예재(講藝齋): 고려시대에 설립된 무학 교육 기관으로, 무인(武人) 양성을 목적으로 군사적 기술과 신체 단련을 중점적으로 교육하던 기관이었다.
㉡ 수박희(手搏戲): 고려시대에 무인 선발의 중요한 평가 항목 중 하나였다. 주로 맨손 격투 기술을 포함한 무술 경기로, 군사 훈련 및 전투 기술과 연계된 신체 활동이었다.
㉢ 격구(擊毬): 말을 타고 채(곡구장)로 공을 쳐서 목표 지점에 넣는 경기로, 고려시대의 대표적인 군사 훈련 및 귀족들의 여가 스포츠였다.

7 ④

· 용운: 조선시대 무과 시험은 '초시(初試) → 복시(覆試) → 전시(殿試)'로 진행되었다.
· 재원: 무과는 실기 시험(기마술, 궁술, 창술)이 중심이지만, 일부 필기 시험인 강서(병서와 유교 경전 시험)이 포함되었다.
· 재한: 조선시대 무과 시험은 군사 경험이 없어도 응시 가능했으며, 합격하면 병조에서 관직을 받았다.
· 설하: 조선시대의 무과 시험은 양반뿐만 아니라 중인, 평민도 응시 가능했다.

8 ④

· A - ㉣: 관설 사정은 정부가 직접 운영하며 신분에 따른 무예 능력을 평가하고, 관리 등 특정 계층의 무예 실력을 검증하는 데 중점을 두었다.
· B - ㉠: 민간 사정은 민간에서 자율적으로 운영되었으며, 오운정과 동호정이 대표적인 예로 꼽는다. 이러한 사정은 지역 공동체가 결속을 다지고 무예 문화를 발전시키는 데 기여하였다.
· C - ㉢: 사정은 병사의 무예 훈련을 주요 목적으로 하며, 관청과 민간 모두에서 활용되었다.
· D - ㉡: 활쏘기를 포함한 여러 무예 활동이 이루어졌다. 특히, 활쏘기 대회는 무예 능력을 평가함과 동시에 군사적, 사회적, 정치적 권위를 과시하는 행사로도 활용되었다.

9 ②

㉠ 무예제보(1598년): 선조 시기에 가장 먼저 편찬된 무예서
㉣ 권보(1604년): 광해군 초기에 권법 중심으로 편찬된 무예서
㉡ 무예신보(1759년): 영조 시기에 사도세자가 정사를 대리하던 중 18기의 무예를 체계화하여 편찬된 무예서
㉢ 무예도보통지(1790년): 정조 시기에 24기의 무예를 체계화한 가장 종합적인 무예서(목판 인쇄본)

10 ③

〈보기〉의 내용은 오산학교에 대한 설명이다. 오산학교는 1907년에 설립된 민족 사립 학교로, 군사적 성격의 체육 교육을 실시하였으며, 매년 대운동회를 통해 민족의식을 고취하였다.

🔵 개념 PLUS

개화기 민간 교육 기관

원산학사(1883년)	한국 최초의 근대 학교로, 문예반(50명)과 무예반(200명)으로 나뉘어 선발하였으며, 교과과정은 산수, 과학, 기계, 농업 등 실용적인 과목과 경서, 병서 등으로 이루어졌다.
숭실학교(1897년)	미국 북 장로교 선교사 베어드(W.M. Baird)가 기독교 정신에 입각한 중등 교육을 실시하고자 평양에 설립한 교육 기관이다.
오산학교(1907년)	이승훈이 평안북도 정주에 세운 4년제 중등 학교로, 체육은 군사 훈련의 성격을 띠며, 민족 교육을 통해 자주독립을 이루는 것을 목표로 했다.
대성학교(1908년)	도산 안창호가 국권 회복 운동의 일환으로 평양에 설립한 중등 교육 기관으로, 인재 양성을 통한 구국 운동에 기여하였으며, 군사 교육도 포함하여 체력과 민족의식을 강화하였다.

11 ③

오답풀이 ❶

ⓔ 황성기독교청년회운동부에 대한 설명이다. 대한흥학회운동부는 도쿄에서 결성된 일본 유학생 단체로, 모국에 새로운 스포츠를 보급하고 체육 계몽을 목표로 활동하였다.

12 ②

조선 체육인들은 일제 강점기 동안 일본 선수로 국제 대회에 출전해야 했지만, 이는 일본의 동화 정책의 강요로 이루어진 것으로, 민족적 수모와 갈등을 유발하였다.

13 ④

조선체육회는 1920년에 조선인 체육인과 민족주의적 인사들이 중심이 되어 창립된 민족 체육 단체로, 경성정구회와 경성야구협회를 통합하여 조직된 단체가 아니다.

오답풀이 ❶

① 조선체육회는 창립 직후 첫 사업으로 전 조선 야구 대회를 개최하였고, 이는 체육회 활동의 시작을 알리는 중요한 사업이었다.
② 조선체육회의 설립 목적은 조선의 체육을 지도, 장려하고 민족의 체력을 증진시키는 것이었다. 이는 일제의 체육 동화 정책에 대응하기 위한 민족주의적 활동의 일환이었다.
③ 조선체육회는 1920년에 창립되어 일본 체육 단체에 대응하고, 민족 체육의 자주성을 확보하기 위해 활동한 대표적인 단체이다. 이는 당시 일제가 체육을 식민 통치의 수단으로 활용한 데 대한 민족적 저항이었다.

14 ③

오답풀이 ❶

㉠ YMCA는 전통 스포츠를 보급하지 않았으며, 대신 서구 스포츠를 도입하는 데 초점을 맞췄다.
㉢ YMCA는 민족주의적 체육 활동을 통해 일제의 체육 동화 정책에 저항하였다.

15 ②

당시 선수들은 일본 제국의 국적 아래 출전하였으며, 국적을 '조선'으로 표기할 수 없었다. 또한 일장기를 달고 출전해야 했던 점은 우리 민족에게 깊은 아픔으로 남아 있다.

오답풀이 ❶

① 1936년 제11회 베를린 올림픽 대회는 손기정과 남승룡이 각각 금메달과 동메달을 획득한 대회이다.
③ 손기정은 2시간 29분 19초의 기록으로 마라톤 종목에서 금메달을 획득하였다. 이는 올림픽 역사와 조선 체육사에서 중요한 성과로 평가된다.
④ 동아일보는 손기정 선수의 사진에서 일장기를 지운 채 보도하였고, 이 보도를 담당한 이길용 기자의 기사로 인해 일장기 말소 사건이 발생하였다. 이로 인해 동아일보는 무기한 정간 처분을 받고, 관련자들이 탄압을 받았다.

16 ④

'호돌이 계획'은 제1차 국민 생활체육 진흥 종합 계획 수립 당시부터 사용된 명칭이다. 이 이름은 1988년 서울 올림픽 마스코트인 '호돌이'에서 유래했으며, 1989년 국민 생활체육 활성화를 위한 종합 계획의 일환으로 국민체육진흥공단이 설립되었다.

17 ①

태권도는 발차기뿐만 아니라 주먹을 이용한 공격 기술도 점수를 얻을 수 있는 기술로 인정되어 경기에서는 발차기와 주먹지르기가 모두 주요 기술로 사용된다. 단, 얼굴에 대한 공격은 발차기로만 허용되어 주먹으로 얼굴을 가격하는 것은 반칙이다. 태권도 경기는 전자보호대를 이용한 자동 채점 방식으로 이루어지며, 적절한 충격과 정확한 접촉이 이루어졌을 때 득점으로 인정된다.

18 ③

제41회 지바 세계 탁구 선수권 대회에서 남북 단일팀은 1991년 노태우 정권 시기에 결성되었다.

> **오답풀이**

① 호돌이 계획은 1980년대 후반에 시행된 국민 생활체육 활성화 정책이며, 국민생활체육회는 이를 기반으로 설립되었다.
② 1988년 서울 올림픽은 대한민국의 국제적 위상을 높이고, 경제적 성장을 상징하는 성공적인 이벤트로 평가받는다.
④ 1980년대 이후 생활체육과 엘리트 체육의 균형 발전이 주요 체육 정책 목표로 추진되었다.

19 ①

국민생활체육회는 1988년 노태우 정부 시기에 설립되었다.

> **오답풀이**

② 체육부는 1982년 전두환 정부 시기에 신설된 중앙 정부 조직으로, 체육 행정을 체계화하고 활성화하기 위한 목적으로 설립되었다.
③ 서울 아시아 경기 대회는 1986년 전두환 정부 시기에 성공적으로 개최된 국제 스포츠 대회로, 대한민국의 국제적 스포츠 위상을 높이는 계기가 되었다
④ 프로 스포츠(야구, 축구, 씨름 등)는 1980년대 초반 전두환 정부 시기에 출범하여 국민적 관심을 크게 끌었다.

20 ③

체력장 종목은 100m 달리기, 제자리멀리뛰기, 팔굽혀 매달리기(여자), 턱걸이(남자), 윗몸일으키기, 던지기 등 기초 체력 관련 종목으로 구성되었으며, 멀리뛰기와 높이뛰기는 포함되지 않았다.

운동생리학

1	③	2	③	3	②	4	③	5	④
6	④	7	①	8	①	9	③	10	②
11	②	12	④	13	④	14	③	15	①
16	③	17	①	18	②	19	④	20	①

1 ③

유산소 트레이닝을 지속적으로 수행하면 심폐지구력이 향상되고, 이에 따라 동일한 강도의 운동 시 심박수가 감소하는 경향이 있다. 이는 심장의 펌프 능력이 향상되어 더 적은 심박수로도 필요한 산소를 효과적으로 공급할 수 있기 때문이다.

> **오답풀이**

① 유산소 트레이닝을 통해 근육 내의 산화 효소 활성과 미토콘드리아 밀도가 증가하여, 같은 절대 강도의 운동에서 젖산 축적이 감소한다.
② 유산소 운동을 지속적으로 수행하면 근육 세포 내 미토콘드리아의 수와 크기가 증가한다.
④ 고강도 유산소 운동에서는 활동 근육으로의 혈류량이 증가한다. 이는 세동맥이 확장되어 해당 부위로 더 많은 혈액을 공급하며, 산소와 영양소의 전달을 증가시키고, 노폐물 제거를 돕는다.

2 ③

㉠ 젖산: 무산소 대사 과정에서 생성되며, 간에서 코리 회로를 통해 간접적으로 ATP 합성에 기여할 수 있다.
㉢ 글루코스: 주요 에너지원이며, 세포 호흡 과정을 통해 ATP를 생성하는 데 필수적이다.
㉣ 근중성 지방: 근육에 저장된 지방(근중성 지방)은 에너지원으로 사용될 수 있으며, 특정 조건에서 ATP 합성에 기여한다.

> **오답풀이**

㉡ 비타민C: 항산화 작용과 대사 과정에 중요한 역할을 하지만, ATP 합성에 직접적으로 관여하지 않는다.

3 ②

사회성의 원리는 트레이닝 원리의 구성 요소가 아니며, 트레이닝과 직접적인 연관이 없다.

> 오답풀이 ❶

① 특이성의 원리: 훈련은 목표로 하는 운동 능력이나 스포츠에 맞춰 계획해야 한다.
③ 과부하의 원리: 훈련 효과를 얻으려면 운동 강도와 양을 현재 능력 수준보다 높게 설정해야 한다.
④ 가역성의 원리: 훈련 효과를 지속하려면 꾸준한 훈련이 필요하다.

➕ 개념 PLUS

트레이닝 원리

과부하 원리	신체 기능 향상을 위해서는 보다 높은 부하가 필요
특이성 원리	트레이닝의 종류에 따라 향상시킬 수 있는 신체 기능의 차이 발생
가역성 원리	트레이닝이 중단되었을 때 신체 기능이 빠르게 감소
개별성 원리	개인 수준을 고려하여 적합한 운동 형태로 훈련
다양성 원리	트레이닝 방법, 강도 등을 다양하게 하여 지루함 예방 및 효과 증진
반복성 원리	규칙적이고 장기간 훈련
전면성 원리	신체 능력 향상을 위해 여러 측면에서 다양한 운동을 실시
점증성 원리	트레이닝의 질적(강도, 형태 등), 양적(시간, 기간 등) 요소를 점차 증가시키며 훈련

4 ③

관상 동맥은 심장에 혈액을 공급하는 주요 동맥으로, 심장 근육에 필요한 산소와 영양소를 전달하는 역할을 한다.

> 오답풀이 ❶

① 폐동맥: 심장에서 폐로 산소가 부족한 혈액을 보내는 동맥이다.
② 세동맥: 모세 혈관에 도달하기 전 혈압을 조절하는 곳으로, 혈액 순환 시 가장 혈압이 크게 감소된다.
④ 상대정맥: 상체에서 심장으로 정맥혈을 운반하는 정맥으로, 동맥이 아니며, 산소가 부족한 혈액을 심장으로 되돌려 보내는 역할을 한다.

5 ④

마이오글로빈은 근육 세포 내에서 발견되는 산소 운반 단백질로, 주로 적색 근육에서 많이 존재한다. 이 단백질은 헤모글로빈과 유사한 구조를 가지며, 근육에서 산소를 저장하고 필요 시 방출하는 기능을 담당한다. 특히, 운동이나 신체 활동 중 산소를 신속히 공급할 수 있는 능력을 가진다.

> 오답풀이 ❶

① 알부민: 혈액에서 수분 균형을 유지하고, 영양소 운반과 독소 제거에 중요한 역할을 하는 단백질이다.
② 아세틸콜린: 신경 전달 물질로, 신경 세포 간 신호 전달과 근육 수축을 유도하는 역할을 한다.
③ 크레아틴: ATP의 빠른 재합성을 돕는 역할을 하지만, 산소 운반이나 저장과는 무관하다.

6 ④

근방추는 근육의 길이와 길이 변화 속도를 감지하여 신경계에 전달하며, 신전 반사(예 무릎반사)에 중요한 역할을 한다.

> 오답풀이 ❶

① 골지 건기관: 근육의 장력을 감지하여 과도한 힘으로부터 근육과 힘줄을 보호한다. 골지 건기관은 근육의 대사량 정보를 감지하지 않으며, 이는 화학 수용기가 담당한다.
② 화학 수용기: 근육 내 대사 산물(젖산, 이산화탄소 등)을 감지하고 신경계에 전달한다. 화학 수용기는 힘 생성량 정보를 감지하지 않는다.
③ 기계적 수용기: 압력, 변형, 진동 등 외부 자극을 감지하는 수용기로, 근육 수축 감지와는 관련이 없다.

7 ①

운동 강도가 증가함에 따라 Type I 섬유가 먼저 동원되고, 이후 Type IIa 섬유, 마지막으로 Type IIx 섬유가 동원된다. 이러한 과정은 운동의 종류와 강도에 따라 근육이 효과적으로 작용하도록 돕는다.

➕ 개념 PLUS

근섬유의 종류

속근 섬유	Type IIa	• 빠른 근수축 • 피로에 빨리 지침 • 무산소성 운동에 활용 • 짧은 시간의 근력 운동에 활용 • 예 레슬링, 보디빌딩
	Type IIx	• 매우 빠른 근수축 • 피로에 매우 빨리 지침 • 무산소성 운동에 활용 • 순간적인 최대 근력 운동에 활용 • 예 스프린트, 역도
지근 섬유	Type I	• 느린 근수축 • 피로에 강함 • 유산소성 운동에 활용 • 근지구력 운동에 활용 • 예 마라톤

8 ①

단백질 섭취는 근육 경직 예방과 직접적인 연관이 없다. 오히려 운동 후 적절한 단백질 섭취는 근육 회복에 도움이 된다.

오답풀이

② 수분과 전해질이 부족하면 근육 경련의 위험이 높아지므로, 운동 유발성 근육 경직을 예방하려면 충분한 수분과 전해질을 섭취하는 것이 중요하다.
③ 운동 중 갑작스러운 동작 변화를 최소화하고, 운동 강도를 조절하면 피로를 줄이고 경련 발생 가능성을 낮출 수 있다.
④ 경직이 자주 발생하는 근육은 스트레칭을 통해 유연성을 높여 경련을 예방할 수 있다.

9 ③

고지 환경에서는 대기압이 낮아 산소의 부분 압력(partial pressure)이 감소한다. 이로 인해 신체는 충분한 산소를 공급받기 어려워지며, 최대하 운동 시 에너지 요구량이 증가하지만 산소 공급 부족으로 동맥혈 산화 헤모글로빈 포화도가 감소한다. 장기적으로 신체는 에리트로포이에틴(EPO) 호르몬 분비를 증가시켜 적혈구 생성을 촉진하고 산소 운반 능력을 향상시킨다.

오답풀이

㉠ 최대하 운동 시 폐환기량이 증가한다.
㉣ 최대하 운동 시 심박수와 심박출량은 증가한다.

⊕ 개념 PLUS

고지 환경에서의 운동

고지 환경의 특성	• 지상보다 낮은 공기 밀도 • 대기의 낮은 산소 분압 • 헤모글로빈 산소 포화도 저하 • 저산소증 발생 유발 • 급격한 체온 변화 유발
고지 적응	저산소 환경에 적응을 통해 혈액 수준에서의 산소 운반 능력 개선을 통한 지구력 향상
고지 환경 트레이닝	• 적혈구와 모세 혈관의 수 증가 • 헤모글로빈과 마이오글로빈 생성 증가 • 혈액의 산소 운반 능력 향상 • 고지대 체류-저지대 트레이닝은 저산소 환경에 대한 적응력 향상

10 ②

운동 단위(motor unit)는 하나의 운동 신경 세포와 그 신경 세포에 의해 지배되는 모든 근섬유로 구성된다. 운동 단위는 신호를 통해 근육을 수축시키며, 세밀한 움직임과 강한 힘이 요구되는 활동에서 근력 조절을 가능하게 한다.
운동 단위는 여러 개의 근섬유를 포함할 수 있으며, 일반적으로 작은 운동 단위는 정밀한 움직임을 위한 반면, 큰 운동 단위는 강한 힘을 내는 데 사용된다. 운동을 할 때 뇌는 필요한 근육의 운동 단위를 동원하여 원하는 힘과 속도로 움직임을 조절한다.

오답풀이

㉡ 운동 단위는 하나의 알파 운동 뉴런과 그 뉴런이 지배하는 여러 근섬유로 구성된다.

11 ②

근육이 발휘할 수 있는 최대 파워는 힘(장력)과 수축 속도의 균형점에서 발휘되며, 이는 근수축 속도가 중간 정도일 때 발생한다.

오답풀이

① 단축성 수축에서 수축 속도가 증가하면 근섬유의 교차 결합 형성이 줄어들어 힘 생성이 감소한다.
③ 신장성 수축에서 근육이 늘어나는 속도가 증가하면 더 큰 장력을 발휘할 수 있다.
④ 속근 섬유는 빠르고 강한 힘을 내는 특성을 가지고 있다. 따라서 동일한 속도에서는 속근 섬유가 더 큰 힘을 생성한다.

12 ③

부적 피드백(negative feedback)은 신체의 변화를 감지하고 이를 정상 상태로 되돌리기 위한 반응을 나타낸다. 예를 들어, 혈중 pH가 낮아질 때 호흡 속도를 증가시키는 메커니즘, 체온 하강 시 근육 떨림(오한)으로 열을 생성하는 반응, 혈당 유지를 위한 호르몬 조절 등이 모두 부적 피드백 메커니즘의 대표적인 사례이다. 이러한 메커니즘은 신체의 항상성을 유지하는 데 필수적이다.

13 ④

건강 체력 요소는 신체의 전반적인 건강과 웰빙을 유지하고 증진하기 위한 중요한 요소들로 구성된다. 주요 건강 체력 요소에는 심폐지구력, 근력, 유연성, 체성분, 근지구력이 포함된다.
④ 오래달리기 측정은 심폐지구력을 평가하며, 생체 전기 저항 분석은 체성분을 분석한다.

오답풀이

① • 100m달리기: 속도(스피드)를 평가하며, 운동 체력 요소에 해당한다.
  • 서전트 점프: 순발력을 측정하며, 운동 체력 요소에 해당한다.
② • 제자리멀리뛰기: 순발력을 측정하며, 운동 체력 요소에 해

- 윗몸일으키기: 근지구력을 평가하며, 건강 체력 요소에 해당한다.
③ · 오래달리기 측정: 심폐지구력을 평가하며, 건강 체력 요소에 해당한다.
- 악력 측정: 손과 팔의 근력을 평가하며, 운동 체력 요소에 해당한다.

14 ③

알도스테론은 부신 피질에서 분비되는 스테로이드 호르몬으로, 신장에서 나트륨(Na^+) 재흡수와 칼륨(K^+) 배출을 조절하는 역할을 한다. 주요 기능은 나트륨 재흡수를 통해 체내 수분 손실을 억제하고, 혈압을 조절하는 데 있다.

오답풀이 ❶

① 성장 호르몬: 뇌하수체 전엽에서 분비되며, 단백질 합성을 촉진하고 유리 지방산 동원을 증가시킨다.
② 에피네프린: 부신 수질에서 분비되며, 근육과 간에서 글리코겐 분해를 촉진하고, 유리 지방산 동원을 증가시킨다.
④ 코르티솔: 부신 피질에서 분비되며, 당 신생(포도당 생성)과 유리 지방산 동원을 증가시킨다.

15 ①

오답풀이 ❶

ⓒ 대기 습도가 높으면 공기 중 수분이 이미 포화 상태에 가까워 땀 증발이 방해를 받는다. 따라서 열 손실은 감소한다.
ⓔ 피부 면적이 넓어질수록 땀 증발에 의한 열 손실은 증가한다.

16 ③

해당 과정은 세포질에서 일어나며, 포도당 1분자로부터 순수하게 ATP 2분자와 피루브산 2분자를 생성한다. 산소가 충분할 경우, 피루브산은 미토콘드리아로 이동해 크렙스 회로와 전자 전달계를 통해 추가적인 ATP를 생성한다. 그러나 산소가 부족할 때는 피루브산이 젖산으로 전환되며, 이로 인해 에너지 생성 효율이 감소하고, 추가적인 ATP 생성은 이루어지지 않는다.

17 ①

해당 작용은 포도당 1분자로부터 총 4개의 ATP를 생성하지만, 초기 투자 에너지로 2개의 ATP가 사용되므로 순생성량은 2개의 ATP이다.

오답풀이 ❶

② 크렙스 회로(시트르산 회로)는 아세틸-CoA 1분자당 직접적으로 GTP(ATP 등가물) 1개를 생성하며, NADH와 $FADH_2$를 통해 간접적으로 ATP를 생성한다.
③ 피루브산 탈수소 효소 복합체에 의해 피루브산이 아세틸-CoA로 전환되는 과정에서는 ATP가 생성되지 않는다. 대신, NADH가 1분자 생성되어 전자 전달계에서 간접적으로 ATP를 생성한다.
④ 지방산 베타 산화는 지방산을 분해하여 아세틸-CoA를 생성하는 과정이다. '포도당 1분자당 38개의 ATP'라는 표현은 탄수화물 대사(포도당 대사)에 해당하며, 베타 산화와는 관련이 없다.

18 ②

㉠ 저항성 트레이닝은 액틴, 미오신 같은 근육 내 구조 단백질의 합성을 증가시켜 근비대와 근력 향상을 유도한다.
㉣ 저항성 트레이닝은 골 무기질 함량을 증가시키고, 골밀도를 높여 골강도 강화와 골다공증 예방에 기여한다.

오답풀이 ❶

㉡ 저항성 트레이닝은 신경근 접합부의 크기와 활성도를 증가시킨다. 이는 신경 자극 전달 능력을 향상시키고, 초기 근력 개선에 중요한 역할을 한다.
㉢ 저항성 트레이닝은 시냅스 소포 수를 증가시키지 않는다. 대신 신경 자극의 빈도와 강도를 증가시켜 신경 자극 전달 효율을 높인다.

19 ④

폐동맥은 산소가 부족한 혈액을 우심실에서 폐로 보내는 혈관이다. 산소가 풍부한 혈액은 폐에서 산소 교환을 마친 후 폐정맥을 통해 좌심방으로 이동한다.

오답풀이 ❶

① 심장은 우심방, 우심실, 좌심방, 좌심실의 네 개의 방으로 구성되어 있다.
② 우심방으로 들어온 혈액(산소가 부족한 혈액)은 삼첨판을 거쳐 우심실로 이동한 후, 폐동맥을 통해 폐로 보내지고, 폐에서 산소를 공급받아 다시 좌심방으로 돌아온다.
③ 좌심실에서 대동맥을 통해 혈액을 박출하면, 혈액이 온몸을 순환하며 조직에 산소와 영양을 공급한다.

20 ①

(1RM의 30~40%)의 고반복(세트당 20~25회) 운동은 근지구력 향상에 가장 적합한 훈련 방법이다. 1RM(One Repetition Maximum)은 한 번에 수행할 수 있는 최대 중량을 의미하며, 지속적으로 수축하면서 지구력을 향상시키는 데 효과적이다.

오답풀이 ❶

② 근지구력보다는 근비대(근육 크기 증가)에 적합하다.
③ 근비대(근육 크기 증가)에 적합하다.
④ 근력과 근파워 향상에 적합하다.

운동역학

1	③	2	②	3	②	4	③	5	③
6	①	7	①	8	④	9	②	10	①
11	②	12	①	13	④	14	①	15	④
16	①	17	④	18	②	19	④	20	①

1 ③

오답풀이 ❶

ⓔ 충격량은 운동량의 변화량을 의미하지만, 속도의 변화량은 질량에 따라 다르다. 즉, 충격량이 같아도 질량이 큰 물체일수록 속도의 변화가 적을 수 있다.

2 ②

㉠ 운동역학은 스포츠 경기에서 신체 움직임을 정량적(수치) 및 정성적(형태)으로 분석하는 학문이다.
㉣ 운동역학은 스포츠 활동 중 신체에 작용하는 힘과 그 결과(운동 효과)를 분석하는 학문이다.

오답풀이 ❶

㉡ 근육 피로와 에너지 대사는 운동생리학의 연구 대상이다.
  운동역학은 신체의 움직임과 힘의 관계를 연구하는 학문이므로, 근육 피로 및 에너지 대사와는 관련이 없다.
㉢ 스포츠 수행 중 심리적 요인(동기, 불안, 집중력 등)은 스포츠 심리학의 연구 대상이다.

3 ②

지면 반력기(force plate)는 발바닥이 지면을 누를 때 발생하는 수직·수평 방향의 힘을 측정하는 장비이다.
근육의 전기적 신호(근육 활성도)를 측정하려면 근전도 분석기를 사용해야 한다.

오답풀이 ❶

① 근전도 분석기(EMG, Electromyography): 근육의 전기적 활성도를 측정하는 장비로, 넙다리 곧은근(대퇴직근)의 근수축 정도 및 신경 활동을 분석할 수 있다.
③ 지면 반력기: 발바닥이 지면에 가하는 힘과 그 분포를 측정하여 압력 중심(COP, Center of Pressure)을 분석하는 데 사용된다. 압력 중심은 자세 안정성과 균형 분석에 중요한 요소이다.

④ 동작 분석기(Motion Analysis System): 동작 분석 시스템은 신체 각 부위의 움직임(각도, 속도, 가속도 등)을 분석하는 장비로, 카메라 기반 동작 분석 시스템은 마커를 이용해 무릎 관절의 각속도를 측정할 수 있다.

4 ③

㉠ 기저면(BOS, Base of Support)은 몸이 지면과 접촉하는 면적을 의미한다. 기저면이 넓을수록 무게 중심이 이동할 수 있는 범위가 커지기 때문에 일반적으로 안정성이 높아질 가능성이 크다.
㉡ 기저면의 형태(모양)도 안정성에 영향을 미칠 수 있다. 예를 들어, 삼각형 형태의 기저면을 형성하는 자세(예 한쪽 무릎을 굽힌 자세)는 균형을 더 잘 유지할 수 있도록 한다. 또한, 기저면이 앞뒤로 긴 형태일 경우 전후 안정성은 증가하지만, 좌우 안정성은 상대적으로 감소할 수 있다.
㉢ 무게 중심을 지나는 중력선(gravity line)이 기저면의 중심에 가까울수록 안정성이 높아진다. 중력선이 기저면 밖으로 벗어나면 넘어지게 된다.

오답풀이 ❶

㉣ 무게 중심의 높이는 안정성에 매우 중요한 영향을 미친다. 무게 중심이 높을수록 불안정하고, 낮을수록 안정성이 증가한다.

5 ③

근육의 길이는 변하지 않지만 힘을 유지하는 상태를 등척성 수축(isometric contraction)이라고 한다. 이때 근육의 길이가 변하지 않으므로, 기계적 일(work)은 0이다. 예를 들어, 무거운 물체를 들어 올린 상태에서 그대로 유지하는 동작이 이에 해당한다.

오답풀이 ❶

① 신장성 수축(eccentric contraction)은 근육이 길어지면서 힘을 발휘하는 과정이다. 이때 근육이 외부 힘에 저항하지만 길어지므로, 음(−)의 일(negative work)을 하게 된다.
② 단축성 수축(concentric contraction)은 근육이 짧아지면서 힘을 발휘하는 과정이다. 근육이 짧아지면서 힘을 전달하므로 양(+)의 일(positive work)을 하게 된다.
④ 등척성 수축에서는 근육 길이가 변하지 않으므로, 한 일(work)은 0이다.

6 ①

공기 저항을 무시한 투사체 운동에서 수직 방향의 가속도는 중력 가속도($9.8m/s^2$)로 항상 일정하다. 농구공의 무게 중심은 포물선을 그리며 이동하고, 수직 방향의 속도는 중력의 영향으로 변하지만, 가속도는 항상 일정하다.

오답풀이 ❶

② 투사체 운동에서는 수평 방향 속도는 항상 일정(공기 저항 무시)하다. 따라서 최고점에서 수평 속도가 0m/s가 되는 것이 아니라, 계속 유지된다. 최고점에서는 수직 방향 속도만 0m/s가 된다.
③ 투사체 운동에서 수평 가속도는 $0m/s^2$이며, 수평 방향의 속도는 일정하게 유지된다. 중력 가속도는 수직 방향에만 작용하며, 수평 방향의 가속도는 없다.
④ 속도는 수직 방향 성분과 수평 방향 성분으로 나뉘며, 수직 방향 속도는 중력에 의해 변화한다. 즉, 최고점에서는 속도의 크기가 가장 작고, 낙하하면서 속도의 크기가 증가하기 때문에 투사체 운동에서 속도(speed) 벡터의 크기는 일정하지 않다.

7 ①

단위 시간당 이동한 변위(displacement)를 나타내는 벡터량은 속도(velocity)이다. 속도는 시간당 위치 변화량을 의미하며 방향과 크기를 모두 갖는 벡터량이다. 즉, 속도는 물체의 위치가 시간에 따라 얼마나 변했는지를 나타내는 물리량으로, 단위 시간당 변위를 측정하는 개념이다.

오답풀이 ❶

② 거리(distance): 물체가 이동한 총 경로의 길이를 의미하는 스칼라량이다. 방향과 관계없이 단순히 이동한 거리만 측정하며, 변위와는 다르다.
③ 가속도(acceleration): 시간에 따른 속도의 변화율을 나타내는 벡터량이다.
④ 각속도(angular velocity): 단위 시간 동안 물체가 회전한 각변위(angular displacement)의 변화율을 의미한다.

8 ④

양력(lift)은 물체의 이동 방향과 수직으로 작용하는 힘이며, 이동 방향의 반대 방향으로 작용하지 않는다. 비행기의 경우, 양력은 날개 주변의 공기 흐름에 의해 형성되며, 날개를 위로 들어 올리는 역할을 한다. 베르누이 원리에 따라, 날개 위쪽을 지나는 공기의 속도가 더 빨라지면서 압력이 낮아지고, 상대적으로 높은 압력을 가진 날개 아래쪽의 힘에 의해 양력이 발생한다.

오답풀이 ❶

① 외력(external force): 인체 또는 물체 외부에서 작용하는 모든 힘
② 부력(buoyancy): 물속에 잠긴 물체가 중력의 반대 방향으로 받는 힘
③ 항력(drag): 물체가 공기나 물속에서 이동할 때, 운동 방향의 반대 방향으로 작용하는 저항력

9 ②

오답풀이 ❶

ⓒ 2종 지레는 작용점(load)이 받침점(fulcrum)과 힘점(effort) 사이에 위치하는 구조이다.
ⓔ 인체의 대부분의 관절 운동은 3종 지레에 해당하지만, 이는 힘의 이득이 아니라 속도와 운동 범위의 이득을 주는 구조이다. 3종 지레에서는 힘의 손실이 발생하지만, 속도와 이동 거리를 증가시키는 역할을 한다.

10 ①

오답풀이 ❶

② 위치 에너지는 높이에 비례하므로 다이빙 선수가 플랫폼에서 낙하할수록 감소한다.
③ 운동 에너지는 속도의 제곱에 비례하므로 다이빙 선수가 플랫폼에서 낙하할수록 증가한다.
④ 외력이 없는 경우 역학적 에너지(위치 에너지 + 운동 에너지)의 총량은 일정하게 유지된다.

11 ②

야구에서 회전을 조절하는 이유는 공기 저항(항력)을 줄이기 위한 것이 아니라, 마그누스 효과(Magnus Effect)를 활용하여 공의 궤적을 조절하기 위함이다. 예를 들어, 커브 볼(curve ball)이나 슬라이더(slider)는 회전에 의해 발생하는 압력 차이를 이용해 휘어지도록 하는 구질이다.

오답풀이 ❶

① 유선형 물체는 공기 저항을 최소화하도록 설계된 형태로, 각진 물체보다 공기 흐름이 원활하게 이루어져 항력이 감소한다.
③ 유체와 물체의 표면 사이에서 발생하는 마찰력도 항력의 한 형태이다. 표면 마찰력은 공기와 물체 표면 사이의 마찰로 인해 발생하며, 이는 유체의 점성(viscosity)에 영향을 받는다.
④ 항력은 물체가 유체 속에서 이동할 때, 유체의 흐름과 수직한 단면적이 클수록 증가한다.

12 ①

체공 시간은 물체가 공중에 떠 있는 시간을 의미한다. 공기 저항을 무시하면, 수평 방향 운동은 등속 운동이므로, 수평 이동 거리(투사 거리)는 다음과 같이 계산된다.
거리 = 속도 × 시간 = 25m/s × 3s = 75m

13 ④

오답풀이 ❶

① 탄성은 충돌하는 물체의 재질, 온도, 충돌 속도 등의 영향을 받는다.

14 ①

주어진 조건은 다음과 같다.
- 일률(P) = 100W
- 이동 거리(s) = 5m
- 이동 시간(t) = 10초
- 힘(F)과 이동 방향이 같음

일률(P) = $\frac{W}{t}$, 여기서 일(W)은 힘(F)와 이동 거리(s)의 곱이므로,

$P = \frac{F \cdot s}{t}$

이를 이용해 힘(F)을 구하면,

$F = \frac{P \cdot t}{s} = \frac{100W \times 10s}{5m} = \frac{1,000}{5} = 200N$

15 ④

무게 중심(center of gravity)은 신체를 구성하는 모든 질량의 평균적인 중심점으로, 신체의 자세에 따라 내부 또는 외부로 이동할 수 있다. 일반적으로 정적인 자세에서는 무게 중심이 신체 내부에 위치하지만, 공중 동작이나 빠른 움직임이 포함된 경우에는 신체 외부로 이동할 수 있다.
④ 정적인 상태이므로 무게 중심이 신체 내부에 위치한다.

오답풀이 ❶

① 멀리뛰기는 도약 후 공중에서 포물선을 그리며 이동하는 동작이다. 공중에 떠 있는 순간에는 신체가 지면에 접촉하지 않으므로, 무게 중심이 신체 외부(공중)로 위치하는 경우가 많다.

② 높이뛰기에서 착지할 때는 주로 등을 대고 매트에 떨어지는 '배면뛰기(fosbury flop)' 방식이 일반적이다. 착지하는 순간에는 몸이 뒤로 젖혀지거나 다리가 앞으로 나가면서 무게 중심이 외부로 이동할 가능성이 크다.
③ 체조 선수는 도약 후 공중에서 회전하면서 중심을 조절한다. 회전 중에는 몸이 여러 방향으로 움직이며, 무게 중심이 신체 내부가 아닌 공중에 위치하는 경우가 많다.

16 ①

㉠ 뉴턴의 제1법칙(관성의 법칙)에 해당한다.
㉡ 뉴턴의 제2법칙(가속도의 법칙)에 해당한다.

오답풀이

㉢ 뉴턴의 제2법칙에 따르면, 가속도는 속도의 변화율을 의미한다. 속력이 일정하다는 것은 속도의 크기가 변하지 않는다는 의미이며, 이때 가속도는 0이 된다.
㉣ 뉴턴의 제2법칙에 따르면, 같은 힘이 작용할 경우 질량이 클수록 가속도는 작아진다.

17 ④

발목 관절의 저측 굴곡과 배측 굴곡 움직임은 시상면(sagittal plane)에서 이루어진다. 시상면은 신체를 좌우로 나누는 세로 면이며, 이 면에서의 움직임은 앞뒤 방향으로 이루어진다. 대표적인 움직임으로는 굽힘(flexion)과 폄(extension)이 포함된다.

오답풀이

① 수평면: 신체를 상반신과 하반신으로 나누는 면이다. 이 면에서의 움직임은 축을 중심으로 회전하는 동작이 포함된다. 발목의 굴곡 움직임은 회전이 아니라 앞뒤 방향의 움직임이므로 해당되지 않는다.
② 정면: 단순히 인체를 앞에서 바라본 모습을 의미하는 용어이며, 운동학적 개념이 아니다.
③ 관상면: 신체를 앞면과 뒷면으로 나누는 수직 면이다. 이 면에서의 움직임은 좌우 방향으로 이루어지며, 주로 측면으로의 움직임이 포함된다. 발목의 저측/배측 굴곡은 앞뒤 움직임이므로 관상면에서 이루어지는 동작이 아니다.

18 ②

㉠ 질량은 방향성이 없는 스칼라량으로, 크기만을 가지며 방향과 무관하다.
㉣ 거리는 출발점에서 도착점까지 물체가 실제로 이동한 총 경로의 길이를 나타낸다. 이는 방향성이 없는 스칼라량이며, 벡터량인 변위(displacement)와 구별된다.

오답풀이

㉡ 시간은 크기만을 가지며 방향성이 없는 스칼라량이다.
㉢ 속도는 벡터량으로, 크기와 방향을 모두 가진다.

19 ④

역학적 에너지는 위치 에너지(PE)와 운동 에너지(KE)의 합으로 정의된다. 운동 에너지는 물체의 질량과 속도에 따라 결정되며, 속도가 증가할수록 운동 에너지도 증가한다. 위치 에너지는 물체의 질량, 중력 가속도, 그리고 높이에 의해 결정된다.

④ • 위치 에너지: 0
  • 운동 에너지: $\frac{1}{2} \times 95 \times 9^2 = \frac{1}{2} \times 95 \times 81 = 3,847.5J$

오답풀이

① • 위치 에너지: $70 \times 9.8 \times 3 = 2,058J$
  • 운동 에너지: 0
② • 위치 에너지: $55 \times 9.8 \times 6 = 3,234J$
  • 운동 에너지: 0
③ • 위치 에너지: 0
  • 운동 에너지: $\frac{1}{2} \times 85 \times 6.5^2 = \frac{1}{2} \times 85 \times 42.25 ≒ 1,795.6J$

20 ①

운동학은 물체의 운동을 시간, 공간, 경로와 같은 기술적 개념을 사용하여 연구하는 학문이다. 이 분야에서는 물체의 위치, 속도, 가속도와 같은 물리적 특성을 수학적으로 표현하고 분석한다. 운동학에서는 힘과 같은 요인을 고려하지 않고, 순수하게 운동학의 특성만을 분석한다.

오답풀이

② 정역학: 물체가 정적 평형 상태일 때 작용하는 힘을 연구
③ 동역학: 물체의 운동과 그에 작용하는 힘의 관계를 연구
④ 측정 및 평가: 인체의 각 관절과 관련된 부위를 측정하고 평가하는 분야

스포츠윤리

1	④	2	③	3	②	4	④	5	①
6	④	7	④	8	③	9	②	10	②
11	①	12	④	13	④	14	②	15	②
16	④	17	①	18	②	19	③	20	①

1 ④

도덕적 선(善)이란 타인을 위한 배려, 이타적 행동, 공정성을 중시하는 도덕적 가치가 포함된 행위를 의미한다.
㉠ 골을 넣을 기회가 있었지만, 팀워크를 위해 동료에게 패스하는 행동은 개인적인 득점보다 팀의 협력을 우선시하는 이타적 행위에 해당한다. 이는 배려와 협력을 중시하는 도덕적 가치를 내포하고 있어 도덕적 선에 해당한다.
㉡ 경기 도중 상대 선수가 부상을 입자 즉시 경기를 멈추고 도와주는 행동은 정직과 스포츠맨십을 바탕으로 상대를 배려하는 선택을 했다는 점에서 도덕적 선의 기준을 충족한다.

오답풀이 ❶

㉢ 체조 경기에서 난도 높은 기술을 완벽하게 수행하는 행동은 개인의 기량과 성취를 나타내는 것이며, 이는 미적 가치에 가까운 개념으로 도덕적 선과 직접적인 관련이 없다.
㉣ 축구 경기에서 상대 팀의 공격 패턴을 분석하여 효과적으로 차단하는 수비 전략은 경기에서 승리하기 위한 기술적 요소로, 팀의 승리를 위한 수단일 뿐 윤리적 가치(정의, 배려, 정직 등)와 직접적으로 연결되지는 않으므로 도덕적 선과는 거리가 멀다.

2 ③

수오지심(羞惡之心)은 자신의 잘못을 부끄러워하고, 다른 사람의 부정이나 악행을 미워하는 마음을 의미한다.

오답풀이 ❶

① 사양지심(辭讓之心)에 대한 내용이다.
② 시비지심(是非之心)에 대한 내용이다.
④ 측은지심(惻隱之心)에 대한 내용이다.

➕ 개념 PLUS

맹자의 사상

수오지심	잘못된 행동을 부끄러워하는 감정
측은지심	타인을 불쌍히 여기는 마음
사양지심	겸손하고 양보하려는 마음
시비지심	옳고 그름을 분별하는 마음

3 ②

의무론적 도덕 추론에서는 행위 자체의 도덕적 원칙과 의무가 중요하며, 결과와 상관없이 행위의 도덕성을 판단한다.
② 행위의 옳고 그름은 그 행위가 초래하는 결과에 의해 결정된다는 것은 결과론적 도덕 추론 방식이다.

오답풀이 ❶

① 칸트는 선의지(good will)를 도덕적 행위의 핵심으로 보았고, 목적을 위해 수단을 정당화하는 것을 배격했다. 이는 의무론적 도덕 추론의 핵심 개념과 일치한다.
③ 의무론적 도덕 추론에서는 절대적인 도덕 규칙에 따라 옳고 그름을 판단한다. 따라서 특정한 상황에 따라 도덕적 기준이 변하지 않는다.
④ 의무론적 도덕 추론은 칸트의 정언 명령에 기반을 두고 있으며, 정언적 도덕 추론이라고도 한다. 이는 의무론적 도덕 추론의 핵심 개념과 일치한다.

4 ④

스포츠맨십은 스포츠 활동에서 스포츠인이라면 지켜야 하는 바람직한 태도와 행동을 의미하는 포괄적인 개념으로 경기 중뿐만 아니라 스포츠와 관련된 모든 상황에서 나타나는 윤리적이고 도덕적인 자세를 포함한다.

오답풀이 ❶

㉢ 심판의 판정을 불복하고 거칠게 항의하는 행동은 경기의 공정성을 해치고, 상대 선수 및 심판에 대한 존중을 결여한 태도이므로 스포츠맨십에 해당하지 않는다. 스포츠에서는 감정을 조절하고 심판의 결정을 존중하는 태도가 중요하다.

5 ①

㉠ 아곤: 경쟁과 승부를 중시하는 고대 그리스의 스포츠 정신으로, 정정당당한 경쟁을 통해 우월함을 증명하려는 태도를 의미한다.
㉡ 아레테: 탁월함과 미덕을 추구하는 개념이다. 이는 육체적·정신적 완전함을 이루기 위한 노력과 자기 완성을 중요하게 여기는 정신을 뜻한다.

오답풀이 ❶

- 로고스: 이성적이고 논리적인 설득을 의미하며, 사실과 근거를 통해 상대를 설득하는 방식이다.
- 파토스: 감정에 호소하여 설득하는 방식으로, 공감이나 감정적 반응을 이끌어내는 것이 핵심이다.

- 에토스: 발언자의 신뢰성과 도덕성을 바탕으로 설득하는 방식으로, 발언자의 인격이나 권위가 설득력을 높인다고 보는 것이다.

🔵 개념 PLUS

스포츠 경기의 목적

- 승리 추구와 탁월성

아곤(Agon)	경쟁과 갈등, 승리를 위한 투쟁, 우월성 과시
아레테(Arete)	탁월함과 미덕을 추구하는 우수성

- 상대방 설득에 필요한 3가지

로고스(Logos)	이성과 논리, 사물의 본질을 설명하는 사고
파토스(Pathos)	감정과 정서, 특히 설득 시 감정에 호소
에토스(Ethos)	도덕적 성품과 신뢰성, 설득에서 연사의 신뢰도와 권위

6 ④

의도적 구성 반칙이란 고의로 규칙을 위반하여 팀의 전술이나 경기를 유리하게 이끌기 위해 사용하는 반칙을 의미한다. 구성적 규칙은 게임이나 스포츠 자체를 성립하는 기본 규칙이며, 이러한 규칙을 의도적으로 어기는 것이 의도적 구성 반칙에 해당한다.

7 ④

성차별이란 성별을 이유로 사람을 다르게 대우하거나 권리와 기회를 불평등하게 제공하는 것을 의미한다.
- 은혜: 여성의 스포츠 참여가 여성성을 훼손한다는 편견은 오히려 성차별을 강화하는 요소이지, 성차별의 원인이 아니다.

오답풀이 ❶

- 민지: 사회적 고정 관념이 성별에 따른 역할을 강요하며 차별을 초래하는 대표적인 사례이다.
- 찬미: 실제로 많은 성차별적 사고방식이 차이를 근거로 차별을 정당화하는 논리에서 비롯된다.
- 도원: 남성과 여성의 신체적 차이를 근거로 운동 능력을 편견에 따라 평가하는 것은 실제로 여성 선수들에게 불리하게 작용된다.

8 ③

〈보기〉의 사례는 아파르트헤이트(Apartheid)에 대한 설명이다. 아파르트헤이트는 남아프리카 공화국에서 시행된 공식적인 인종 분리 정책으로 흑인, 백인, 아시아인 등 인종을 구분하여 백인이 우월한 위치에 서는 제도이다.

오답풀이 ❶

① 생물학적 환원주의: 인간의 행동이나 사회적 현상을 생물학적 요인으로만 설명하려는 사고방식이다.
② 게발트(Gewalt): 독일어로 '폭력'을 의미하며, 사회적 억압이나 물리적 폭력과 관련된 개념이다.
④ 지속 가능한 발전: 환경, 사회, 경제적 균형을 통해 미래 세대의 필요를 충족할 수 있도록 하는 발전을 의미한다.

9 ②

㉠ 장애인이 스포츠에 참여하기 위해서는 장애인들이 안전하고 편리하게 운동할 수 있도록 접근 가능한 장소를 확보하는 것이 필수적이다.
㉢ 장애 유형에 맞춰 경기 규칙을 조정하고 보조 장비를 지원하는 것은 장애인이 보다 원활하게 스포츠를 즐길 수 있도록 돕는 중요한 요소이다.

오답풀이 ❶

㉡ 장애인과 비장애인을 분리하는 교육은 올바른 교육 방향으로 보기 어려우며, 장애인과 비장애인이 함께하는 통합 교육 환경을 조성하는 것이 장애인의 스포츠 참여를 지원하는 바람직한 방법이다.
㉣ 단기 이벤트 위주로 장애인 스포츠를 홍보하는 것은 단기적인 관심을 유도하는 데에는 도움이 될 수 있지만, 장애인의 꾸준한 스포츠 활동을 보장하지 못하므로 정기적이고 지속 가능한 활동 기회를 제공하는 것이 더욱 중요하다.

10 ②

폴 테일러(P. Taylor)는 생명중심주의 이론을 제시한 학자로, 모든 생명체는 자기 생명 유지 목적을 가지고 있으며, 인간은 생명과 환경을 존중해야 한다고 주장하였다.
② 불간섭의 의무: 자연의 자율적 과정에 간섭하지 않고 그대로 두는 것을 의미한다.

오답풀이 ❶

① 불침해의 의무: 자연의 고유 권리를 침해하거나 파괴하지 않을 의무이다.
③ 신뢰의 의무: 자연과의 관계에서 책임감과 신뢰를 지키며 행동할 의무이다. 낚시나 덫처럼 동물을 속이거나 기만하는 행위를 해서는 안 된다.
④ 보상적 정의의 의무: 인간이 자연에 피해를 주었을 때 그에 대한 보상을 할 의무이다.

● 개념 PLUS

생명중심주의 학자

폴 테일러	모든 생명체는 자기 생명 유지 목적을 가지고 있으며, 인간은 생명과 환경을 존중해야 한다.
알버트 슈바이처	모든 생명체는 존중받을 권리가 있으며, 인간은 다른 생명체의 생명을 함부로 취해서는 안 된다.

11 ①

베르크(A. Berque)는 환경 문제를 인간과 환경의 상호 작용이라는 관점에서 다루며, 자연중심주의보다는 인간과 환경의 관계에 중점을 둔다.

오답풀이 ❶

② 레오폴드(A. Leopold)의 대지윤리에 대한 설명이다.
③ 네스(A. Naess)의 심층적 생태주의에 대한 설명이다.
④ 슈바이처(A. Schweitzer)의 생명중심주의에 대한 설명이다.

12 ④

관중 폭력은 스포츠 경기 중 관중이 폭력을 행사하거나 충돌을 일으키는 행위를 의미한다. 이는 관중 간의 싸움, 선수나 심판에 대한 폭력, 시설 파손 등 다양한 형태로 나타나며, 경기장 내 질서를 무너뜨리고 심각한 피해를 초래할 수 있다.
④ 선수 간 신체적 충돌로 인해 발생한 사건으로, 이는 선수 간의 폭력에 해당하지만 관중 폭력과는 관련이 없다.

13 ④

ⓛ 스포츠에서 공격은 상대의 기량을 존중하면서도 공정한 경쟁이 유지되도록 해야 한다.
ⓒ 공격은 단순한 물리적 충돌이 아닌, 전술과 전략을 통한 합리적인 방식으로 이루어져야 한다.
ⓔ 스포츠에서 공격과 방어는 규칙 내에서 이루어지는 상호 작용이며, 이를 통해 공정한 경쟁과 스포츠 정신이 유지된다.

오답풀이 ❶

㉠ 스포츠에서 공격은 상대 선수의 기량을 억제하고 경기의 흐름을 방해하는 수단이 되어서는 안 된다. 이는 스포츠 정신에 위배되며, 공격의 윤리성과 거리가 멀다.

14 ②

도핑으로 인한 기록 경신은 스포츠의 윤리적 가치에 위반될 뿐 아니라, 선수들이 경기 기록을 무리하게 경신하도록 조장할 수 있다. 이는 스포츠 정신을 훼손하고 신뢰를 저해하는 요소가 되므로 도핑으로 인한 선수들의 신체 능력 강화로 경기 기록을 경신하기 어렵게 만든다는 것은 스포츠에서 도핑을 반대해야 하는 이유로 적절하지 않다.

● 개념 PLUS

도핑의 윤리적 문제

불공정성	경기 공정성을 해치는 행위
건강 위험	약물 사용으로 인한 장기적인 건강 문제
스포츠 정신 훼손	스포츠맨십과 윤리적 가치를 위반
청소년에게 미치는 영향	청소년 선수들에게 부정적인 본보기를 제공
사회적 불신	선수의 신뢰와 이미지 손상으로 인한 팬들의 실망

15 ②

맞춤형 신발과 특수 제작된 장비는 선수들의 경기력을 향상시키지만, 모든 선수에게 동등한 기회를 보장하지 않으며, 일부 선수만이 최첨단 기술의 혜택을 받을 수 있기 때문에 공정성을 높이는 것이 아니라 오히려 저해할 가능성이 있다.

16 ④

체육 활동 시간을 확대하고 학업을 최소화하는 것은 오히려 학습권 보장과는 거리가 멀 뿐만 아니라 학습권 보장을 위한 실질적인 해결책이 되지 않는다.

오답풀이 ❶

① 유연한 학사 운영과 경기 일정 조정은 학생 선수들이 경기와 학업을 병행할 수 있도록 지원하는 중요한 방안이다.
② 학생 운동선수의 특성을 반영한 학업 성취도 평가 개선은 선수들이 경기 일정에 영향을 받지 않도록 평가 방식을 조정하는 것으로, 학습권 보장을 위한 적절한 방안이다.
③ 개인 맞춤형 학습 지원을 위한 튜터링 및 멘토링 제공은 학생 운동선수들이 학습에 뒤처지지 않도록 돕는 효과적인 방안이다.

● 개념 PLUS

학생 선수의 학습권 보장의 필요성과 문제

학습권 보장의 필요성	• 미래 진로 준비 • 교육의 기본 권리 보장 • 균형 잡힌 성장 • 사회 진출 준비 • 정신적 안정과 자신감 • 지적 및 신체적 발전의 조화

학생 선수의 학습권 문제	• 과도한 훈련 시간 • 학업 성취도 저하 • 불평등한 교육 기회 • 정신적 스트레스 • 훈련과 학업의 충돌 • 장기 결석 및 학습 공백

17 ①

맥페일(P. McPhail)은 스포츠 활동에서 지도자 및 중요한 타자의 도덕적 모범을 통해 사회적 모델링이 이루어지고, 이를 통해 사회적 협력과 도덕적 가치가 형성된다고 보았다.
스포츠를 실천적 학습의 장으로 보고, 자기 통제와 사회적 책임을 배울 기회를 제공한다고 주장한 학자는 존 듀이(John Dewey)로, 학습이 단순한 지식 습득이 아니라 경험을 통해 사회적 책임감과 도덕적 행동을 배우는 과정이라고 보았다.

18 ②

성폭력 피해자는 심리적 충격을 받거나 두려움 때문에 즉각적인 대응이 어려울 수 있으며, 피해 사실을 반드시 공개적으로 알릴 의무는 없다. 또한 피해자 보호와 사생활 존중이 중요하므로 신뢰할 수 있는 신고 절차와 보호 체계가 마련되는 것이 더 적절한 대응 방안이다.

오답풀이 ❶

① 혜진: 선수들이 성폭력 예방 교육을 통해 자신의 권리를 알고, 거부 의사를 표현하는 방법을 배우는 것은 중요한 예방책이다.
③ 세은: 성폭력 예방을 위해 익명 신고 시스템과 상담 창구를 운영하는 것은 피해자가 부담 없이 도움을 요청할 수 있도록 하는 효과적인 방법이다.
④ 아람: 성폭력 신고 후 피해자가 불이익을 받지 않고 보호받을 수 있도록 피해자 보호 시스템을 구축하는 것은 매우 중요한 대처 방법이다.

19 ③

심판은 단순히 경기 중 최선을 다하는 것만이 아니라, 경기 결과와 자신이 내린 판정에 대해 책임을 지는 태도를 가져야 한다. 예를 들어, 판정 논란이 발생했을 때 명확한 근거를 제시하거나 필요 시 판정 기준을 개선하는 과정에 참여한다. 따라서 경기 이후 판정 결과에 대해 논란이 있어도 책임을 지지 않아도 된다는 것은 심판의 윤리적 자질에 맞지 않는다.

⊕ 개념 PLUS

스포츠 심판의 윤리적 자질

공정성	편견 없이 규칙을 집행하는 중립성 유지
정직성	도덕적 판단에 근거한 정직한 판정
책임감	경기에서의 판정과 결과에 대해 책임을 지는 태도
자제력	감정적 대응 없이 냉철하게 경기를 관리하는 능력
윤리적 판단	도덕적 기준에 맞는 판정과 행동
스포츠맨십 존중	경기 중 선수와 스포츠 정신을 존중하는 태도
전문성	경기 규칙과 스포츠에 대한 깊은 지식과 전문적 판단 능력
청렴성	외부의 압력이나 부정에 흔들리지 않는 청렴한 태도

20 ①

㉠ 기회 균등 원칙: 모든 연령대의 회원들이 동일한 기준으로 시설 예약을 할 수 있도록 운영하는 것은 특정 조건에 관계없이 동일한 기회를 보장하는 기회 균등 원칙에 해당한다.
㉡ 차등의 원칙: 육상팀이 선수별 경기 성적과 훈련 성과를 반영하여 맞춤형 훈련 프로그램을 제공하는 것은 선수들의 개별적인 상황에 따라 자원을 차등적으로 분배하는 원칙에 해당한다.
㉢ 원초적 원칙: 국제 스포츠 연맹이 특정 국가나 개인의 이익이 아니라, 모든 선수에게 공정한 결과가 되도록 익명 평가를 활용하는 것은 편견 없이 모두에게 이익이 되는 원칙을 선택하는 원초적 원칙에 해당한다.

⊕ 개념 PLUS

스포츠 조직의 윤리적 원칙과 정의

기회 균등 원칙	모든 개인이 동일한 기회를 제공받아야 한다는 원칙
평등의 원칙	모든 사람이 동등한 권리와 자격을 가질 수 있어야 한다는 원칙
차등의 원칙	필요에 따라 자원을 차등적으로 분배하는 원칙
자유의 원칙	모든 사람에게 기본적인 자유가 동등하게 적용되어야 한다는 원칙
원초적 원칙	편견 없이 공정한 결정을 위해 자신의 사회적 조건을 모른 채 모두에게 이익이 되는 원칙을 선택하는 개념
절차적 정의	공정한 절차를 통해 정의를 실현하는 것
평균적 정의	동일한 조건에서 동일한 보상을 주는 방식
분배적 정의	각자의 능력이나 상황에 따라 다르게 대우하는 방식
법률적 정의	법률에 의해 정의가 실현된다고 보는 것

실전 모의고사 1회

선택과목	1	2	3	4	5	6	7	8	9	10	11	12	13	14	15	16	17	18	19	20
스포츠사회학	③	②	②	④	①	②	④	③	③	②	①	④	②	③	①	①	③	②	④	①
스포츠교육학	③	④	②	③	①	①	③	③	②	③	④	①	④	①	①	③	②	④	①	④
스포츠심리학	④	①	③	②	④	③	①	②	①	②	③	②	④	②	③	②	①	④	①	③
한국체육사	②	④	③	①	①	③	②	③	①	①	③	②	④	③	④	③	④	②	③	④
운동생리학	②	②	①	②	②	③	④	③	③	②	③	④	②	③	①	④	②	④	②	③
운동역학	③	②	①	②	④	④	②	③	①	①	④	②	④	②	①	②	①	④	①	②
스포츠윤리	③	④	②	④	①	②	①	②	①	③	②	①	③	④	①	①	②	③	③	③

☑ 나의 점수 분석표

선택과목	맞힌 개수 / 문제 수	총점
	/ 20	/ 100
	/ 20	/ 100
	/ 20	/ 100
	/ 20	/ 100
	/ 20	/ 100
합계	평균 ( )점	

▶ 과락 기준: 과목별 20문제 중 맞힌 문제 수가 8개 미만

☑ 약점 보강 키워드

※ 틀린 문제 중 본인이 부족했던 개념과 중요 키워드를 정리해 보세요.

스포츠사회학

1	③	2	②	3	②	4	④	5	①
6	②	7	④	8	③	9	③	10	②
11	①	12	④	13	②	14	③	15	①
16	①	17	③	18	②	19	④	20	①

1 ③

스포츠사회학은 스포츠와 관련된 사회적, 문화적, 경제적, 정치적 관계를 연구하는 학문이다. 스포츠사회학의 연구 영역에는 스포츠와 사회적 불평등, 스포츠를 통한 사회화 과정, 스포츠와 사회 제도의 상호 작용, 스포츠의 문화적 · 상징적 역할 등이 포함된다.
③ 스포츠 기술이 경기력 향상에 미치는 생리적 기전을 분석하는 것은 운동생리학에 대한 내용이다.

오답풀이 ❶
① 스포츠를 통한 사회화 과정에 대한 설명이다.
② 스포츠와 사회 제도의 상호 작용에 대한 설명이다.
④ 스포츠와 사회적 불평등에 대한 설명이다.

2 ②

〈보기〉의 내용은 합리화에 대한 설명이다. 합리화는 스포츠의 규칙과 절차를 논리적이고 체계적으로 설계하며, 이를 바탕으로 경기를 운영하는 것을 의미한다.

오답풀이 ❶
① 평등화: 성별, 나이, 체급, 장애 유무에 따라 대회가 나뉘며 차별 없이 참여할 수 있는 기회를 제공하는 것을 의미한다.
③ 세속화: 스포츠가 종교적 · 전통적 의식에서 벗어나 명예, 건강, 즐거움 등 현실적이고 세속적인 가치를 추구하는 현상을 의미한다.
④ 관료화: 스포츠를 조직적으로 운영하기 위해서 경기 관리 및 운영 체계를 정립하고 이를 수행하는 것을 의미한다.

3 ②

㉠ 스포츠 이벤트는 국민을 하나로 묶는 정치적 도구가 될 수 있다.
㉡ 올림픽이나 월드컵과 같은 국제 스포츠 대회를 통해 국가 브랜드와 이미지를 향상하는 데 활용한다.
㉣ 스포츠는 종종 정치적 메시지를 전달하는 수단이 된다.

오답풀이 ❶
㉢ 스포츠와 경제의 관계를 설명한 내용이다.
㉤ 스포츠와 미디어의 관계를 설명한 내용이다.

4 ④

에티즌(D. Eitzen)과 세이지(G. Sage)가 제시한 스포츠의 정치적 속성은 스포츠가 사회적 질서와 권력 구조를 유지(보수성), 국가와 제도 간 상호 작용(상호 의존성), 국가 이미지 표출(대표성), 정치적 이익과 권력 확대의 장(권력 투쟁)으로 활용된다는 점을 설명한다.
㉠ 대표성: 스포츠가 특정 개인이나 팀의 성과를 통해 국가 또는 단체를 상징적으로 나타내는 속성을 가진다.
㉡ 상호 의존성: 스포츠는 국가와 제도 간 긴밀한 관계를 형성하며 국위 선양을 위한 수단으로 활용된다.
㉢ 보수성: 스포츠는 기존 사회 질서와 권력 구조를 유지하며, 급격한 변화를 지양하는 경향을 가진다.
㉣ 권력 투쟁: 스포츠는 정치적 이익과 권력 확대를 위한 도구로 활용될 수 있다.

5 ①

육상 트랙의 재질을 고무 소재로 변경하는 것은 스포츠의 안전성과 경기 환경 개선을 위한 조치로, 상업화와 직접적인 관련이 없다.

오답풀이 ❶
② 스포츠 상업주의의 원인 중 미디어 발달과 관련된 내용이다.
③ 스포츠 상업주의의 원인 중 스폰서십 확대와 관련된 내용이다.
④ 스포츠 상업주의의 원인 중 글로벌화와 관련된 내용이다.

➕ 개념 PLUS

스포츠 상업주의의 원인

미디어 발달	TV, 인터넷 중계와 디지털 플랫폼을 통한 스포츠 상업화 및 팬 소통 강화
스폰서십 확대	기업 후원과 스타 마케팅으로 스포츠 상업화 촉진
글로벌화	스포츠 대회와 글로벌 팬층 증가로 상업적 기회 확장
스포츠 산업의 전문화	프로 리그 형성과 스포츠 마케팅 회사의 등장에 따른 스포츠의 상품화

6 ②

샐러리 캡은 팀의 총 연봉에 상한선을 설정하여 특정 팀이 지나치게 많은 비용을 지출해 강한 선수들을 독점하는 것을 방지하고, 팀 간 전력 균형을 유지하기 위한 제도이다.

7 ④

④는 모두 스포츠의 교육적 순기능에 해당한다.

> **오답풀이** ❶
>
> ① 스포츠 상업화 조장은 스포츠의 교육적 역기능에 해당한다. 스포츠가 지나치게 상업화되면 교육적 가치보다 경제적 이익이 우선시되면서 교육적 본래 목적이 훼손될 가능성이 있다.
> ② 경쟁의 과잉은 스포츠의 교육적 역기능에 해당한다. 경쟁의 과잉은 승리지상주의를 조장하고, 선수 및 학생들에게 심리적 부담을 초래할 수 있어 교육적 측면에서 부정적인 영향을 미칠 가능성이 크다.
> ③ 엘리트 스포츠의 집중화, 스포츠 상업화 조장은 스포츠의 교육적 역기능에 해당한다. 엘리트 스포츠 집중화는 일부 소수 선수들에게만 자원이 집중되는 부작용이 발생할 수 있다.

8 ③

지도자의 권위를 절대적으로 강화하는 것은 선수들의 자율성과 권리를 저해할 가능성이 있으며, 현대 스포츠교육의 민주적 지도 원칙과도 맞지 않는다.

> **오답풀이** ❶
>
> • 예진: 학업과 운동을 병행하기 위한 최저 학력제 도입은 학원 스포츠의 교육적 균형을 유지하는 중요한 방안이다.
> • 재만: 부상 방지를 위해 경기와 훈련의 안전 기준을 강화하는 것은 학원 스포츠에서 필수적인 조치이다.
> • 해인: 엘리트 중심 구조를 개선하고 모든 학생에게 스포츠 참여 기회를 확대하는 것은 공평성과 교육적 가치를 실현하는 방안이다.

9 ③

〈보기〉의 내용은 개인차 이론에 대한 설명이다. 개인차 이론은 사람들이 자신의 관심사, 욕구, 성향에 따라 미디어 콘텐츠를 선택적으로 소비한다는 이론이다. 즉, 같은 미디어라도 개인의 특성에 따라 다르게 해석하고 활용할 수 있다.

> **오답풀이** ❶
>
> ① 의제 설정 이론: 미디어가 어떤 주제를 보도하느냐에 따라 대중의 관심이 형성되며, 여론에 영향을 미친다는 이론이다.
> ② 문화 규범 이론: 스포츠를 포함한 대중문화가 미디어를 통해 상업화되며, 미디어가 대중을 통제하고 동질화시킨다는 이론이다.
> ④ 사회 범주 이론: 미디어의 영향력이 개인의 사회적 특성에 따라 다르게 나타난다는 이론이다.

10 ②

스포츠 산업의 성장이 미디어의 발전에 의해 촉진된다는 것은 미디어가 스포츠에 미치는 영향에 해당한다.

> **오답풀이** ❶
>
> ① 스포츠는 경기 중계, 선수 인터뷰, 분석 프로그램 등 흥미로운 콘텐츠를 제공하여 미디어의 다양성과 풍부함을 높인다.
> ③ 스포츠 중계권은 미디어의 주요 수익원이자 상업적 성공 요소로 작용한다.
> ④ 스포츠는 인기 있는 콘텐츠를 제공함으로써, 미디어가 광고 및 마케팅 기회를 효과적으로 활용할 수 있도록 돕는다.

11 ①

세대 내 이동은 개인이 자신의 삶에서 사회적 지위를 변화시키는 경우를 의미한다.
① 세대 내 이동이 아니라 세대 간 이동에 해당한다.

> **오답풀이** ❶
>
> ② 주니어 리그에서 프로 리그로 진출하는 사례는 개인의 노력과 성취에 의해 사회적 지위가 변하는 경우이므로 개인적 이동에 해당한다.
> ③ 성과에 따라 국가대표팀에 발탁(상승)되거나 하위 리그로 강등(하락)되는 것은 수직 이동에 해당한다.
> ④ 소속 팀이 바뀌었지만, 선수들의 사회적 지위는 동일한 수준에서 유지되었으므로 교환 이동에 해당한다.

12 ④

스포츠는 사회적 불평등을 해소한다는 이상적인 목표를 지향하지만, 실제로는 엘리트 중심 구조와 지원의 편중 등의 문제로 인해 모든 계층에 평등한 기회를 보장하지 못하는 한계를 갖는다.

> **오답풀이** ❶
>
> ① 사회적 기술 습득과 직업적 성공 가능성은 스포츠가 미치는 긍정적 영향 중 하나이다.
> ② 스포츠는 교육 기회를 확대할 수 있지만, 지원이 특정 엘리트 선수에게 집중되는 부정적인 측면도 함께 존재한다.

③ 스포츠에서 실패할 경우 복귀가 어려운 점은 경쟁 중심의 구조에서 흔히 나타나는 문제로, 스포츠의 부정적인 영향 중 하나이다.

13 ②

㉠ 역할 이론: 스포츠에서 개인이 자신의 역할에 맞는 행동과 책임을 학습하고 수행하는 과정을 설명하는 이론이다.
㉡ 준거 집단 이론: 소속 팀이나 그룹을 기준으로 삼아 규범과 행동 방식을 학습하고, 이에 맞춰 자신의 행동을 조정하는 과정을 설명하는 이론이다.

오답풀이 ❶

- 구조기능 이론: 스포츠가 사회 질서를 유지하고 통합을 촉진하는 기능을 수행한다고 보는 이론이다.
- 사회 학습 이론: 타인의 행동을 관찰하고 모방하며 사회적 행동을 학습하고 발전시키는 과정을 설명하는 이론이다.

14 ③

스포츠 탈사회화는 개인이 스포츠 활동을 중단하고 스포츠 환경에서 벗어나는 과정을 의미한다. 스포츠 탈사회화에 영향을 미치는 요인으로는 부상, 은퇴, 개인적 동기 상실, 외부 환경 변화, 경제적 이유, 사회적 관계 변화, 심리적 스트레스 등이 있다.

오답풀이 ❶

㉡ 선수 생활을 마친 뒤, 코치나 감독과 같은 지도자로 활동하는 것은 스포츠와의 새로운 관계를 형성하고 적응하는 과정으로 스포츠 재사회화에 해당한다.
㉣ 기존에 하던 스포츠를 떠나 새로운 종목에 참여하거나 배우면서 다시 스포츠 활동에 적응하는 것은 스포츠 재사회화에 해당한다.

15 ①

㉠ 규범을 초월하거나 무비판적으로 따르는 행동을 보이는 것으로, 긍정적 일탈에 대한 설명이다.
㉡ 스포츠 관중이 감정적 반응으로 과격한 행동을 보이는 것으로, 관중 폭력에 대한 설명이다.

오답풀이 ❶

- 부정적 일탈: 스포츠 규범과 규칙을 위반하거나 스포츠 정신을 훼손하는 비윤리적인 행동을 의미한다.
- 부정행위: 스포츠 활동에서 규정된 규칙이나 도덕적 기준을 어기는 모든 행위를 의미한다.

16 ①

규범 생성 이론은 기존 규범을 따르는 것이 아니라, 새로운 규범이 집합 행동 과정에서 생성되는 현상을 설명하는 이론이다.

17 ③

〈보기〉의 내용은 도전 규범에 대한 설명이다. 도전 규범은 스포츠에서 성공하기 위해 어려움과 역경을 극복하는 것에 초점을 둔다.

오답풀이 ❶

① 구분 짓기 규범: 다른 선수들과 차별화되기 위해 뛰어난 성과를 추구하고 자신을 돋보이게 하는 행동을 강조하는 규범이다.
② 몰입 규범: 스포츠에 전념하며, 이를 삶에서 최우선으로 삼고 모든 것을 투자하는 행동을 요구하는 규범이다.
④ 인내 규범: 스포츠에서 위험과 고통을 감수하며, 어떠한 어려움 속에서도 경기를 지속하는 행동을 강조하는 규범이다.

18 ②

㉠ 스포츠 세계화는 올림픽, 월드컵 등 국제 스포츠 대회를 통해 국가 간 외교 및 협력을 강화하는 역할을 한다.
㉡ 스포츠 세계화로 인해 경기장, 훈련 시설, 스포츠 연구소 등이 글로벌 수준으로 구축되면서 스포츠 산업이 발전할 수 있다.
㉣ 스포츠 세계화는 국가 간 스포츠과학, 훈련 기법, 의료 기술 등의 교류를 증가시켜 선수들의 경기력을 향상시키는 데 기여한다.

오답풀이 ❶

㉢ 스포츠 세계화의 부정적 영향에 해당한다. 스포츠 세계화로 인해 특정 스포츠(예 축구, 농구 등 서구 중심 스포츠)가 세계적으로 확대되면서, 각 지역의 전통 스포츠가 사라지거나 약화될 수 있다.

19 ④

스포츠 상업화는 대규모 이벤트로 인해 탄소 배출 증가, 에너지 소비 확대, 폐기물 처리 문제 등의 환경적 부담을 초래할 가능성이 크다. 지속 가능한 스포츠 발전을 위해서는 스포츠 상업화와 함께 친환경 기술의 적용 및 탄소 중립 실현을 함께 추구해야 한다.

20 ①

㉠ 해외에서 활동한 후 본국으로 복귀하는 귀향민형에 대한 설명이다.
㉡ 여러 나라를 옮겨 다니며 활동하는 유목민형에 대한 설명이다.

> **오답풀이** ❶
- 정착민형: 한 지역에 장기적으로 정착하여 활동하는 유형을 의미한다.
- 개척자형: 새로운 스포츠 기회를 찾아 미개발 지역으로 이주하는 유형을 의미한다.

스포츠교육학

1	③	2	④	3	②	4	③	5	①
6	①	7	③	8	③	9	②	10	③
11	④	12	①	13	④	14	①	15	①
16	③	17	②	18	④	19	①	20	④

1 ③

'전인 교육(whole person education)'은 신체 · 정신 · 사회성 · 정서 등 인간의 전인적 발달을 목표로 하는 교육 철학을 반영한다. 즉, 학습자가 모든 영역에서 균형 있게 성장할 수 있도록 돕는 것이 핵심이다.

> **오답풀이** ❶
① 전인 교육은 신체 활동뿐만 아니라 정신적 · 정서적 요소도 중요한 부분으로 다룬다.
② 평생 체육은 전인 교육의 한 부분이 될 수 있지만, 전인 교육이 단순히 '전 생애에 걸친 프로그램'만을 의미하는 것은 아니다. 전인 교육은 특정 연령대에 국한되지 않으며, 모든 연령대에서 균형 잡힌 성장을 돕는 것이 목적이다.
④ 전인 교육은 특정 소수의 엘리트 선수 양성보다 누구나 참여할 수 있는 신체 활동과 전반적인 발달을 중시한다. 즉, 스포츠를 통해 개인의 신체적 성장뿐만 아니라 정서적 · 사회적 성장도 함께 이루어지는 것을 목표로 한다.

2 ④

미국 YMCA는 청소년과 시민들을 대상으로 체육 및 레크리에이션 프로그램을 운영하며, 체육의 대중화와 기초 지도자 양성에 중요한 역할을 하였다. 특히, 종교 · 교육적 목적을 바탕으로 체육 교육을 제공하며, 지역 사회 체육의 발전에도 큰 영향을 미쳤다.
④ YMCA는 프로 스포츠 리그 활성화와 같은 상업적 스포츠 발전에 집중한 단체가 아닌 누구나 참여할 수 있는 아마추어 체육과 교육 중점의 프로그램을 운영하는 데 초점을 맞추었다.

> **오답풀이** ❶
① YMCA는 체육 지도자를 양성하기 위해 종교 · 교육적 목적의 체육 교육과정을 운영하였다.
② YMCA는 학교체육과 지역 사회 체육 프로그램에 큰 영향을 미쳤다. 특히, 방과 후 스포츠 프로그램 운영, 청소년 체육 활동 지원 등 다양한 방식으로 체육 교육을 지원하였다.
③ YMCA는 지역 사회 내에서 체육 시설을 설립 · 운영하여 일반 시민들이 쉽게 체육 활동에 참여할 수 있도록 하였다.

3 ②

생활체육은 지역 사회 시설이나 단체 등을 중심으로 남녀노소 누구나 부담 없이 참여할 수 있는 신체 활동을 의미한다. 이는 단순한 운동이 아니라, 건강 증진과 사회성 발달을 주요 목적으로 한다.

오답풀이 ❶

①, ④ 생활체육은 특정 학교나 특정 연령대에만 국한되지 않는다. 남녀노소 누구나 참여할 수 있으며, 학교뿐만 아니라 지역 사회, 직장, 가정 등 다양한 환경에서 이루어진다.
③ 엘리트 체육은 생활체육과 구별되며, 경쟁, 기록, 성취를 더 강조하는 것이 특징이다. 반면, 생활체육은 승패보다는 건강 유지, 여가 활동, 사회적 교류 등을 더 중요하게 여긴다.

4 ③

유소년 스포츠는 놀이와 기초 운동 능력을 활용하여 전반적인 신체·인지 발달을 촉진하고, 장기적인 신체 활동 참여를 유도하며 협동심과 사회성을 기를 수 있도록 하는 것이 중요하다.

오답풀이 ❶

① 기록·성적 지향적인 접근은 주로 청소년기 이후 또는 성인 단계의 엘리트 스포츠 프로그램에서 강조된다. 유소년 스포츠는 기록과 성과보다는 기본적인 운동 능력 발달과 운동의 즐거움을 경험하는 것이 더 중요하다.
② 팀 전술 및 전략 중심의 훈련은 유소년에게는 난이도가 높을 수 있다. 유소년기에는 개인의 운동 능력과 기본적인 스포츠 기술 습득이 더 중요하며, 전략적 사고보다는 놀이 기반의 학습과 기초 운동이 강조된다.
④ 유소년 스포츠 프로그램은 어린이를 대상으로 설계된 것이므로 성인 동호인 운영과는 목적이 다르다. 성인 스포츠 동호회는 주로 자율적인 참여와 여가 활동을 중심으로 운영되는 반면, 유소년 스포츠는 신체 발달과 기초 기술 습득, 사회성 형성 등을 목적으로 한다.

5 ①

㉠ 신체적 가치: 건강 증진과 신체 능력 향상뿐만 아니라, 스포츠 기능 습득을 포함한다.
㉡ 인지적 가치: 운동 규칙과 전략을 학습함으로써 지적 능력을 발달시키는 것을 의미한다.
㉢ 정의적 가치: 심리적 안정과 사회적 기술, 스포츠맨십 함양을 포함하며, 체육 활동을 통해 긍정적인 태도와 인성을 기르는 데 중점을 둔다.

⊕ 개념 PLUS

스포츠교육학이 추구하는 가치 영역

신체적 가치	건강 및 체력 증진, 스포츠 기능 습득
인지적 가치	학업 성적 향상, 지적 기능 발달, 문해력과 수리력 향상
정의적 가치	심리적 건강, 사회적 기술, 도덕적 인격 함양

6 ①

㉠ 학교 스포츠 클럽은 학생들의 건강 증진과 지속적인 신체 활동 습관 형성을 목표로 한다.
㉢ 스포츠 활동을 통해 학생들의 협동심, 배려심, 스포츠맨십 등을 기르는 것이 학교 스포츠 클럽의 주요 목표이다.

오답풀이 ❶

㉡ 엘리트 선수 양성은 엘리트 스포츠 육성 정책에 해당한다. 학교 스포츠 클럽은 모든 학생이 스포츠를 즐길 수 있도록 하는 프로그램이다.
㉣ 체육 특기생 제도는 특정 학생을 대상으로 한 엘리트 선수 육성 목적의 제도이며, 이는 학교 스포츠 클럽의 취지와 맞지 않는다. 학교 스포츠 클럽은 특정 학생이 아닌, 일반 학생들이 부담 없이 체육 활동을 경험할 수 있도록 하는 것이 목적이다. 따라서, 학교 스포츠 클럽은 입시 경쟁과 연계되지 않으며, 모든 학생이 균등하게 참여할 수 있도록 운영된다.

7 ③

체육 교사는 학생들과의 상호 작용을 통해 긍정적인 영향을 미치는 것이 중요하며, 단순히 행정 업무만을 전담하는 역할은 적절하지 않다. 체육 수업은 학생의 신체적, 정서적, 사회적 발달을 지원하는 과정이므로, 교사는 학생들과 적극적으로 소통하고 지도하는 역할을 수행해야 한다.

오답풀이 ❶

① 체육 교사는 학생의 발달 단계와 신체적 특성을 이해해야 하며, 이를 바탕으로 적절한 교육 방법을 제공해야 한다.
② 체육 교사는 체육과 관련된 전문 지식을 바탕으로 학생들에게 올바른 운동 방법과 이론을 지도해야 한다.
④ 체육 교사는 학생들의 성취도를 평가하고, 효과적인 피드백을 제공하여 학습을 돕는 역할을 해야 한다.

8 ③

상황적 지식은 예상치 못한 상황에서 적절하게 대처하고, 수업을 조정하는 능력을 의미한다.

오답풀이

① 내용 지식: 교과 내용(운동기술, 스포츠 이론 등)에 대한 깊은 이해를 의미한다.
② 절차적 지식: 수업의 관리 능력과 운영 방식에 대한 이해를 포함한다.
④ 명제적 지식: 체육 수업에 필요한 이론적 정보와 관련된 지식으로, 체육 교육에 대한 이론적 배경과 스포츠과학의 지식을 포함한다.

9 ②

교육과정 지식은 학생들의 발달 수준과 학년별 목표에 따라 맞춰 교육 내용을 설계하고 적용하는 능력을 의미한다.

오답풀이

① 교육 환경 지식: 교실이나 운동장에서의 물리적 환경이 학습에 미치는 영향을 이해하고, 적절하게 관리할 수 있는 능력
③ 지도 방법 지식: 효과적인 교수법에 대한 이해로, 다양한 체육 교육 상황에 맞춰 교수법을 변형할 수 있는 능력
④ 내용 교수법 지식: 특정 상황과 학생들에게 적합한 교수 방법을 선택할 수 있는 능력

10 ③

복합 기술은 체력과 효율성을 바탕으로 여러 신체 능력을 결합하여 정교한 운동기술을 수행하는 영역이다.

오답풀이

① 기초 기능: 걷기, 달리기와 같은 기본적인 신체 움직임을 포함하며, 단순한 운동 동작 수행에 해당한다.
② 신체 능력: 근력, 지구력, 유연성 등의 신체적 요소에 초점을 맞추며, 특정 운동기술보다는 기본적인 신체 조건과 관련된다. 또한, 기본 운동 능력과 지각 능력을 조합하여 단순한 운동기술을 실행할 수 있도록 한다.
④ 운동 해석 능력: 신체 움직임을 통해 감정이나 메시지를 표현하는 능력을 의미하며, 주로 춤이나 연극과 같은 표현적 움직임에서 나타난다.

11 ④

㉠ 수용화: 정보를 받아들이고 관심을 가지며 주의를 기울이는 초기 단계
㉡ 반응화: 정보를 이해하고, 이에 대해 개인적인 의견을 표현하거나 행동으로 반응하는 단계
㉢ 인격화: 내면화된 가치를 지속적으로 실천하며 행동에 일관성을 보이는 단계

12 ①

전문체육 프로그램 지도 계획은 '선수 기술 파악 → 선수 이해 → 상황 분석 → 우선순위 결정 및 목표 설정 → 지도 방법 선택 → 연습 계획 수립'의 순서로 진행된다.
예를 들어, 선수 기술 파악 단계에서 얻은 분석된 결과는 이후의 상황 분석과 목표 설정 과정에 반영된다. 또한, 설정된 목표는 지도 방법을 결정하는 데 활용되며, 이를 기반으로 연습 계획이 구체적으로 수립된다.

⊕ 개념 PLUS

마튼스(R. Martens)의 지도 계획 6단계

선수 기술 파악	• 각 선수에게 필요한 기술을 면밀히 분석하여 선수에게 맞는 지도 방법을 설정 • 각자의 기량과 발전 가능성을 고려하여 세밀한 기술 지도 수행
선수 이해	• 선수의 신체적·심리적·사회적 발달 단계를 파악하고, 개별 선수의 특성에 맞춰 지도 • 개별 선수의 성격, 동기, 심리적 상태 등을 충분히 이해하는 것이 중요
상황 분석	• 훈련 환경과 외부 요인(시설, 기후, 상대 팀의 전략 등)을 분석하여 훈련 계획 수립 • 선수들의 경기 환경을 최대한 반영하여 실전에 대비할 수 있도록 훈련 계획 조정
우선순위 결정 및 목표 설정	• 상황에 맞는 구체적이고 성취 가능한 목표를 설정 • 경기력 향상에 필요한 요소들을 우선순위로 나누고, 명확한 장단기 목표 수립
지도 방법 선택	• 선수들이 성공적으로 기술을 습득할 수 있도록 적절한 지도 방법을 선택 • 선수들의 기량을 극대화할 수 있는 다양한 훈련 기법 적용
연습 계획 수립	• 경기력을 최대화하기 위한 연간 훈련 계획과 일일 연습 계획을 수립 • 주기적인 평가를 통해 훈련 과정을 점검하고, 상황에 맞게 조정

13 ④

직접 교수 모형은 교사가 학습 과정의 모든 요소를 주도적으로 계획하고 실행하는 교수법이다. 학생들은 교사의 명확한 지시에 따라 단계적으로 학습하며, 체계적인 교수–학습 과정이 이루어진다. 이 모형은 명확한 지시와 반복적인 연습을 통해 학생들이 학습 목표를 효율적으로 성취하도록 돕는 데 중점을 둔다. 특히, 체육 수업에서 새로운 기술을 배우거나 복잡한 운동기술을 익히는 과정에서 효과적으로 사용될 수 있다.

- ㉠ 학습 진도 부분에서 교사는 학생들의 학습 속도를 조절하고, 개별 학습자의 필요에 따라 적절한 피드백을 제공하는 역할을 한다.
- ㉡ 학생은 교사의 지시에 따라 학습을 진행하며, 필요한 연습을 수행하고 피드백을 받으면서 학습 진도를 조절해 나간다.

14 ①

행동 수정 기법은 학습자의 행동을 긍정적으로 유도하거나, 부정적인 행동을 교정하기 위해 특정 전략을 활용하는 교수법이다.

- 도영: 교사는 학생이 과제를 성공적으로 수행했을 때 칭찬과 보상을 제공하여 긍정적인 행동을 강화할 수 있다. 이는 행동 수정 기법 중 정적 강화(positive reinforcement)에 해당한다. 정적 강화는 학습자의 동기와 참여도를 높이는 데 효과적이며 지속적인 학습을 유도하는 역할을 한다.

오답풀이

- 예슬: 학습 목표를 구체화하여 행동 목표로 설명하는 과정은 스포츠 지도 준비 단계에서 이루어지는 활동으로, 목표 설정과 관련된 전략이다.
- 성현: 학습자가 기술을 이해하고 과제를 수행하기 쉽게 시범을 보여주는 것은 교수 기법 중 과제 제시 전략의 일부로, 학습 내용을 효과적으로 전달하는 과정이다.
- 현승: 학습자의 동작을 분석하고 피드백을 제공하는 것은 교수 기법 중 IT 활용 전략에 해당한다. 이는 기술 분석과 피드백 제공을 위한 전략이다.

15 ①

유도 발견형 스타일(F)은 교사가 논리적인 질문을 통해 학생들이 개념이나 기능을 스스로 발견하도록 유도하는 교수 방식이다.

오답풀이

② 수렴 발견형 스타일(G): 학생이 문제 해결을 위해 논리적 추론과 비판적 사고를 사용하여 명확한 답을 도출하는 방식이다. 유도 발견형 스타일보다 더 높은 사고 수준이 요구되며, 특정 정답이 존재하는 문제를 해결하는 데 초점이 맞춰져 있다.

③ 자기 설계형 스타일(I): 교사가 제시한 주제에 대해 학생이 스스로 문제를 설정하고 해결하는 방식이다. 학생의 자율성이 강조되며, 창의적인 문제 해결 과정이 핵심 요소가 된다.

④ 확산 생산형 스타일(H): 다양한 해결책을 탐색하고 선택하는 창의적 사고 과정에 중점을 둔다. 학생들은 개방형 문제를 해결하며, 정답이 하나가 아닌 다양한 접근 방식을 탐구하는 활동을 수행한다.

16 ③

쿠닌(J. Kounin)의 예방 관리 교수 기능은 학습자의 행동을 예측하고, 수업의 흐름을 방해하는 요인을 사전에 예방하며, 학습자가 지속적으로 참여하도록 유도하는 데 초점을 둔다.

오답풀이

① 예방 관리 교수 기능 중 상황 이해에 해당한다.
② 예방 관리 교수 기능 중 동시 처리에 해당한다.
④ 예방 관리 교수 기능 중 여세 유지에 해당한다.

개념 PLUS

쿠닌(J. Kounin)의 예방 관리 교수 기능

상황 이해	교사가 학습자의 행동을 예측하고 상황을 파악하여 사전 예방을 하는 능력
동시 처리	교사가 여러 가지 수업 활동을 동시에 처리하는 능력
유연한 수업	수업 중 흐름을 끊김 없이 유연하게 이어가는 능력
여세 유지	수업의 활력을 유지하며, 학습자들이 학습에 계속 몰입하도록 유도하는 능력
집단 경각	학생들이 수업에 집중하도록 하여, 학습 효과를 높이는 기능
학생 책무성	학생들에게 과제 수행에 대한 책임감을 부여하여, 학습 참여를 독려

17 ②

평가는 교육 활동의 가치를 판단하고 피드백을 제공하며, 자료 수집과 해석을 통해 의사 결정을 지원하는 과정이다.
② 측정은 평가의 일부 과정이 될 수 있지만, 본질적으로 수치를 수집하는 과정이며 가치 판단이 포함되지 않는다. 평가는 단순한 측정을 넘어 해석과 가치 판단을 포함한다.

18 ④

- A – ㉢ 검사–재검사: 동일한 검사를 동일한 집단에 일정한 시간 간격을 두고 반복 시행하여, 결과가 일관되게 나타나는 정도를 평가한다. 시간이 지나도 측정 결과가 얼마나 안정적인지를 평가하며, 시간 간격이 너무 짧거나 긴 경우 신뢰도에 영향

을 줄 수 있다.
- B-ⓒ 동형 검사: 동일한 특성을 측정하기 위해 개발된 두 개의 동등한 형태의 검사가 동일한 결과를 나타내는 정도를 평가한다. 두 검사를 같은 집단에 실시하고, 두 결과 간의 일관성을 분석하여 신뢰도를 평가한다.
- C-㉠ 내적 일관성 검사: 검사 내 문항들이 동일한 개념을 일관되게 측정하는 정도를 평가한다. 문항 간의 상관관계를 분석하여 검사가 체계적이고 일관성 있게 구성되었는지를 확인한다.

19 ①

인지적 자질은 체육 교과의 전문 지식을 바탕으로 학습자를 효과적으로 지도할 수 있는 능력을 포함한다.

오답풀이

②, ③ 수행적(행동적) 자질에 해당한다.
④ 태도적(정의적) 자질에 해당한다.

● 개념 PLUS

학교체육 전문인의 핵심 역량

인지적 자질	• 학생의 개인적 특성과 신체 활동 학습 및 발달 수준을 이해하는 능력 • 체육 교과에 대한 전문 지식을 바탕으로 학생들에게 효과적인 체육 학습을 지도할 수 있는 능력 • 체육 교육의 이론과 원리를 이해하고, 이를 학습 상황에 적용하는 능력
수행적 자질	• 교육과정에 맞는 체육 수업을 개발하고 운영할 수 있는 능력 • 학생들의 신체 활동 과정을 관찰하고, 그에 맞게 평가할 수 있는 능력 • 체육 공동체의 구성원들과 원활하게 협력 관계를 구축할 수 있는 능력 • 다양한 교육 환경에 맞춰 적절한 교수법을 적용하는 능력
태도적 자질	• 전문성 향상을 위한 지속적인 자기반성과 실천 • 건전한 인성과 교직에 대한 책임감을 갖춘 태도 • 학생들의 신체 발달과 체육 교육의 목표 달성을 위한 사명감을 지닌 태도

20 ④

마이크로 티칭은 소수의 동료나 학생을 대상으로 한 모의 상황에서 단시간 내에 교수 기능을 연습하는 방식이다. 이 방법은 교수기술의 특정 측면을 집중적으로 연습하고 개선할 수 있도록 설계되었다.

오답풀이

① 실제 교수: 교사가 실제 학급에서 수업을 담당하며 교수 기능을 실습하는 방법이다. 이 방법은 실제 수업 환경에서 이루어지며, 교사가 학습자와 직접 상호 작용하면서 교수법을 연습하고 피드백을 받을 수 있다.
② 반성적 교수: 수업 후 교수 내용과 과정을 평가하고 피드백을 받는 방식이다. 이 과정은 교사가 수업의 장단점을 분석하며, 자기 성찰 능력을 키우는 데 중점을 둔다.
③ 1인 연습: 거울이나 녹화 도구를 활용하여 자신의 말과 행동을 관찰하며 교수 기능을 연습하는 방법이다. 실제 학습자 없이 혼자 연습하며, 언어 표현과 비언어적 행동 등을 분석하고 교정하는 데 초점을 맞춘다.

● 개념 PLUS

교수 기능의 연습 방법

1인 연습	거울 앞에서 자신의 말과 행동을 관찰하며 교수 기능을 연습
마이크로 티칭 (축소 수업)	모의 상황에서 소수의 동료나 학습자를 대상으로 교수 기능을 일정 시간 내에 연습
동료 교수	소집단의 동료와 함께 수업 상황을 모의로 구성하여 교수 기능을 연습
반성적 교수	수업 목표와 평가 방법을 설명한 후, 수업이 끝나고 교수 내용 평가 및 피드백을 제공
스테이션 교수	학습자들을 수업 목표에 맞게 구분하고, 수업 장소를 이동하면서 여러 과제를 동시에 진행하는 협력 수업 방법
실제 교수	직전 교사가 일정 기간 실제 학급에서 수업을 담당하며 교수 기능을 실습

스포츠심리학

1	④	2	①	3	③	4	②	5	④
6	③	7	①	8	②	9	①	10	②
11	③	12	②	13	④	14	②	15	③
16	②	17	①	18	④	19	①	20	③

1 ④

④는 한국체육사에 대한 설명이다. 한국체육사는 사회적·시간적 변화에 따른 스포츠 및 체육 활동의 변천을 연구하며, 스포츠가 인류 문화 속에서 어떤 의미를 가지는지 탐구하는 학문이다.

오답풀이 ❶

① 스포츠심리학은 선수들의 심리적 요인이 운동수행에 미치는 영향을 분석하고, 경기 중 나타나는 심리적 변화와 그 원인을 탐구한다.
② 스포츠심리학의 핵심 연구 분야 중 하나는 심리적 요인(예 동기, 불안, 자신감, 집중력 등)이 선수의 경기력에 어떻게 영향을 미치는지를 분석하는 것이다.
③ 스포츠심리학은 스포츠 및 운동과 관련된 상황에서 인간의 심리적 반응과 행동을 관찰하고 분석하는 학문이다. 이를 통해 선수들의 심리적 상태를 최적화하고 경기력을 향상시키는 데 기여한다.

2 ①

'새로운 운동 계획'은 회상 도식(recall schema)과 관련된 개념이다. 회상 도식은 과거의 유사한 운동 경험을 바탕으로 새로운 동작을 계획하고 실행하는 데 사용된다.

◯ 개념 PLUS

슈미트(Schmidt)의 스키마 이론

재인 도식	• 느린 움직임-폐쇄 회로 • 피드백을 통해 잘못된 동작을 수정
회상 도식	• 빠른 움직임-개방 회로 • 과거 비슷한 경험을 바탕으로 새로운 운동을 계획

3 ③

〈보기〉는 피츠(Fitts)와 포스너(Posner)의 3단계 모델에 대한 내용이다. 피츠와 포스너의 3단계 모델은 운동학습이 단순한 동작 이해에서 시작하여 점차 반복 연습을 통해 동작이 자동화되는 과정을 설명하는 이론이다.

오답풀이 ❶

① 젠타일(Gentile)의 2차원적 모델: 운동기술 학습을 두 단계(초기 단계&후기 단계)로 구분하여 설명하는 이론이다. 초기 단계에서는 움직임 개념을 습득하고, 후기 단계에서는 움직임을 고정화하거나 다양한 환경에서 적응하도록 연습한다.
② 손다이크(Thorndike)의 자극-반응 이론: 학습은 자극과 반응(Stimulus-Response, S-R)의 연합을 통해 이루어진다고 설명한다. 반복과 강화를 통해 학습 효과가 증가한다고 보며, 구체적인 운동학습의 단계 구분은 하지 않는다.
④ 번스타인(Bernstein)의 학습 단계 이론: 운동학습을 신체의 자유도(degrees of freedom) 조절 과정으로 설명한다. 학습 과정에서 신체 부위의 조절 능력이 점진적으로 향상되며, 운동 숙달은 자유도를 효과적으로 조절하는 과정이라고 본다.

4 ②

㉠ 전습법: 운동기술을 부분으로 나누지 않고 전체 동작을 한꺼번에 연습하는 방법이다.
㉡ 분습법: 운동기술을 여러 부분으로 나누어 연습한 후, 마지막에 전체 동작을 통합하는 방법이다.
㉢ 분산 연습: 휴식 시간을 충분히 가지면서 여러 번에 걸쳐서 연습하는 방법이다.

오답풀이 ❶

• 집중 연습: 휴식 시간을 최소화하고, 짧은 시간 내에 여러 기술을 혼합하여 집중적으로 연습하는 방법이다.
• 무선 연습: 여러 가지 기술이나 동작을 무작위로 혼합하여 연습하는 방법이다.

5 ④

〈보기〉의 내용은 수행 지식(Knowledge of Performance, KP)에 해당한다. 수행 지식은 외재적 피드백의 한 형태로, 수행 과정에서 어떤 동작이 올바르게 이루어졌는지, 어떤 부분이 개선되어야 하는지에 대한 정보를 제공한다.

오답풀이 ❶

① 감각 피드백(Sensory Feedback): 내재적 피드백이라고도 하며, 신체 내부 감각(시각, 청각, 촉각, 고유 수용 감각 등)을 통해 자신의 움직임을 스스로 인식하는 피드백이다.
② 자기 통제 피드백(Self-Controlled Feedback): 외재적 피드백의 한 형태로 학습자 스스로 원할 때, 선택적으로 요청하여 받는 피드백이다.

③ 결과 지식(Knowledge of Results, KR): 외재적 피드백의 한 형태로 행동의 결과에 대한 정보 제공이 핵심이다. 수행이 목표에 얼마나 가까운지, 결과가 정확했는지를 알려준다.

6 ③

운동 능력은 연령에 따라 증가하지만, 노화가 운동 능력에 미치는 영향은 매우 크며, 나이가 들수록 운동 능력이 감소할 수 있다.

오답풀이 ❶

① 운동발달 중 신체적 성장에 대한 내용이다.
② 운동발달 중 운동기술의 습득에 대한 내용이다.
④ 운동발달 중 유전적 및 환경적 요인에 대한 내용이다.

⊕ 개념 PLUS

운동발달의 개념

신체적 성장	신체의 크기와 힘, 협응 능력의 발달
운동기술의 습득	운동기술과 전략의 발전
연령별 변화	아동기, 청소년기, 성인기에 따른 운동 능력의 변화
유전적 및 환경적 요인	유전적 요인과 환경적 요인이 운동발달에 미치는 영향

7 ①

〈보기〉의 내용은 한스 아이젠크(Hans Eysenck)의 성격 3요인 모델에 대한 설명이다.
- 외향성: 외향적인 사람과 내향적인 사람의 차이를 설명
- 신경증 성향: 정서적 안정성과 불안정성의 정도를 측정
- 정신병적 성향: 공격적, 반사회적 성향과 온화한 성향을 구분

오답풀이 ❶

② 성격 특성 이론: 레이몬드 캐틀(Raymond Cattell)이 제안한 이론으로, 성격을 16개의 주요 성격 특성으로 분류하여 설명한다.
③ 정신 분석 이론: 지그문트 프로이트(Sigmund Freud)가 제안한 이론으로, 성격을 원초아(Id), 자아(Ego), 초자아(Superego)로 구분하며, 무의식적 욕구와 심리적 갈등이 성격 형성에 중요한 영향을 미친다고 본다.
④ 체형 성격 이론: 윌리엄 셀던(William Sheldon)이 제안한 이론으로, 인간의 신체 유형(체형)을 내배엽형, 중배엽형, 외배엽형으로 구분하고, 각 신체 유형에 따라 성격 특성이 결정된다고 주장한다.

8 ②

〈보기〉의 내용은 기본적(기초적) 움직임 단계에 대한 설명이다. 갤라휴(Gallahue)의 운동발달 단계는 '반사적 움직임 단계 → 초기(초보적) 움직임 단계 → 기본적(기초적) 움직임 단계 → 스포츠 기술(전문화) 단계 → 성장과 세련 단계 → 최고 수행 단계 → 퇴보 단계'로 구성된다.

오답풀이 ❶

① 반사적 움직임 단계: 출생 후 1년 이내의 영아기에 해당하는 단계로, 본능적 반사 동작이 중심이며, 눈과 손의 협응, 도달 동작, 잡기 동작 등이 발달되는 시기이다.
③ 초보적 움직임 단계: 약 2세까지의 영아 단계로, 기어다니기, 걷기, 서기 등 기본적인 신체 움직임이 가능해지며, 손과 눈의 협응력이 발달한다. 이 시기에는 단순한 대근육 운동을 통해 이동 능력이 향상된다.
④ 스포츠 기술 단계: 초등학생 시기에 해당하는 단계로, 기본적인 운동기술을 바탕으로 스포츠 활동에 참여할 수 있으며, 협응력과 전략적 사고력이 발달하는 시기이다.

9 ①

스펜서의 추동(욕구) 이론은 욕구가 충족되지 않으면 긴장 상태가 발생하며, 각성 수준이 수행에 비례하여 영향을 미친다고 설명한다.

오답풀이 ❶

② 콕스의 다차원적 불안 이론: 불안을 인지적 불안(걱정)과 신체적 불안(생리적 각성)으로 구분하며, 이 두 요인이 모두 경기력에 영향을 미치지만 그 방식은 서로 다르다고 설명한다.
③ 애프터의 전환(반전) 이론: 각성 수준이 높아질 때, 개인이 이를 긍정적(흥분) 또는 부정적(불안)으로 해석하며, 이러한 해석이 수행에 영향을 미친다고 설명한다.
④ 하닌의 최적 수행 지역 이론: 개인마다 최고의 수행을 발휘할 수 있는 최적 불안 범위가 다르며, 이 범위 내에서 최고의 수행이 나타난다고 설명한다.

10 ②

구기 종목에서 공격수가 수비수보다 더 높은 정서적 불안정과 외향성을 보인다. 공격수는 순간적인 판단과 빠른 결단력이 요구되므로, 불안과 긴장 수준이 더 높을 가능성이 크다. 반면, 수비수는 조직적인 플레이와 안정성이 중요하므로 상대적으로 정서적 불안정성이 낮고, 내향적인 성향을 보일 가능성이 있다.

오답풀이 ❶

① 실력이 우수한 선수는 비우수 선수에 비해 침착하게 상황을 대처하며, 긴장, 불안, 우울, 피로를 적게 경험하는 경향이 있다.
③ 신체적 충돌이 많은 종목의 선수들은 자신을 보호하거나 주도권을 확보하기 위해 독립적이고 강한 성격적 특성을 보일 수 있다.
④ 단체 경기 선수는 팀 내에서 다른 선수들과의 상호 작용이 중요한 역할을 한다. 이러한 특성으로 인해 단체 경기 선수는 개인 경기 선수보다 외향적이고 협동성이 높으며, 팀워크를 중시하는 경향이 있다.

11 ③

귀인이란 개인이 자신 혹은 타인의 행동 원인을 추론하는 과정을 의미한다. 와이너(B. Weiner)의 3차원 귀인 모델에서 능력(ability)은 내적, 안정적, 통제 불가능한 요인으로 분류된다.

➕ 개념 PLUS

와이너(B. Weiner)의 3차원 귀인 모델

구분	능력	노력	운	과제 난이도
내적/외적	내적	내적	외적	외적
안정성	안정적	불안정적	불안정적	안정적
통제 가능성	통제 불가능	통제 가능	통제 불가능	통제 불가능

12 ②

〈보기〉의 내용은 자기 효능감에 대한 설명이다. 자기 효능감은 특정 상황에서 문제를 해결할 수 있다는 믿음이나 자신감을 의미한다.

오답풀이 ❶

① 스포츠 자신감: 스포츠 경기에서 성공(승리)할 수 있는 능력에 대한 일반적인 자신감을 의미한다.
③ 유능감: 자신의 능력을 긍정적으로 평가하고, 스스로 유능하다고 느끼는 상태를 의미한다.
④ 낙관주의: 자신에게 긍정적인 일이 생길 것이라고 기대하는 성향을 의미한다.

13 ④

심상은 특정한 이미지나 장면을 떠올리며 상상하는 과정을 의미하며, 내적 심상과 외적 심상, 두 가지 유형으로 나뉜다.
④ 루틴(routine)에 대한 설명이다. 루틴은 경기나 훈련 전에 일정한 행동이나 절차를 반복적으로 수행하는 과정으로, 심리적 안정과 집중력을 높여 최상의 수행 상태를 유지하는 데 도움을 준다.

14 ②

〈보기〉에서 설명하는 것처럼 상대 선수의 움직임과 외부 환경을 종합적으로 관찰하고 판단하는 과정은 '넓은 – 외적' 주의 집중의 대표적인 사례이다.

오답풀이 ❶

① 넓은 – 내적: 내부적으로 여러 가지 전략을 동시에 생각하거나 계획하는 과정이다.
③ 좁은 – 내적: 자신의 감정 조절, 심상 훈련, 특정 기술 수행에 집중하는 상황이다.
④ 좁은 – 외적: 특정한 외부 요소(예 상대의 손, 검 끝)에만 집중하는 과정을 의미한다.

15 ③

〈보기〉의 내용은 인지 재구성과 관련이 있다. 인지 재구성이란 부정적이거나 비합리적인 생각을 긍정적이고 현실적인 사고로 바꾸는 과정을 의미한다.

오답풀이 ❶

① 주의 집중: 특정 대상이나 과제에 의식적으로 집중하고 불필요한 자극을 배제하는 과정을 의미한다.
② 심상: 이미지나 장면을 머릿속에 떠올리며, 실제 경험하지 않은 상황을 감각적으로 상상하는 과정을 의미한다.
④ 루틴: 경기 전 반복적으로 수행하는 일정한 행동이나 절차로, 심리적 안정과 집중력을 높이는 데 활용된다.

➕ 개념 PLUS

인지 재구성의 주요 기법

기법	설명	예시
부정적인 자기 대화 교정	부정적인 생각을 긍정적이고 현실적인 사고로 전환	"나는 실패할 거야."→ "나는 준비가 되어 있어."
스트레스 관리	심리적 긴장을 완화하고, 안정된 상태를 유지	심호흡, 긍정적인 사고
실패 후 회복	실수 후 드는 부정적인 감정을 극복하고, 성장의 기회로 인식	"이 실수는 내 성장을 위한 과정이다."
경기 전 불안 감소	경기 전 긴장을 긍정적인 에너지로 전환하여 집중력 향상	"긴장되는 건 내가 준비가 잘 되었다는 신호야."

16 ②

집단 응집력 결정 요인 중 팀 요인에는 팀의 목표, 팀의 승부욕, 팀의 안정성, 집단 과제, 집단의 지향성, 집단의 성과 규범이 포함된다.

> **오답풀이** ❶

㉠ 환경 요인에 포함된다.
㉣ 개인 요인에 포함된다.
㉥ 리더십 요인에 포함된다.

17 ①

㉠ 민주형 리더: 팀원을 의사 결정 과정에 적극적으로 참여시키고 팀원의 의견을 수렴하며, 집단 협력을 강조하는 리더이다.
㉡ 전망 제시형 리더: 팀원에게 명확한 비전을 제시하고, 미래의 방향을 설정하는 역할을 한다. 또한, 팀원에게 동기 부여와 영감을 불어넣어 목표 달성을 촉진한다.

> **오답풀이** ❶

- 관계 중심형 리더: 팀 내 인간관계를 강화하고, 신뢰와 소통을 통해 팀원 간 조화를 유지하는 데 중점을 둔다.
- 과제 지향형 리더: 높은 성과와 목표 달성을 위해 팀원에게 모범 행동을 요구하고 빠른 결과를 중시한다.
- 지시형 리더: 명확한 지시와 권위적 스타일을 통해 업무를 효율적으로 관리하고 팀을 이끈다.
- 코치형 리더: 팀원에게 개별 피드백을 제공하고, 개인의 성장과 강점 개발을 돕는 데 중점을 둔다.

18 ④

코트렐(Cottrell)의 평가 우려 이론은 타인의 존재 자체가 아니라, 타인이 자신을 평가할 것이라는 기대가 성과 향상의 중요한 요인이라고 설명한다. 즉, 평가받는 상황에서는 수행이 향상될 가능성이 높아지며, 반대로 평가받지 않는다면 사회적 촉진 효과가 나타나지 않을 수도 있다.
④는 바론(Baron)의 주의 분산 이론과 관련된 설명이다.

19 ①

<보기>의 사례는 주의 분리 가설에 대한 설명이다. 이 가설은 운동을 통해 불안과 스트레스로부터 주의를 분산시켜 심리적 안정감을 유도한다고 본다.

> **오답풀이** ❶

② 모노아민 가설: 운동 중 신경 전달 물질(모노아민)의 분비가 증가하여 정서적 안정과 우울증 완화에 기여한다고 설명하는 가설이다.
③ 심리적 이완 가설: 운동이 근육의 긴장을 줄이고 심리적 이완을 유도하여 불안과 긴장을 감소시키는 효과를 설명하는 가

설이다.
④ 열 발생 가설: 운동으로 인해 체온이 상승하고 뇌가 이완 신호를 보내어 신체적 편안함과 심리적 안정감을 유도한다는 가설이다.

⊕ 개념 PLUS

운동의 심리적 효과 가설

모노아민 가설	신경 전달 물질 분비 증가로 운동 후 정서적 변화와 우울증 완화에 기여
주의 분리 가설	운동이 일상에서 벗어나게 하여 불안 감소와 심리적 안정감 유도
열 발생 가설	운동으로 인한 체온 상승이 뇌에서 이완 신호를 유도하여 신체적 편안함 제공
뇌 변화 가설	운동 후 뇌 혈관 발달로 인지 능력 향상
생리적 강인함 가설	규칙적인 운동이 스트레스 저항력을 키우고 정서적 안정을 강화
엔도르핀 가설	운동 중 엔도르핀 분비 증가로 기분 개선과 스트레스 완화에 기여
심리적 이완 가설	운동이 신경계를 진정시켜 불안과 긴장 완화에 기여
사회 심리적 가설	운동에 대한 기대 효과로 위약 효과가 발생하여 심리적 안정 유도
신경 영양 가설	운동이 뇌에서 신경 성장 인자 촉진을 통해 인지 기능과 정신 건강 향상에 기여

20 ③

스포츠심리상담의 절차는 '초기→접수→심리 검사→상담 결정→상담 초기→상담 중기→상담 후기'로 구성된다.
상담 초기 단계는 내담자와 상담자 간 신뢰를 형성하고, 상담의 방향과 구조를 설정하는 과정을 포함한다. 또한, 내담자의 문제를 심층적으로 탐색하여 상담의 목표와 진행 방식을 결정하는 중요한 단계이다.

> **오답풀이** ❶

① 접수: 구체적인 문제 및 목표를 논의하고, 상담 방식을 설명하며, 기본적인 자료 및 정보를 수집하는 단계이다.
② 상담 결정: 상담 목표를 확정하고, 상담 일정 및 방식을 결정하며, 상담 동의 및 절차를 합의하는 단계이다.
④ 심리 검사: 내담자의 심리적 상태를 평가하고, 심리 검사 도구를 활용하여 심리적 문제와 강점을 분석하는 단계이다.

한국체육사

1	②	2	④	3	③	4	①	5	①
6	③	7	②	8	③	9	①	10	③
11	③	12	②	13	④	14	④	15	③
16	④	17	②	18	③	19	②	20	④

1 ②

스포츠사의 연구는 과거 사건을 단순히 기록하는 것이 아니라, 그 속에 담긴 연속성과 변화를 탐구하며, 스포츠의 미래 발전 방향을 제시하는 역할을 한다.

오답풀이 ❶

① 체육사는 단순히 과거의 사건을 나열하는 학문이 아니라, 과거와 현재를 연결하고 연속성과 변화를 분석하며, 미래 스포츠의 발전을 준비하는 데 초점을 둔다.
③ 체육사는 현재 상태의 분석에만 국한되지 않으며, 역사적·사회적 변화 속에서 신체 활동의 발전을 탐구하는 학문이다.
④ 스포츠사의 연구는 특정 요인에 국한되지 않으며, 종교, 정치, 경제, 문화 등 다양한 사회적 요인과의 연관성을 종합적으로 분석한다.

2 ④

시대적·지역적 연구 영역은 특정 시대나 지역을 중심으로 체육의 발전과 그 사회적·문화적 맥락을 분석하는 연구이다. 체육사의 연구는 사회적 배경, 문화적 요소, 정치적 환경과의 관계를 고려하여 시대별·지역별 변화를 탐구하는 것이 핵심이다.

오답풀이 ❶

① 개별적·특수적 연구 영역은 특정 스포츠 종목이나 역사적 사건, 인물, 특수한 상황을 한정하여 연구하는 분야이다. 반면, 전 시대와 지역을 아우르는 통합적 연구는 '통사적·세계사적 연구' 영역에 해당한다.
② 해석적 연구는 과거의 사실을 평가하고 해석하는 과정에 중점을 둔다. 반면, 과거의 역사적 사실을 객관적으로 규명하는 연구는 '기술적 연구'에 해당한다.
③ 스포츠와 단체 연구는 스포츠 발전에 기여한 조직과 단체의 역할과 기여를 탐구하는 연구이다. 반면, 스포츠와 정치적 환경의 관계를 분석하는 연구는 '스포츠와 정치 연구'에 해당한다.

3 ③

㉠ 조선시대 활쏘기 문화는 국가 행사 및 민속 행사에서 수행된 신체 활동이므로, 스포츠의 사회·문화적 요소를 분석하는 '스포츠와 문화' 영역에 해당한다.
㉡ 근대 일본의 스포츠 정책이 학교체육에 미친 영향을 연구하는 것은 스포츠가 정치적 환경(정책)과 어떻게 연결되는지 분석하는 연구이므로, '스포츠와 정치' 영역에 해당한다.
㉢ 쿠베르탱 남작의 체육 사상이 현대 올림픽 정신에 미친 영향을 연구하는 것은 스포츠 철학 및 이념적 배경을 분석하는 연구이므로, '스포츠와 사상' 영역에 해당한다.
㉣ 대한체육회의 설립 과정과 초기 활동이 한국 스포츠 발전에 미친 영향을 분석하는 것은 스포츠 단체 및 조직의 역할을 연구하는 영역이므로, '스포츠 단체 연구' 영역에 해당한다.

4 ①

부족국가시대의 민속놀이는 전투 능력과 신체적 힘을 겨루는 활동이 주를 이루었으며, 농업 생산성 향상과는 직접적인 연관이 없다.

오답풀이 ❶

② 삼한의 주요 제천 행사(예 수릿날, 계절제)에서는 씨름과 같은 신체적 힘을 겨루는 놀이와 음주가무(술과 춤, 음악이 포함된 축제)가 열렸다. 이는 부족국가시대의 공동체 결속을 위한 신체 활동의 일환으로 볼 수 있다.
③ 농경 사회가 발달하면서 농민과 병사의 역할이 구분되기 시작하였다. 이로 인해 전투에 필요한 기마술(말타기), 궁술(활쏘기) 등의 기술이 발전하였다.
④ 고구려의 동맹, 부여의 영고, 삼한의 무천과 같은 제천 행사는 전쟁의 승리를 기원하거나 부족의 단결을 강화하기 위해 거행되었다. 집단 놀이와 무예 연습이 포함되었으며, 신체 활동이 중요한 요소로 자리 잡았다.

5 ①

㉠ 경당: 고구려의 서민층을 위한 사립 교육 기관으로, 청소년들에게 활쏘기(궁술) 등 신체 활동과 학문을 함께 교육하였다. 이는 무예와 학문을 겸비한 인재 양성을 위한 교육 기관이었다.
㉡ 박사 제도: 백제에서 시행된 교육 담당관 제도로, 모시박사(유학), 의박사(의학), 역박사(천문학), 오경박사(유교 경전) 등 다양한 박사 직책이 존재하였다. 이는 백제가 체계적인 학문 교육을 중요하게 여겼음을 보여준다.
㉢ 국학: 신라의 귀족 자제를 대상으로 한 고등 교육 기관으로,

국가 관리 양성을 목적으로 설립된 교육 기관이었다. 주로 유학 교육을 중심으로 진행되었으며, 관료를 양성하는 역할을 하였다.

오답풀이 ❶

- 태학: 고구려의 최초 관학(중앙 교육 기관)으로, 귀족 자제를 대상으로 한 고등 교육 기관이며, 주로 관리 양성을 목적으로 설립되었다.

6 ③

세속오계(世俗五戒)는 신라 화랑도의 다섯 가지 실천 덕목으로, 충성과 효, 용기를 바탕으로 문무를 겸비한 인재를 양성하는 데 중점을 둔 규범이다.

◯ 개념 PLUS

세속오계(世俗五戒)

교우이신(交友以信)	벗과 사귈 때 신의를 지켜야 한다.
사군이충(事君以忠)	임금을 섬길 때 충성을 다해야 한다.
사친이효(事親以孝)	부모를 섬길 때 효도를 실천해야 한다.
살생유택(殺生有擇)	살생을 하되, 그 선택을 신중히 해야 한다.
임전무퇴(臨戰無退)	전쟁에 임하여 절대 물러서지 않는다.

7 ②

죽마(竹馬)는 대나무를 이용해 이동하며 균형 감각을 발달시키는 놀이로, 신체적 민첩성과 기술이 요구되는 활동이다.

오답풀이 ❶

① 말을 타고 공을 쳐서 승부를 가리는 경기는 격구(擊毬)이다.
③ 돌 던지기 놀이는 석전(石戰)이다. 석전은 돌을 던지며 상대와 대결하는 전통 민속놀이로, 전략적 사고와 협동력이 필요한 활동이다.
④ 연 날리기는 풍연(風鳶)이다. 풍연은 바람을 이용해 종이 연을 띄우는 활동으로, 바람의 방향을 감지하거나 예술적 감각을 표현하는 데 활용되었다.

8 ③

'신체미 숭배 사상'은 신체의 아름다움과 탁월성을 강조하는 개념으로, 화랑들은 무예뿐만 아니라 음악·무용 등의 예술 활동도 익히며 신체의 균형과 조화를 중시하였다. 이러한 활동은 단순한 전투 훈련이 아니라 신체 자체의 미적 가치를 높이는 데도 기여하였다.

오답풀이 ❶

① 심신 일체론적 신체관에 대한 설명이다.
② 군사주의 체육 사상에 대한 설명이다.
④ 불국토 사상에 대한 설명이다.

◯ 개념 PLUS

화랑도의 체육 사상

신체미의 숭배 사상	신체의 아름다움과 탁월성을 중시하며, 신체 자체에 높은 가치를 부여한다.
심신 일체론적 신체관	신체와 정신의 조화를 이루는 심신 일체론을 바탕으로 신체 활동이 정신적 수양과 밀접하게 연관된다.
군사주의 체육 사상	국가를 위해 자신을 희생할 수 있는 용감한 인재를 육성하는 사상이 중심이었으며, 신체적 훈련과 군사 교육이 밀접하게 연결되었다.
불국토 사상	국토를 신성하게 여기며 목숨을 걸어서라도 국토를 지키는 것을 목적으로, 입산수행과 편력 등 신체적 단련 활동이 수행되었다.

9 ①

㉠ 국자감: 고려시대 최고의 관립 종합 교육 기관으로, 문무관 8품 이상의 귀족 자제를 대상으로 고등 교육을 제공하였다. 특히, 7재라는 전문 교육 과정을 운영하며 유학(성리학, 유교 경전), 경학(경전 학문), 율학(법률), 서학(문학), 산학(수학) 등을 가르쳤다.
㉡ 향교: 고려시대 지방민의 교화를 목적으로 설립된 관립 지방 교육 기관으로, 유학 중심의 교육이 이루어졌다. 지방 관청에서 운영하며, 주로 향리 자제와 지역민의 교육을 담당하였다.

오답풀이 ❶

- 서당: 마을 단위로 설립된 사설 초등 교육 기관이다. 글을 모르는 아이들에게 한문 읽기, 쓰기, 유학 경전의 기초를 가르쳤으며, 서민 자녀도 교육을 받을 수 있었다.
- 9재 학당: 최충이 설립한 사립 교육 기관으로, 인격 완성과 과거 시험 준비를 위한 교육이 이루어졌다.

10 ③

수박(手搏)은 맨손과 발을 이용한 격투 기술로, 치기(손으로 치기), 주먹지르기(권타) 등의 기술이 포함되었다. 고려 명종(재위 1170~1197) 시기, 무신 정권이 들어서면서 무인들의 출세 수단으로 활용되었다. 또한, 인재 선발의 기준으로도 사용되어, 경기를 통해 승자에게 벼슬을 내리는 등 중요한 역할을 하였다.
③ 무신 정권 이후, 문관들은 정치적으로 배제되었으며, 무신들이 무예를 강조하며 수박을 적극 활용하였다.

11 ③

무과 시험은 무관(武官)을 선발하기 위한 체계였으며, 궁술 · 기창 · 격구 · 조총 등의 실기 시험과 함께, 『손자병법』, 『육도』와 같은 병서(兵書)를 활용하여 병법 지식을 평가하였다.

오답풀이

- 경서(經書): 유교 경전으로, 과거 시험 중 문과 시험에서 주요 과목으로 다루어졌다.
- 기술관(技術官): 과학, 기술, 예술 등 전문 기술을 담당하는 관리로, 잡과 시험을 통해 선발되었다.
- 무신(武臣): 군사 업무를 담당하는 관리로, 무관(武官)과 유사한 개념이지만, 무관이 무과 시험을 통해 선발되는 것과 달리 무신은 임명이나 세습 등을 통해 선발되기도 한다는 점에서 구분된다.
- 의서(醫書): 의학에 관한 서적으로, 의술과 약에 대한 내용을 정리한 책이다.
- 예서(禮書): 유교에서 예(禮)에 관한 서적으로, 의례와 관련된 내용을 다룬 책이다.

12 ②

훈련원은 병서 강습과 군사 훈련을 통해 국가의 군사력을 강화하고 무인을 양성하는 교육 기관이었다. 조선시대 군사 교육의 중심지로, 무과 시험 준비와 실전 전투 기술 습득을 담당하였다.

오답풀이

① 성균관 또는 향교에 대한 설명으로, 훈련원은 문관이 아닌 무관과 병사들을 대상으로 한 군사 기관이다.
③ 활쏘기 중심의 훈련장은 사정(射亭)이다.
④ 지방 유생을 위한 학문 교육 기관인 서당이나 향교에 해당한다.

13 ④

『무예도보통지』는 1790년 정조의 명으로 편찬된 종합 무예서로, 목판 인쇄본으로 간행되었다. 조선 고유의 무예뿐만 아니라, 중국과 일본의 무예 기술도 포함하여 무예 체계를 정리한 서적으로, 중국의 창술과 도법, 일본의 왜검술, 조선의 기창과 편곤 등 다양한 무예 종목을 수록하여 각국의 무예 지식을 집대성하였다.

14 ④

오산학교는 1907년 이승훈이 평안북도 정주에 설립한 4년제 중등 학교로, 민족 교육을 통해 자주독립을 이루는 것을 목표로 삼았다. 신민회와 연계하여 독립 의식을 고취하고, 학생들에게 민족적 정체성을 심어주기 위해 노력한 대표적인 개화기 교육 기관이다.

오답풀이

① 대성학교: 1908년 도산 안창호가 평양에 설립한 중등 교육 기관으로, 인재 양성을 통한 구국 운동에 기여하였으며, 실력 양성 운동의 일환으로 민족 교육을 강조하였다.
② 흥화학교: 1898년 민영환이 설립한 민간 교육 기관으로, 실업 및 실용 교육뿐만 아니라 신식 교육을 도입하여 개화기 교육의 기틀을 마련하였다.
③ 동문학: 1883년 조선 정부가 통역관 양성을 목적으로 설립한 관립 외국어 교육 기관으로, 외교와 무역을 위한 실용적 교육에 중점을 두었다.

15 ③

ⓒ 제1기(근대 체육의 태동기, 1876~1884): 군사적 필요에 의해 체육 교육이 시작된 시기로, 1883년 원산학사, 1895년 무예학교에서 정규 체육 교육이 처음 도입되었다.
ⓒ 제2기(근대 체육의 수용기, 1885~1904): 기독교계 사립 학교와 관립 학교에서 체조 과목이 정식 교육과정에 포함되었다. 배재학당, 이화학당 등에서 서구식 체육이 도입되고, 축구 · 야구 등의 서구 스포츠가 운동회를 통해 확산되었다.
㉠ 제3기(근대 체육의 정립기, 1905~1910): 체조가 정식 교과목으로 채택되며, 병식 체조(군사 체조)와 유희(놀이 체육)가 포함된 체계적인 학교체육이 정립되었다.

16 ④

야구는 1905년 미국인 선교사 필립 질레트가 황성기독청년회(YMCA)에서 처음 도입하였다.

17 ②

노백린은 송화에 광무학당을 설립하여 구국 교육 운동을 전개하였으며, 체육을 국민 교육의 필수적 요소로 강조하였다. 특히, 병식 체조 중심의 학교체육을 개선하기 위해 우리나라 최초의 체조 강습회를 개최하여 체육 교육의 발전에 기여하였다.

오답풀이

① 안창호: 구국 운동과 민족 교육의 대표적인 인물로 대성학교를 설립하였다.
③ 박은식: 개화기의 체육 사상가로, 문(지식) 위주의 교육을 비판하고 학교체육과 신체 단련의 중요성을 강조하였다.
④ 조원희: 휘문의숙 체육 교사로서 학교 체조의 이론적 · 실천

적 개선을 위해 노력하였다.

18 ③

오답풀이

① 이기: 한성사범학교 교관으로 재직하며, 지덕체 중 '체'를 중시하였다. 또한, 대한자강회를 조직하여 민족의 자강과 체력 증진을 강조하였다.
② 서상천: 조선체력증진법연구회를 설립하여 전국에 역도를 보급하는 데 앞장섰으며, 1926년부터 휘문고등학교 체육 교사로 부임해 역도부를 조직하고 지도하였다. 또한, 대한체조협회 회장과 대한씨름협회 회장을 역임하며 한국 스포츠 발전에 크게 기여하였다.
④ 여운형: '체육 조선의 건설'이라는 글에서 체육이 사회의 힘을 강화하고, 구성원의 체력을 기르는 중요한 수단임을 강조하였다. 또한, 교육의 기초가 체육에 있다고 주장하며, 체육을 통해 국민의 단결과 체력 증진을 도모하는 것이 사회 발전에 필수적이라고 보았다.

19 ②

엘리트주의는 민족의 자존심을 상징하는 우수 선수 육성과 체육 대중화라는 두 가지 목표를 동시에 추진하였다.

오답풀이

① 건민주의: 체육을 통해 국민성을 강화하고, 체육 진흥 운동을 범국민적으로 추진한 사상이다.
③ 대중주의: 대중이 체육 활동에 쉽게 접근하도록 하고, 체육을 누구나 즐길 수 있도록 장려한 사상이다.
④ 국가주의: 체육과 스포츠를 통해 국력을 강화하고 국가 발전을 도모하는 사상이다.

20 ④

2008년 베이징 올림픽 대회에서는 남북 단일팀이 구성되지 않았다. 북한과 한국은 각각 개별적으로 출전하여 경기를 치렀으며, 개막식에서도 공동 입장하지 않았다.
남한과 북한이 단일팀으로 출전한 경기는 1991년 '제41회 지바 세계 선수권 대회'에서 여자 탁구 종목과 2018년 '평창 동계 올림픽'에서 여자 아이스하키 종목 등이 있다.

운동생리학

1	②	2	②	3	①	4	②	5	②
6	③	7	④	8	③	9	③	10	②
11	③	12	④	13	②	14	③	15	①
16	④	17	②	18	②	19	②	20	③

1 ②

㉠ 체력은 신체 활동을 수행하는 데 필요한 기본적인 생리적 능력으로, 모든 운동수행의 기초가 된다.
㉣ 체력은 근력, 지구력, 유연성, 순발력 등 다양한 신체적 요소로 구성되며, 운동수행과 건강 유지에 중요한 역할을 한다.

오답풀이

㉡ 체력은 심리적 요소가 아니라 신체적 능력과 관련된다.
㉢ 체력은 선천적인 요인도 영향을 받지만, 후천적인 훈련과 연습을 통해 충분히 향상될 수 있다.

2 ②

운동 중 에피네프린이 분비되어 근육 글리코겐의 분해를 촉진한다. 에피네프린은 순환계 호르몬으로 작용하며, 세포 내 순환성 AMP 생성을 증가시켜 글리코겐 분해 효소를 활성화하여 근육 글리코겐을 분해하도록 유도한다.

오답풀이

① 혈액 내 칼슘 농도의 감소는 운동 후 근육 이완과 관련이 있다.
③ 운동 중에는 근육 글리코겐을 우선적으로 사용하고, 지방산 사용은 장기간 운동 시 지연된다.
④ 포도당 신생 합성은 주로 간에서 일어나는 과정으로, 근육 글리코겐 분해를 촉진하는 원인은 아니다.

3 ①

운동 신경에서 분비된 아세틸콜린은 근육 섬유막의 수용체에 결합하여 근육 수축 과정을 시작한다. 아세틸콜린이 신경 말단에서 방출되면, 근육 섬유막의 니코틴성 아세틸콜린 수용체와 결합하며, 이 과정에서 세포막의 전기적 변화가 발생하여 나트륨 이온(Na^+)이 세포 내로 유입된다. 이후 근소포체에서 칼슘 이온(Ca^{2+})이 방출되며 근육 수축을 유발하는 과정이 진행된다.

> 오답풀이

② 도파민: 주로 신경 전달 및 운동 조절에 관여하는 신경 전달 물질이다.
③ 세로토닌: 주로 기분 조절, 수면 조절 등에 관여하는 신경 전달 물질이다.
④ 노르에피네프린: 주로 교감 신경계를 활성화하는 역할을 하며, 심박수 증가 및 혈압 상승과 관련된다.

4 ②

㉠ 운동 중 ATP가 충분하지 않으면 근육 수축이 어려워지고 피로가 발생한다.
㉣ 근소포체에서 칼슘 이온(Ca^{2+})이 충분히 방출되지 않으면 근육 수축이 저하되면서 피로가 발생한다.

> 오답풀이

㉡ 운동 중 혈류 증가는 근육에 산소와 영양소 공급을 촉진하고, 노폐물 제거를 원활하게 한다. 따라서, 혈류가 증가하면 오히려 피로 회복 속도가 빨라지고 운동 지속 시간이 증가한다.
㉢ 운동 중 호흡 효율성이 향상되면 산소 공급이 원활해지고, 에너지원(ATP) 생성이 증가하여 피로가 줄어든다.

5 ②

인슐린은 혈당을 낮추는 역할을 하는 호르몬으로, 운동 중에는 분비가 감소한다.

> 오답풀이

① 에피네프린은 교감 신경계에 의해 분비되는 호르몬으로, 신체의 스트레스 반응을 조절한다.
③ 코르티솔은 스트레스 상황(운동 포함)에서 혈당을 유지하는 역할을 한다.
④ 성장 호르몬은 운동 후 회복 과정에서 단백질 합성 증가, 근육 조직 회복, 지방 대사 촉진 등의 역할을 수행한다.

6 ③

㉡ 유산소성 운동은 근육 내 모세 혈관 밀도를 증가시키는 대표적인 적응 효과이다. 모세 혈관 밀도가 증가하면 근육으로의 산소 공급이 향상되며, 산화 대사 능력이 증가한다. 이로 인해 유산소성 지구력이 향상되고, 피로 회복 속도가 빨라진다.
㉢ 유산소성 운동을 지속하면 Type I 근섬유의 비율과 산화 능력이 증가한다.

> 오답풀이

㉠ Type II 근섬유(속근 섬유)는 무산소성 운동(저항 운동, 스프린트 등)에서 주로 발달한다. 유산소성 운동은 Type I 근섬유의 활성도를 증가시키며, Type II 근섬유의 비율을 증가시키지는 않는다.
㉣ 유산소성 운동은 지방 연소를 촉진하여 체지방 감소 효과를 가져온다. 일반적으로 규칙적인 유산소 운동을 하면 지방 조직의 비율이 감소한다.

7 ④

피부는 체온 조절에서 중요한 역할을 한다. 체온이 상승하면, 피부의 땀샘이 활성화되어 땀을 분비하게 되며, 이 땀은 피부 표면에서 증발하면서 열을 흡수하여 신체 온도를 낮춘다. 이러한 증발열 현상은 특히 더운 환경이나 운동 중에 효과적으로 작용한다.

> 오답풀이

① 소화계는 체온 조절의 직접적인 역할을 수행하지 않는다.
② 근골격계는 열을 생성하지만, 체내 열 발산을 직접 조절하는 역할은 피부계가 담당한다.
③ 내분비계는 대사율을 조절하지만, 체내 열 발산을 직접 조절하는 기능은 없다.

8 ③

심폐지구력은 심장, 폐, 혈관이 근육에 산소를 지속적으로 공급하고 이를 활용하는 능력을 의미한다. 심폐지구력은 유산소 운동(달리기, 수영, 자전거 타기 등)을 통해 향상될 수 있으며, 운동수행 능력과 전반적인 건강 유지에 필수적인 요소이다.

> 오답풀이

① 근력: 근육이 최대한의 힘을 발휘하는 능력으로, 주로 무산소성 운동(중량 운동, 웨이트 트레이닝 등)과 관련이 있다.
② 유연성: 관절의 가동 범위를 넓히는 능력이다.
④ 신경근 조절: 신경과 근육이 협력하여 효율적인 움직임을 수행하는 능력이다.

9 ③

인슐린은 크레아틴의 세포 내 흡수를 증가시키고, 크레아틴 저장을 돕는 역할을 한다. 글루코스를 섭취하면 혈당이 증가하고, 이에 따라 인슐린 분비가 촉진되므로 크레아틴 재합성이 촉진된다.

오답풀이

① 혈압은 크레아틴 재합성과 직접적인 관련이 없다.
② 운동 후 근육 온도가 상승하더라도 크레아틴 재합성과 직접적인 연관은 없다.
④ 젖산은 주로 에너지 대사와 피로에 영향을 미치며, 크레아틴 재합성과는 관련이 적다.

10 ②

신경계는 자극을 인식하고 이에 대한 적절한 반응을 조절하는 데 핵심적인 역할을 한다. 신경계는 크게 중추 신경계와 말초 신경계로 나뉜다. 중추 신경계는 뇌와 척수를 포함하며, 말초 신경계는 전신에 분포하는 신경들로 구성되어 있어 신체 곳곳으로 정보를 전달한다.

오답풀이

① 신경계는 자율 신경계를 통해 심장 박동, 혈관 수축 및 확장 등을 조절하여 심혈관 시스템과 긴밀하게 연결되어 있다.
③ 신경계는 감각, 자율 조절(예: 소화, 호흡 조절), 학습, 기억 등 다양한 기능을 수행하며, 운동 기능에만 한정되지 않는다.
④ 신경계는 근육의 움직임 조절뿐만 아니라 감각 정보 처리, 반사 작용, 내분비 조절 등 다양한 생리적 기능을 수행한다.

11 ③

적절한 운동은 수면 패턴을 개선하고, 수면 호르몬인 멜라토닌의 분비를 촉진하는 데 긍정적인 영향을 미친다. 규칙적인 신체 활동은 신체가 자연스럽게 피로를 느끼게 하고, 낮 동안 에너지를 증가시켜 밤에 더 깊고 편안한 수면을 유도한다. 또한, 운동은 스트레스를 감소시키고 기분을 개선하는 데 도움을 주어 수면의 질을 향상시키는 중요한 요소로 작용한다. 운동 후 체온이 일시적으로 상승한 뒤, 수면 시 급격히 낮아지는 과정 역시 수면을 유도하는 데 긍정적인 영향을 미친다.

12 ④

ⓒ 유산소성 대사의 효율 증가는 근육 내 미토콘드리아 밀도의 증가에 의해 향상된다. 즉, 유산소성 에너지 시스템을 통한 ATP 생성 능력이 더욱 최적화된다.
ⓔ 미토콘드리아 밀도가 증가하면 에너지 대사에서 지방산 활용 비율이 높아진다. 그 결과, 운동 중 탄수화물(글리코겐) 소비가 줄어들어 글리코겐이 더 오래 보존되는 '글리코겐 절약 효과'가 나타난다.

오답풀이

㉠ 미토콘드리아는 유산소 대사를 담당하므로, 무산소성 능력에는 직접적인 영향을 주지 않는다.
㉡ 미토콘드리아가 젖산 제거 및 ATP 생산을 돕기 때문에 오히려 피로 회복 속도는 증가한다.

13 ②

ⓒ 근육 내 저장된 ATP는 운동 중에 사용되며, 산화적 인산화 과정을 통해 지속적으로 재생된다.
ⓔ 운동 중 신체의 에너지 대사가 활발해지면서 산소 소비량이 증가한다. 이 과정에서 유기물이 산화되면서 이산화탄소가 생성된다. 즉, 운동을 하면 근육 세포가 에너지를 얻기 위해 더 많은 산소를 사용하며, 이에 따른 부산물로 이산화탄소가 증가하게 된다.

오답풀이

㉠ 혈액 내 젖산 농도는 운동 강도가 증가할수록 증가한다.
ⓓ 효소 활성도는 운동 중 대사 과정이 촉진됨에 따라 증가한다.

14 ③

운동 중 신체는 체온 조절을 위해 땀을 분비한다. 땀은 피부 표면에서 증발하면서 체내 열을 제거하여 체온을 낮추는 중요한 역할을 한다. 그러나 과도한 땀 배출은 체내 수분과 전해질 손실을 유발할 수 있다. 탈수는 이러한 수분 손실이 충분히 보충되지 않을 때 발생하며, 신체 기능에 다양한 부정적인 영향을 미칠 수 있다.

오답풀이

① 운동 중에는 일반적으로 인슐린 분비가 감소하며, 탈수와 직접적인 관련이 없다.
② 운동 중 과도한 수분 및 나트륨 배출 증가는 탈수 증상을 유발할 수 있다.
④ 운동 중 체온이 상승하면 혈관이 확장되어 열 발산을 증가시킨다. 혈관 수축은 운동 후 체온이 급격히 낮아지는 과정에서 일어날 수 있지만, 탈수의 주요 원인은 아니다.

15 ①

과부하 원리는 단기적인 효과가 아니라 장기적인 적응을 목표로 한다.

16 ④

운동 중 에너지 대사에서 탄수화물, 지방, 단백질의 사용 비율은 운동 지속 시간에 따라 달라진다.
- 운동 초기에는 빠른 에너지 제공이 필요하기 때문에 탄수화물이 주요 에너지원으로 사용된다.
- 운동 시간이 길어질수록 신체는 점차 지방을 주요 에너지원으로 사용하게 된다.
- 단백질은 에너지원으로 사용되는 비율이 매우 낮으며, 주로 근육 및 신체 조직의 유지와 회복에 중요한 역할을 한다.

17 ②

중추 신경계는 즉각적인 반응보다는 자극을 분석하고, 적절한 반응을 결정하는 역할을 수행한다.
즉각적인 반사 작용은 주로 말초 신경계와 척수 반사에 의해 이루어진다. 예를 들어, 손이 뜨거운 물체에 닿았을 때, 중추 신경(뇌)이 개입하기 전에 척수에서 반사 작용이 발생하여 손을 즉각적으로 뗀다.

18 ④

골격근의 발달은 운동뿐만 아니라 여러 요인에 의해 영향을 받는다. 운동은 근육을 강화하고 크기를 증가시키는 중요한 요소지만, 적절한 영양 섭취, 충분한 휴식, 유전적 요인 또한 골격근 발달에 중요한 역할을 한다.

19 ②

㉠ 아드레날린은 신체가 스트레스나 운동 상황에서 반응하는 데 중요한 역할을 하는 호르몬으로, 주로 부신에서 분비된다. 아드레날린은 심박수 증가, 혈당 상승, 에너지 대사 촉진을 유도하여 운동수행 능력을 향상시킨다.
㉢ 글루카곤은 간에서 글리코겐을 포도당으로 분해하여 혈당을 높이며, 이는 저혈당 상태에서 에너지를 공급하는 중요한 기능이다.

오답풀이 ❶

㉡ 에스트로겐은 주로 여성 호르몬으로 알려져 있으며, 남성에서도 소량 존재하지만 근육 성장에 주요하게 작용하지 않는다.
㉣ 테스토스테론은 남성 호르몬으로, 근육 성장, 단백질 합성 촉진, 성 기능 유지 등에 중요한 역할을 한다.
스트레스 반응을 조절하는 주요 호르몬은 코르티솔이며, 부신 피질에서 분비된다.

20 ③

심혈관계, 즉 심장과 혈관은 운동 중뿐만 아니라 일상적인 생리적 요구를 충족하기 위해 항상 활성화되어 있다. 심장은 혈액을 순환시키는 역할을 하며, 이는 신체의 모든 조직에 산소와 영양소를 공급하고, 이산화탄소와 같은 노폐물을 제거하는 데 필수적이다.
③ 일상적인 활동 중에도 심혈관계는 신체의 다양한 필요에 즉각적으로 반응하며, 안정 시에도 지속적으로 기능한다.

운동역학

1	③	2	②	3	①	4	②	5	④
6	④	7	②	8	③	9	①	10	①
11	④	12	②	13	④	14	②	15	①
16	②	17	①	18	④	19	①	20	②

1 ③

운동역학은 외부 힘뿐만 아니라 내부 힘(근육의 작용, 관절 반력 등)도 함께 고려하는 학문이다. 따라서 운동역학은 단순히 외부 힘만 분석하는 것이 아니라, 신체 내부의 힘과 외부 힘이 운동에 어떻게 영향을 미치는지를 종합적으로 연구한다.

오답풀이 ❶

① 운동역학은 뉴턴 역학을 바탕으로 물체의 운동을 수학적으로 분석하며, 운동의 원인(힘)과 결과(운동 상태)를 연구하는 학문이다.
② 질량은 운동량, 가속도, 운동 에너지 등의 개념과 관련되며, 운동 특성을 결정하는 중요한 요소 중 하나이다.
④ 운동역학은 운동선수의 기량 향상뿐만 아니라, 부상 예방, 재활 치료, 보행 분석, 의족·의수 설계 등에도 활용된다. 특히, 신체 역학적 분석을 통해 관절 부담을 줄이는 운동 방법을 연구하거나, 정형외과 및 물리 치료에서 재활 전략을 수립하는 데 도움을 준다.

2 ②

오답풀이 ❶

ⓒ 신체의 높은 위치를 의미하는 용어는 '상부(Superior)'이다. '하부(Inferior)'는 신체의 아래쪽(하측)을 의미하는 용어이다.
ⓔ 신체의 뒤쪽을 의미하는 용어는 '후(Posterior)'이다. '방(Axial)'은 신체의 축(머리, 몸통, 척추)을 의미하는 축 방향(Axial)과 관련된 용어이다.

3 ①

인체의 질량 중심은 자세와 움직임에 따라 변화하기 때문에, 지면과의 거리만으로 질량 중심이 변하지 않는다고 단정할 수 없다. 따라서 인체 운동 분석에서는 질량 중심의 이동을 보다 정확하게 이해하기 위해 다양한 요소를 종합적으로 고려해야 한다.

오답풀이 ❶

② 질량 중심이 낮을수록 넘어질 위험이 줄어들어 안정성이 증가한다.
③ 질량 중심이 변하면 신체 균형을 유지하는 방식도 변하며, 이는 운동수행 능력과 직결된다.
④ 질량 중심이 한쪽으로 쏠리면 균형을 유지하기 어려워지고, 추가적인 힘(근육 작용, 보정 동작 등)이 필요하게 된다.

4 ②

㉠ 거리는 크기만 존재하는 스칼라량이며, 방향이 없다.
㉢ 거리는 이동한 총 길이를 의미하며, 방향과 관계없이 측정되는 값이다.

오답풀이 ❶

㉡ 변위는 출발점과 도착점 간의 최단 거리(직선 거리)를 의미하므로, 이동한 경로의 총 길이와 다를 수 있다.
㉣ 변위(출발점과 도착점 간의 최단 거리)는 이동한 거리보다 작거나 같을 수 있다.

5 ④

ⓒ 아르키메데스 원리에 따르면, 부력의 크기는 물체가 밀어낸 유체의 무게와 동일하다.
ⓓ 유체보다 물체의 밀도가 작다면, 부력이 중력보다 커져서 물체가 떠오르게 된다.
ⓔ 유체 속에서 깊이가 깊어질수록 압력이 증가하므로, 물체의 아래쪽에서 받는 압력이 위쪽보다 크다. 이 압력 차이로 인해 위쪽 방향으로 힘이 작용하며, 이 힘이 부력이다.

오답풀이 ❶

㉠ 부력은 모든 잠긴 물체에 작용하지만, 부력의 크기는 물체가 밀어낸 유체의 부피에 비례한다. 물체가 뜨거나 가라앉는 여부는 물체의 밀도와 유체의 밀도 차이에 따라 결정되며, 물체의 밀도가 유체보다 작으면 뜨고, 크면 가라앉는다.

6 ④

일은 힘이 물체를 이동시킬 때만 발생하며, 힘이 작용하지 않거나 물체가 이동하지 않으면 일이 발생하지 않는다. 물리학적으로 '일'은 힘과 이동 거리의 곱으로 계산한다.

오답풀이
① 일은 힘과 거리의 곱으로 정의되며, 방향에 따라 음수의 값을 가질 수 있다.
② 일률은 단위 시간당 수행된 일의 양을 나타내며, 상황에 따라 변할 수 있다.
③ 일률은 힘과 속도의 곱으로 정의되며, 그 단위는 Watt(와트)이다. Joules(J)은 에너지의 단위이다.

7 ②

㉠ 지면 반력기는 보행 분석, 점프 착지, 러닝 등과 같은 운동역학 연구에서 필수적으로 사용된다.
㉢ 지면 반력 데이터를 활용하면 운동 중 힘의 전달 방식, 균형, 충격량 등을 정량적으로 분석할 수 있다.

오답풀이
㉡ 운동선수의 심리적 상태 분석에는 주로 설문지, 뇌파(EEG), 심박 변이도(HRV) 측정 장치 등이 사용된다.
㉣ 체중 변화 기록은 체중계 등 별도의 장비나 방법을 통해 측정할 수 있다.

8 ③

운동역학은 물리학적 원리를 기반으로 신체의 움직임을 분석하는 학문으로, 정역학, 동역학, 운동학 등이 주요 연구 영역에 포함된다.
③ 운동 처방은 생리학 및 스포츠과학 분야에 해당한다.

9 ①

㉠ 병진 운동에서는 물체의 모든 점이 동일한 방향으로 같은 거리만큼 이동한다.
㉢ 병진 운동에서는 물체의 모든 점이 같은 속도와 방향을 가지며 이동한다.

오답풀이
㉡ 병진 운동을 할 때 물체의 중심이 이동할 수 있다.
㉣ 병진 운동은 외력이 작용하지 않아도 등속도로 유지될 수 있으며, 외력이 가해질 경우 가속도가 발생할 수 있다.

10 ①

〈보기〉의 내용은 1종 지레에 대한 설명이다. 1종 지레는 받침점(A)이 힘점(F)과 작용점(R) 사이에 위치하는 것이 특징이며, 힘의 방향을 바꾸고 균형을 조절하는 데 사용된다.

오답풀이
② 2종 지레: 받침점(A)과 힘점(F) 사이에 작용점(R)이 위치하는 지레로, 작은 힘으로 큰 힘을 낼 수 있다.(예 병따개, 외발 손수레)
③ 3종 지레: 받침점(A)과 작용점(R) 사이에 힘점(F)이 위치하는 지레로, 더 큰 힘을 가해야 하지만 이동 거리가 증가하는 특징이 있다.(예 족집게, 빗자루)
④ 4종 지레: 실제로 분류되지 않는 유형이다.

11 ④

포물선 운동의 경로는 직선이 아니라 곡선이며, 중력의 영향을 받아 포물선을 그린다. 이는 물체가 수평 방향으로 일정한 속도로 움직이면서 동시에 수직 방향으로 중력에 의해 가속되기 때문이다.

오답풀이
① 포물선 운동에서 수평 속도는 공기 저항이 없는 경우 일정하게 유지된다.
② 포물선 운동의 최고점에서 수직 속도는 0이 되며, 이 지점에서 물체는 순간적으로 멈춘다.
③ 포물선 운동의 총 비행시간은 초기 속도와 발사 각도에 의해 결정되며, 물체의 운동 특성을 결정하는 중요한 요소이다.

12 ②

오답풀이
㉠ 구심력은 바깥쪽(원심 방향)이 아니라 안쪽(구심 방향)으로 작용하는 힘이다.
㉢ 구심력은 질량에 비례하며, 방향성이 존재하는 벡터량이다.

13 ④

위치 에너지는 속도와 관계없이 높이와 질량에 의해 결정되며, 중력의 영향을 받아 변한다.

14 ②

오답풀이

㉠ 근전도는 근육의 전기적 신호를 측정하는 방법이다. 근육의 부피 측정은 초음파나 MRI와 같은 영상 기법을 사용한다.
㉢ 뇌 신호를 측정하는 것은 뇌파 검사(EEG)이며, 근전도는 근육의 전기적 신호를 측정한다.

15 ①

운동역학은 개별 운동수행자의 차이를 무시하지 않고, 개인별 특성을 고려하여 분석하는 학문이다. 신체 구조, 근력, 운동 습관의 차이를 반영하여 최적의 운동수행 방안을 연구한다.

오답풀이

② 운동역학은 운동기술의 기초 원리를 이해하고, 효과적인 학습 및 교정에 기여하는 학문이다. 스포츠 동작 분석, 효율적인 운동 패턴 지도 등에 활용된다.
③ 뉴턴의 제3법칙(작용–반작용 법칙)은 운동역학의 핵심 원리 중 하나로, 지면 반력 분석, 착지 동작, 추진력 개선 등에 적용된다.
④ 운동역학은 부상 예방 및 안전한 운동수행을 위한 생체역학적 분석을 포함한다. 적절한 자세, 충격 흡수, 균형 유지 등을 연구하여 스포츠 및 재활에 적용한다.

⊕ 개념 PLUS

운동역학의 필요성과 목적

운동역학의 필요성	• 운동역학 지식을 활용하여 운동 학습의 효과를 최대화 • 운동역학 이론을 현장에 접목하여 경기력 향상에 기여
운동역학의 목적	• 새로운 스포츠 동작 기술 개발을 통한 경기력 향상 • 역학적 분석을 통한 스포츠 동작 효율성의 극대화 • 스포츠 상황에서 발생하는 부상의 역학적 원인 분석 • 운동 장비의 연구 및 개발을 통한 경기력 향상

16 ②

오답풀이

㉢ 관상면은 신체를 상체와 하체로 구분하는 것이 아니라, 앞뒤로 나누는 평면이다.

17 ①

질량 중심이 낮을수록 안정성이 증가하며, 이는 외부 힘이나 충격에 대한 저항력을 높인다. 질량 중심이 낮으면 무게 중심이 지면에 가까워져 평형을 유지하기 쉬워지고, 전복이나 균형 상실을 방지하는 데 도움이 된다.

오답풀이

② 무게 중심은 여러 방향으로 이동할 수 있으며, 특정 방향으로만 이동하는 것은 아니다.
③, ④ 기저면이 넓을수록 안정성이 증가하고, 질량 중심이 기저면 안에 있을 확률이 높아져 균형을 유지하기 쉬워진다.

18 ④

오답풀이

㉠, ㉡ 속력(이동 거리의 변화율)은 속도(변위의 변화율)보다 크거나 같다. 즉, 속력 ≥ 속도가 성립하며, 속도가 속력보다 클 수는 없다.

19 ①

외력은 물체의 외부에서 작용하여 속도 또는 방향을 변화시키는 힘이다.

오답풀이

② 외력은 질량뿐만 아니라 운동 방향과 속도에도 영향을 미친다.
③ 외력은 환경이나 조건에 따라 변화할 수 있다.
④ 외력은 중력뿐만 아니라 마찰력, 공기 저항력, 지면 반력 등 다양한 힘을 포함한다.

20 ②

3차원 분석법은 최소 2대 이상의 카메라를 사용하여 운동 동작의 입체적인 좌표값을 측정한다.

오답풀이

① 2차원 분석법은 한 평면에서의 운동만 측정 가능하며, 깊이 정보를 포함하지 않는다.
③ 2차원 분석법은 투시오차가 발생할 수 있으며, 이는 3차원 분석법에서 보정 가능하다.
④ 단일 카메라로는 깊이 정보를 얻을 수 없으며, 깊이 정보를 측정하려면 최소 2대 이상의 카메라가 필요하다.

스포츠윤리

1	③	2	④	3	②	4	④	5	①
6	②	7	①	8	②	9	①	10	③
11	②	12	①	13	③	14	④	15	①
16	①	17	②	18	③	19	③	20	③

1 ③

레스트(J. Rest)가 제시한 도덕성 구성 요소는 도덕적 민감성, 도덕적 판단력, 도덕적 동기화, 도덕적 품성화이다.
③ 도덕적 통찰력은 도덕성 구성 요소에 포함되지 않는다.

오답풀이

① 도덕적 민감성: 문제 상황에서 타인의 입장을 이해하고 도덕적 문제를 인식하는 능력이다.
② 도덕적 판단력: 도덕적 가치와 규범을 바탕으로 옳고 그름을 판단하고, 행동이 도덕적으로 옳은지 평가하는 능력이다.
④ 도덕적 품성화: 도덕적 행동을 실천하고 지속하는 데 필요한 용기와 노력을 의미한다.

2 ④

D 선수의 행동(부상당한 동료를 돕고 격려하는 행동)은 사회적 규범이 아니라, 개인의 도덕적 선행(이타적 행동)에 해당한다. 이는 윤리적 개념보다는 도덕적 행동에 가깝다.

3 ②

〈보기〉는 제레미 벤담의 공리주의적 관점을 설명하고 있다. 제레미 벤담은 쾌락의 총량을 극대화하는 방식으로 최대의 쾌락을 추구하는 양적 공리주의를 주장하였다. 그는 모든 쾌락을 동등하게 간주하며, 이를 수량적으로 계산할 수 있다고 보았다.
존 스튜어트 밀도 '최대 다수의 최대 행복'이라는 목표를 공유하지만, 정신적 쾌락을 육체적 쾌락보다 중요하게 여기는 질적 공리주의를 주장하였다.

오답풀이

① 아리스토텔레스: 행복을 목표로 덕을 실천하며 중용을 유지하는 것이 도덕적 행동이라고 보았다.
③ 칸트: 결과와 상관없이 보편적 도덕 법칙을 따르는 것이 도덕적 행위라고 보았다.
④ 피터 싱어: 모든 생명체의 이익을 동등하게 고려하는 결과주의적 윤리를 주장하였다.

4 ④

아레테(arete)는 고대 그리스에서 탁월함과 뛰어남을 의미하는 개념으로, 개인이 자신의 능력을 최대한 발휘하여 최상의 상태에 도달하는 것을 강조한다.

오답풀이

① 아레테는 개인의 우월성을 과시하는 것이 아니라, 자신의 내적 성장과 완성을 추구하는 것이다.
② 아레테는 탁월성을 추구하는 태도에 초점을 맞춘다.
③ 아레테의 핵심은 규칙이 아니라 자신의 능력을 최대한 발휘하는 것이다.

5 ①

페어플레이와 스포츠맨십은 유사하지만, 페어플레이는 경기의 공정성과 규칙 준수를 강조하는 개념이며, 스포츠맨십은 경기 태도와 윤리적 가치를 포함하는 더 포괄적인 개념이다.

- 페어플레이: 스포츠에서 규칙을 준수하고, 상대방을 존중하며, 정정당당하게 경기하는 태도를 의미한다. 이는 공정성과 도덕성을 강조하여 경기의 본래 가치를 지키는 중요한 개념이다.
- 스포츠맨십: 스포츠인이라면 마땅히 갖추어야 할 태도와 도리로, 경기에서 정정당당한 자세를 유지하고, 상대를 존중하며, 규칙을 준수하고, 책임감 있는 행동을 실천하는 스포츠 정신을 의미한다.

6 ②

㉠ 승부 조작에 가담한 선수나 관계자에게 강력한 법적 제재와 징계를 부과하면, 승부 조작의 예방 효과를 높이고 재발을 방지할 수 있다.
㉢ 선수들에게 경제적·심리적 지원을 강화함으로써, 승부 조작의 유혹을 줄이고 보다 안정적인 환경에서 경기할 수 있도록 해야 한다.
㉣ 익명성이 보장된 신고 시스템을 구축하면, 승부 조작을 목격한 사람들이 안전하게 신고할 수 있는 환경이 조성된다. 이를 통해 승부 조작을 조기에 적발하고 예방할 수 있다.

오답풀이

㉡ 표면적인(형식적인) 투명성 관리만으로는 승부 조작을 근절할

수 없다. 실질적인 감시 시스템과 제도적 보완이 필요하다.
⑤ 승부 조작 예방을 위해 지속적이고 체계적인 교육이 이루어져야 한다.

7 ①

〈보기〉의 내용은 페미니즘 이론에 해당한다. 페미니즘 이론은 여성의 권리와 평등을 주장하는 이론으로, 성별에 따른 불평등 구조를 개선하고 성차별을 해소하는 데 초점을 둔다.

오답풀이

② 젠더 상징 이론: 젠더는 사회적으로 구성된 상징 체계로, 특정 성별에 고정된 역할과 의미를 부여하는 과정을 설명하는 이론이다.
③ 구조적 불평등 이론: 사회적·제도적 구조가 성별에 따라 권력과 자원의 배분을 다르게 하여 불평등을 초래한다고 보는 이론이다.
④ 생물학적 환원주의: 성별 차이를 생물학적 요소로만 설명하는 관점으로, 사회적·문화적 요인을 무시하고 성차별을 정당화할 수 있는 근거로 작용할 가능성이 있다.

8 ②

오답풀이

① 인종 차별의 원인 중 역사적 요인에 대한 설명이다.
③ 인종 차별의 원인 중 미디어와 대중문화에 대한 설명이다.
④ 인종 차별의 원인 중 문화적 편견에 대한 설명이다.

● 개념 PLUS

인종 차별의 원인

인종적 고정 관념	특정 인종이나 민족이 고유한 특성을 가진다는 편견에서 비롯된다.
역사적 요인	과거 식민주의와 노예 제도에서 비롯된 인종적 불평등이 현대 사회에서도 영향을 미친다.
제도적 차별	특정 인종의 사람들이 더 많은 감시와 처벌을 받거나, 고용과 주거에서 기회가 제한된다.
문화적 편견	사회나 문화적 맥락에서 특정 인종이 열등하게 묘사되거나 배제되면서 차별이 강화된다.
미디어와 대중문화	특정 인종이 범죄자나 희생자로만 묘사되거나, 부정적 이미지로 자주 나타날 경우, 사회적 편견이 강화되고 차별이 심화된다.

9 ①

〈보기〉의 내용은 배리어 프리(Barrier-Free)에 대한 설명이다. 배리어 프리는 장애인이 생활하는 데 장애물이 없도록 물리적·제도적 장벽을 제거하는 것을 의미한다.

오답풀이

② 유니버설 디자인: 모든 사람이 성별, 나이, 신체 능력 또는 장애와 관계없이 편리하고 안전하게 사용할 수 있도록 제품, 환경, 서비스 등을 설계하는 개념이다.
③ 장애인 권리 협약: 장애인의 권리를 보호하고, 평등한 기회를 보장하기 위해 국제 연합(UN)에서 채택한 국제 조약이다.
④ 패럴림픽: 신체적 장애가 있는 선수들이 참가하는 국제 스포츠 대회로, 올림픽과 함께 열리는 세계 최대 규모의 장애인 스포츠 대회이다.

10 ③

장애인 스포츠 활동에는 특수한 장비(예 휠체어 농구, 좌식 배구 장비)와 전문적인 인력이 필요하지만, 경제적 지원이 부족하여 장애인들이 충분한 기회를 얻지 못하는 경우가 많다. 이러한 재정적 한계는 장애인 스포츠 활성화를 저해하는 중요한 요인 중 하나이며, 이 문제를 '경제적 자원 부족'으로 정의할 수 있다.

오답풀이

① 시설 접근의 제약: 장애인 스포츠 시설이 부족하거나, 장애인들이 접근하기 어려운 환경(예 엘리베이터 없음, 출입구 협소 등)에서 발생하는 문제를 의미한다.
② 스포츠 프로그램 부족: 장애인을 위한 체계적인 스포츠 프로그램이 부족하여 발생하는 문제를 뜻한다. 예를 들어, 장애인들이 참여할 수 있는 스포츠 수업이나 클럽이 많지 않은 경우가 해당된다.
④ 체육 장비 특성: 장애인 스포츠 장비의 기능적 특성이나 기술적인 요소를 의미할 수 있다. 예를 들어, 장애인 스포츠 장비가 일반 장비보다 더 정교한 기술이 필요하거나 가격이 높은 경우가 해당될 수 있다.

11 ②

㉠ 순수 환경: 자연 그대로의 환경에서, 인위적인 개입이 최소화된 상태로 스포츠 활동이 이루어지는 경우를 의미한다.
㉡ 개발 환경: 자연을 일부 개발하여 조성된 환경에서 스포츠 활동이 이루어지는 경우를 의미한다.
㉢ 시설 환경: 경기장, 체육관, 수영장 등 인공적으로 완전히 조성된 공간에서 스포츠 활동이 이루어지는 경우를 의미한다.

12 ①

〈보기〉의 내용은 알도 레오폴드(Aldo Leopold)가 제시한 대지윤리에 대한 설명이다.

오답풀이

② 아렌 네스: 심층생태학을 주장한 철학자로, 인간과 자연의 본질적 평등과 생명 중심의 사고를 강조하며, 모든 생명체가 고유한 가치를 지닌다고 보았다. 또한, 자연 착취를 반대하고, 인간 중심적인 사고를 극복해야 한다고 주장하였다.
③ 한스 요나스: 책임윤리로 유명한 철학자로, 미래 세대를 위해 환경에 대한 책임을 강조하며, 인간이 기술과 발전을 함부로 사용해서는 안 된다고 주장하였다. 특히, 환경 파괴가 미래 세대에 미칠 영향을 고려한 윤리적 책임을 강조하였다.
④ 베르크: 문화생태주의를 통해 자연과 인간의 관계를 단순히 물리적·생물학적 측면에서 바라보는 것을 넘어서 문화적·역사적 맥락 속에서의 상호 작용으로 이해해야 한다고 주장하였다.

13 ③

스포츠 폭력은 단순한 신체 접촉이 아니라, 상대방에게 고통이나 피해를 가하려는 명확한 의도가 있을 때 성립한다. 즉, 스포츠 폭력은 고의적인 신체적 공격, 언어적 폭력(모욕, 욕설), 또는 상대를 위협하여 심리적 고통을 주는 행위를 포함한다. 이러한 의도적 행동이 존재할 때만 스포츠 폭력으로 판단할 수 있다.
③ 고의성이 없는 신체 접촉은 스포츠 경기에서 흔히 발생하는 정상적인 상황이며, 스포츠 폭력으로 간주되지 않는다.

14 ④

관중 폭력은 스포츠 경기 중 또는 종료 후 관중들이 과도한 경쟁심, 집단 심리, 적대적 팬 문화, 알코올 섭취 등의 요인으로 인해 타인에게 신체적·정신적 피해를 주는 행위를 의미한다. 이러한 행동은 경기의 공정성을 해치고, 심각한 사회적 문제로 이어질 수 있기 때문에 예방이 매우 중요하다.
④ 경기장에서 발생하는 관중의 폭력적인 행동은 신체적 폭력(타격, 밀침 등), 언어적 폭력(욕설, 인종 차별적 발언 등), 심리적 위협(위협적인 태도, 협박 등)을 포함한다.

오답풀이

① 선수 간 폭력(스포츠 폭력)에 해당한다. 관중 폭력은 관중이 가하는 폭력적인 행동을 의미하므로, 선수들 간의 신체적 충돌은 해당하지 않는다.
② 선수들이 경기 결과나 심판 판정에 대해 불만을 제기하는 것은 선수 행동에 해당한다. 만약 선수들이 심판에게 물리적 폭력을 행사한다면 이는 선수 폭력의 사례로 볼 수 있다.
③ 응원 도구를 이용한 소음은 폭력적인 행위가 아니라 일반적인 응원 방식에 해당한다. 다만, 과도한 소음이 문제될 수는 있으나, 직접적인 신체적·정신적 피해를 가하는 행위가 아니므로 관중 폭력으로 볼 수 없다.

15 ①

유전자를 조작하여 근육 성장을 촉진하는 방식은 유전자 도핑에 해당한다. 기계적/기술 도핑은 장비나 기계적 보조 장치를 활용하여 경기력을 향상시키는 방식이다.

오답풀이

② 약물 도핑: 경기력을 향상시키기 위해 스테로이드, 각성제, 이뇨제 등을 사용하는 방식이다.
③ 혈액 도핑: 자가 수혈이나 EPO 주사를 통해 적혈구 수를 증가시켜 산소 운반 능력을 향상시키는 방식이다.
④ 비합법적 재활 기술: 허용되지 않은 방법을 사용하여 피로 회복과 신체 기능 향상을 돕는 방식이다.

16 ①

유전자 조작 기술은 일부 질병을 예방하거나 치료할 수 있는 긍정적인 가능성을 가지고 있다.
① 유전자 조작을 찬성하는 이유에 해당하며, 위험성이나 반대 이유와는 관련이 없다.

오답풀이

② 유전자 조작 기술은 매우 고가의 첨단 기술이므로, 일부 부유한 계층만이 접근할 가능성이 크다. 이러한 기술이 특정 계층에게만 제공된다면, 사회적 불평등이 더욱 심화될 위험이 있다.
③ 유전자 조작의 결과가 미래 세대에 예상치 못한 부정적 영향을 줄 가능성이 있다. 이는 윤리적 문제로 연결될 수 있으며, 장기적인 유전적 변화가 인류 전체에 미칠 영향을 충분히 예측하기 어렵다.
④ 유전자 조작은 신체에 예측할 수 없는 부작용을 초래할 가능성이 있으며, 이는 기술의 안전성 문제로 이어진다. 특히, 의도하지 않은 돌연변이가 발생하거나 장기적인 영향이 불확실할 수 있다.

17 ②

훈련에 집중할 수 있도록 불평등한 교육 환경을 받아들이는 것은 학습권 보장과 상반되는 입장이다. 학습권 보장의 목적은 학생 선수들이 훈련뿐만 아니라 학습에서도 동등한 기회를 보장받아, 균형 잡힌 성장과 미래 진로 준비를 할 수 있도록 돕는 것이다.

오답풀이 ❶

① 학생 선수들도 다른 학생들과 마찬가지로 교육받을 기본적인 권리를 보장받아야 한다.
③ 학습 결핍을 방지하고 미래사회 진출을 위한 지적 능력을 함양하는 것은 학생 선수들이 미래에 다양한 선택을 할 수 있도록 돕는 데 중요한 역할을 한다.
④ 학생 선수들이 정신적 안정과 자아 존중감을 얻는 것은 학습과 훈련을 병행하며 건강하게 성장하기 위해 필수적이다.

18 ③

㉠ 선수에게 지나치게 과도한 훈련을 강요하는 것은 건강과 복지를 해칠 수 있으며, 이는 비윤리적 행위이다.
㉢ 부정 출전을 방조하거나 묵인하는 것은 스포츠의 공정성을 해치는 비윤리적 행위이다.
㉤ 승리를 위해 모든 윤리를 무시하고, 선수의 건강이나 복지를 고려하지 않는 것은 비윤리적 행위이다.

오답풀이 ❶

㉡ 선수의 건강 관리는 윤리적이고 중요한 지도자의 역할이다.
㉣ 투명한 자금 관리는 윤리적인 행동이다.

19 ③

㉠ 절차적 정의: 공정한 절차를 통해 정의를 실현하는 것을 의미한다.
㉡ 분배적 정의: 각자의 능력이나 상황에 따라 다르게 대우하는 방식을 의미한다.

오답풀이 ❶

• 평균적 정의: 동일한 조건에서 동일한 보상을 주는 방식을 의미한다.
• 법률적 정의: 법률에 의해 정의가 실현된다고 보는 관점이다.

20 ③

〈보기〉는 동일한 규칙을 모든 사람에게 공정하게 적용하는 객관적인 기준을 설명하고 있으며, 이는 윤리적 객관주의의 특징에 해당한다. 윤리적 객관주의는 보편적인 도덕 원칙을 강조하면서도, 특정 상황에서 객관적이고 이성적인 판단을 통해 적용할 수 있다는 특징을 가진다. 절대주의처럼 절대적이고 변하지 않는 도덕 원칙을 강조하지 않기 때문에 윤리적 절대주의로 분류하기는 어렵다.

오답풀이 ❶

① 윤리적 절대주의: 정의, 용기, 절제 등의 덕목이 이데아 세계에 존재하는 절대적이고 변하지 않는 가치라고 주장한다.
② 윤리적 상대주의: 스포츠 행위의 도덕적 가치는 사회적·문화적 배경이나 개인에 따라 다르게 평가될 수 있다.
④ 윤리적 회의주의: 도덕적 진리에 대해 회의적이며, 도덕적 지식이 객관적으로 확실하지 않다고 보는 관점이다.

실전 모의고사 2회

선택과목	1	2	3	4	5	6	7	8	9	10	11	12	13	14	15	16	17	18	19	20
스포츠사회학	③	②	④	③	①	②	④	①	③	②	④	④	①	②	①	③	②	④	③	②
스포츠교육학	①	②	②	②	①	②	②	④	③	③	①	①	③	④	①	③	②	④	④	②
스포츠심리학	④	①	④	②	③	④	①	②	④	③	①	②	④	③	①	②	④	③	③	①
한국체육사	②	①	①	②	③	④	③	④	②	①	④	②	③	④	①	②	④	④	④	②
운동생리학	③	②	③	①	①	④	①	①	①	③	③	①	③	③	②	①	②	②	④	③
운동역학	②	④	③	①	②	①	②	③	②	③	①	④	①	④	③	①	②	④	③	①
스포츠윤리	①	④	③	②	②	①	④	③	②	①	②	④	②	④	③	④	①	②	①	③

☑ 나의 점수 분석표

선택과목	맞힌 개수 / 문제 수	총점
	/ 20	/ 100
	/ 20	/ 100
	/ 20	/ 100
	/ 20	/ 100
	/ 20	/ 100
합계	평균 ( )점	

▶ 과락 기준: 과목별 20문제 중 맞힌 문제 수가 8개 미만

☑ 약점 보강 키워드

※ 틀린 문제 중 본인이 부족했던 개념과 중요 키워드를 정리해 보세요.

스포츠사회학

1	③	2	②	3	④	4	③	5	①
6	②	7	④	8	①	9	③	10	②
11	④	12	④	13	①	14	②	15	①
16	③	17	②	18	④	19	③	20	②

1 ③

〈보기〉에서는 올림픽과 같은 국제 스포츠 대회를 통해 다양한 국가와 민족이 각자의 전통과 가치를 공유하며 상호 이해의 기회를 마련할 수 있음을 설명한다. 이는 스포츠가 수행하는 문화적 교류 기능을 나타낸다.

오답풀이

① 사회 통합: 다양한 배경의 사람들이 스포츠를 통해 공동체에 대한 소속감을 느끼고 단합하는 것을 의미한다.
② 정체성 형성: 스포츠를 통해 개인이나 집단이 자신만의 정체성을 형성 · 강화하는 과정을 의미한다.
④ 국수주의: 특정 국가의 우월성을 강조하거나 자국 중심의 사고방식을 나타내는 태도를 의미한다.

2 ②

〈보기〉의 내용은 개인이 자신을 국가와 동일시하며 소속감과 정체성을 강화하는 현상을 설명하는 것으로, 이는 스포츠와 정치의 결합 방식 중 동일화에 해당한다.

오답풀이

① 상징: 특정 대상이나 행위가 집단적 정체성이나 이념을 나타내는 방식이다. 예를 들어, 국기 게양, 올림픽 성화, 월드컵 트로피 등은 각 국가나 행사의 상징성을 나타낸다.
③ 구체성: 내용이나 표현이 명확하고 실질적이며 세부적으로 설명되는 것으로, 종종 상징의 반대 개념으로 여겨진다.
④ 조작: 스포츠를 정치적 목적을 위해 의도적으로 왜곡하거나 이용하는 방식이다.

3 ④

㉠ 스포츠는 국가의 인지도를 높이고 국제적 위상을 강화하는 역할을 한다.
㉡ 스포츠는 국가 간 외교적 관계를 증진하는 도구로 활용될 수 있다.
㉣ 올림픽이나 국제 스포츠 대회를 통해 특정 국가의 정치 체제나 이념을 홍보할 수 있다.
㉤ 스포츠는 국가 간 협력을 강화하고 평화적인 관계를 형성하는 데 기여할 수 있다.

오답풀이

㉢ 스포츠가 개인의 신체적, 정신적 성장에 기여하는 것을 의미하며, 이는 교육적 · 개인적 차원의 역할이다. 국제 정치와 직접적인 연관은 없으며, 국가 간 외교나 정치적 목적과는 구분된다.

4 ③

스포츠 상업화로 인해 특정 선수나 인기 종목에 재정적 지원이 집중되면서, 다른 종목이나 비인기 선수들은 소외되는 문제가 발생한다. 이는 스포츠 상업주의가 스포츠에 미치는 부정적인 영향으로, 일부 종목이나 선수에게만 자원이 몰리는 현상이 지속될 경우, 다양한 종목의 발전을 저해할 위험이 있다. 이러한 자원 편중은 스포츠의 공정성과 다양성을 해칠 수 있으며, 장기적으로 스포츠 생태계의 균형을 무너뜨릴 수 있다.

오답풀이

① 스포츠 상업화의 긍정적인 영향으로, 대규모 투자와 스폰서십을 통해 경기장, 훈련 시설 등 스포츠 인프라가 확충된다.
② 상업화를 통해 스포츠가 미디어 노출을 극대화하고, 더 많은 팬층을 확보하는 긍정적인 역할을 한다.
④ 스포츠 대회 및 이벤트 개최는 관광객 유입과 소비 증가로 이어져 지역 경제에 긍정적인 영향을 미친다.

개념 PLUS

스포츠 상업주의로 인한 현상

긍정적 측면	· 스포츠 산업의 발전과 일자리 창출 · 스포츠 인프라 확충 · 스포츠 인기 증가 · 스타 선수의 상업적 가치 상승 · 국제적인 팬층 형성과 스포츠 리그 확장 · 스포츠와 브랜드 협업 · 지역 경제 활성화
부정적 측면	· 스포츠 본질 왜곡(구조 및 규칙 등) · 비윤리적 행위 증가 · 비인기 종목 소외 · 경제적 불평등 · 과도한 상업화 · 기업의 과도한 개입 · 선수의 과도한 경기 출전 · 팬의 상업적 부담 증가

5 ①

메가 이벤트를 준비하는 과정에서 경기장 및 지역 접근성을 개선하기 위해 교통망과 시설이 확충되는 것은 인프라 개발의 중요한 부분을 차지한다.

오답풀이

② 메가 이벤트 준비 및 운영 과정에서 건설, 서비스업 등 다양한 분야에서 고용 기회가 증가할 수 있지만, 〈보기〉의 사례에서 직접적인 일자리 창출을 언급하고 있지 않으므로 적절하지 않다.
③ 메가 이벤트가 성공적으로 개최되면 국가의 국제적 위상과 브랜드 가치가 상승할 수 있지만, 〈보기〉의 내용과 관련성이 떨어지므로 적절하지 않다.
④ 대회의 성공적 운영은 국민과 지역 주민의 소속감과 자부심을 강화할 수 있지만 〈보기〉의 내용과 직접적인 관련이 없으므로 적절하지 않다.

6 ②

㉠ 학원 스포츠의 순기능으로서 학생들의 협동심, 리더십, 사회적 관계 형성을 돕는 사회적 발달을 설명하고 있다.
㉡ 학원 스포츠의 역기능으로서 자원 격차로 인해 발생하는 불공정한 경쟁을 설명하고 있다.

오답풀이

• 인성 교육: 스포츠를 통해 학생들이 도덕적 가치, 윤리 의식, 공정성 등을 배우는 학원 스포츠의 순기능에 해당한다.
• 과도한 성적 지향: 성과만을 중시하여 학생들에게 과도한 경쟁을 강요하거나, 학업·건강·윤리를 희생하게 만드는 경우로 학원 스포츠의 역기능에 해당한다.

7 ④

정의적 욕구는 스포츠를 통해 즐거움, 흥미, 감정적 몰입을 경험하려는 욕구를 의미한다.
스트레스, 불안 등의 감정을 스포츠를 통해 해소하는 것은 도피적 욕구에 해당한다.

개념 PLUS

버렐(S. Birrell)과 로이(J. Roy)의 스포츠 미디어로 충족할 수 있는 욕구 유형

인지적 욕구	스포츠에 대한 지식, 경기 결과, 팀과 선수에 대한 통계적 정보 제공
정의적 욕구	스포츠를 통해 즐거움, 흥미, 관심을 불러일으키고 감정적 몰입을 유도
통합적 욕구	스포츠를 통해 사회 구성원 간의 연대감을 형성하고 공동체 의식을 강화
도피적 욕구	스포츠를 통해 스트레스, 불안 등 부정적 감정 해소

8 ①

㉠ 뉴 저널리즘: 문학적 기법을 활용하여 사건을 서사적으로 전달하는 유형이다.
㉡ 팩 저널리즘: 여러 매체가 비슷한 내용을 동일한 관점으로 보도하거나, 확인된 정보만을 반복적으로 전달하는 유형이다.

오답풀이

• 탐사 저널리즘: 심층 조사로 감춰진 사실을 파헤치는 저널리즘이다. 예를 들면, 스포츠 비리나 스캔들을 철저히 조사해 폭로하는 기사 등이 있다.
• 옐로 저널리즘: 선정적이고 자극적인 내용을 보도해 대중의 관심을 끄는 저널리즘이다. 예를 들면, 스포츠 스타의 사생활을 과장하거나 왜곡해 보도하는 경우 등이 있다.
• 시민 저널리즘: 일반 대중이 직접 뉴스를 수집하고 보도하는 저널리즘이다. 예를 들면, 팬이 경기장에서 찍은 사진과 의견을 소셜 미디어에 게시하는 경우 등이 있다.

9 ③

〈보기〉의 내용은 스포츠계층이 다양한 사회와 문화 속에서 동일하게 존재한다는 점을 강조한다. 이는 모든 사회에 스포츠계층 구조가 존재한다는 편재성(보편성)에 해당한다.

오답풀이

① 사회성: 스포츠계층은 개인의 위치가 사회적 상호 작용과 구조적 요인에 따라 결정된다고 보는 개념이다.
② 영향성: 스포츠계층은 개인의 삶에 직·간접적인 영향을 미치며, 사회 전반에서 다양한 차이를 유발한다고 보는 개념이다.
④ 역사성: 스포츠계층 구조는 역사적 변천 과정을 통해 형성되었으며, 사회적·문화적 변화에 따라 지속적으로 발전해 왔다고 보는 개념이다.

개념 PLUS

스포츠계층의 특성

사회성	개인의 위치는 사회적 상호 작용과 구조에 따라 결정된다.
역사성	계층 구조는 오랜 시간에 걸쳐 형성되고 변화된다.
보편성(편재성)	모든 사회에서 계층 구조가 존재하는 공통적 현상이다.

다양성	소득, 교육, 직업 등 다양한 기준으로 계층이 나뉜다.
영향성	계층은 개인의 삶에 큰 영향을 미치며, 여러 분야에서 차이를 유발한다.

10 ②

〈보기〉는 막스 베버(Max Weber)의 계층론에 대한 설명으로, 사회적 지위와 권력이 스포츠 참여 방식과 특권을 통해 드러나며, 이를 통해 계층 간 차별적 구조가 유지됨을 설명한다.
계층론은 단순히 경제적 요인뿐만 아니라 지위, 권력, 명성과 같은 다양한 요인이 계층 구조를 형성한다고 본다. 이는 스포츠 참여에서도 상류층과 하류층 간의 차별적 접근성을 설명하는 데 유용하다.

> 오답풀이 ❶

① 카를 마르크스(Karl Marx)의 계급론: 경제적 요인(부와 소득)에 초점을 맞추며, 상류층과 하류층의 스포츠 참여 방식의 차이를 설명한다.
③ 피에르 부르디외(Pierre Bourdieu)의 문화자본론: 스포츠를 통해 계층적 차이를 강화하는 문화를 설명한다.
④ 안토니오 그람시(Antonio Gramsci)의 헤게모니론: 스포츠가 지배 계급의 권력을 유지하기 위한 도구로 사용되는 것을 설명한다.

11 ④

하류 계층은 경제적 부담, 시간 부족, 교육 및 훈련 기회 부족, 문화적 자원 부족 등의 요인으로 인해 스포츠 참여에 한계를 겪는다.
④ 상류 계층의 스포츠 참가 특징이다. 상류 계층은 사회적 이미지와 체면 관리를 고려하여 스포츠 종목을 선택하는 경향이 있으며, 경쟁보다는 사교 중심의 스포츠를 선호하는 경우가 많다.

➕ 개념 PLUS

하류 계층의 스포츠 참가 한계 요인

경제적 제약	장비, 시설, 수업료 등의 비용 부담
시간 부족	생계 유지로 인한 시간 부족
교육 및 훈련 기회 부족	낮은 스포츠교육 및 훈련 접근성
문화적 자원 부족	스포츠 참여 인식이나 문화적 자본의 결핍

12 ④

스포츠 재사회화는 스포츠 활동을 중단하거나 은퇴한 후 다시 스포츠에 복귀하거나, 새로운 스포츠 활동을 시작하는 과정을 의미한다. 이 과정은 단순히 이전 활동을 반복하는 것이 아니라, 변화된 환경에서 새로운 역할이나 경험을 통해 사회적 관계를 재구축하는 것을 포함한다.

> 오답풀이 ❶

① 스포츠로의 사회화: 스포츠 활동에 처음 입문하는 과정을 설명한다.
② 스포츠를 통한 사회화: 스포츠를 통해 사회적 규범과 가치를 배우는 과정을 설명한다.
③ 스포츠로부터의 탈사회화: 스포츠를 중단하거나 은퇴하며 스포츠와 거리를 두는 과정을 설명한다.

13 ①

㉠ 적응: 환경 변화나 외부적 조건에 맞추어 자원을 효율적으로 활용하거나 구조를 변화시키는 기능을 의미한다.
㉡ 목표 성취: 특정 목표를 설정하고, 이를 달성하기 위해 계획을 수립하고 실행하는 과정을 의미한다.

> 오답풀이 ❶

• 유형 유지: 사회의 문화와 가치를 유지하고 다음 세대에 전수하는 기능을 의미한다.
• 통합: 사회 구성원 간의 조화를 유지하고 규범을 통해 통합을 이루는 과정을 의미한다.

14 ②

미디어는 스포츠 참여에 대한 관심과 긍정적인 이미지를 확산시키는 역할을 하지만, '스포츠에 대한 비판적 시각 제공'은 스포츠로의 사회화 촉진에 방해가 될 수 있다.

> 오답풀이 ❶

① 가족은 스포츠 참여의 가장 중요한 초기 사회화 요인이다.
③ 친구들(또래 집단)과의 스포츠 활동은 스포츠에 대한 관심과 참여를 유도하는 중요한 사회화 촉진 요소이다.
④ 특정 사회나 문화에서 스포츠가 중요한 역할을 하면, 개인의 스포츠 참여가 자연스럽게 촉진된다.

15 ①

㉠ 스포츠 일탈의 대표적인 원인으로, 승리에 대한 과도한 압박이 선수나 팀으로 하여금 규범과 규칙을 위반하게 만들 수 있다.
㉡ 스포츠 상업화로 인해 수익 창출이 우선시되면서 금전적 이익을 위해 규정 위반이나 불공정한 상황이 발생할 가능성이 커진다.
㉢ 팀의 기대, 팬들의 요구, 언론의 관심 등으로 인해 선수들이

극심한 스트레스를 경험하게 되며, 이로 인해 일탈 행동을 선택할 가능성이 높아진다.

> **오답풀이**
>
> ㉣ 일반적으로 스포츠 팬덤 문화는 긍정적인 소속감을 형성하며, 선수들에게 동기 부여를 제공한다.
> ㉤ 일탈 행위를 예방하고 관리하기 위한 해결 방안으로 작용한다.

16 ③

〈보기〉의 사례에서 선수는 국가대표라는 사회적 목표를 포기했지만, 여전히 훈련에 성실히 참여하고 규칙을 따르며 팀의 일원으로서 역할을 수행하고 있다는 점에서 의례주의에 해당한다. 의례주의는 사회적 목표를 포기했지만, 여전히 규범과 절차를 충실히 따르는 행동을 의미한다.

> **오답풀이**
>
> ① 도피주의: 사회적 목표와 수단을 모두 포기하며 사회적 활동에서 완전히 벗어나는 태도를 의미한다.
> ② 동조주의: 사회적 목표를 달성하기 위해 합법적인 규범과 절차를 충실히 따르는 태도를 의미한다.
> ④ 혁신주의: 사회적 목표를 달성하기 위해 기존의 규범을 거부하거나 우회하는 방식을 사용하며, 종종 일탈적 행동을 포함한다.

⊕ 개념 PLUS

머튼(R. Merton)의 아노미 이론 – 적응 유형

도피주의	목표와 수단 모두 포기하고 사회적 역할에서 이탈
동조주의	사회적 목표와 수단 모두를 따르는 태도
의례주의	목표를 포기했지만 규범과 절차는 따르는 태도
혁신주의	목표는 수용하지만 비합법적 수단을 사용하는 태도
반역주의	기존 목표와 수단을 거부하고 새로운 목표와 규범을 설정

17 ②

경기 성과만을 우선시하는 환경 조성은 일탈 방지가 아니라 오히려 선수들에게 과도한 압박을 주어 일탈 행위를 부추길 가능성이 있는 부적절한 환경 조성에 해당한다.

> **오답풀이**
>
> ① 스포츠 윤리를 강조하는 것은 대표적인 일탈 방지 전략이다.
> ③ 도핑 예방 및 검사는 약물 사용을 막기 위한 중요한 일탈 방지 전략이다.
> ④ 선수들의 심리적 지원과 스트레스 관리는 건전한 스포츠 활동을 돕는 일탈 방지 전략이다.

18 ④

단순히 시간대를 조정하는 이벤트 관리 전략은 미디어와 통신 기술의 확장이라는 내용에 부합하지 않는다. 이는 경기 관람 편의성이나 시청률을 고려한 방송 편성 전략에 해당하며, 기술적 발전이나 확장과는 직접적인 관련이 없다.

> **오답풀이**
>
> ① 스포츠 방송의 다변화는 디지털 미디어 성장에 대한 내용이다.
> ② VR · AR 기술의 발전은 몰입형 관람 경험을 제공하는 기술 발전에 대한 내용이다.
> ③ AI, 드론, 고화질의 중계 방송은 스포츠 중계 기술 발전에 대한 내용이다.

19 ③

스포츠 세계화는 스포츠 규범과 규칙의 국제적 표준화를 추구한다. 이는 국제 대회에서의 공정성과 일관성을 확보하고, 언어와 문화적 차이를 극복하여 글로벌 참여를 촉진하며, 대회 운영을 원활하게 하기 위함이다.

> **오답풀이**
>
> ① 스포츠 스타의 국제적 활동은 스포츠 세계화의 대표적인 사례이다.
> ② 스포츠 산업의 글로벌화는 스포츠 세계화를 통해 스포츠 산업이 성장하고 협력 관계를 형성하는 것을 의미한다.
> ④ 스포츠를 통한 국제적인 상호 작용과 문화 교류는 스포츠 세계화의 특징이다.

20 ②

㉠ 종교: 종교적 가치와 스포츠가 결합하여 스포츠가 신앙적 또는 문화적 전파 수단으로 활용된다.
㉡ 기술 발전의 진보: VR과 AR 등의 기술 발달이 몰입감 있는 관람과 실시간으로 많은 양의 정보를 제공한다.
㉢ 경제적 요인: 스포츠 산업의 상업화와 글로벌 시장의 확대를 촉진하여 경제적 이익을 추구한다.

> **오답풀이**
>
> • 민족주의: 스포츠를 통해 국가의 명예를 드높이고, 국민의 단결과 애국심을 고취하는 현상이다.
> • 미디어의 상업화: 미디어가 스포츠 콘텐츠를 통해 광고, 스폰서십, 중계권 판매 등 수익을 창출하는 과정을 의미한다.
> • 국제 스포츠 이벤트: 올림픽, 월드컵 등 대규모 국제 대회를 통해 스포츠 교류와 문화적 이해를 촉진한다.
> • 문화적 융합: 스포츠를 매개로 다양한 문화가 교류하고 상호 작용하여 새로운 문화적 통합이 이루어지는 과정이다.

스포츠교육학

1	①	2	②	3	②	4	②	5	①
6	②	7	②	8	④	9	③	10	③
11	①	12	①	13	③	14	④	15	①
16	③	17	②	18	④	19	④	20	②

1 　①

19세기 초·중반 스포츠교육은 유럽식 체육의 민족주의적 체조 교육과 기구를 활용한 신체 능력 향상에 초점을 맞췄다. 독일과 스웨덴 체조 교육은 각각 기구 체조와 정확한 동작을 강조하였다.

오답풀이 ❶

② 당시 여성에게 가정 중심적 역할과 순결, 복종 등의 미덕을 강조했으며, 스포츠 활동에서 리더십은 장려되지 않았다.
③ 산업화와 도시화는 스포츠교육에서 건강 중심적 기독교주의의 발전을 이끌었으며, 종교적 가치를 배제하지 않았다.
④ 아마추어리즘과 페어플레이 정신은 19세기 후반에 스포츠교육의 중요한 가치로 자리 잡았다.

2 　②

㉠ 특정 규칙을 기반으로 경쟁과 협력의 가치를 학습하며, 공동체 의식과 스포츠맨십을 강조한 것은 협의의 스포츠교육이다.
㉡ 인간의 움직임 전반을 포함하며, 전인적 성장을 목표로 다양한 연령층에 적용되는 것은 광의의 스포츠교육이다.

3 　②

• 학생 선수는 학교 운동부에 소속되어 운동하는 학생이나, 「국민체육진흥법」에 따른 체육 단체에 등록되어 선수로 활동하는 학생을 말한다.
• 학교 운동부 지도자는 학교에 소속되어 학교 운동부를 지도·감독하는 사람을 말한다.

오답풀이 ❶

• 학교 스포츠 클럽 회원: 학교에서 스포츠 활동에 참여하는 학생으로, 자율적이고 협동적인 체육 활동을 통해 건강과 사회성을 기르는 구성원이다.
• 스포츠 강사: 「초·중등교육법」에 따른 초등학교에서 정규 체육 수업 보조 및 학교 스포츠 클럽을 지도하는 체육 전문 강사를 말한다.

4 　②

㉠ 신체적 가치: 스포츠를 통해 건강 증진, 체력 향상, 스포츠 기술 습득을 목표로 하는 가치
㉡ 정의적 가치: 스포츠를 통해 심리적 건강을 증진하고, 사회적 기술과 도덕적 인격을 발달시키는 것을 중시하는 가치
㉢ 인지적 가치: 체육 활동이 학업 성적 향상과 지적 기능 발달에 기여하며, 문해력과 수리력 등 기본 학습 능력을 강화하는 것을 목표로 하는 가치

5 　①

유소년 스포츠는 신체 발달, 인지 발달, 사회성 형성을 중심으로 하며, 놀이형 프로그램과 간단한 스포츠 게임을 통해 협동심과 규칙 준수를 배우는 것을 강조한다.

오답풀이 ❶

② 전문적인 기술 습득과 체력 증진은 청소년기나 성인 스포츠의 목표이다. 유소년 스포츠는 전문적인 기술 습득보다 놀이와 기초 체력 발달에 중점을 둔다.
③ 유소년 스포츠는 단순한 신체 활동 반복이 아닌, 협동심, 규칙 준수, 사회성 발달 등을 목표로 한다.
④ 특정 종목에서 경쟁력을 키우는 전문 코칭은 엘리트 스포츠와 관련이 있다. 유소년 스포츠는 특정 종목의 전문성보다는 다양한 스포츠 경험과 운동의 즐거움에 초점을 맞춘다.

◆ 개념 PLUS

유소년 스포츠(유아 및 아동)의 특징

신체 발달 촉진	근육 발달과 운동 능력 향상에 도움을 주는 기초적인 신체 활동 중심
인지 발달 지원	놀이와 게임을 통해 인지적 능력을 키우고, 창의적 사고와 문제 해결 능력을 촉진
사회성 형성	팀워크와 규칙을 배우며, 또래 친구들과의 상호 작용을 통해 사회성 발달과 협동심 증진

6 　②

㉠ 사회적 관계 형성자: 팀 활동을 통해 또래 친구들과의 협력과 의사소통 능력을 발전시키며, 사회성과 집단 내 상호 작용을 강화하는 역할이다.
㉡ 자기 피드백 수용자: 지도자 또는 동료의 피드백을 적극적으로 수용하여 자신의 활동을 객관적으로 평가하고, 이를 바탕으로 기술이나 태도를 개선하는 역할이다.

7 ②

스포츠교육 행정가는 학교, 지역 사회, 스포츠 기관 등에서 스포츠교육 프로그램의 기획, 운영, 관리와 관련된 행정적 지원을 총괄하며, 교육의 질을 향상시키는 전문가이다.

➕ 개념 PLUS

스포츠교육 행정가의 역할

스포츠교육 프로그램 기획 및 관리	• 학교나 스포츠 기관에서 스포츠교육 프로그램을 기획하고, 운영한다. • 프로그램의 목적과 목표를 설정하고, 체계적으로 계획하여 실행되도록 지원한다.
예산 및 자원 관리	• 스포츠교육과 관련된 예산을 책정하고, 필요한 자원을 효율적으로 배분한다. • 체육 시설, 장비, 인력 등을 관리하여 프로그램이 원활하게 운영될 수 있도록 한다.
정책 수립 및 실행	• 스포츠교육 정책을 수립하고, 해당 정책을 교육 현장에서 실행한다. • 교육 관련 법규를 준수하고, 지역 사회 또는 정부와 협력하여 정책을 적용한다.
교육 품질 관리	• 스포츠교육의 질적 향상을 위해 교육 현장을 감독하고 평가한다. • 교사나 지도자의 역량 강화를 위한 교육 및 훈련 프로그램을 제공하며, 학생들의 학습 효과를 극대화하는 환경을 조성한다.
이해관계자와의 협력	• 학생, 학부모, 교사, 지역 사회, 정부 기관 등 다양한 이해관계자와 협력하여 스포츠교육 목표를 달성한다. • 교육 현장의 요구를 수렴하고, 이를 바탕으로 프로그램이나 정책을 수정 및 개선한다.

8 ④

상황적 지식은 수업 중 발생하는 예기치 않은 상황에서 적절히 대처하고, 수업의 흐름을 유지하며 문제를 해결하는 능력을 포함한다.

오답풀이 ❶

① 명제적 지식: 스포츠 이론, 규칙, 기술, 용어 등과 같은 기본적인 사실이나 원리에 대한 지식
② 절차적 지식: 특정 기술을 수행하거나 과제를 해결하기 위한 단계별 방법이나 절차에 대한 지식
③ 이론적 지식: 체육 교육과 스포츠과학에 기반한 이론적 원리와 교육적 접근법에 대한 지식

9 ③

복합 기술은 체력과 효율성을 바탕으로 여러 신체 능력을 결합해 고난도의 운동기술을 수행하는 심동적 영역의 단계이다. 예시로 장애물을 넘는 훈련, 피겨 스케이팅 점프, 복잡한 무용 동작 등이 포함된다.

오답풀이 ❶

① 심동적 영역 중 지각 능력에 대한 설명이다.
② 심동적 영역 중 신체 능력에 대한 설명이다.
④ 심동적 영역 중 반사 동작에 대한 설명이다.

10 ③

학생이 다양한 가치를 비교하고 판단하는 과정은 크래스홀의 정의적 영역 중 조직화 단계의 주요 특징이다.

오답풀이 ❶

① 반응화: 학습자가 정보를 바탕으로 감정을 표현하거나 토론에 참여하는 단계
② 인격화: 내면화된 가치가 생활 전반에 일관되게 반영되는 단계
④ 수용화: 외부 자극이나 정보를 수용하고 주의를 기울이는 초기 단계

11 ①

생활체육 프로그램 실천은 '㉠ 설계(계획 단계) → ㉡ 평가(실행 후 평가 단계) → ㉢ 성과 분석 및 개선' 단계에 따라 수행된다.

12 ①

전술 게임 모형은 게임의 전술적 측면을 이해하고 실제 경기 상황에 적용할 수 있도록 지도하는 교수·학습 방법이다. 이 모형은 '게임 소개 → 게임 이해 → 전술 인지 → 의사 결정 → 기술 연습 → 실제 게임 수행'의 6단계로 구성된다.

13 ③

동료 교수 모형은 학생들이 교사와 학습자 역할을 번갈아 수행하며 상호 협력을 통해 학습을 진행하는 교수·학습 방법이다. 이 과정에서 학생들은 서로의 학습을 지원하고 피드백을 제공하며, 인지적 발달과 학습 능력을 향상시킬 수 있다.

오답풀이 ❶

① 직접 교수 모형에 대한 설명이다.
② 협동 학습 모형에 대한 설명이다.
④ 탐구 수업 모형에 대한 설명이다.

14 ④

지시형(명령식) 스타일(A)은 교사가 수업의 모든 요소를 결정하고, 학생은 교사의 지시에 따라 움직이는 교사 중심의 교수법이다.

오답풀이

① 유도 발견형 스타일(F): 교사가 질문을 통해 학생이 답을 찾도록 유도한다.
② 연습형 스타일(B): 학생이 스스로 연습하고 교사가 피드백을 제공한다.
③ 자검식(자기 점검형) 스타일(D): 학생이 자신의 수행을 스스로 점검하고 교정한다.

15 ①

㉠ 진단 평가: 교육 시작 전 학습자의 특성을 파악하고 방해 요인을 확인하는 과정이다.
㉡ 형성 평가: 학습 과정 중에 이루어지며, 피드백을 제공하여 학습 방법을 개선한다.
㉢ 총괄 평가: 프로그램 종료 후 성취도와 효율성을 평가한다.

16 ③

검사 도구가 측정하려는 대상을 얼마나 정확하게 측정하는지를 평가하는 방식은 타당도에 대한 설명이다.

개념 PLUS

신뢰도 검사 방법

검사-재검사	• 시간차를 두고 같은 검사를 반복 실시해 결과의 일관성을 평가한다. • 시간이 지나도 결과가 일관되면 신뢰도가 높다고 판단한다.
동형 검사	동일한 대상을 두 개의 동일한 구조의 검사지를 사용해 측정하고 그 결과를 비교해 신뢰도를 평가한다.
내적 일관성 검사	• 하나의 검사 내에서 문항들이 일관성 있게 연관되어 있는지 평가한다. • 검사 도구 내 문항들이 측정하려는 동일한 개념을 얼마나 잘 반영하는지 확인한다.
반분 신뢰도 검사	한 번 실시한 검사를 두 부분으로 나누어 두 부분의 상관관계로 신뢰도를 추정한다.

17 ②

태도적 자질은 지도자의 내적 성숙과 깊은 관련이 있으며, 학생들의 신체적 발달과 교육 목표 달성을 위해 헌신적인 태도와 책임감을 요구한다.

오답풀이

①, ④ 수행적 자질에 해당한다.
③ 인지적 자질에 해당한다.

개념 PLUS

학교체육 전문인의 핵심 역량

인지적 자질	• 학생의 개인적 특성과 신체 활동 학습 및 발달 수준을 이해하는 능력 • 체육 교과에 대한 전문 지식을 바탕으로 학생들에게 효과적인 체육 학습을 지도할 수 있는 능력 • 체육 교육의 이론과 원리를 이해하고, 이를 학습 상황에 적용하는 능력
수행적 자질	• 교육과정에 맞는 체육 수업을 개발하고 운영할 수 있는 능력 • 학생들의 신체 활동 과정을 관찰하고, 그에 맞게 평가할 수 있는 능력 • 체육 공동체의 구성원들과 원활하게 협력 관계를 구축할 수 있는 능력 • 다양한 교육 환경에 맞춰 적절한 교수법을 적용하는 능력
태도적 자질	• 전문성 향상을 위한 지속적인 자기반성과 실천 • 건전한 인성과 교직에 대한 책임감을 갖춘 태도 • 학생들의 신체 발달과 체육 교육의 목표 달성을 위한 사명감을 지닌 태도

18 ④

㉠ 평정 척도: 행동의 질적 수준을 평가하는 방법으로, 학습자의 수행을 일정한 기준에 따라 평가하며, 등급을 부여하여 수행 수준을 판단한다.
㉡ 체크리스트: 학습자의 특정 행동이나 과제 수행 여부를 간단하게 확인하는 도구로, 빠르고 명확하게 학습자의 성취 여부를 평가할 수 있다.
㉢ 루브릭: 평가 기준을 명확하게 제시하여 학습자가 평가 과정에 적극적으로 참여할 수 있도록 하는 도구로, 평가 기준을 세분화하여 학습자가 스스로 성취 기준을 이해하고 목표에 도달할 수 있도록 돕는다.

오답풀이

• 관찰법: 학습자의 행동이나 활동을 직접 관찰하여 평가하는 방법
• 사건 기록법: 학습 과정 중 발생한 중요한 사건이나 행동을 기록하여 평가하는 방법
• 학습자 일지: 학습자가 스스로 학습 과정과 느낀 점을 기록하여 자기성찰과 학습 태도를 평가하는 도구

19 ④

절대 평가(준거 지향 평가)란 학습자의 성취도를 사전에 정해진

기준에 따라 평가하는 방식으로, 다른 학습자와의 상대적 비교가 아닌 목표 도달 여부에 초점을 둔다.
④ '90% 이상의 정확도'라는 수행 기준은 명확히 설정된 절대적 기준으로, 모든 학습자는 이 기준을 충족했는지 여부로 평가되며, 다른 학습자의 성취도와는 관계없이 자신의 결과만으로 평가된다.

> 오답풀이 ❶

① 자기 지향 평가의 사례이다.
② 규준 지향 평가(상대 평가)의 사례이다.
③ 동료 평가의 사례이다.

20 ②

상황 분석은 훈련 환경과 외부 요인을 종합적으로 분석하여 실전 대비 훈련 계획을 세우는 단계이다. 경기 외적인 조건(예 시설, 기후, 상대 팀 전략, 경기 일정 등)을 고려하여 훈련의 방향성과 전략을 설정한다. 이 단계는 단순한 선수의 내부적 요인뿐 아니라 외부 변수까지 포함하여 전략적 접근을 가능하게 한다.

> 오답풀이 ❶

① 선수 이해: 선수의 신체적, 심리적 상태 및 특성을 이해하는 초기 단계에 해당한다.
③ 지도 방법 선택: 목표 설정 후, 적합한 훈련 방법을 선택하는 단계이다.
④ 연습 계획 수립: 지도 방법 선택 이후에 이루어지며, 구체적인 훈련 일정을 작성하는 단계이다.

스포츠심리학

1	④	2	①	3	④	4	②	5	③
6	④	7	①	8	②	9	④	10	③
11	①	12	②	13	④	14	③	15	①
16	②	17	④	18	③	19	③	20	①

1 ④

스포츠심리학의 영역에는 운동제어, 운동학습, 운동발달, 응용스포츠심리학, 건강운동심리학 등이 포함된다.
④ 운동과학은 운동이 인체의 기능, 구조 등에 미치는 영향을 과학적으로 연구하는 학문으로, 스포츠심리학의 영역에 포함되지 않는다.

> 오답풀이 ❶

① 운동제어: 움직임 생성과 조절의 신경적·생리적 기전을 연구
② 운동학습: 경험과 연습을 통해 운동기술 습득 과정을 연구
③ 운동발달: 운동 기능 발달과 유전적 요인을 탐구

2 ①

㉠은 스트룹 효과, ㉡은 칵테일 파티 효과에 대한 내용이다.

> 오답풀이 ❶

• 지각 협소화: 과도한 각성 상태에서 주의 범위가 좁아져 중요한 정보만 선택적으로 지각하는 현상
• 무주의 맹시: 특정 대상에 주의를 집중할 때, 다른 눈에 보이는 자극을 인식하지 못하는 현상

3 ④

번스타인(Bernstein)의 학습 단계 이론의 과정은 '자유도 고정 → 자유도 풀림 → 반작용 활용'의 순으로 이어진다.

> ➕ 개념 PLUS

번스타인(Bernstein)의 학습 단계 이론

자유도 고정	초기 단계에서 신체의 많은 자유도를 제한해 동작을 단순하게 만든다.
자유도 풀림	중간 단계에서 점차 자유도를 풀어 더 유연하고 효율적인 동작을 학습한다.
반작용 활용	최종 단계에서 자유도를 완전히 활용해 복잡한 동작을 능숙하게 수행한다.

4 ②

〈보기〉의 내용은 파지에 대한 설명이다. 파지는 연습을 통해 습득한 기술의 유지 정도를 측정하는 것으로 높은 파지와 낮은 파지로 구분된다.

> **오답풀이** ❶
> ① 연습: 특정 기술이나 동작을 반복적으로 수행하여 숙달하고, 수행 능력을 향상시키기 위한 과정이다.
> ③ 루틴: 경기 전이나 중요한 상황에서 일정한 행동을 반복적으로 수행하여 심리적 안정과 집중력을 높이는 전략이다.
> ④ 망각: 학습한 정보나 동작을 시간이 지나면서 기억하지 못하거나 회상할 수 없는 현상을 의미한다.

5 ③

정적 강화는 올바른 동작을 강화하고 지속하도록 유도하는 것으로 칭찬, 보너스, 상장 수여, 포상, 긍정적 피드백 제공 등이 포함된다.
③ 스트레스 감소는 부적 강화에 포함된다.

> **◆ 개념 PLUS**
>
> **강화의 종류**
>
> | | |
> |---|---|
> | 정적 강화 | 보상 제공으로 행동 강화 |
> | 부적 강화 | 불쾌한 자극 제거로 행동 강화 |
> | 1차적 강화 | 생리적 욕구를 충족시키는 강화 |
> | 2차적 강화 | 학습된 보상으로, 1차적 강화물과 연결된 것 |
> | 연속 강화 | 매번 행동이 나타날 때마다 강화 제공 |
> | 간헐 강화 | 특정 간격이나 비율로 강화 제공 |

6 ④

운동발달은 단순히 유전이나 환경 중 하나의 요인에 의해서만 이루어지지 않으며, 두 요인이 상호 보완적으로 작용하여 발달에 영향을 미친다.

> **◆ 개념 PLUS**
>
> **운동발달의 원리**
>
> | | |
> |---|---|
> | 개인별 차이 | 각 개인의 운동발달 속도와 방식은 다르다. |
> | 중요 시기 | 발달의 특정 시점에서 경험이 특히 중요하다. |
> | 환경의 영향 | 운동발달은 주변 환경에 의해 영향을 받는다. |
> | 분화와 통합 과정 | 큰 근육 동작에서 세밀한 동작으로 발전한다. |
> | 신체 발달 순서 | 운동발달은 특정 순서(머리 → 몸통 → 사지)로 진행된다. |
> | 유전과 환경의 상호 작용 | 유전적 특성과 환경적 요인이 함께 발달에 영향을 미친다. |
> | 연속적 발전 | 운동 능력은 점진적으로 변화하고 계속 발전한다. |

7 ①

인종은 뉴웰(K. Newell)의 움직임 제한 요소 중 환경 제한의 사회·문화적 요인에 해당한다.

> **◆ 개념 PLUS**
>
> **뉴웰(K. Newell)의 움직임 제한 요소**
>
> | | |
> |---|---|
> | 개인 제한 | • 신체·물리적: 키, 몸무게, 근육 발달 등
• 인지적: 기억, 정서 상태, 동기 등 |
> | 환경 제한 | • 환경적: 온도, 습도, 지면의 상태 등
• 사회·문화적: 성별, 인종, 문화 등 |

8 ②

〈보기〉는 레이몬드 캐틀(Raymond Cattell)이 개발한 16PF 성격 검사에 대한 내용이다. 16PF 검사는 성격을 구성하는 16개의 기본 요인을 측정하는 검사로, 개인의 성격 특성을 세밀하고 객관적으로 평가한다. 이 검사는 심리 상담, 직업 적성, 인재 선발 등 다양한 분야에서 활용되며, 각 요인은 인간 행동의 주요 특징(예 따뜻함, 정서 안정성, 지배성)을 나타낸다.

> **오답풀이** ❶
> ① MMPI 검사: 정신적 이상 여부를 평가하기 위한 임상적 심리 검사이다.
> ③ Big Five 성격 검사: 성격을 5가지 요인(개방성, 성실성, 외향성, 우호성, 정서 안정성)으로 구분하여 평가하는 검사로, 개인의 전반적인 성향과 행동 패턴을 설명하는 데 사용한다.
> ④ MBTI 검사: 사람의 성격을 네 가지 이분법적 기준을 바탕으로 16가지 유형으로 분류하여 개인의 성향, 대인관계 스타일 등을 평가하는 비임상적 검사이다.

9 ④

자기 인식 이론은 개인이 자신의 행동을 관찰하여 자신의 태도나 감정을 추론한다고 설명한다.
④는 인지 평가 이론에 대한 설명이다.

10 ③

불안과 스트레스 관리 기법은 생리적 기법과 인지적 기법으로 나뉜다. 인지적 기법에는 체계적 둔감화, 자화, 자생 훈련, 자기 대화 등이 포함된다.

오답풀이 ❶

ⓒ 점진적 이완과 ⓜ 바이오 피드백은 생리적 기법에 포함된다.

➕ 개념 PLUS

불안과 스트레스 관리 기법

생리적 기법	• 호흡 훈련: 깊고 규칙적인 호흡으로 신체 이완과 스트레스 감소 • 바이오 피드백: 생리적 신호를 모니터링하고 조절하여 스트레스 감소 • 점진적 이완: 근육 그룹을 긴장시키고 이완하여 스트레스 완화
인지적 기법	• 체계적 둔감화: 불안 자극에 점진적으로 노출해 이완 반응을 학습 • 자화: 긍정적 신체 감각을 통해 이완 상태를 유도 • 자생 훈련: 최면 상태로 스트레스와 불안을 감소 • 인지 재구성: 부정적 사고를 긍정적 사고로 바꾸어 스트레스 감소 • 문제 해결 기술: 문제를 분석하고 해결책을 찾아 스트레스 감소 • 자기 대화: 긍정적 자기 대화로 자신감을 높여 스트레스 감소 • 사고 정지: 부정적 사고를 멈추고, 긍정적 사고로 대체하여 긴장 완화

11 ①

귀인 재훈련은 바람직하지 못한 귀인을 변화시켜 바람직한 귀인 패턴으로 발전시키고, 실패의 원인을 노력 부족이나 전략의 미흡으로 받아들이게 하는 것을 의미한다.
㉠ 바람직하지 못한 귀인의 실패 결과, 통제 불가능 요인: 능력 부족, 부정적 정서, 타고난 한계, 무능감, 포기 등이 포함된다.
㉡ 바람직한 귀인의 성공 결과, 통제 가능 요인: 노력, 전략, 내적 요인, 자기 효능감, 기대감 등이 포함된다.
ⓒ 바람직한 귀인의 실패 결과, 통제 가능 요인: 노력 부족, 전략 부족, 죄책감, 개선 가능성, 성공 기대 등이 포함된다.

12 ②

〈보기〉의 사례는 자신과 유사한 사람이 성공한 모습을 보고 자신의 가능성을 믿게 되는 과정으로, 대리 경험에 해당한다.

오답풀이 ❶

① 성공 경험: 많은 성공 경험은 자신감을 높이는 데 도움이 된다.
③ 언어적 격려: 감독, 코치, 동료 등이 선수에게 긍정적인 피드백을 주어 자신감을 강화시킨다.
④ 정서적 상태: 정서적 안정성은 경기 수행 시 자신감에 영향을 미친다.

13 ④

심리 심경근 이론은 운동을 상상할 때 실제로 움직이지 않더라도 뇌에서 운동을 지배하는 신경 경로가 활성화되어, 실제 운동을 하는 것과 유사한 효과를 낸다는 이론이다.

오답풀이 ❶

①, ③ 생물 정보 이론에 대한 설명이다.
② 상징 학습 이론에 대한 설명이다.

14 ③

주의 집중을 향상시키기 위해서는 주의 분산을 줄이고, 현재 과제에 완전히 몰두하는 연습이 필요하다. 주의를 분산시키는 연습을 하는 것은 오히려 집중력 저하를 초래한다.

오답풀이 ❶

① 다양한 상황에서 주의 초점을 빠르게 전환하는 연습은 경기 중 돌발 상황에 적응하는 데 유리하다.
② 루틴 설정과 반복적인 연습은 주의 집중을 강화하고 안정된 수행 상태를 유지하는 데 효과적이다.
④ 통제할 수 있는 요소에 집중하는 것은 심리적 부담을 줄이고 수행 효율성을 높이는 효과가 있다.

15 ①

〈보기〉의 사례는 할당 전략에 해당한다. 할당 전략은 집단 내에서 자신에게 주어진 역할과 책임만을 충실히 수행하며, 필요 이상의 노력이나 추가적인 참여를 하지 않으려는 태도를 의미한다. 자신의 이익을 우선시하지만, 기본적인 역할 수행에는 충실하다.

오답풀이 ❶

② 최소화 전략: 적은 노력으로 쉽게 결과를 얻으려는 방식
③ 무임승차 전략: 타인의 노력으로 혜택을 받고, 자신은 노력을 기울이지 않으려는 태도
④ 반무임승차 전략: 타인의 무임승차를 원하지 않기 때문에 자신의 노력도 줄이는 태도

➕ 개념 PLUS

집단의 사회적 태만

사회적 태만 (링겔만 효과)	집단에 속해 있을 때, 혼자일 때보다 덜 노력하게 되는 현상
무임승차 전략	타인의 노력에 기대어 혜택만 얻으려는 태도
반무임승차 전략	타인의 무임승차에 반발하여 자신의 노력도 줄이는 태도
최소화 전략	적은 노력 최대의 결과를 얻으려는 태도

| 할당 전략 | 자신에게 주어진 역할만을 수행하고, 초과 노력은 하지 않는 태도 |

16 ②

2차적 강화는 학습을 통해 의미를 부여받은 자극(점수, 칭찬 등)을 통해 행동을 강화하는 방식이다. 선수가 연습 목표를 달성하자 코치가 추가적인 체력 훈련을 면제해 주는 것은 부적 강화에 대한 내용으로, 부적 강화는 불쾌한 자극을 제거하여 바람직한 행동의 빈도를 증가시키는 방식이다.

오답풀이

① 1차적 강화: 기본적인 생리적 욕구(음식, 물, 잠)를 충족시켜 행동을 강화하는 것이다.
③ 연속 강화: 행동이 일어날 때마다 매번 즉시 강화를 제공하여 학습을 촉진하는 방식이다.
④ 간헐 강화: 행동이 일어날 때 가끔씩만 강화를 제공하여 행동을 오래 지속시키는 방식이다.

17 ④

반두라(A. Bandura)의 모델링 이론(보보 인형 실험)은 주의, 파지, 재생, 동기화 4가지 과정을 통해 관찰 학습이 이루어진다고 보았다.
④ 루틴은 경기나 훈련 전에 반복적으로 수행하는 일정한 행동이나 절차를 의미한다.

오답풀이

① 파지: 모델의 행동을 저장하고 나중에 모방할 수 있는 능력
② 동기화: 학습자가 행동을 모방하려는 의지와 동기 부여
③ 재생: 기억한 행동을 실제로 실행할 수 있는 능력

18 ③

운동의 심리(정신)적 효과에는 스트레스 감소, 우울증 완화, 불안감 소, 자신감 향상, 인지 기능 향상, 수면 개선, 사회적 유대 강화, 긍정적 정서 경험 등이 있다.

오답풀이

ⓒ 운동은 인지 기능 향상에 도움을 주며 특히 규칙적인 신체 활동은 기억력, 집중력을 개선하고 노년기 인지 저하 예방에 긍정적 영향을 미친다.

19 ③

시간 관리와 자기 모니터링은 운동실천을 돕기 위한 자기 규제 전략의 핵심 요소로, 자신의 목표를 설정하고 이를 달성하기 위해 스스로를 통제하고 관리하는 과정과 일치한다.

오답풀이

① 행동 수정 전략: 운동실천을 돕기 위해 불필요하거나 방해가 되는 행동을 수정하고 바람직한 행동을 강화하는 전략으로 물리적 환경 변화, 운동 장비 배치, 접근성 개선 등이 포함된다.
② 의사소통 전략: 타인과의 상호 작용을 통해 운동실천을 지원받거나 동기 부여를 얻는 방법을 의미하며, 정보 제공, 디지털 도구 활용 등이 포함된다.
④ 인지 전략: 운동에 대한 태도나 생각을 바꾸어 동기를 높이는 방법으로, 목표 설정, 의사 결정, 동기 유발이 포함된다.

20 ①

내담자와의 상호 작용에서 중요한 것은 정직성과 투명성을 유지하는 것이며, 상담자는 객관성을 유지하되 감정을 완전히 배제할 필요는 없다. 상담자는 공감과 이해를 바탕으로 내담자를 지원해야 한다.

오답풀이

② 전문성에 대한 내용이다.
③ 인권 보호에 대한 내용이다.
④ 사회적 의무에 대한 내용이다.

➕ 개념 PLUS

미국 응용스포츠심리학회(AAASP)의 일반 원칙과 일반 윤리 규정

일반 원칙	• 전문성: 상담자는 전문 지식과 기술을 지속적으로 유지·발전 • 정직성: 내담자와의 상호 작용에서 진실성과 투명성을 갖춘 태도 • 책임 의식: 상담자의 역할에 대한 책임감 유지 • 인권 보호: 내담자의 기본적인 권리와 존엄성 존중 • 사회적 의무: 상담자로서 사회에 대한 책임감 실천
일반 윤리	• 권력 남용 방지: 내담자를 대상으로 한 권력 남용과 위협 금지 • 의뢰와 위임: 상담자가 자신의 능력을 넘는 문제는 타 전문가에게 의뢰 • 상담 비용: 합리적인 비용을 책정하고 사전에 설명 • 물품 및 선물 수수 금지: 내담자로부터의 물품이나 선물 수령 금지 • 부적절한 관계 회피: 상담자와 내담자 간 부적절한 관계 형성 방지 • 비밀 유지: 상담에서 다룬 내용의 기밀을 철저히 보호

한국체육사

1	②	2	①	3	①	4	②	5	③
6	④	7	③	8	④	9	②	10	①
11	④	12	②	13	③	14	④	15	①
16	②	17	④	18	④	19	④	20	②

1 ②

스포츠체육사는 스포츠의 기원과 본질, 기능과 역할을 이해하고 학문적으로 발전시키는 데 목적이 있다.

오답풀이
① 경기 조직과 운영은 스포츠관리학이나 스포츠경영학의 주요 관심사이다.
③ 스포츠체육사는 경제적 이익을 추구하는 것에 목적을 두고 있지 않으며, 스포츠의 역사와 본질을 이해하고 체계적으로 발전시키는 데 초점을 둔다.
④ 규칙의 개선과 수정은 스포츠과학이나 스포츠 규정 관리에서 주로 다루는 문제이다.

2 ①

기술적 연구는 유물, 유적, 문헌 등 사료에 근거하여 과거 사실을 객관적으로 밝히는 데 중점을 둔다.

오답풀이
② 기술적 연구에 대한 설명이다.
③ 해석적 연구에 대한 설명이다.
④ 과거의 체육 활동을 실험적으로 검증하여 사실을 도출하는 것은 실험적 연구에 관한 설명으로, 실험적 연구는 체육사 연구에서 사용되지 않는다.

3 ①

㉠ 석전: 삼국시대부터 행해진 일종의 무예적 집단 경기로, 돌을 던지며 대결하는 전투형 놀이이다. 전쟁 훈련의 성격을 가지면서도, 지역 간 대결 형식의 놀이 문화로 발전되었다.
㉡ 마상재: 말 위에서 다양한 묘기를 부리는 활동으로, 군사적 기술과 오락적 요소를 포함한 삼국시대의 민속 스포츠이다.

오답풀이
• 도판희: 삼국시대부터 행해진 전통 민속놀이로, 널판 위에서 뛰는 놀이이다.
• 격구: 말타기와 공놀이를 결합한 스포츠로, 말 위에서 공을 채로 치며 경기를 진행하는 활동이다.
• 방응: 고려시대부터 행해진 매를 길들이는 활동이다. 한국 전통의 매 사냥 관련 활동을 의미하며, 귀족 및 무인 계층의 스포츠이자 사냥 방식이었다.
• 축국: 삼국시대부터 일종의 무예 훈련으로 행해졌으며, 발로 공을 차며 즐기는 놀이이다. 격구와는 공이라는 공통점은 있으나 말타기와 결합된 활동은 아니다.

4 ②

㉠ 심신 일체론적 신체관: 신체와 정신의 조화를 이루는 것을 강조하는 사상으로, 신체 활동이 단순한 체력 향상뿐만 아니라 정신적 수양과도 밀접하게 연관되어 있음을 중시한다.
㉡ 불국토 사상: 국토를 신성시하며 지키는 것을 목적으로, 입산 수행과 편력 등 신체적 단련 활동을 통해 국토 사랑과 민족적 자긍심을 실천하는 사상이다.

5 ③

통일신라시대의 체육은 국방 체육을 중심으로 검술, 궁술, 기창술 등 군사 훈련과 체력 단련을 통해 강인한 인재 양성에 기여하였다.

오답풀이
① 국방 체육은 농업 활동과 관련이 없으며, 군사적 필요성을 바탕으로 무예와 체력 단련에 초점이 맞춰졌다.
② 화랑도 체육은 신체적 훈련뿐만 아니라 정신적 수련(도덕적 인간 양성)도 포함하여 전인적 교육을 추구하였다.
④ 무사 교육은 특정 계층에 한정되지 않았다. 특히, 화랑도 체육은 귀족 자제뿐만 아니라 일반 청소년도 포함하여 신분과 관계없이 강인한 인재를 양성하는 데 목적을 두었다.

6 ④

㉢ 서당: 마을 단위로 설치된 사설 초등 교육 기관으로, 한문, 읽기, 쓰기 등 기초적인 유학 교육을 담당하였다.
㉣ 사학 12도: 고려 중기에 등장한 사립 교육 기관으로, 과거 시험 준비와 학문 연마를 목적으로 운영되었다.

오답풀이
㉠ 국자감: 유학을 전파하고 지방민을 교화하는 것이 아니라, 수도(개경)에 설립된 최고 교육 기관으로서 관리 양성과 고등 교

육을 담당하였다.
ⓒ 향교: 고려시대 지방에 설치된 관립 교육 기관으로, 지방민 교화와 지방 관료 양성을 목적으로 운영되었다.

7 ③

고려시대 지방 교육 기관인 향학에서는 궁사(활쏘기)와 음악 교육을 통해 신체와 정신을 단련하는 교육이 이루어졌다. 이는 유교적 교양 교육의 일환으로, 단순한 무예 훈련이 아니라 예(禮)와 악(樂)을 통한 인격 수양을 목적으로 하였다.

오답풀이

① 병법 교육은 국학 내 강예재에서 이루어진 군사 전략 교육이므로 향학과 무관하다.
② 검술은 향학의 정규 교육과정에 포함되지 않았으며, 신체 단련보다는 군사 훈련에 더 적합한 활동이다.
④ 국학 내 강예재에서 무신들을 대상으로 한 군사 훈련이 이루어졌으며, 향학에서는 시행되지 않았다.

8 ④

㉠ 성균관: 조선시대 최고 국립 교육 기관으로, 학문과 덕(德)을 함양하는 교육을 담당하였다. 또한, 대사례라는 의례를 통해 활쏘기 행사를 거행하며 예절과 신체 단련을 병행하였다.
ⓒ 향교: 지방에 설치된 유학 교육 기관으로, 지역 인재를 양성하고 유교 이념을 확산하는 역할을 하였다.
ⓒ 사학: 서울에 설치된 네 곳의 교육 기관으로, 주로 과거 시험 준비를 위한 교육을 담당하였다.
② 훈련원: 군사 기술과 무예 교육을 통해 실용적 군사 교육을 시행한 기관으로, 군사 훈련을 전문적으로 담당하였다.

9 ②

격구는 조선시대의 전통 스포츠로, 말을 타고 나무로 만든 공을 장시라는 채로 쳐서 구문에 넣는 경기이다. 이 경기는 단순한 오락이 아니라 군사 훈련의 일환으로도 활용되었으며, 승마 기술과 무예적 기량을 향상시키는 데 중요한 역할을 하였다.

오답풀이

① 수박희에 대한 설명이다. 수박희는 조선시대에 널리 행해진 맨손 격투 기술이다.
③ 이황의 『활인삼방』에 해당하는 설명이다. 『활인삼방』은 도인법을 통해 건강과 장수를 추구한 체조이다.
④ 활쏘기(궁술)에 대한 설명이다. 활쏘기는 사냥과 군사 훈련에서 중요한 역할을 한 스포츠이다.

10 ①

봉희는 공을 쳐서 구멍에 넣는 놀이로, 현대의 골프와 유사한 형태를 띠었다. 공을 정확하게 목표 지점에 넣는 기술이 요구되었으며, 귀족들 사이에서 여가 활동으로 즐겨졌다.

오답풀이

② 농주: 공을 쳐서 목표 지점으로 보내는 구기 종목으로, 중국에서 유래된 경기이다. 격구와 유사하지만 규칙과 장비에서 차이를 보인다.
③ 악삭: 주사위를 던져 나온 수에 따라 말을 움직이는 보드게임으로, 전략과 운이 결합된 놀이였다.
④ 투호: 항아리에 창을 던져 누가 항아리 안에 더 많이 넣는지를 겨루는 놀이이다.

11 ④

문무겸전은 조선 정조의 국정 철학으로, 문과 무의 균형을 강조하며 기존의 문치주의에서 벗어나 무력을 재평가하는 사상이었다. 정조는 문무를 겸비한 인재를 양성하기 위해 군사 훈련과 학문을 함께 강조하였다.

오답풀이

① 병학통: 병법과 군사학에 관한 종합적인 병서이다.
② 무예도보통지: 정조 때 편찬된 병서로, 무예를 체계적으로 정리하였다.
③ 병전: 병법서나 군사 관련 법전을 의미한다.

12 ②

교육입국조서는 덕양(德養), 체양(體養), 지양(智養)의 삼양(三養)을 강조하며 체조를 정식 과목으로 채택하여 근대 교육 체계를 확립하였다. 이를 통해 신체 단련뿐만 아니라 도덕성과 지식을 겸비한 전인적 인재 양성을 목표로 삼았다.

오답풀이

• 갑오개혁(갑오경장): 근대적 개혁을 추진한 정치·사회적 운동으로, 과거제 폐지와 신분제 타파, 중앙 관제 개혁 등에 중점을 두었다. 그러나 체조 과목이나 체육 교육과는 직접적인 연관이 없다.

13 ③

대한국민체육회는 노백린 등의 주도로 설립되어 체육 이념 정립과 정책 개혁을 목표로 한 단체이다. 이 단체는 체육을 국가 발전과 국민 건강 증진의 중요한 요소로 인식하고, 체육 교육의 확대와 대중화를 추진하였다.

오답풀이

① 대한체육구락부: 회원 간 운동회 및 친선 경기를 중심으로 활동하였고, 체육 발전에 기여한 단체이다.
② 황성기독교청년회운동부: 근대 스포츠 보급과 발전에 기여한 단체이다.
④ 대동체육구락부: 체육을 국가 발전의 기초로 보고 이를 장려한 단체로, 대한국민체육회와는 성격이 다소 다르다.

14 ④

㉠ YMCA: 서구 스포츠(야구, 농구, 배구 등)를 도입하며 한국 스포츠의 기초를 다졌다.
㉡ 조선체육회: 민족 체육 운동을 주도하며, 제1회 전 조선 야구 대회를 개최해 체육 활동을 활성화하였다.
㉢ 관서체육회: 씨름, 수상 경기, 탁구 대회 등 다양한 지역 체육 행사를 개최하며 지역 스포츠 활성화에 기여하였다.

15 ①

체력장 제도는 1972년부터 시행된 정책으로, 청소년들의 기초 체력 향상을 목표로 전국적으로 체력 평가를 실시하였다.

오답풀이

② 국민재건체조는 전 국민을 대상으로 한 체조 운동이다.
③ 체육진흥법은 1962년에 제정된 법으로, 체육 행정의 법적·제도적 기반을 마련하는 것이 주된 목적이었다.
④ 사회체육진흥계획은 지역 사회와 직장 체육을 활성화하기 위한 정책이다.

16 ②

㉡ 국가주의는 체육을 민족주의 운동의 일환으로 바라보며, 엘리트 체육 정책을 통해 국제 스포츠 대회에서 우수한 성적을 거두는 것을 목표로 하였다.
㉢ 건민주의는 국민의 체력을 강화하여 부강한 국가를 만들고자 하는 사상으로, 체육을 국가 발전의 중요한 요소로 인식하였다.

오답풀이

㉠ 건민주의는 부강한 국가를 위해 건전한 국민성을 먼저 길러야 한다는 신념 체계에서 비롯된 사상이다.
㉣ 엘리트주의는 우수 선수 양성에 초점을 맞춘 사상으로, 체육의 대중화보다는 경쟁력 있는 소수 엘리트의 육성에 집중하였다.

17 ④

7차 교육과정은 학생 중심 교육과정으로 국민 공통 기본 교육과정과 수준별 교육과정을 도입하여 학생의 개별 능력에 맞춘 학습을 가능하게 하였다.

오답풀이

① 4차 교육과정: 생활 중심 교육과정을 지향하였다.
② 5차 교육과정: 국가 주도의 기준이 설정되었다.
③ 6차 교육과정: 국가와 지역, 학교 간 역할을 분담하는 방식이 강조되었다.

18 ④

㉠ 1988년 서울 올림픽 대회: 태권도가 시범 종목으로 채택되었으며, 여자 핸드볼 대표팀이 당시 최강국인 소련을 꺾고 금메달을 획득하였다.
㉡ 1992년 바르셀로나 올림픽 대회: 황영조가 마라톤에서 금메달을 획득했으며, 여자 핸드볼 단체전에서도 금메달을 획득하였다.

오답풀이

- 'KOREA'라는 이름으로 최초 참가: 1948년 스위스 생모리츠 동계 올림픽과 런던 올림픽에 'KOREA'라는 이름으로 최초로 참가하였다.
- 올림픽 첫 금메달 획득: 1976년 몬트리올 올림픽에서 양정모(레슬링)가 올림픽 첫 금메달을 획득하였다.
- 태권도 정식 종목 채택: 2000년 시드니 올림픽에서 정식 종목으로 채택되었다.
- 동계 올림픽 대한민국 개최: 2018년 평창 동계 올림픽은 대한민국에서 열린 동계 올림픽이다.

19 ④

2018년 평창 동계 올림픽 대회는 대한민국 최초의 동계 올림픽이며, 여자 아이스하키 종목에서 남북 단일팀이 구성되었다.

20 ②

1992년 알베르빌 동계 올림픽에서 대한민국은 쇼트 트랙 남자 1,000m 종목에서 김기훈 선수가 금메달을 획득하며, 동계 올림픽 첫 금메달의 역사를 썼다. 이 성과를 통해 대한민국은 동계 스포츠 강국으로 도약하는 중요한 계기를 마련하였다.

> **오답풀이 ❶**
> ① 1994년 릴레함메르 동계 올림픽: 대한민국은 쇼트 트랙에서 좋은 성적을 거두었으나, 첫 금메달을 획득한 대회는 아니다.
> ③ 대한민국은 이 대회에서 쇼트 트랙과 스피드 스케이팅에서 메달을 획득했으나, 첫 금메달을 딴 대회는 아니다.
> ④ 2002년 솔트레이크시티 동계 올림픽: 대한민국은 이 대회에서 쇼트 트랙과 스피드 스케이팅에서 다수의 메달을 획득했지만, 첫 금메달과는 관련이 없다

운동생리학

1	③	2	②	3	③	4	①	5	①
6	④	7	①	8	①	9	①	10	③
11	③	12	①	13	③	14	③	15	②
16	①	17	②	18	②	19	④	20	③

1 ③

> **오답풀이 ❶**
> ⓒ 저온 환경에서 운동할 때는 근육 경직 및 혈류 감소로 인해 부상 위험이 증가할 수 있다. 낮은 온도에서는 혈관이 수축하여 혈류량이 감소하고, 이에 따라 근육의 유연성이 저하될 수 있는데, 이 경우 근육이 경직되기 쉽고, 부상의 위험이 커진다. 또한, 체온이 낮아지면 신경 전달 속도가 감소하여 반응 시간이 지연될 수 있다.

2 ②

체력은 근력, 지구력, 유연성, 스피드, 순발력 등 여러 요소로 구성된 복합적인 개념이다. 근력은 힘을 발휘하는 능력, 지구력은 지속적 운동 능력, 유연성은 관절 가동 범위, 스피드는 빠른 움직임을 의미하며 각각 신체 기능 최적화에 중요한 역할을 한다.

3 ③

산-염기 균형은 신체의 pH 수준을 유지하는 데 중요한 역할을 하며, 젖산의 축적은 이 균형을 방해하는 주된 원인 중 하나이다. 운동 중 에너지를 생성하는 과정에서 젖산이 생성되는데, 특히 무산소 운동 시 젖산이 근육 내에 축적되면, 근육 내 pH가 감소해 산성화가 발생한다. 또한, 근육 내의 이온 균형이 깨지게 되어 근육 수축 능력이 저하되고, 이는 결과적으로 근육 피로를 유발하게 된다.

> **오답풀이 ❶**
> ① 젖산 축적은 수소 이온(H^+) 농도를 증가시켜 근육 내 pH를 낮추는 방향으로 작용한다.
> ② 젖산 축적은 근력 유지를 방해한다.
> ④ 글리코겐 저장량의 증가는 피로와 직접 관련이 없다.

4 ①

신경계는 크게 중추 신경계와 말초 신경계로 나뉜다. 중추 신경계는 뇌와 척수로 구성되어 있으며, 신체의 정보 처리와 통제를 담당한다. 뇌는 인지, 감정, 운동 조절 등 다양한 기능을 수행하는 중심 역할을 하고, 척수는 신경 신호를 전달하여 신체와 뇌 사이의 정보를 연결하는 중요한 경로 역할을 한다.

오답풀이 ❶

② 신경계는 중추 신경계와 말초 신경계로 구성된다.
③ 중추 신경계는 운동 기능 외에 다른 기능도 조절한다.
④ 신경계는 내분비계와 상호 작용하지만, 내분비계의 직접적인 조절자는 아니다.

5 ①

골격근은 체성 신경계의 지배를 통해 수의적(voluntary)으로 수축 및 이완할 수 있는 근육으로, '근원섬유 → 근섬유 → 근세포 → 근다발'의 단위로 구성된다.

- 근원섬유: 근육 수축의 기본 단위로, 근섬유 내에 여러 개가 존재하며, 주로 액틴과 미오신 단백질 필라멘트로 구성되어 수축 운동을 수행한다.
- 근섬유: 여러 근원섬유가 모여 형성된 구조가 근섬유이다. 각 근섬유는 긴, 원통형 형태의 근육 세포이다.
- 근세포: 근섬유 하나하나를 이루는 기본 단위로, 다핵성을 가지며 신경 자극에 의해 수축할 수 있다.
- 근다발: 여러 근세포가 모여 형성된 것이 근다발이다. 여러 근다발이 모여서 전체 근육을 구성한다.

6 ④

ⓒ 글루카곤은 운동 중 에너지를 저장하기보다는 혈당을 조절하는 역할을 한다.
ⓒ 성장 호르몬은 운동 전후 외에도 지속적으로 분비된다.
ⓔ 세로토닌은 운동 중보다는 운동 후에 더 많이 분비되어 기분 개선에 기여한다.

오답풀이 ❶

㉠ 에피네프린은 교감 신경계를 활성화시켜 심박수 증가, 혈관 수축, 혈당 상승을 유도한다. 이는 신체가 에너지를 빠르게 사용할 수 있도록 돕는 주요 메커니즘이다.

7 ①

피부 혈류가 증가하면 혈관 확장으로 인해 피부 표면으로 열을 방출하는 효과가 있다. 땀을 통해 추가적인 열 배출이 이루어지며 체온을 낮출 수 있다. 이 과정은 운동 중 체온을 정상 범위로 유지하는 중요한 생리적 반응이다.

오답풀이 ❶

② 운동 중 근육이 사용하는 에너지는 주로 혈액을 통해 근육으로 공급되며, 피부로 이동하는 혈액의 주요 목적은 영양 공급이 아니라 체온 조절이다.
③ 허혈은 특정 장기나 조직에 혈액 공급이 부족해지는 상태를 의미한다. 피부로 혈액이 공급되는 것은 허혈 방지가 아니라 체온 조절 목적이다.
④ 근육이 수축할 때 혈액 공급이 필요하긴 하지만, 피부로의 혈류 증가와 직접적인 관련이 없다. 오히려 운동 중 근육이 활동할 때는 근육 자체로 혈류가 집중되며, 체온이 증가하면 체온 조절을 위해 피부로 혈액을 이동시키는 반응이 일어난다.

8 ①

열사병은 고온 환경에 장시간 노출되면서 체온 조절 기능이 상실되어 발생하는 응급 상태이다. 체온이 섭씨 40도 이상으로 상승하며, 신경계 이상 증상(혼란, 어지러움, 두통 등), 빠르고 강한 맥박, 피부 건조 또는 땀이 많이 나는 증상이 동반될 수 있다. 심한 경우 생명을 위협할 수 있으므로 즉각적인 조치가 필요하다.

오답풀이 ❶

② 저산소증: 혈액 내 산소 농도가 부족한 상태로, 높은 고도나 호흡기 질환과 관련이 있다.
③ 열탈진: 체온이 너무 높아지기 전 탈수로 인해 나타나는 증상으로, 열사병보다 경미한 증상, 즉 탈수, 피로, 약한 맥박이 특징이다. 열탈진은 열사병과 달리 체온 조절 기능이 완전히 마비되지 않은 상태이며, 중추 신경계 이상이 동반되지 않는다.
④ 동상: 저온 환경에서 조직이 얼어 손상되는 현상이다.

9 ①

근육 수축은 신경 자극이 전달될 때 시작되며, 이때 칼슘 이온(Ca^{2+})이 세포 내로 유입되어 자극-수축 결합을 형성하는 데 필수적이다. 신경 신호가 근육 세포에 도달하면, 전기적 변화가 발생하여 근육 세포 내의 칼슘 저장소인 근육 세포의 소포체에서 칼슘 이온(Ca^{2+})이 방출된다. 방출된 칼슘 이온(Ca^{2+})은 액틴과 미오신이라는 두 종류의 단백질 필라멘트 사이의 결합을 촉진한다. 이 결합이 이루어지면, 미오신 머리가 액틴 필라멘트를 잡아

당겨 수축이 발생하게 된다.

> **오답풀이** ❶
> ② 염소: 주로 신경 전도에 관여하지만, 근육 수축과는 관련이 없다.
> ③ 마그네슘: ATP 사용에 중요하지만, 수축을 직접 개시하지 않는다.
> ④ 나트륨: 신경 충격 전달에 관여하지만, 직접적인 수축 개시 역할은 하지 않는다.

10 ③

특이성 원리는 운동 훈련의 중요한 원칙 중 하나로, 특정 운동 유형에 의해 이루어진 훈련만이 해당 운동 능력을 향상시키는 데 기여한다는 것을 강조한다. 예를 들어, 마라톤 선수는 장거리 러닝을 주로 연습해야 지구력이 향상되고, 보디빌더는 고중량 근력 운동을 해야 근육이 커진다.

> **오답풀이** ❶
> ① 점진적 원리: 훈련의 강도나 부하를 점진적으로 증가시켜야 신체가 적응하고 능력이 향상된다는 원칙
> ② 과부하 원리: 훈련의 효과를 극대화하기 위해 신체에 적절한 수준의 추가적인 하중이나 스트레스를 가해야 한다는 원리
> ④ 개별성 원리: 각 개인의 신체 조건, 능력, 목표 등이 다르기 때문에 훈련 프로그램도 개인에 맞춤형으로 설계해야 한다는 원칙

11 ③

말초 신경계는 감각 신경뿐만 아니라 운동 신경을 포함하며, 근육과 장기로 신호를 전달하는 기능도 수행한다.

12 ①

Type I 근섬유(느린 수축 근섬유)는 높은 미토콘드리아 밀도와 풍부한 혈관 분포를 특징으로 하여 유산소 운동에 적합하다. 미토콘드리아는 세포 내에서 에너지를 생산하는 중요한 역할을 하며, 이러한 근섬유는 산소를 사용하여 ATP를 생성하는 능력이 뛰어나다. 따라서 장거리 달리기와 같은 지구력 운동에 적합하며, 피로에 대한 저항성이 높다.

> **오답풀이** ❶
> ② Type IIa: 중간 성질로, 유산소 및 무산소 운동 모두 가능하다.
> ③ Type IIx: 주로 고강도, 단시간 운동에 적합하다.
> ④ Type III: 실제 존재하지 않는 섬유 유형이다.

13 ③

운동 시 호르몬 분비는 탄수화물 대사를 증진시키는 중요한 역할을 한다. 특히, 운동 중에는 인슐린, 글루카곤, 아드레날린, 코르티솔 등의 호르몬이 분비되어 혈당 조절과 에너지 공급에 영향을 미친다.

> **오답풀이** ❶
> ① 운동 시 코르티솔의 분비를 증가시키는 경향이 있다.
> ② 운동은 인슐린 감수성을 향상시켜 혈당 조절을 돕는다.
> ④ 적절한 운동은 호르몬의 균형을 유지하는 데 도움이 된다.

14 ③

> **오답풀이** ❶
> ⓒ 고강도 훈련을 과도하게 수행할 경우, 심혈관에 스트레스를 줄 수 있으며, 이는 심박수 상승, 혈압 증가 등 심장에 부담을 초래할 수 있다. 이러한 상태가 지속되면 오히려 심혈관 건강에 부정적인 영향을 미치고, 심장 질환의 위험을 증가시키는 원인이 될 수 있다.

15 ②

고온 환경에서는 지속적인 땀 분비로 인해 수분 손실이 발생하게 된다. 수분 손실은 체내 수분 균형을 깨뜨리고, 탈수를 초래할 수 있다. 탈수 상태가 되면 혈액의 농도가 증가하고, 혈액량이 감소하여 심박수와 혈압이 오르게 된다. 이로 인해 혈액 순환이 저하되고, 결국 체온 조절 능력이 감소하게 된다.

> **오답풀이** ❶
> ① 낮은 온도에서 심박수는 낮아지는 경향이 있어 최적의 심박수 범위를 유지하기 어렵다.
> ③ 저온 환경에서는 심부 온도의 저하로 운동 기능이 저하되며, 신진대사가 감소하지 않기 때문에 운동 효율이 높아지지 않는다.
> ④ 아열대 기후에서는 더위로 인해 운동 중 체온 조절 능력이 감소하여 장시간 운동에 어려움이 있을 수 있어 결과적으로 체력 향상보다는 운동수행 능력이 저하될 수 있다.

> ➕ **개념 PLUS**

온도 변화 시 생리적 반응

고온 환경	• 혈류 요구량 증가 • 체내 수분 손실
저온 환경	• 골격근의 발한 작용으로 피부 및 혈관 수축 (열 생성 증가) • 심부 온도 저하로 운동 기능 저하

16 ①

㉠ ATP는 모든 세포에서 에너지원으로 사용되며, 세포 내에서 에너지 전달의 기본 단위로 작용한다.
㉡ 유산소 대사는 지방과 탄수화물을 에너지원으로 사용하며, 장시간 운동에서 주로 활용된다.

오답풀이 ❶

㉢ 무산소성 대사는 체내 산소가 부족할 때 주로 활성화된다. 즉, 무산소성 대사는 단거리 달리기나 웨이트 트레이닝 등 짧고 강한 운동에서 주로 사용되며, 산소가 충분할 때는 유산소성 대사가 우선적으로 활용된다.
㉣ 운동 강도가 증가하면 젖산 축적이 늘어나고 피로도가 증가한다. 즉, 고강도 운동에서는 근육 내 젖산이 축적되어 산성화가 진행되면서 피로가 누적된다.

17 ②

신경계는 신경 세포로 구성되어 있으며, 신호를 빠르게 전달하여 반응을 조절하는 역할을 한다. 이 시스템은 중추 신경계(뇌와 척수)와 말초 신경계로 나뉘며, 신경 자극은 전기적 신호로 전달되어 신체의 다양한 부분에서 즉각적인 반응을 이끌어낸다. 감각 정보의 처리와 운동 조절, 기억 및 학습 등의 기능을 수행한다.

오답풀이 ❶

① 근골격계: 신체의 구조적 지지와 운동을 담당한다.
③ 심혈관계: 신체의 여러 부위에 혈액을 순환시켜 산소와 영양소를 공급한다.
④ 내분비계: 호르몬 조절을 통해 신체의 대사와 기능을 조절하는 시스템으로, 신경 신호보다는 화학적 조절에 의존한다.

➕ 개념 PLUS

신경계의 구조

중추 신경계	• 뇌: 대뇌, 간뇌, 중뇌, 교뇌, 소뇌, 연수 • 척수
말초 신경계	• 체성 신경: 뇌신경 12쌍, 척수 신경 31쌍 • 자율 신경: 교감 신경, 부교감 신경

18 ②

㉠ 등척성 수축은 벽 밀기, 플랭크 운동 등 근육의 길이가 변하지 않고 힘만 발휘되는 상태이다.
㉡ 단축성 수축은 덤벨 컬에서 팔을 구부릴 때 이두근의 단축성 수축이 일어나는 것처럼, 근육이 짧아지면서 힘을 발생시키는 방식이다.
㉣ 등장성 수축은 푸쉬업, 스쿼트 등 대부분의 웨이트 트레이닝 운동과 같이 근육의 길이가 변하면서 힘을 발휘하는 모든 수축을 포함하므로 단축성 수축, 신장성 수축을 포함한다.

오답풀이 ❶

㉢ 신장성 수축은 스쿼트에서 앉을 때 대퇴 사두근의 신장성 수축이 일어나는 것처럼, 근육이 길어지면서 힘을 발휘하는 방식이다.

➕ 개념 PLUS

근수축의 종류(근육의 움직임)

등장성 수축	• 근육 길이와 관절각이 변하는 동적인 수축 • 근육이 짧아지는 단축성과 길어지는 신장성으로 구분 • 움직임에서 주동근과 길항근 작용
등척성 수축	• 근육 길이와 관절각의 변화 없이 수축 • 벽밀기, 매달리기 등이 대표적인 등척성 수축에 해당 • 다른 수축에 비해 부상 위험이 적으나 근력 향상 효과는 감소
등속성 수축	• 일정한 관절각과 속도를 유지하며 수축 • 매 순간 최대 근력을 발휘할 수 있고, 부상 위험이 적어 재활 훈련에 적합

19 ④

심장은 신체의 혈액 순환을 담당하며, 산소가 적은 혈액은 우심방으로 들어온 후 우심실을 통해 폐로 보내져 산소를 공급받는다. 하지만 혈액은 대정맥을 통해 폐로 직접 이동하는 것이 아니라, 반드시 심장을 거쳐야 한다.

오답풀이 ❶

① 심장은 기초 대사를 위한 혈액 순환을 지속적으로 수행한다.
② 산소가 풍부한 혈액은 폐에서 좌심방을 거쳐 전신으로 전달된다.
③ 혈압 조절 기능을 통해 신체 전반에 혈액을 원활히 공급한다.

20 ③

㉡ 고산지대에서는 산소가 부족하기 때문에 신체가 필요한 산소를 충분히 공급받기 위해 심박수를 증가시킨다. 즉, 고산지대에서는 공기 중 산소 농도가 낮기 때문에 체내 산소 운반 능력을 보완하기 위해 심장이 더 빠르고 강하게 뛰는 적응 반응이 나타난다.
㉢ 고산지대에서는 공기 중 산소 농도가 낮아지기 때문에 혈중 산소 포화도가 낮아질 수 있다.

오답풀이 ❶

㉠ 고산지대에서는 산소가 부족하기 때문에 신체가 더 많은 산소를 공급하기 위해 심박수가 증가한다.
㉣ 고산지대에서는 기압이 낮아지기 때문에 체내 산소 공급이 오히려 감소한다.

운동역학

1	②	2	④	3	③	4	③	5	①
6	②	7	①	8	②	9	③	10	②
11	③	12	①	13	④	14	①	15	④
16	③	17	④	18	③	19	③	20	①

1 ②

정량적 분석은 주로 비디오 및 센서를 사용하여 신체의 움직임을 수치화하고 이를 통해 운동 동작을 분석하는 방법으로, 형태와 시간을 측정하여 객관적인 결론을 도출한다.

오답풀이

① 질적 분석: 주로 주관적인 평가와 전문가의 의견에 기초하여 이루어지는 것으로, 관찰자가 동작의 질을 평가하는 방식이다.
③ 생리학적 분석: 운동 중 신체의 반응을 연구하는 데 중점을 둔다.
④ 기능적 분석: 특정 기능이나 기술의 수행 능력을 평가하는 방법으로 정량적 분석과는 구분된다.

2 ④

㉠ 운동 부상을 예방하기 위해 운동역학의 분석이 필요하다.
㉡ 운동의 기술적 요소를 개선하기 위한 기초 데이터를 제공하는 것은 운동역학의 중요한 역할이다.
㉣ 운동의 기계적 원리를 이해하는 것은 운동수행 능력을 극대화하는 데 기여한다.

오답풀이

㉢ 운동역학은 운동의 기계적 원리를 분석하여 효율적인 움직임을 설계하지만, 생리학적 반응도 함께 고려해야 한다. 단순히 동작만을 분석하는 것이 아니라, 신체의 기능적 측면과 함께 종합적으로 평가해야 한다. 따라서 감각적 평가에만 의존하는 설명은 부정확하다.

3 ③

관상면은 측면으로의 움직임을 정의하는 평면으로, 신체를 앞쪽과 뒤쪽으로 나누는 동시에 옆으로의 움직임을 다룬다. 예를 들어, 팔을 옆으로 들어올리는 운동은 관상면에서 이루어지는 활동이다. 이 평면은 운동의 방향성과 기계적 원리를 이해하는 데 중요하며, 측면 운동을 분석할 때 주로 사용된다.

오답풀이

①, ② 관상면은 좌우 방향의 움직임을 설명하는 것이다.
④ 관상면은 신체를 앞과 뒤로 나누는 면이다. 인체의 정중선에서 수직으로 나누는 평면은 시상면에 해당한다.

⊕ 개념 PLUS

운동면

시상면	· 정중면, 전후면으로도 불린다. · 몸의 왼쪽과 오른쪽을 이등분
이마면	· 관상면, 좌우면으로도 불린다. · 몸의 앞과 뒤를 수직으로 이등분
가로면	· 수평면, 횡단면으로도 불린다. · 몸의 위와 아래를 이등분

4 ③

스포츠 활동에서 인체 질량 중심의 위치와 이동은 운동의 효율성을 높이고 부상을 예방하는 데 기여한다. 질량 중심이 낮고 중앙에 위치할수록, 신체는 외부 힘이나 간섭에 대해 더 안정적인 상태를 유지할 수 있다.

오답풀이

① 인체의 무게 중심은 움직임에 따라 변하며, 그 이동 거리는 질량의 크기와 움직임의 정도에 따라 달라진다.
② 일반적으로 유아는 성인보다 무게 중심이 높다.
④ 인체 중심은 전체 신체의 균형과 관련된 것이며, 하체뿐만 아니라 상체의 위치와도 관련이 있다.

5 ①

거리는 이동 경로의 총길이를 측정한 값으로, 경로의 방향과는 상관없이 누적된 이동 거리를 나타낸다. 거리에는 방향성이 없으며, 항상 0 이상의 값(양수)을 가진다.

오답풀이

② 변위는 시작점과 끝점 간의 최단 거리를 고려하지만, 이동 경로 자체와 관계 없는 것은 아니다.
③ 변위는 거리와 다를 수 있으며, 양수, 0, 음수가 될 수 있다.
④ 거리와 변위는 동일한 수치를 가질 수 있지만, 물리적 특성은 다르다. 거리는 크기만 있는 스칼라량이며, 변위는 크기와 방향이 있는 벡터량이다.

6 ②

㉠ 관성의 법칙에 따르면, 물체는 외력이 없는 한 현재의 운동 상태(정지 또는 등속 직선 운동)를 그대로 유지한다.
㉡ 뉴턴의 제2법칙(F=ma)에 따르면, 같은 크기의 힘이 작용할 때 질량이 클수록 가속도는 작아진다.
㉢ 외력의 방향에 따라 물체를 단순히 직선 운동시키거나 가속시킬 수 있으며, 항상 회전이 발생하는 것은 아니다.

오답풀이 ❶

㉣ 외력이 작용하면 물체의 운동 상태가 변하게 되며, 이는 가속도(방향 또는 크기의 변화)를 초래한다.

7 ①

양의 일은 물체에 힘이 작용하여 물체가 그 힘의 방향으로 이동하는 경우에 발생하는 일이다. 힘과 이동 방향이 동일할 때 최대의 양의 일이 수행되며, 이 경우 힘이 물체를 그 방향으로 이동시키는 경우로 해석된다. 힘의 방향과 이동 방향이 반대인 경우에는 음의 일이 발생한다.

오답풀이 ❶

② 음의 일은 물체가 힘의 방향과 반대 방향으로 이동할 때 발생한다.
③ 양의 일과 음의 일은 특정한 힘과 이동 거리에 따라 변하며, 물체의 운동 상황에 따라 다를 수 있다.
④ 음의 일은 에너지를 소모하거나 운동을 늦추는 역할을 하므로 운동 에너지를 감소시키는 역할을 한다.

8 ②

오답풀이 ❶

① 영상 분석: 운동 동작을 영상으로 촬영하여 분석하는 방법으로, 각도의 변화, 움직임의 패턴, 기술적 요소 등을 평가하여 운동의 효율성과 정확성을 높이는 데 사용된다.
③ 지면 반력 분석: 물체가 지면에 미치는 힘을 측정하는 방법으로, 보통 압력 센서를 사용하여 행해진다.
④ 근전도 분석: 근육의 전기적 신호를 측정하여 운동수행 중 근육 활성도를 평가하는 방법이다. 즉, 근전도(EMG) 기술을 활용하여 근육의 전기 신호를 측정하고 분석함으로써, 근육의 기능과 상태, 운동에 대한 반응을 파악하게 된다.

9 ③

정량적 분석은 측정 가능한 수치(데이터)를 기반으로 운동을 분석하는 방식으로, 속도, 힘, 가속도, 거리, 반복 횟수, 생체 신호(심박수, 근전도 등) 등의 객관적인 데이터를 활용하여 평가한다.

오답풀이 ❶

㉢ 비디오 장비와 프로그램을 활용해 동작을 시각적으로 관찰하고 분석할 수 있는 것은 정성적 분석의 특징이다.

➕ 개념 PLUS

운동역학의 분석 영역

정성적 분석	• 비디오 등 영상 장비와 소프트웨어를 활용해 동작을 관찰하고 분석하는 방법 • 어느 정도 객관성 확보가 필요 • 영상 장비와 프로그램의 발전으로 정성적 분석이 수월하며 현장 적용 용이
정량적 분석	• 객관적인 수치 데이터를 바탕으로 동작을 분석하는 방법 • 필수적인 분석 방법이지만, 자료 처리에 시간이 많이 소요 • 현장에서 즉각적인 적용이 어려움

10 ②

회전 운동은 각속도와 선속도를 통해 설명할 수 있다. 각속도는 물체가 회전하는 속도를 나타내는 값으로, 단위 시간당 회전 각도를 의미한다. 선속도는 회전하는 물체의 외측에서 직선으로 움직이는 속도를 나타내며, 물체의 회전 반지름에 따라 다르게 계산된다.

오답풀이 ❶

① 회전 운동에서는 물체의 모든 점이 각각 일정한 속도로 이동하지 않으며, 회전축에서의 거리에 따라 속도가 달라질 수 있다.
③ 회전 운동은 관성의 법칙에 따라 외부 힘이 없더라도 지속될 수 있다.
④ 회전 운동에서 질량 중심에서의 거리와 선속도는 비례 관계에 있으며, 거리가 멀수록 선속도가 더 커진다.

11 ③

㉠ 기저면의 너비가 넓을수록 인체의 안정성이 증가하며, 이는 평형 유지가 용이해지는 것을 의미한다.
㉢ 기저면이 작아지면 동일한 질량 중심 위치에서도 안정성이 감소하여 불안정해진다.
㉣ 평형 유지를 위해 기저면의 위치나 형태의 변화에 따라 질량 중심의 위치를 조정해야 한다.

오답풀이 ❶

ⓒ 질량 중심이 높으면 균형을 잃기 쉬워 외부의 힘이나 움직임에 대한 반응이 더 민감해진다. 즉, 일정한 기저면에서 질량 중심이 높아지면 인체의 안정성은 더욱 저하된다.

12 ①

회전축에 가까운 질량일수록 각운동(㉠)에 더 큰 영향을 미치며, 관성 모멘트(ⓒ)가 작아져 회전에 대한 저항이 줄어든다. 관성 모멘트는 물체의 회전 운동을 저항하는 정도를 나타내는 물리적 특성으로, 물체의 질량 분포와 회전축에 대한 거리의 제곱을 고려하여 계산된다. 관성 모멘트가 작을수록 회전축에 가까이 분포된 질량은 원운동을 할 때 원활하게 회전할 수 있게 되며, 이는 회전 운동의 가속도를 증가시키고 운동의 효율성을 높인다.

오답풀이 ❶

- 선운동: 물체가 직선 경로를 따라 이동하는 운동을 의미한다.
- 회전 반경: 한 점이 다른 점 주위를 회전할 때, 두 점 사이의 거리, 즉 회전 운동을 할 때에 궤도의 반지름을 의미한다.
- 구심력: 물체가 곡선 경로를 따라 움직일 때, 원의 중심을 향하는 힘으로, 물체를 원 궤도로 유지시키는 힘이다.
- 토크: 물체를 회전시켜 각운동량을 발생시키는 힘의 효과로, 힘의 모멘트 또는 회전력이라고도 한다.
- 원심력: 회전하는 물체가 궤도에서 벗어나려는 가상의 힘으로, 구심력에 대응하는 반작용 힘이다.
- 반발 계수: 두 물체 간의 충돌 전후의 상대 속도의 비율로 측정하며, 0부터 1 사이의 값을 갖는다.

13 ④

〈보기〉의 설명은 탄성 에너지에 해당한다. 탄성 에너지는 외부 힘에 의해 물체가 변형될 때 저장되는 에너지로, 그 크기는 물체의 변형 정도에 따라 달라진다. 또한, 물체가 복원력을 발휘하여 원래 상태로 회복될 때 방출되는 에너지도 변형 상태에 따라 변동되므로 항상 일정하지 않다.

오답풀이 ❶

① 운동 에너지: 물체가 운동하고 있을 때 가지는 에너지로, 물체의 질량과 속도에 의존한다.
② 위치 에너지: 물체가 특정 위치에 있을 때 가지는 에너지로, 대표적으로 중력에 의한 위치 에너지가 있다.
③ 기능 에너지: 에너지는 위치 에너지, 운동 에너지, 탄성 에너지로 구성되며, 기능 에너지라는 개념은 별도로 존재하지 않는다.

◉ 개념 PLUS

에너지의 종류

운동 에너지	• 운동으로 인해 물체가 갖는 에너지 • 운동 중인 물체가 갖는 에너지로, 물체가 다른 물체와 접촉할 때 속력이 감소하면 운동 에너지도 감소 • 운동 에너지는 속도의 제곱과 질량에 비례 • $KE = \frac{1}{2}mv^2$ (m: 질량, v: 속도)
위치 에너지	• 물체의 위치나 모양에 의해 생기는 에너지 • 중력에 의한 위치 에너지는 물체가 지면으로부터 떨어져 있는 높이에 따라 결정 • 위치 에너지는 질량과 높이에 비례 • $PE = mgh = m \times 9.8 m/s^2 \times h$ (m: 질량, g: 중력 가속도, h: 높이)
탄성 에너지	• 탄성체가 변형되었다가 원래 상태로 되돌아가려는 성질로 발생 • 스프링과 같은 탄성체의 저장된 탄성 에너지는 운동 에너지로 전환되며 원래의 모양으로 복원 • $SE = \frac{1}{2}kx^2$ (k: 탄성 계수, x: 변형의 크기)

14 ①

회전 충격량은 물체의 회전 운동에 영향을 미치는 양으로, '토크(회전력)×작용 시간'으로 정의된다. 즉, 토크가 작용한 시간이 길수록 회전 속도 변화가 커진다.

오답풀이 ❶

② 회전 충격량은 물체의 질량뿐만 아니라 속도와 회전 반지름에도 영향을 받는다.
③ 회전 충격량은 상황에 따라 음의 값을 가질 수 있으며, 이는 방향을 나타내는 데 사용된다. 즉, 회전 충격량은 양과 음의 값을 모두 가질 수 있다.
④ 회전 충격량은 힘과 시간의 곱으로 정의된다. 관성 모멘트는 운동량 변화와 관련된 개념이며, 회전 충격량을 정의하는 요소에 포함되지 않는다.

15 ④

근전도는 주로 근육의 전기적 활동을 측정하는 방법으로, 심박수 측정에는 사용되지 않는다. 즉, 근전도는 근육의 활성화 정도를 정량적으로 평가하며, 운동 수행과 피로도 분석에 활용된다.

16 ③

㉠ 관절의 각도 변화와 운동 에너지의 증가가 항상 비례하는 것은 아니다. 예를 들어, 관절의 각도 변화가 크더라도 속도가

증가하지 않으면 운동 에너지가 증가하지 않을 수 있다.
ⓒ 운동이 일정한 속도를 유지할 때는 외부에서 작용하는 힘이 0이어야 한다.
ⓔ 관절의 움직임은 서로 유기적으로 연결되어 있으므로 운동 시 유기적으로 움직인다.

오답풀이 ❶
ⓑ 외부 힘이 작용하지 않으면 물체는 정지 상태를 유지하거나 일정한 속도로 운동한다는 원리는 뉴턴의 제1법칙(관성의 법칙)에 해당한다. 이 법칙에 따르면, 물체는 외부에서 힘이 가해지지 않는 한 현재의 운동 상태를 지속하려고 한다. 정지 상태에 있는 물체는 계속 정지하려고 하고, 일정한 속도로 움직이고 있는 물체는 그 속도를 유지하며 직선으로 계속 움직이게 된다.

17 ④

해부학적 자세는 인체를 표준적으로 설명하기 위한 기준 자세이다. 이 자세에서는 사람이 직립한 상태에서 얼굴은 정면을 향하고, 팔은 몸 옆에 자연스럽게 내려가 있으며, 손바닥은 앞쪽을 향한다. 또한, 다리는 어깨 너비만큼 벌리고 평행을 이루어야 한다. 특히, 해부학적 자세에서는 좌우 대칭이 필수적이며, 다리는 반드시 평행한 상태를 유지해야 한다.

18 ③

㉠ 인체의 질량은 신체의 상태(예 체중 변화)에 따라 달라질 수 있다.
ⓒ 인체의 질량은 운동 중뿐만 아니라 정지 상태에서도 중요한 역할을 한다.
ⓔ 속도는 질량 외에도 기술, 힘, 지구력 등의 여러 요소에 의해 결정되므로 질량이 큰 운동선수가 항상 더 빠르게 달릴 수 있는 것은 아니다.

오답풀이 ❶
ⓑ 더 큰 질량을 가진 물체는 더 큰 힘을 요구하며, 운동의 저항을 증가시킨다. 즉, 질량은 물체의 저항력을 결정한다.

19 ③

포물선 운동에서 수평 성분과 수직 성분은 각각 독립적으로 작용한다. 이는 물체가 발사된 후, 수직 방향으로만 중력이 작용하고 수평 방향으로는 외부 힘이 작용하지 않기 때문이다.

오답풀이 ❶
① 선운동: 물체가 직선 경로를 따라 이동하는 운동을 의미한다.
② 병진 운동: 물체가 특정 방향으로 일정하게 이동하는 운동을 의미한다.
④ 복합 운동: 여러 개의 운동이 결합된 형태로, 일반적으로 두 가지 이상의 운동 성분이 동시에 발생하는 경우를 의미한다.

20 ①

뉴턴의 제1법칙(관성의 법칙)에 따르면, 외부의 힘이 작용하지 않는 한 물체는 계속해서 원래의 운동 상태를 유지하려고 한다.

오답풀이 ❶
② 물체에 작용하는 외부의 힘이 없어도 직선 운동이 가능하며, 외부의 힘이 작용하면 가속도가 발생한다.
③ 외부 힘이 작용하지 않을 경우 물체의 속도는 변하지 않고 일정하게 유지된다.
④ 관성은 물체의 질량에 따라 다르며, 질량이 클수록 더 큰 관성을 가지게 되므로 관성의 크기는 질량에 비례한다.

스포츠윤리

1	①	2	④	3	③	4	②	5	②
6	①	7	④	8	③	9	②	10	①
11	②	12	④	13	②	14	④	15	③
16	④	17	①	18	②	19	①	20	③

1 ①

가치 판단은 어떤 대상, 행동, 사건에 대해 주관적으로 옳고 그름, 좋고 나쁨, 바람직함과 그렇지 않음을 평가하는 판단을 의미하며, 개인이나 사회가 가진 도덕적·문화적·심리적 기준에 따라 이루어진다.
① 객관적 사실에 근거하여 진위(참과 거짓)를 판단하는 것은 사실 판단이다. 사실 판단은 객관적이고 검증 가능한 정보를 바탕으로 이루어지며, 과학적 검증이나 관찰을 통해 참인지 거짓인지 확인할 수 있다.

2 ④

㉠ 스포츠윤리는 공정한 경쟁과 정직한 태도를 중요한 가치로 삼는다.
㉡ 스포츠윤리는 상대방을 존중하고 배려하는 태도를 중시한다.
㉢ 스포츠윤리는 일반 윤리 원칙을 따르면서도, 스포츠 상황에 맞는 독자적인 윤리적 기준을 가진다.
㉤ 스포츠윤리는 규칙 준수와 페어플레이를 중요한 가치로 여긴다.

오답풀이 ❶

㉣ 승리만을 목표로 하는 승리지상주의는 윤리적으로 비판받을 수 있다.

3 ③

덕론적 윤리는 행위의 도덕성을 평가할 때 행위 자체가 아니라 행위자의 인격과 덕성을 중심으로 판단하는 윤리 이론이다.
③ 행위의 결과나 목적에 따라 도덕적 가치를 판단하는 것은 목적론적 윤리(공리주의)에 해당한다.

➕ 개념 PLUS

윤리 이론

목적론적 윤리 (공리주의)	행위의 결과나 목적에 따라 도덕적 가치를 판단하는 윤리 이론
의무론적 윤리 (의무주의)	행위 자체의 옳고 그름에 따라 도덕적 가치를 판단하는 윤리 이론
덕론적 윤리	행위 자체보다는 행위자의 품성과 실천에 초점을 맞춘 윤리 이론

4 ②

스포츠맨십은 심판의 판정에 대해 좋고 그름을 판단하는 것이 아니라, 심판의 결정에 승복하고 존중하는 태도를 포함한다. 심판 판정에 대한 존중은 공정성을 유지하고 스포츠 정신을 지키기 위해 필수적인 요소이다.

5 ②

구성적 규칙은 해당 스포츠 종목의 본질을 규정하는 필수적인 규칙이다. 즉, 경기의 존재 자체를 정의하는 규칙이며, 이를 따르지 않으면 해당 스포츠가 성립되지 않는다. ㉠과 ㉣은 해당 스포츠의 본질적인 요소로, 이를 위반하면 스포츠 자체가 성립되지 않으므로 구성적 규칙에 해당한다.

오답풀이 ❶

㉡과 ㉢은 경기 진행을 위해 부수적으로 적용되는 규칙인 규제적 규칙으로, 규제적 규칙은 경기 진행에 영향을 주거나 안전, 공정성 등을 보장하기 위한 규칙이다. 이 규칙이 없더라도 경기는 진행될 수 있지만, 공정성을 보장하고 질서를 유지하기 위해 필수적이기 때문에 규제적 규칙으로 분류된다.

➕ 개념 PLUS

구성적 규칙과 규제적 규칙

구성적 규칙	게임이나 스포츠 자체를 성립시키는 기본 규칙 예) 축구에서 공을 발로 차서 골을 넣어야 한다는 규칙, 규정에 맞는 유니폼 및 장비 착용 등
규제적(파생적) 규칙	경기 중 발생하는 다양한 상황을 조정하거나 제어하기 위한 규칙(구성적 규칙에서 파생) 예) 축구에서 핸드볼 반칙이 발생하면 프리킥을 주는 규칙, 농구에서 파울 횟수를 초과하면 자유투를 주는 규칙 등

6 ①

〈보기〉의 사례에서는 심리적 스트레스와 압박이 승부 조작에 가담하게 된 직접적인 요인으로 작용했다. 선수는 팀 내 불안한 입지로 인해 심리적으로 불안정한 상태에 있었으며, 이로 인해 외부의 부정적인 영향에 취약해졌다. 이러한 정신적 압박이 승부 조작을 결심하게 된 결정적인 배경이 되었다.

오답풀이 ❶

② 팀 내 불안한 입지는 심리적 스트레스의 원인이 되었지만, 승부 조작에 가담하게 된 직접적인 원인은 아니다. 이는 선수의 불안정한 심리 상태를 초래한 배경 요인으로 볼 수 있다.
③ 불법 조직의 접근이 승부 조작의 계기가 되었지만, 선수의 심리적 상태가 결정적 요인이었다.
④ A 선수는 경기 자체에 대한 열정이 부족해서가 아니라, 성적 부진과 심리적 압박 때문에 승부 조작에 가담했다.

7 ④

과거 스포츠에서는 여성 선수에 대한 고정 관념이 강하여 참여 기회가 제한되었으나, 현재는 성평등이 확대되면서 여성 스포츠에 대한 인식이 개선되고 있다. 고정 관념은 여성의 스포츠 참여를 가로막는 주요 요인이었고, 성평등은 현재 여성 스포츠 발전에 중요한 역할을 하고 있는 개념이다.

오답풀이 ❶

① 후원은 성평등이 이루어진 결과 중 하나일 수 있으나 이 문장에서 강조하는 핵심은 아니다.
② 성평등이 강화되면 참여 기회가 제한되는 것이 아니라 기회가 확대된다.
③ 출전 금지는 여성 스포츠에 대한 차별을 강화하는 방향이며, 인식 개선과는 정반대의 개념이다.

8 ③

Title IX는 미국에서 여성과 남성의 동등한 교육 기회를 보장하기 위해 제정된 법으로, 스포츠를 포함한 모든 교육 프로그램에서 성차별을 금지하는 중요한 법적 근거이다.

오답풀이 ❶

① 성별 임금 격차에 대한 설명이다.
② 여성 스포츠 연맹에 대한 설명이다.
④ 양성성에 대한 설명이다.

9 ②

인종 차별 해결을 위해서는 다양한 인종이 평등하게 대우받고, 사회적 기회가 공정하게 주어지는 것이 중요하다.
② 특정 인종의 우월성을 강조하는 것은 인종 차별을 심화시키는 요인이다.

10 ①

폴 테일러(Paul Taylor)는 인간이 자연 개체에 직접적 해를 가하지 않아야 한다는 원칙인 불침해 의무와 자연의 자율적인 과정을 방해하지 않아야 한다는 원칙인 불간섭 의무를 주장하였다.

오답풀이 ❶

• 신뢰의 의무: 인간이 자연과 맺은 약속이나 책임을 성실히 이행해야 할 의무이다.
• 보상적 의무: 부득이하게 해를 끼친 경우 피해를 보상해야 할 의무이다.

11 ②

한나 아렌트(H. Arendt)의 악의 평범성 이론은 사람들이 사회적 긴장이 아니라, 명령에 무비판적으로 복종하여 폭력을 저지르는 현상을 설명한다. 이는 전체주의 국가에서 사람들이 상부의 명령에 따라 비윤리적 행위를 저지르는 현상을 설명하는 개념이다.

12 ④

관중 폭력은 경기 중 또는 경기 후에 관중이 과격한 행동이나 폭력적 언행을 통해 경기 진행을 방해하거나, 다른 사람에게 신체적·정신적 피해를 주는 행위를 의미한다. 이는 경기장 내 질서 유지와 안전에 위협이 될 수 있다.

오답풀이 ❶

① 응원을 멈추는 것은 소극적인 저항의 형태이며, 직접적인 폭력 행위가 아니다. 즉, 판정에 불만을 품고 경기를 보이콧하거나, 관중들이 침묵 시위를 하는 것은 관중 폭력이 아닌 비폭력적 저항 행동이다.
② 응원 도구를 사용하는 것은 경기 분위기를 조성하는 행위이며, 스포츠 문화의 일부로 허용되는 경우가 많다. 다만, 경기 운영 규칙에 어긋나거나 상대 팀 또는 선수의 경기력을 방해하는 목적으로 악의적으로 사용될 경우 문제가 될 수 있지만, 일반적으로 폭력 행위로 간주되지는 않는다.
③ 특정 선수에게 더 많은 응원을 보내는 것은 개인적 선호에 따른 정상적인 스포츠 응원 방식이므로 폭력과는 무관하다. 다만, 응원이 과격해지거나 상대 선수에게 비방과 모욕이 가해질 경우 스포츠윤리에 위배될 수 있지만, 기본적으로 폭력의 정의에는 포함되지 않는다.

13 ②

도핑은 국제 스포츠 규정에 의해 엄격히 금지되어 있으며, 허용되지 않는 행위이다.

14 ④
서진은 생체 공학이 초래할 수 있는 부정적 영향인 기술 의존으로 인한 부작용 가능성을 지적하고 있다.

15 ③
㉠ 학생 선수의 경기 일정에 맞춰 학사 일정을 조정하는 것은 학습 공백을 줄여 학습권을 보장한다.
㉡ 온라인 수업 제공은 이동이나 경기로 인한 수업 공백을 줄이는 효과적인 방안이다.
㉣ 개별 학습 지원은 학생 선수의 학업 성취도를 높이는 데 적절하다.
㉤ 공정한 평가 시스템은 학습 동기 부여와 학습권 보장에 기여한다.

오답풀이 ❶
㉢ 학생 선수는 체육 활동뿐만 아니라 학업도 병행할 수 있도록 지원받아야 하며, 학업을 면제하는 것은 학습권 보장을 저해하는 행위에 해당한다.

16 ④
〈보기〉의 내용과 같이 성폭력의 주요 원인은 권력의 남용으로, 지도자나 상사 등 권력을 가진 사람이 그 지위를 이용하여 부당한 성적 요구를 강요하는 행위를 포함한다. 또한, 피해자 보호와 지원 시스템이 미비할 경우 피해자가 적절한 보호와 지원을 받지 못하고 2차 피해를 입을 위험이 크다.

오답풀이 ❶
① '사회적 인식 부족'과 '부실한 법적 처벌'도 성폭력 발생의 간접적인 원인이 될 수 있으나, 맥락을 고려할 때 빈칸에 들어갈 내용으로 적절하지 않다.
② '위계적 조직 문화'는 성폭력의 원인에 해당하지만, '강화'라는 단어는 해결 방안과 관련된 표현이므로 적절하지 않다.
③ '피해자 보호 미비'는 성폭력 발생 이후 2차 피해 방지와 관련되며, 성폭력의 직접적인 원인으로 보기는 어렵다. 또한, '교육 부족'은 성폭력 예방을 위한 방안에 해당하므로 두 항목 모두 적절하지 않다.

17 ①
학교체육은 체력 향상뿐만 아니라, 학생의 사회적, 정신적 성장과 인성 교육에 중점을 둔다. 학교체육의 주요 역할은 협동심, 소통 능력 향상, 공정성과 스포츠맨십 학습, 인내와 책임감 교육, 정신적 성장 등 학생의 전인적 성장에 초점을 맞추는 것이다.

18 ②
스포츠 심판은 공정한 판정을 내리기 위해 정직성과 전문성을 갖추어야 하며, 감정을 자제하고 규칙을 준수해야 하므로 스포츠 심판의 윤리적 자질에는 정직성, 전문성, 자제력, 책임감, 공정성 등이 포함된다.

오답풀이 ❶
① 정직성: 심판이 공정하게 판정을 내리기 위해 필수적인 윤리적 자질이다.
③ 전문성: 심판은 경기 규칙에 대한 전문적 지식과 판단 능력을 갖추어야 한다.
④ 자제력: 심판은 경기 중 감정에 휘둘리지 않고 냉정하게 판정을 내리는 자제력이 필요하다.

19 ①
〈보기〉의 사례는 사회 윤리에 해당한다. 사회 윤리는 스포츠 조직이 지역 사회에 기여하고, 취약 계층을 위한 프로그램을 운영하며, 포용적 정책을 통해 사회적 가치를 증진하려는 활동이다.

오답풀이 ❶
② 개인 윤리: 구성원 개인이 도덕적 책임을 지고 정직하게 행동하는 것을 의미한다.
③ 책임감 윤리: 개인이나 조직이 자신의 역할과 의무를 다하는 것을 강조한다.
④ 공정성 윤리: 규칙 준수와 공정한 행동을 강조한다.

20 ③
차등의 원칙은 개인의 필요에 따라 공정하게 자원을 배분하는 원칙으로, 특정 개인의 이익을 무조건 우선하는 것이 아니라 사회적·경제적으로 불리한 위치에 있는 사람에게 더 많은 자원을 할당함으로써 실질적인 공정성을 추구한다.

실전 모의고사 3회

선택과목	1	2	3	4	5	6	7	8	9	10	11	12	13	14	15	16	17	18	19	20
스포츠사회학	①	③	②	④	①	②	③	①	③	②	①	①	②	④	①	②	②	③	②	③
스포츠교육학	②	①	③	②	④	②	④	②	②	③	③	②	②	④	③	③	①	③	③	④
스포츠심리학	④	③	④	①	③	③	①	④	③	④	④	②	①	③	②	①	④	①	②	③
한국체육사	④	②	③	①	①	④	①	③	①	②	②	②	②	②	①	①	④	②	①	③
운동생리학	②	①	②	①	①	①	②	②	③	②	①	③	②	①	④	④	①	④	③	③
운동역학	③	④	①	①	②	②	④	①	③	①	①	①	④	①	③	②	①	④	③	④
스포츠윤리	③	④	②	①	①	④	④	①	③	③	②	④	②	③	①	③	②	③	④	①

☑ 나의 점수 분석표

선택과목	맞힌 개수 / 문제 수	총점
	/ 20	/ 100
	/ 20	/ 100
	/ 20	/ 100
	/ 20	/ 100
	/ 20	/ 100
합계	평균 ( )점	

▶ 과락 기준: 과목별 20문제 중 맞힌 문제 수가 8개 미만

☑ 약점 보강 키워드

※ 틀린 문제 중 본인이 부족했던 개념과 중요 키워드를 정리해 보세요.

스포츠사회학

1	①	2	③	3	②	4	④	5	①
6	②	7	③	8	①	9	③	10	②
11	①	12	①	13	②	14	④	15	①
16	②	17	②	18	③	19	②	20	③

1 ①

〈보기〉의 사례는 교환 이론에 대한 설명이다. 교환 이론은 개인이 스포츠에 참여하는 이유를 활동을 통해 얻는 보상(예 성취, 유대감, 만족 등)이 그에 따른 비용(예 시간, 돈, 노력)보다 크다고 인식하는 것으로 설명한다. 즉, 개인은 합리적인 선택을 바탕으로 스포츠 활동을 지속한다고 본다.

오답풀이

② 상징적 상호 작용 이론: 스포츠가 사회적 상호 작용을 통해 개인의 역할과 행동을 형성하는 과정에 초점을 둔다.
③ 비판 이론: 스포츠가 단순한 놀이 활동이 아니라 사회적 불평등과 권력 관계를 재생산하는 구조적 요소라고 본다. 즉, 스포츠가 특정 집단의 이익을 강화하거나 사회적 억압을 정당화하는 도구로 작용할 수 있다고 분석한다.
④ 구조기능주의 이론: 스포츠가 사회 안정과 통합을 유지하는 역할을 한다고 본다. 예를 들어, 스포츠는 규범과 가치를 강화하고, 구성원 간의 유대감을 높이며, 사회적 질서를 유지하는 기능을 수행한다고 설명한다.

2 ③

〈보기〉에서 설명하는 사건은 1972년 뮌헨 올림픽에서 발생한 검은 구월단 테러 사건이다. 이 사건은 스포츠 국제 이벤트가 정치적 갈등의 무대가 될 수 있음을 보여주는 대표적인 사례이다.

오답풀이

① 1936년 베를린 올림픽: 나치 독일이 개최한 올림픽으로, 아돌프 히틀러가 나치 이데올로기를 선전하는 데 활용하였다. 하지만 미국 육상 선수 제시 오언스(Jesse Owens)가 4관왕을 차지하며 히틀러의 인종 우월주의를 정면으로 반박하는 상징적인 순간이 연출되었다.
② 1968년 멕시코시티 올림픽: 미국 육상 선수 토미 스미스(Tommie Smith)와 존 카를로스(John Carlos)가 시상대에서 블랙 파워 경례(Black Power Salute)를 하며 인종 차별에 대한 항의 의사를 표명하였다. 이 사건으로 두 선수는 IOC(국제 올림픽 위원회)로부터 제재를 받았으나, 이후 인권 운동의 중요한 상징이 되었다.
④ 1980년 모스크바 올림픽: 소련의 아프가니스탄 침공(1979년)에 반발하여 미국을 포함한 여러 국가가 올림픽을 보이콧하였다. 이에 대한 대응으로, 소련과 동유럽 국가들은 1984년 로스앤젤레스 올림픽을 보이콧하게 되면서 냉전 시대의 정치적 갈등이 올림픽에도 영향을 미쳤다.

3 ②

②는 정치(정부 정책)가 스포츠에 미치는 영향을 설명한 것이다.

오답풀이

① 스포츠를 통해 국가 인지도 및 이미지를 개선한 내용이다.
③ 스포츠를 통해 사회적 통합의 일체감을 조성한 내용이다.
④ 스포츠를 외교적 도구로 활용한 내용이다.

4 ④

〈보기〉의 내용은 스포츠 목적 변화에 대한 설명이다. 스포츠 목적 변화란 스포츠가 단순한 경기 결과 중심에서 벗어나, 상업적 이익 창출, 국가적 자부심 강화, 스타 선수의 브랜드 가치 극대화 등의 목적을 추구하는 방향으로 변화하는 것을 의미한다.

오답풀이

① 스포츠 구조 변화: 스포츠의 규칙과 체계가 관중과 미디어의 요구에 맞게 조정되는 현상을 의미한다.
② 스포츠 조직 변화: 스포츠 조직이 대형화·전문화되고 운영 체계가 더욱 복잡해지는 현상을 의미한다.
③ 스포츠 내용 변화: 스포츠가 단순한 신체 활동에서 벗어나 관중에게 더욱 드라마틱하고 상업적으로 매력적인 콘텐츠를 제공하는 방향으로 변화하는 현상을 의미한다.

5 ①

프로 스포츠의 순기능에는 스포츠 대중화, 아마추어 활성화, 지역 사회 결속력 증가, 스포츠 참가 증가 등이 포함된다. 반면, 역기능에는 사회적 불평등 심화, 팬덤의 과열, 과열된 경쟁, 스포츠 본질 훼손 등이 포함된다.

• 프로 스포츠의 순기능: ㉠, ㉡
  ㉠ 스포츠 대중화: 프로 스포츠는 대중의 관심을 끌고, 스포츠 참여를 독려하며, 스포츠 문화와 인식을 확산시키는 데 기여한다.
  ㉡ 아마추어 활성화: 프로 스포츠의 활성화는 해당 종목에 대

한 대중적 관심을 높여 아마추어 스포츠의 발전에도 긍정적인 영향을 줄 수 있다.
- 프로 스포츠의 역기능: ⓒ, ⓔ
  ⓒ 팬덤의 과열: 지나친 팬덤은 경쟁 심화, 비이성적 행동, 심지어 폭력적 행동을 유발할 가능성이 있다.
  ⓔ 스포츠 본질 훼손: 프로 스포츠는 상업적 이익을 우선시하면서 경기의 순수성과 본질을 훼손할 위험이 있다.

6 ②

〈보기〉의 내용은 승리지상주의 문화를 설명한다. 승리지상주의는 스포츠에서 참여나 과정보다 승리와 성과를 최우선 가치로 두는 문화이다. 이로 인해 과도한 훈련, 선수 희생 강요, 경쟁 극대화 등의 부작용이 발생할 수 있다.

오답풀이
① 섬 문화: 외부와 단절된 채, 내부의 규범과 가치만을 강조하는 폐쇄적 운영 방식을 의미한다.
③ 군사주의 문화: 위계질서와 강압적 지도 방식을 강조하는 권위적인 문화를 의미한다.
④ 엘리트 선호 문화: 소수의 재능 있는 엘리트 선수들에게만 집중적으로 자원을 투입하고 지원하는 문화를 의미한다.

7 ③

〈보기〉는 미디어에 대한 내용이다. 스포츠에서 미디어는 스포츠 정보를 전달하고 공유하는 중요한 수단이자 도구로 활용된다.

오답풀이
① 교육: 스포츠는 신체 발달뿐만 아니라 협동심, 인성, 규율 등을 기르는 교육적 요소를 포함한다. 하지만, 〈보기〉에서 강조하는 '전 세계에 전달', '흥미와 열정을 불러일으키는', '상업적 가치를 높이는' 것과는 직접적인 관련이 없다.
② 경제: 스포츠는 대회 개최, 스폰서십, 방송권 판매, 선수 이적료 등 다양한 경제적 가치를 창출한다. 하지만, 스포츠가 전 세계에 전달되는 매개체는 경제가 아니라 미디어이므로 정답이 될 수 없다.
④ 정치: 스포츠는 국가 이미지 제고, 국민 통합, 외교적 관계 개선 등 정치적 목적에도 활용될 수 있다. 하지만, 〈보기〉에서는 스포츠를 전 세계에 전달하는 매체적 역할을 강조하고 있으므로, 정치보다는 미디어가 더 적절하다.

8 ①

- 핫 매체
  - 정의성이 높아 수용자는 수동적으로 참여한다.
  - 정보량이 많고, 감각적으로 완전한 매체이기 때문에 수용자가 추가적인 해석 없이 받아들일 수 있다.
  - 사전 계획된 정보를 제공하며, 속도가 느리다.
  - 예 서적, 신문, 잡지, 영화 등
- 쿨 매체
  - 정의성이 낮아 수용자는 적극적(능동적)으로 참여한다.
  - 정보량이 적고, 불완전한 매체이므로 수용자가 적극적으로 해석하고 보완해야 한다.
  - 즉흥적인 정보를 제공하며, 속도가 빠르다.
  - 예 TV 보도, 라디오, SNS, 전화, 만화 등

9 ③

㉠ 미디어의 상업적 요소(광고, 시청률)로 인해 경기 일정이 조정되거나, 흥미 위주의 연출이 강조되면서 스포츠의 본질이 훼손될 가능성이 있다.
㉡ 미디어 중계와 기술 발전으로 인해 경기의 공정성을 높이기 위한 변화가 이루어진다.
㉣ 미디어 중계를 통해 스포츠가 더 많은 사람들에게 노출되면서 스폰서십, 광고, 스포츠 용품 판매 등 스포츠 산업 전반이 성장한다.

오답풀이
㉢ 스포츠가 미디어에 미치는 영향에 해당한다. 스포츠는 미디어 산업의 발전을 촉진하는 중요한 요소 중 하나이다. 스포츠 중계를 보다 효과적으로 전달하기 위해 미디어 장비와 인프라가 확장되고, 새로운 기술이 도입된다.

● 개념 PLUS

미디어가 스포츠에 미치는 영향

긍정적	• 스포츠의 대중화 • 스포츠 산업 성장 • 경기 기술 및 전략 발전 • 경기 규칙 및 환경 개선 • 스포츠 참여 기회 증대
부정적	• 상업화로 인한 경기 일정 과부하 • 스포츠 본질 왜곡 • 선수의 프라이버시 침해 • 규칙 변경의 부작용 • 비인기 종목의 소외

10 ②

투민(M. Tumin)은 스포츠계층이 사회적 불평등을 정당화하고 고착시키는 구조적 요인을 강조하면서, 스포츠계층 형성 과정을 다음과 같이 설명하였다.
- 지위의 분화: 스포츠 사회에는 다양한 역할과 직책이 존재하며, 각 개인이 특정한 지위를 갖게 된다. 예 선수, 코치, 심판, 해설자 등 다양한 직군이 존재한다.
- 지위의 서열화: 분화된 지위들은 사회적 중요도와 기여도에 따라 위계질서가 형성된다. 예 스타 선수와 벤치 멤버, 주심과 보조 심판의 위계적 차이가 존재한다.
- 평가: 각 지위는 경기에서의 기여도와 중요도에 따라 평가받는다. 예 뛰어난 성적을 내는 선수는 더 높은 평가를 받으며, 지도자는 팀 성적에 따라 평가된다.
- 보수 부여: 평가 결과에 따라 보상이 차등적으로 주어진다. 예 인기 선수일수록 높은 연봉과 스폰서 계약을 받으며, 유명한 감독이 더 좋은 조건을 보장받는다.

11 ①

계층에 따른 스포츠 참가 유형은 경제적 여건과 사회적 배경에 따라 차이가 나타난다.
상류 계층은 고급 스포츠, 사회적 네트워킹, 전문적인 시설 이용을 주로 하며, 하류 계층은 대중 스포츠, 공공시설 이용, 계층 이동 수단으로 스포츠를 활용한다.
① 대중 스포츠는 하류 계층의 스포츠 참가 유형에 속한다.

오답풀이
② 상류 계층의 고급 스포츠에 대한 설명이다.
③ 상류 계층은 스포츠를 통해 사회적 지위를 유지하고, 엘리트 네트워크를 형성한다.
④ 상류 계층은 개인 트레이너, 고급 스포츠 클럽 등 고급 시설에서 활동한다.

12 ①

케년(G. Kenyon)의 스포츠 참가 유형에서 행동적 참가는 스포츠 활동에 직접적으로 또는 간접적으로 참여하는 정도에 따라 1차적 참여와 2차적 참여로 구분된다.
- 1차적 참여: 스포츠에 직접 참가하는 선수(주전, 후보, 승자, 패자)만 해당한다.
- 2차적 참여: 스포츠에 간접적으로 참가하는 경우를 의미하며, 생산자인 코치, 심판, 관중, 스포츠 시설 운영자 등과 소비자인 팬으로 구분된다.

13 ②

스포츠를 통한 사회화는 스포츠 활동을 통해 사회적 가치와 규범을 학습하는 과정이다. 이 과정에서 참여의 자발성, 참가 정도, 사회적 관계 형성 등은 중요한 역할을 하지만, 경기 규칙의 복잡성은 직접적인 영향을 미치는 요소로 보기 어렵다.

개념 PLUS

스포츠를 통한 사회화에 영향을 미치는 요소

참가 자발성	스포츠 참가의 자발성에 따라 사회화 효과가 달라진다.
개인적·사회적 특성	성격, 동기, 사회적 배경이 스포츠 사회화에 영향을 미친다.
참가 정도	참가 빈도와 깊이에 따라 사회적 규범 학습이 달라진다.
사회관계의 본질	스포츠 내 대인 관계의 질과 깊이가 사회화에 중요하다.

14 ④

스포츠로부터의 탈사회화란 개인이 스포츠 활동에서 완전히 벗어나거나 중단(이탈)하는 과정을 의미한다. 이는 개인적 선택, 부상, 은퇴, 경제적 문제, 사회적 환경 변화 등 다양한 이유로 발생할 수 있다.

오답풀이
① 스포츠로의 재사회화에 대한 설명으로, 스포츠 지도자로 전환하여 재참여하는 것이다.
② 스포츠로의 재사회화에 대한 설명으로, 아마추어 스포츠로 복귀하여 재참여하는 것이다.
③ 스포츠로의 재사회화에 대한 설명으로, 새로운 스포츠 종목에 참여하는 것이다.

15 ①

〈보기〉의 사례는 스포츠 일탈이 사회적 규범과 맥락에 따라 다르게 해석될 수 있다는 점에서 상대론적 관점을 잘 나타낸다. 상대론적 관점은 스포츠 일탈이 절대적인 기준으로 판단되는 것이 아니라, 사회적·문화적 맥락에 따라 다르게 해석될 수 있음을 강조하는 접근법이다.
〈보기〉에서 다이빙 행위는 일부에서는 정당한 경기 전략으로 받아들여지지만, 다른 환경에서는 비난받는 행위로 간주된다. 즉, 행동 자체가 아니라, 이를 평가하는 사회적·문화적 맥락에 따라 스포츠 일탈 여부가 달라진다는 특징을 갖는다.
또한, 다이빙 행위는 경기 규칙을 충분히 따르지 않는 형태의 행동이므로 과소 동조의 예시로 볼 수 있다. 과소 동조란 사회적 규범이나 기대를 충분히 따르지 않는 일탈 행위를 의미한다. 예를 들어, 반칙, 약물 복용, 스포츠맨십 부족 등이 이에 해당한다.

오답풀이 ❶

- **절대론적 관점**: 스포츠 일탈을 절대적이고 보편적인 도덕적 기준이나 규칙 위반으로 간주하는 접근법이다. 〈보기〉에서는 다이빙이 일부에서는 전략으로 정당화되지만, 다른 곳에서는 비난받는다는 점에서 사회적 맥락에 따라 다르게 해석된다. 따라서 절대론적 관점과 일치하지 않는다.
- **과잉 동조**: 규범과 기대에 지나치게 순응하는 행위를 의미한다. 예를 들어, 승리를 위해 무리하게 부상 투혼을 강요하거나, 도핑을 감수하는 경우가 이에 해당한다. 그러나 〈보기〉에서 '다이빙' 행위는 규범을 과도하게 따르는 것이 아니라, 오히려 충분히 따르지 않는 행위이므로 과소 동조가 적절하다.

16 ②

관중 폭력은 스포츠 경기 중 관중들 사이에서 발생하는 신체적, 언어적, 또는 감정적 충돌을 의미한다. 관중 폭력은 대규모 군중일수록, 보안 관리가 열악할수록 발생할 가능성이 높다.
㉠ 라이벌 경기나 결승전 등에서 긴장감이 고조되면서 관중 폭력이 발생할 가능성이 커진다.
㉡ 정치적·사회적 갈등이 스포츠 경기에 반영될 때 관중 폭력이 증가한다.
㉺ 술이나 약물을 섭취한 관중은 충동적으로 공격적인 행동을 보일 가능성이 높아진다.

오답풀이 ❶

㉢ 일반적으로 대규모 군중이 형성될 때 관중 폭력이 발생할 가능성이 더 높다.
㉣ 보안 관리가 철저할수록 폭력 발생 가능성이 줄어든다.

17 ②

〈보기〉의 내용은 낙인 이론에 대한 설명이다. 낙인 이론은 특정 행동이 사회적으로 부정적으로 평가될 때, 그 행동을 한 개인이 부정적인 낙인을 받게 되고, 결국 자신을 낙인에 맞는 존재로 여기며 그에 부합하는 행동을 지속하게 된다고 보는 이론이다.

오답풀이 ❶

① 사회 통제 이론: 사람들이 왜 일탈을 하지 않는지 설명하는 이론으로, 사회적 유대(가족, 친구, 사회 제도 등)가 강할수록 일탈 가능성이 낮아진다고 주장한다.
③ 차별 교제 이론: 개인이 사회적 집단의 규범을 학습하며, 일탈 행동도 주변 사람들과의 교류를 통해 배운다고 보는 이론이다.
④ 문화 규범 이론: 서로 다른 문화적 규범이 충돌할 때 일탈이 발생할 가능성이 증가한다고 설명하는 이론이다.

18 ③

부르디외(P. Bourdieu)는 문화자본을 세 가지 유형으로 구분하였다.
- **체화된 문화자본**: 개인이 성장 과정에서 내면화한 지식, 태도, 언어 습관, 스포츠 능력 등을 의미한다. 예 상류층이 자연스럽게 특정 스포츠(골프, 승마)를 익히는 것, 정교한 언어 표현 습득
- **객관화된 문화자본**: 물질적인 형태로 존재하는 문화적 자산을 의미한다. 예 고급 서적, 예술 작품, 명품 악기, 스포츠 장비(골프채, 테니스 라켓 등)
- **제도화된 문화자본**: 공식적으로 인정되는 학위, 자격증 등 제도적 요소를 의미한다. 예 스포츠지도사 자격증, 예술 학위, 학벌, 특정 기관에서 인정받은 인증서

19 ②

〈보기〉의 내용은 글로컬리제이션(Glocalization)에 대한 설명이다. 글로컬리제이션은 '세방화'라고도 하며, 글로벌화(Globalization)와 지역화(Localization)의 결합된 개념을 의미한다. 즉, 세계적인 스포츠 리그나 브랜드가 글로벌 전략을 유지하면서도, 각 지역의 문화, 전통, 환경에 맞춰 조정하거나 재해석되는 과정을 강조하는 개념이다.
〈보기〉에서 EPL이 다양한 언어로 콘텐츠를 제공하고, 각국의 문화적 특성을 반영한 맞춤형 마케팅 전략을 활용하는 것은 전형적인 글로컬리제이션의 사례이다.

오답풀이 ❶

① 문화 동질화(Cultural Homogenization): 스포츠 세계화로 인해 특정 스포츠 문화나 규범이 전 세계적으로 동일하게 확산되면서 지역적 특성이 희석되는 현상이다.
③ 문화 이질화(Cultural Heterogenization): 스포츠 세계화 과정에서 각 지역의 고유한 스포츠 문화나 전통이 유지되거나 더욱 강조되는 현상이다.
④ 세계 표준화(Global Standardization): 스포츠 규칙, 장비, 운영 방식 등이 국제적으로 통일되어 모든 국가와 지역에서 동일한 기준을 따르는 현상이다.

20 ③

글로벌 팬덤 형성은 특정 지역 스포츠의 고유성을 강화하기보다는 세계적으로 통합된 팬 문화를 형성하는 경향이 크다. 이로 인해 지역 스포츠의 전통적 특성과 독창성이 희석될 가능성이 높다.

오답풀이 ❶

① 스포츠 세계화는 규칙과 표준화를 통해 국제적으로 일관된 기준을 제공하므로 적합한 설명이다.

② 선수 이주는 세계화의 대표적 특징으로, 자원 이동을 통해 특정 리그나 팀의 경쟁력이 강화되는 현상을 잘 설명한다.
④ 대규모 국제 스포츠 이벤트는 개최국에 높은 비용 부담을 초래하는 세계화의 부정적 영향으로, 정확한 설명이다.

스포츠교육학

1	②	2	①	3	③	4	②	5	④
6	②	7	④	8	②	9	②	10	③
11	③	12	②	13	②	14	④	15	③
16	③	17	①	18	③	19	③	20	④

1 ②

아마추어리즘과 페어플레이 정신은 스포츠, 건강, 종교를 통합하여 공정한 경기, 자기 절제, 협력 등의 가치를 중요하게 여긴다. 이는 단순한 승부를 넘어 스포츠를 통한 인간의 도덕적·사회적 성장을 강조하는 개념이다.
특히, 1896년 제1회 근대 올림픽에서 쿠베르탱(Pierre de Coubertin)의 올림픽 정신과 함께 아마추어리즘과 페어플레이 정신이 명확히 표현되었다.

오답풀이 ❶
① 스포츠의 본질을 지나치게 경쟁 중심으로만 해석한 것으로, 아마추어리즘과 페어플레이 정신과는 반대된다.
③ 아마추어리즘은 상업적 성공보다는 스포츠의 순수성과 공정성을 강조한다.
④ 아마추어리즘은 신체적 건강뿐만 아니라 스포츠를 통한 정신적 가치와 사회적 책임을 중시한다.

2 ①

스포츠교육학이 추구하는 가치 영역은 신체적 가치, 인지적 가치, 정의적 가치로 구분된다. 이 세 가지 가치는 스포츠교육이 단순히 운동기술을 가르치는 것을 넘어, 전인적 발달을 목표로 한다는 점을 강조한다.
• 신체적 가치: 스포츠교육을 통해 신체 건강을 증진하고, 운동 수행 능력을 향상시키는 가치
• 인지적 가치: 스포츠교육을 통해 경기 규칙, 전술적 사고, 전략적 의사 결정 능력을 기르는 가치
• 정의적 가치: 스포츠교육을 통해 윤리적 태도와 사회적 기술을 함양하는 가치

3 ③

「국민체육진흥법」 제2조에서 규정하는 '체육지도자'란 학교·직장·지역 사회 또는 체육 단체 등에서 체육을 지도할 수 있도록

「국민체육진흥법」에 따라 해당하는 자격을 취득한 사람을 말하며, 스포츠지도사(전문체육이나 생활체육을 지도하는 사람), 건강운동관리사, 장애인스포츠지도사, 유소년스포츠지도사, 노인스포츠지도사 등이 포함된다.

4 ②

체육 교사는 체육 교사 자격증을 소지하고 있으며, 체육 교육에 대한 폭넓은 지식과 인격적 자질을 갖춘 교사를 의미한다.

오답풀이 ❶

① 스포츠 강사: 정규 체육 수업을 보조하며, 학교 스포츠 클럽 및 방과 후 활동을 지도하는 전문가이다. 그러나 스포츠 강사는 정식 교사 자격증을 요구하지 않으며, 정규 교육과정의 체육 수업을 단독으로 담당할 수 없다. 보통 학교와 계약을 맺고 특정 프로그램을 운영하는 역할이 주된 업무이다.
③ 전문스포츠지도사: 선수들의 경기력 향상과 팀 성과를 높이기 위해 스포츠과학 지식과 체계적인 지도 능력을 갖춘 지도자이다. 그러나 학교 체육 교육보다는 선수 양성과 경기력 향상에 초점이 맞춰져 있어, 엘리트 스포츠 선수 훈련과 관련성이 높다. 학교 체육 교육처럼 전인적 교육(스포츠맨십, 협동심 등)을 목표로 하지 않으며, 경기력 향상이 주된 목적이다.
④ 생활스포츠지도사: 생활체육 참여자들에게 적합한 프로그램을 제공하며, 이들의 지속적인 스포츠 활동을 지원하는 지도자이다. 그러나 생활스포츠지도사는 일반 대중을 대상으로 생활체육 프로그램을 운영하며, 학교 교육과는 직접적인 연관이 없다.

5 ④

블룸(B. Bloom)의 인지적 영역에서 분석은 자료를 세부적으로 분류하고, 구성 요소 간의 관계를 파악하며, 전체적인 구조를 이해하는 능력을 의미한다. 분석 능력은 단순한 기억이나 이해 단계를 넘어, 정보의 체계적인 해석과 논리적 구조를 파악하는 과정을 포함한다.

오답풀이 ❶

① 지식: 배운 내용을 기억하고 회상하는 능력이다.
② 이해: 학습한 정보나 개념의 의미를 파악하고 이를 설명하는 능력이다.
③ 종합: 개별 요소를 결합하여 전체적인 계획이나 전략을 수립하는 능력이다.

6 ②

〈보기〉에 제시된 교육 모형은 개별화 지도 모형을 나타낸다. 개별화 지도 모형은 학생 개개인의 학습 속도에 맞춰 자기 주도적으로 학습할 수 있도록 지원하는 교수 모형이다. 이 모형에서는 학생이 자신의 학습 계획을 세우고, 개별적인 진도를 따라가며 교사로부터 개별적인 피드백을 받는다.

오답풀이 ❶

① 탐구 수업 모형: 학생들이 교사의 안내에 따라 신체 활동과 관련된 문제를 탐구하고, 해결 과정을 스스로 찾아가며 학습하는 모형이다.
③ 직접 교수 모형: 교사가 학습을 주도하며, 명확한 설명과 시범을 제공한 후 학생들이 반복 연습을 통해 기능을 익히도록 체계적으로 지도하는 모형이다.
④ 협동 학습 모형: 학생들이 팀을 이루어 협력하여 공동의 목표를 달성하며, 개별 책무성과 긍정적 상호 의존성을 바탕으로 사회적 관계를 형성하는 모형이다.

7 ④

〈보기〉의 내용은 1인 연습에 대한 설명이다. 1인 연습은 거울 앞에서 자신의 말과 행동을 직접 관찰하며 교수 기능을 점검하고 개선하는 방식이다. 이 방법은 개인이 독립적으로 연습하는 형태이므로, 다른 사람과의 상호 작용이 포함되지 않는다.

오답풀이 ❶

① 마이크로 티칭: 제한된 시간과 소규모의 학생을 대상으로 수업을 진행한 후, 피드백을 받아 교수 기술을 향상시키는 연습 방법이다.
② 동료 교수: 동료 교사나 친구와 역할을 바꿔 교수 기능을 연습하며, 상호 피드백을 주고받는 방식이다.
③ 반성적 교수: 교수 활동 후, 자신의 수업을 녹화하여 보거나 피드백을 통해 개선점을 찾는 방법이다.

8 ②

②는 메이거(R. Mager)의 교수 목표 진술 방식에서 요구하는 세 가지 요소(조건 명시, 도착점 행동, 수락 기준)를 모두 포함한 교수 목표 진술이다.
- 조건 명시: 농구 경기 중, 수비수 2명이 압박하는 상황에서 → 어떤 환경에서 행동이 수행되는지를 명확히 제시하였다.
- 도착점 행동: 정확한 패스를 수행할 수 있다. → 학습자가 실제로 수행해야 하는 행동을 구체적으로 진술하였다.

- 수락 기준: 5회 중 4회 이상 성공 → 행동의 성취 수준을 평가할 수 있는 기준을 포함하였다.

> 오답풀이 ❶

① 구체적인 목표가 아니라 단순한 활동을 설명하는 수준에 불과하다.
③ 평가할 수 있는 구체적인 행동이 포함되지 않아 교수 목표로 적절하지 않다.
④ 행동이 명확하지 않으며, 성취 기준이 제시되지 않아 교수 목표로 부적절하다.

9 ②

형성 평가는 학습 과정 중에 이루어지는 평가로, 학습 방법을 점검하고 피드백을 제공하는 과정 중심 평가이다.
교육 프로그램의 효과성을 종합적으로 판단하는 것은 총괄 평가의 기능이다.

> ➕ 개념 PLUS

평가의 유형과 기능

진단 평가	• 교육 프로그램 시작 전에 학습자 또는 참여자의 특성을 파악하고, 그들의 학습 방향을 설정하여 학습에 방해가 되는 원인을 확인하는 과정 • 이를 통해 학습자의 수준을 파악하고 맞춤형 지도 계획을 수립한다.
형성 평가	• 학습 과정 중에 학습 방법이나 과정을 개선하기 위해 이루어지는 과정 중심의 평가 • 학습 도중 피드백을 제공하고, 교육 프로그램과 지도 방법의 수정에 중요한 역할을 한다.
총괄 평가	• 교육 프로그램이 완료된 후 학습자의 성취도와 프로그램의 효율성을 종합적으로 판단하는 평가 • 교육과정의 성공 여부를 판단하고, 향후 교육 프로그램의 개선 방향을 설정한다.

10 ③

〈보기〉의 내용은 구인 타당도에 대한 설명이다. 구인 타당도란, 평가 도구가 심리적 특성을 정확하게 측정하는지를 검증하는 타당도이다. 또한, 평가 결과가 이론적 개념과 일치하는지를 확인하는 과정을 포함한다.

> 오답풀이 ❶

① 내용 타당도: 평가 문항이 측정하고자 하는 내용을 적절히 대표하는지를 판단하는 타당도이다. 이론적 개념과의 일치보다는 평가 문항의 적절성을 검토하는 데 초점이 맞춰진다.
② 공인 타당도: 평가 도구의 타당성을 이미 신뢰성이 입증된 평가 결과와 비교하여 검증하는 방법이다. 기존 평가와 높은 상관관계를 보이면 타당하다고 판단한다.

④ 예측 타당도: 평가 결과가 미래의 성취나 행동을 얼마나 정확하게 예측할 수 있는지를 판단하는 타당도이다. 예를 들어, 대학 입학 시험 점수가 대학에서의 학업 성취를 얼마나 예측하는지를 분석하는 경우가 해당된다.

11 ③

평가는 측정보다 포괄적인 개념으로, 교육과정, 교수 활동, 교육 환경 등을 포함하여 자료를 분석하고 가치를 판단하는 과정이다. 평가의 결과는 교육 활동에 대한 피드백을 제공하며, 학습 및 교수 개선을 위한 중요한 정보를 제공하는 역할을 한다.

> 오답풀이 ❶

① 평가는 단순히 점수를 비교하는 과정이 아니라, 교육과정과 교수 활동을 포함하여 다양한 요소를 분석하는 포괄적인 과정이다.
② 측정은 평가의 하위 요소로, 특정 기준에 따라 양을 수치로 표현하는 과정이며, 평가와는 동일하지 않다.
④ 평가는 점수 제공만이 아니라, 교육의 적정성 판단과 학습 상태 점검, 교육 프로그램 개선에도 활용된다.

12 ②

탐구 수업 모형에서는 학습자가 지식과 개념을 탐색하고 문제를 해결하는 '인지적 학습'을 최우선으로 하며, 다음으로 실험이나 조작과 같은 '심동적 학습', 마지막으로 태도나 가치 형성과 같은 '정의적 학습'이 이루어진다.

13 ②

리드업 게임은 특정 스포츠의 기술과 전술을 효과적으로 연습하기 위해 정식 경기의 규칙과 형식을 간소화하거나 변형하여 학생들이 특정 기능에 집중할 수 있도록 하는 활동 방식이다.

> 오답풀이 ❶

① 정식 경기: 축구의 정식 규칙을 그대로 반영한 경기로, 특정 기술을 연습하는 것이 아니라 모든 기술과 전술을 활용하는 과정이다.
③ 역할 수행: 특정 기술 연습이 아니라 심판, 코치, 선수 등의 역할을 수행하면서 경기 운영을 학습하는 방식이다.
④ 학습 센터: 특정 기술보다 다양한 체육 활동을 경험하고 탐색하는 학습 환경을 제공하는 방식이다.

14 ④

〈보기〉의 사례는 시덴탑(D. Siedentop)이 제안한 스포츠교육 모형에 해당한다. 스포츠교육 모형은 실제 스포츠 경험을 강조하는 교수·학습 방식으로, 학생들이 정식 스포츠 시즌과 유사한 환경에서 체육 활동을 경험하도록 설계된 모형이다. 이 모형에서는 학생들이 학기 초에 팀을 구성하고, 시즌제 방식으로 공식 경기를 진행하며, 경기 결과를 기록하는 과정이 포함된다. 또한, 시즌이 종료된 후에는 팀별 경기 성과와 협동 능력을 평가하는 것이 주요 특징이다. 이러한 요소들은 스포츠교육 모형의 핵심 개념인 팀 소속감, 지속적인 경기 경험, 역할 수행, 성과 평가를 기반으로 운영되며, 학생들이 스포츠 문화를 경험하고, 경기 운영 및 팀워크의 중요성을 익힐 수 있도록 돕는다.

오답풀이

① 탐구 수업 모형은 학생들이 문제를 탐구하고 해결하는 과정 중심의 학습 방식을 강조한다. 그러나 스포츠교육 모형과는 달리, 스포츠 경기 운영이나 팀 활동보다는 개념 탐구와 문제 해결 과정이 학습의 중심이 된다.
② 개별화 지도 모형은 학생 개개인의 학습 속도와 능력에 맞추어 학습이 진행되는 방식이다. 하지만 〈보기〉의 사례는 팀 단위의 스포츠 운영과 성과 평가가 핵심이므로, 개별화 지도 모형과는 다르다.
③ 협동 학습 모형은 학생들이 협력하여 공동 목표를 달성하는 방식으로, 주로 모둠 학습과 팀워크 활동을 강조하며, 스포츠 경기 운영과 시즌제 운영이 중심이 되는 스포츠교육 모형과는 차이가 있다.

15 ③

학교의 장은 학교 운동부 관련 후원금을 「초·중등교육법」에 따라 설치된 학교 회계에 편입시켜 운영하여야 한다.

16 ③

자격증 과정 이수는 공식적인 교육 시스템에서 이루어지므로 형식적 성장 방법에 해당한다.

오답풀이

① 워크숍은 공식 교육과정은 아니지만 체계적으로 운영되는 학습 활동이므로 무형식적 성장에 해당한다.
② 세미나 및 강연은 정규 교육과정 외에서 제공되는 학습 기회이므로 무형식적 성장에 해당한다.
④ 개인적으로 습득하는 과정이므로 비형식적 성장에 해당한다.

17 ①

〈보기〉에서 김 코치는 선수의 부상 예방을 위해 신체 상태 점검, 스트레칭, 근육 이완 요법 지도, 보호 장비 착용법 교육 등을 시행하고 있다. 이는 선수들의 안전을 보장하고, 부상을 방지하기 위한 활동으로, 안전 및 상해 예방에 해당한다.

오답풀이

② 신체적 컨디셔닝: 체력 강화, 근력 증가, 유산소 능력 향상 등 신체적 상태를 최적화하는 체계적인 훈련과 관련된다.
③ 심리적 컨디셔닝: 경기 중 스트레스 관리, 집중력 향상, 자신감 강화 등 선수의 심리적 상태를 최적화하는 활동을 포함한다.
④ 지도법 및 커뮤니케이션: 효과적인 의사소통, 팀 내 협력 증진, 선수와의 상호 작용을 통한 지도 방식을 강조하는 역량이다.

18 ③

오답풀이

㉠ 지시형(명령식) 스타일: 교사가 모든 수업 활동을 지시하며 학생은 교사의 결정에 따라 수행한다. 학생이 학습 속도와 리듬을 결정하는 것은 연습형 스타일에 해당한다.
㉢ 포함식(포괄형) 스타일: 학생이 난이도를 선택하고 자기 평가를 하는 방식이다. 포괄형 스타일에서는 다양한 난이도의 과제가 제공되며, 학생이 자신에게 맞는 난이도를 선택할 수 있다.

19 ③

㉠ 하나로 수업 모형의 가장 중요한 원리 중 하나는 직접 체험과 간접 체험의 균형이다.
㉡ 직접 체험은 신체 활동을 수행하면서 기술뿐만 아니라 심법적 요소(태도, 가치, 감정, 스포츠 정신 등)를 학습하는 과정이다.
㉢ 간접 체험은 신체 활동 없이 영상 시청, 토론, 강의 등을 통해 학습하는 방식이며, 기술적·기법적 요소를 학습할 수 있도록 지원하는 것이 특징이다.

오답풀이

㉣ 직접 체험은 교사의 지도 아래 신체 활동을 수행하는 과정이므로, 교사의 개입이 필수적이며, 학생 스스로 탐구하는 방식이 아니라, 교사의 지도와 시범, 피드백이 중요한 역할을 한다.

20 ④

협의의 스포츠교육은 특정 스포츠 종목의 규칙과 구조를 바탕으로 진행되는 체육 교육을 의미하며, 경쟁과 협력의 가치를 배우고, 스포츠맨십과 전략적 사고를 익히는 과정이 포함된다.
④ 정식 경기 방식과 스포츠 규칙 준수, 팀워크와 경쟁을 강조하고 있으므로 협의의 스포츠교육에 부합한다.

> **오답풀이** ❶

① 광의의 스포츠교육에 해당한다.
② 스포츠교육의 일환이지만, 창의적 체험 활동을 통해 스포츠를 경험하는 것은 협의의 스포츠교육과 다르다.
③ 스포츠교육에서 협력과 참여를 강조할 수 있지만, 협의의 스포츠교육은 정식 경기 방식과 스포츠 규칙을 중점적으로 다룬다. 그리고 심리적 성장보다는 신체 활동을 통하여 스포츠의 기술적, 전략적 요소와 스포츠 규칙을 배우는 것이 협의의 스포츠교육의 핵심이므로 정답으로 볼 수 없다.

스포츠심리학

1	④	2	③	3	④	4	①	5	③
6	③	7	①	8	④	9	③	10	④
11	④	12	②	13	①	14	③	15	②
16	①	17	④	18	①	19	②	20	②

1 ④

협의의 스포츠심리학은 심리적 요인이 운동수행에 미치는 영향을 연구하는 학문으로, 스포츠 활동이 개인과 팀의 심리적 기능(정서, 팀워크, 동기 부여 등)에 미치는 영향을 분석한다.
④ 운동생리학의 연구 범위에 해당한다.

2 ③

〈보기〉의 설명은 감각 지각 단계에 해당한다. 감각 지각 단계는 환경에서 오는 자극을 인식하고 그 정보를 분석하는 단계로, 운동제어 체계는 '감각 지각 단계 → 반응 선택 단계 → 반응 실행 단계'의 순으로 이루어진다.

> **오답풀이** ❶

① 반응 선택 단계: 자극에 대해 어떻게 반응할지를 결정하는 단계이다.
② 반응 실행 단계: 선택된 반응을 실제 행동으로 옮기기 위해 근육을 움직이는 단계이다.
④ 고정화 및 다양화 단계: 운동학습 이론 중 하나로 젠타일(Gentile)이 제시한 2차원적 모델에 해당한다. 이 단계는 기술을 고정화하거나 다양한 상황에 적응시키는 단계이다.

3 ④

손다이크가 제시한 S-R(자극-반응) 이론은 자극에 대한 반복된 반응을 통해 학습이 이루어진다고 보는 이론으로, 학습 과정이 '단순 반응 → 변별 반응 → 선택 반응'의 단계로 진행된다고 설명한다.
• 단순 반응: 단일 자극에 대해 자동적이고 직접적인 반응을 보이는 단계이다.
• 변별 반응: 여러 자극 중 하나를 구별하여 그에 맞는 반응을 선택하는 과정이다.
• 선택 반응: 여러 자극과 반응 옵션 중에서 적절한 반응을 선택하는 과정이다.

오답풀이
① 폐쇄 회로 이론에 해당한다.
② 신경망 이론에 해당한다.
③ 협응 변화 이론에 해당한다.

4 ①

학습 전이란 이전에 배운 기술이 새로운 기술 학습에 영향을 미치는 현상을 의미한다.
㉠ 정적 전이: 이전에 습득한 기술이 새로운 기술 학습에 긍정적인 영향을 미치는 현상을 의미한다.
㉡ 부적 전이: 이전에 배운 기술이 새로운 기술 학습에 방해가 되는 현상을 의미한다.
㉢ 역전이: 새로운 기술을 학습한 후, 이전에 익힌 기술이 변화하거나 영향을 받는 현상을 의미한다.
㉣ 수평적 전이: 유사한 난이도의 기술 간 전이를 의미하며, 한 기술이 다른 비슷한 기술에 영향을 미치는 현상이다.
이는 정적 전이와 유사한 특성을 가지지만, 정적 전이는 종목 간 난이도를 고려하지 않는 반면, 수평적 전이는 난이도가 동일한 수준이어야 한다는 차이가 있다.

5 ③

폐쇄적 운동기술은 일차원적 분류 중 '환경의 안전성' 요소에 해당한다. 환경의 안전성 요소는 폐쇄(안정적인 환경에서 수행)와 개방(지속적으로 변하는 환경에서 수행)으로 구분된다.

오답풀이
① 연속적: 시작과 끝이 명확하게 구분되지 않으며, 특정 기술이 반복되는 것이다.
② 불연속적: 시작과 끝이 명확하게 구분되고 짧은 시간에 끝이 나는 것이다.
④ 계열적: 불연속적 운동기술이 여러 개 더해진 것이다.

6 ③

운동발달에 영향을 미치는 요인 중 사회적·문화적 요인에는 대중 매체, 문화적 배경, 사회적 지지자, 성 역할 등이 포함된다.
③ 개인적 요인(심리 요인)에 해당하며, 사회적·문화적 요소와 구별된다.

오답풀이
① 사회·문화적 요인 중 대중 매체와 관련된다.
② 사회·문화적 요인 중 사회적 지지자와 관련된다.
④ 사회·문화적 요인 중 성 역할과 관련된다.

7 ①

홀랜더(E.P. Hollander)의 성격 구조는 '심리적 핵', '전형적 반응', '역할 행동'으로 구분된다.
① 프로이트(Sigmund Freud)의 정신 분석(심리 역동) 이론에 대한 설명이다.

오답풀이
② 심리적 핵에 대한 설명이다.
③ 전형적 반응에 대한 설명이다.
④ 역할 행동에 대한 설명이다.

8 ④

〈보기〉의 내용은 HTP 검사에 대한 설명이다. HTP 검사는 집(House) – 나무(Tree) – 사람(Person) 검사의 약자로, 피검사자가 집, 나무, 사람을 그림으로 표현하게 하여 개인의 심리 상태와 성격 특성을 평가하는 투사적 심리 검사이다.

오답풀이
① 무드 평가 검사(TAT): 모호한 그림을 보고 이야기를 만들어 성격과 감정을 분석하는 검사이다.
② 로르샤흐 검사: 잉크 얼룩을 보고 무엇을 떠올리는지에 따라 성격을 평가하는 검사이다.
③ KFD 검사: Kinetic Family Drawing의 약자로, 가족이 함께하는 모습을 그림으로 표현하여 가족 관계와 성격 특성을 분석하는 검사이다.

9 ③

특성 불안은 개인의 성격적 특성으로 인해 일상적으로 불안을 쉽게 느끼는 경향을 의미하며, 특정 상황에 관계없이 지속적으로 나타나는 특징이 있다.

오답풀이
① 상태 불안: 경기 시작 전, 선수가 순간적으로 느끼는 긴장과 불안감을 의미한다.
② 경쟁 상태 불안: 경쟁 상황에서 일시적으로 느끼는 불안을 의미한다.
④ 경쟁 특성 불안: 주로 경쟁 상황에서 개인의 성격적 특성으로 인해 지속적으로 불안을 느끼는 성향을 의미한다.

10 ④

〈보기〉의 사례는 자기 결정성 이론과 관련된다. 자기 결정성 이론은 개인이 자율성, 유능성, 관계성의 욕구를 충족할 때 내적 동기가 촉진된다고 설명한다. 또한, 무동기 상태에서 시작하여 외적 동기를 거쳐 내적 동기로 전환되는 과정을 설명한다.

오답풀이
① 성취 목표 성향 이론: 개인이 성취를 위해 노력할 때, 과정(과제 목표)과 결과(성공/실패 목표) 중 어디에 중점을 두느냐에 따라 동기가 달라진다는 이론이다.
② 동기 분위기 이론: 소속 집단(코치, 부모, 팀)의 분위기가 개인의 내적 동기에 영향을 미친다는 이론이다.
③ 자기 효능감 이론: 개인이 자신의 능력에 대한 신념을 가질 때, 더 적극적으로 행동하고 높은 성과를 낼 수 있다는 이론이다.

11 ④

오준이는 과제 목표 성향과 관련된 내용을 말하고 있다. 과제 목표 성향을 가진 사람은 자신과의 비교를 통해 목표를 설정(절대 평가)하며, 기술 향상과 학습 과정에 집중한다. 또한, 약간 도전적인 과제를 설정하여 내적 동기와 몰입을 촉진하는 데 중점을 둔다.
반면, 성현, 태린, 지연은 수행 목표 성향과 관련된 내용을 말하고 있다. 수행 목표 성향을 가진 사람은 다른 사람과의 비교를 통해 목표를 설정(상대 평가)하며, 경쟁에서의 승리를 통해 유능감을 느낀다. 이러한 성향을 가진 사람들은 실천하기 어렵거나 지나치게 쉬운 과제를 설정하는 경향이 있으며, 이는 내적 동기와 몰입을 낮추고, 타인과의 비교를 통해 우월감을 중시하게 만든다.

12 ②

자아 존중감이란, 자신이 가치 있고 소중한 존재라고 느끼는 전반적인 자기 평가를 의미한다. 이는 개인이 자신의 능력, 성과, 외모, 성격 등 다양한 측면을 긍정적으로 바라볼 때 형성되며, 삶의 동기와 행복에 중요한 영향을 미친다.
② 자아 효능감에 대한 설명이다.

13 ①

심상 훈련의 실천 방법에는 적절한 장소 선정, 이완 상태 유지, 동기 부여, 실제 상황 상상, 운동 장면 기록, 시간과 속도 고려, 심상 기록 등이 포함된다.
① 체력 훈련 강화는 심상 훈련의 실천 방법과는 관련이 없으며, 이는 심상 훈련이 아닌 신체적 훈련에 해당한다.

오답풀이
② 적절한 장소 선정: 외부 방해 없이 편안한 장소를 선택하는 것은 심상 훈련의 실천 방법 중 하나이다.
③ 동기 부여: 심상 훈련을 효과적으로 수행하려면 운동수행에 대한 강한 동기가 필요하다.
④ 운동 장면 기록: 자신의 운동 장면을 비디오로 촬영하고 분석하는 것은 심상 훈련을 위한 중요한 방법이다.

14 ③

㉠ 수행 간 루틴: 경기 중 특정 상황에서 반복적으로 수행되는 행동으로, 집중력 유지와 심리적 안정에 도움을 준다.
㉡ 미니 루틴: 경기 중 실수나 예상치 못한 상황이 발생했을 때, 빠르게 심리적 균형을 되찾고 다음 수행에 집중하기 위한 짧은 행동 패턴이다.

오답풀이
• 수행 전 루틴: 수행을 시작하기 전에 신체와 정신을 준비하는 일련의 절차이다.
• 수행 후 루틴: 수행이 끝난 후 몸과 마음을 정리하고 복귀하는 과정이다.

15 ②

첼라드라이(P. Chelladerai)의 다차원 리더십 모델은 리더십을 상황적 요인, 리더 행동, 구성원 요구 등 다양한 측면에서 종합적으로 분석하는 모델이다. 이 모델에 따르면 리더십의 효과는 리더가 실제로 보이는 행동(실제 행동), 규정된 행동, 구성원이 원하는 행동(선호 행동)이 얼마나 일치하는지에 따라 결정된다.
즉, 다차원 리더십 모델은 리더가 구성원이 원하는 행동만을 따라야 한다고 보지 않으며, 규정된 행동과 실제 행동도 리더십 효과성에 중요한 요소로 작용한다고 설명한다.

16 ①

단서 촉발 이론은 부정적 감정과 특정 외부 자극이 결합될 때 공격성이 촉발될 수 있다고 설명한다. ①은 공격성의 발생 원인을 부정적 감정과 무관하게 외부 자극만으로 설명하고 있어, 단서 촉발 이론의 핵심 개념인 '부정적 감정과 외부 자극의 결합'을 고려하지 않았다.

17 ④

〈보기〉의 내용은 부적 처벌에 해당한다. 부적 처벌은 부정적인 행동이 발생했을 때, 긍정적인 자극(보상)을 제거하여 행동을 감소시키는 것을 의미한다.

오답풀이

① 부적 강화: 긍정적인 행동을 했을 때, 불쾌한 자극을 제거하여 행동을 강화하는 것을 의미한다. 예 전국 대회에서 3위 안에 들면 벌칙을 면제해 준다.
② 정적 강화: 긍정적인 행동을 했을 때, 보상을 제공하여 행동을 강화하는 것을 의미한다. 예 체육 대회에서 우수한 성적을 거두면 상장을 수여한다.
③ 정적 처벌: 부정적인 행동을 했을 때, 불쾌한 자극을 추가하여 행동을 감소시키는 것을 의미한다. 예 훈련 시간에 지각하면 코치가 잔소리를 한다.

18 ①

〈보기〉의 내용은 CES-D(Center for Epidemiologic Studies Depression Scale, 역학연구센터 우울 척도)에 대한 설명이다. CES-D는 일반인의 우울 증상을 평가하기 위해 개발된 척도이지만, 운동과 관련된 연구에서도 널리 활용된다. 특히, 운동이 우울증 완화에 미치는 영향을 평가하거나, 운동 프로그램이 정신 건강에 미치는 변화를 측정하는 데 유용한 도구로 사용된다.

오답풀이

② VAS(Visual Analogue Scale, 시각적 아날로그 척도): 주관적인 감정이나 신체 상태(예 통증, 피로, 불편감 등)를 측정하는 데 사용된다.
③ 기분 상태 검사(POMS, Profile of Mood States): 개인의 기분 상태를 평가하는 심리 검사로, 긴장, 우울, 피로, 분노, 활력, 혼란의 6가지 기분 상태를 측정한다.
④ 운동 자각도(RPE, Rating of Perceived Exertion) 척도: 개인이 운동 중 느끼는 운동 강도를 주관적으로 평가하는 척도이다.

19 ②

〈보기〉의 내용은 프로차스카(J. Prochaska)의 운동 변화 단계 중 준비 단계에 해당한다. 프로차스카는 운동 변화 단계를 다음과 같이 5단계로 구분하였다.
무관심 단계 → 관심 단계 → 준비 단계 → 실천 단계 → 유지 단계

오답풀이

① 관심 단계: 운동에 대한 관심은 있지만, 아직 행동으로 옮기지 않은 상태이다. 이 단계에서는 6개월 이내에 운동에 참여할 의도가 있다.
③ 실천 단계: 실제로 행동을 시작하여 계획한 변화를 실천하는 단계이다. 이 단계는 6개월 미만 동안 운동을 실천하는 단계에 해당한다.
④ 유지 단계: 운동 실천 행동을 장기적으로 유지하는 단계로, 변화된 행동을 지속하고 원래 상태로 돌아가지 않도록 노력하는 단계이다. 이 단계는 6개월 이상 지속되는 단계에 해당한다.

20 ②

㉠ 스포츠심리상담 기법 중 신뢰에 대한 내용이다.
㉢ 스포츠심리상담 기법 중 관심 집중에 대한 내용이다.
㉣ 스포츠심리상담 기법 중 수용에 대한 내용이다.

오답풀이

㉡ 경청: 상담자는 내담자가 표현한 감정뿐만 아니라, 그 이면에 숨겨진 감정이나 생각까지 경청하고 이해하려는 노력이 필요하다. 감정의 표출이 부족한 내담자에게도 관심을 기울여야 한다.
㉤ 긍정적 존중: 상담자는 내담자의 긍정적인 측면도 충분히 인정하고 강조해야 하며, 부정적인 요소에만 집중하는 것은 내담자에게 부정적인 영향을 미칠 수 있다.

한국체육사

1	④	2	②	3	③	4	①	5	①
6	④	7	①	8	③	9	①	10	②
11	②	12	②	13	②	14	②	15	①
16	①	17	④	18	②	19	①	20	③

1 ④

해석적 연구는 과거의 사실을 단순히 나열하는 것이 아니라, 역사가의 가치관과 해석 원리를 바탕으로 그 의미를 평가하는 연구 방법이다.

오답풀이
① 기술적 연구: 과거의 사실을 객관적으로 밝히는 연구 방법으로, 해석적 접근을 포함하지 않는다.
② 비교적 연구: 두 가지 이상의 대상을 비교하는 방법으로, 사실의 해석보다는 비교 분석에 초점을 맞춘다.
③ 실험적 연구: 주로 현재의 현상에 대해 실험을 통해 데이터를 수집하고 분석하는 방법이다. 과거의 사실을 다루지 않으며, 해석적 연구와는 다른 성격을 가진다.

2 ②

체육사에서의 시대 구분은 연구자의 편의와 연구 목적에 따라 유동적으로 적용된다.

오답풀이
① 시대 구분은 고정된 것이 아니라, 연구자의 필요에 따라 다르게 적용될 수 있다. 고정된 방식으로만 적용하는 것은 지나치게 제한적일 수 있다.
③ 시대 구분은 고정된 규칙에 의해 변화가 불가능한 것이 아니라, 연구자의 필요에 따라 다르게 적용될 수 있는 유동적인 개념이다.
④ 시대 구분은 지역과 주제에 따라 달라질 수 있다. 예를 들어, 같은 사건이라도 지역별로 다르게 해석되거나 적용될 수 있기 때문에 변하지 않는다고 할 수 없다.

3 ③

신라의 가배는 제천 행사로, 풍년을 기원하는 중요한 의례였으며, 음주, 가무, 유희 등이 포함되어 사람들이 즐거움을 함께 나누는 행사였다.

오답풀이
① 고구려의 동맹은 단순히 종교적 의식만이 아니라, 국가적 결속과 군사적인 목적을 가지고 있었다.
② 부여의 영고는 주로 농업과 풍년을 기원하는 제천 행사로, 군사훈련이 주된 목적이 아니라 농업과 관련된 의례적 행사였다.
④ 삼한의 수릿날과 계절제는 농업과 밀접한 관련이 있으며, 농사의 시작과 끝에 맞춰 진행된 제천 행사였다.

4 ①

태학은 국가 관리를 양성하기 위한 고등 교육 기관이었지만, 경당은 서민을 위한 지방 교육 기관으로, 관리 양성이 아니라 신체활동과 문학 교육을 중심으로 운영되었다.

오답풀이
② 고구려의 태학과 경당은 각각 고등 교육과 지방 교육 기관으로 계층별 필요에 맞게 설립되었다.
③ 신체 활동은 경당의 주요 교육 내용 중 하나였으며, 태학에서도 일부 무예 교육이 이루어졌다.
④ 유학 경전과 활쏘기는 두 기관 모두에서 교육과정의 일부로 포함되었다.

5 ①

선사시대에는 사냥과 채집을 통한 식량 획득이 주요 신체 활동이었으며, 외부 위협으로부터 몸을 지키기 위한 전투적 움직임이 자연스럽게 발달하였다.

오답풀이
② 신체 건강을 유지하는 목적보다는 생존이 신체 활동의 주요 목적이었다.
③ 스포츠 개념이 형성되기 전으로, 체계적인 스포츠 활동은 존재하지 않았다.
④ 인간성 회복이나 정신적 수양을 위한 체육 활동은 선사시대보다는 이후 종교적·철학적 배경이 형성된 시대에서 나타났다.

6 ④

〈보기〉의 내용은 불국토 사상과 관련된다. 불국토 사상은 불교적 이상 세계(불국토)를 현실에서 실현하고자 하는 사상으로, 신체와 정신을 함께 단련하여 국가와 사회를 이상적인 세계로 만드는 것을 목표로 하였다. 이를 위해 화랑들은 입산 수행과 편력 등을 통해 심신을 수련하고, 국토를 수호하는 역할을 수행하였다.

오답풀이 ❶

① 신체미의 숭배 사상: 신체의 아름다움과 탁월성을 중시하며, 신체 자체에 높은 가치를 부여하는 사상으로, 화랑도의 체육 활동은 신체적 아름다움이 아닌 실용적 · 정신적 단련을 강조했으므로 불국토 사상과 거리가 있다.

② 심신 일체론적 신체관: 신체와 정신의 조화를 이루는 심신 일체론을 바탕으로 신체 활동이 정신적 수양과 밀접하게 연관된 사상이다. 불국토 사상도 신체와 정신의 조화를 강조하지만, 이는 불교적 이상 사회 실현을 목표로 한다는 점에서 심신 일체론과 차이가 있다.

③ 군사주의 체육 사상: 국가를 위해 자신을 희생할 수 있는 용감한 인재를 육성하는 사상으로, 신체적 훈련과 군사 교육이 밀접하게 연결되었다. 그러나 불국토 사상은 단순한 군사적 목적이 아니라, 불교적 이상 국가를 실현하려는 목표를 포함하며, 수행과 정신적 수련도 중시한다는 점에서 차이가 있다.

7 ①

씨름은 다양한 유사 명칭으로 불리며, 몸을 맞대고 상대를 넘어뜨리는 전통 신체 활동이다.

오답풀이 ❶

② 추천(鞦韆): 그네를 타며 균형을 유지하고, 발의 탄력을 이용해 공중으로 높이 올라가는 전통 놀이이다.

③ 방응(放鷹): 매를 길러 훈련시킨 후, 특정 사냥감을 포획하는 수렵 활동으로, 단순한 유희를 넘어 무예 훈련의 성격을 지녔다.

④ 석전(石戰): 두 편으로 나뉘어 돌을 던져 싸우는 전통 놀이로, 전쟁 훈련과 유사한 성격을 지녔다.

8 ③

- 영규: 성균관(成均館)은 조선시대 최고 교육 기관으로, 유학을 가르쳤으며 과거 시험을 준비하는 공간이었다. 대사례(大射禮)는 성균관에서 시행한 공식적인 활쏘기 의례로, 유생들의 무예와 예절을 겸비한 교육의 일환이었다.
- 진욱: 향교(鄕校)는 조선시대 지방에 설치된 교육 기관으로, 유학 교육과 성리학 보급을 위한 역할을 하였다.
- 환일: 서원(書院)은 사립 교육 기관으로, 조선시대 성리학 교육과 유학자들의 연구 공간 역할을 하였다. 또한, 과거 시험 준비뿐만 아니라 성리학 연구와 유학자들을 제사 지내는 역할도 수행하였다.

오답풀이 ❶

- 성길: 서당(書堂)은 조선시대 초등 교육 기관으로, 한문 교육과 기본적인 유학 교육을 담당하였다. 기술 교육이나 군사 훈련과는 관계가 없다.

9 ①

이황의 『활인심방(活人心方)』은 도가의 양생 사상을 바탕으로 구성된 의학서로, 도인법을 활용하여 신체와 정신을 건강하게 유지하려는 체육 활동을 포함하고 있다.

오답풀이 ❶

② 도판희: 널판 위에서 뛰어오르며 균형을 유지하는 민속놀이로, 현대의 널뛰기와 유사하다.

③ 궁도: 활쏘기를 중심으로 한 무예 및 스포츠 활동으로, 조선시대 군사 훈련과 관련이 깊다.

④ 장치기: 긴 막대기를 쳐서 상대편의 문 안에 넣는 경기로, 팀 단위로 진행되는 전통 구기 경기이다.

10 ②

조선시대에는 문반(文班)도 활쏘기(궁도) 등의 신체 활동을 수행하며 문무를 겸비하려 했다. 성균관의 대사례(大射禮)에서 유생들이 활쏘기를 수련한 점은, 문반도 신체 활동을 중시했음을 보여준다. 따라서 체육 활동이 무반(武班)에게만 국한되었다는 설명은 사실과 다르다.

오답풀이 ❶

① 조선시대는 성리학을 국가 운영의 이념으로 삼아 문(文)을 중시하고 신체 활동보다는 학문과 도덕적 수양을 강조하였다. 신체 활동도 단순한 체력 단련이 아니라 정신적 성장과 인격 형성의 과정으로 해석되었다.

③ 조선시대의 왕과 지배층은 문관도 군사적 능력을 갖춰야 한다고 보았으며, 문무겸전(文武兼全) 사상이 문관들의 군사 교육을 장려하는 배경이 되었다. 활쏘기는 문 · 무반 모두가 수련하는 대표적인 체육 활동이었다.

④ 조선시대는 국방력 유지를 위해 무과 시험을 통해 활쏘기, 마술(馬術), 창술 등의 무예를 체계적으로 교육하였다. 이는 조선의 체육 활동이 단순한 수양을 넘어 군사적 필요성에 따라 발전했음을 보여준다.

11 ②

일제 강점기 동안 운동회는 학교에서 체육 활동을 강화하는 동시에, 민족주의 정신을 고취하고 독립 의지를 표출하는 중요한 행사였다.

12 ②

배재학당은 유교적 전통을 강화한 것이 아니라, 기독교 정신과 근대 문명을 바탕으로 사회와 국가에 봉사할 인재를 양성하는 것을 목표로 하였다.

오답풀이

① 원산학사: 한국 최초의 근대 학교로, 문예반과 무예반을 운영하며 실용 교육과 전통 교육을 병행하였다.
③ 이화학당: 한국 최초의 여성 교육 기관으로, 기독교 교육을 통해 여성의 자존감과 사회적 역할 확대를 목표로 하였다.
④ 대성학교: 도산 안창호가 설립한 중등 교육 기관으로, 국권 회복과 민족 지도자 양성을 목표로 하였다.

13 ②

- 1894년 7월(ⓒ): 청·일 전쟁 이후 일본이 조선 개혁을 주도하며 군국기무처(軍國機務處)를 설치하였다. 이를 통해 제1차 갑오개혁(1894.07~12)이 시작되었고, 신분제 폐지, 재정 일원화, 과부 재가 허용 등 개화 정책이 추진되었다.
- 1894년 12월(ⓔ): 제2차 갑오개혁(1894.12~1895.04)에서 신분제 폐지가 정비되고, 과거제가 공식적으로 폐지되었으며 근대적 행정 개편이 이루어졌다. 이 과정에서 교육 개혁의 필요성이 더욱 강조되었다.
- 1895년 2월(㉠): 고종이 교육입국조서(敎育立國詔書)를 반포하여 근대 학제(소학교·중학교·사범학교 등) 도입과 체조 과목의 정식 채택 등 근대 교육 체계가 확립되었다.

따라서 올바른 순서는 ⓒ → ⓔ → ㉠이다.

14 ②

㉠ 유교의 왜곡된 해석으로 인해 체육이 도덕적 발전과 분리되었으며, 이는 유교주의의 특징이다.
ⓒ 국권 상실의 위기는 체육을 민족적 자긍심과 독립 의지를 고취하는 민족주의적 이데올로기로 발전시키는 계기가 되었다.
ⓒ 사회 진화론적 민족주의 사상은 체육을 민족의 강건함과 국가 발전을 도모하는 수단으로 여겼다.

15 ①

문일평은 조선일보사의 편집 고문으로 활동하며, 체육을 국가의 운명을 결정짓는 중요한 요소로 인식하였다. 그는 『체육론』에서 신체 단련이 정신적 성장의 필수 조건이며, 체육 교육이 국가 발전에 필수적임을 강조하였다. 또한, 체육 교사 양성, 체육 학교 설립, 그리고 체육 학술 연구를 위한 청년 해외 파견의 필요성을 주장하였다.

오답풀이

② 노백린: 국권 회복 운동의 일환으로 체육 활동을 추진하였으며, 체육 단체 결성 및 사회체육 활성화에 기여한 인물이다.
③ 이황: 조선시대 성리학자로, 건강 유지와 예방을 목적으로 하는 도인법(양생법)을 주장하였다.
④ 정약용: 조선시대 실학자로, 사회 개혁과 기술 혁신에 중점을 두었다.

16 ①

체육 통제기(1941~1945년)는 태평양 전쟁 이후 전쟁 수행과 군국주의 체육 강화를 목표로 하였으며, 체력장 제도를 통해 인적 자원 확보와 체력 강화를 도모하였다.

오답풀이

② 체육 통제기에는 민주주의 체육이 아닌 군국주의 체육이 강조되었다. 체조과가 체련과로 점차 변경되었으며, 전쟁 수행을 위한 체육 활동이 강화되었다.
③ 전쟁 수행을 위해 체육 경기가 통제되었으며, 국제 스포츠 교류보다는 전쟁 대비 체력 강화에 집중하였다.
④ 병식 체조가 폐지되고 스웨덴식 체조가 도입된 것은 조선 교육령 공포 초기(1910~1914년)에 해당한다.

17 ④

〈보기〉의 내용은 1936년 일장기 말소 사건에 대한 설명으로, 동아일보 기자 이길용이 베를린 올림픽에서 우승한 손기정 선수의 시상식 사진에서 일장기를 지운 채 보도한 사건이다. 이로 인해 일제는 강력한 탄압을 가했으며, 결국 동아일보는 무기정간 처분을 받았다.

오답풀이

① 조선체육회의 해산: 1938년, 조선체육회가 일제의 정책에 따라 강제 해산되고, 조선체육협회로 통합된 사건이다.
② 조선 신궁 대회: 1925년, 일제가 조선에서 개최한 체육 대회로, 조선인들에게 황국신민화를 강요한 행사이다.
③ 메이지 신궁 경기 대회: 1924년, 일본 도쿄에서 개최된 체육 대회로, 조선체육협회가 일본의 정책에 따라 참가한 경기이다.

18 ②

㉠ 조선체육동지회는 1945년 9월 5일 광복 직후 체육 조직을 재건하기 위해 결성되었으며, 이는 조선체육회로 발전하는 기반

이 되었다.
② 대한올림픽위원회(KOC)는 1947년 6월 20일에 설립되었으며, 이는 조선체육회 산하 올림픽대책위원회를 기반으로 발전된 조직이다.
ⓒ 대한민국은 1947년 6월 20일, 스웨덴 스톡홀름에서 열린 제40차 국제올림픽위원회 총회에서 IOC 정식 회원국으로 승인되었다.
ⓒ 대한민국은 1948년 7월 29일 개막한 제14회 런던 하계 올림픽에 처음으로 공식 참가하였다.

19 ①

㉠ 2011년 7월 6일, 남아프리카 공화국 더반에서 열린 IOC 총회에서 2018년 평창 동계 올림픽 개최가 확정되었다.
㉡ 한일 월드컵은 2002년에 개최되었다.
㉢ 2000년 시드니 올림픽에서 태권도가 정식 종목으로 채택되었다.

20 ③

황영조는 1992년 바르셀로나 올림픽 마라톤 금메달리스트로, 하계 올림픽에서 활약한 선수이다. 대한민국 최초의 동계 올림픽 금메달은 1992년 알베르빌 올림픽 쇼트 트랙에서 김기훈이 획득하였다.

오답풀이

① 손기정은 1936년 베를린 올림픽의 마라톤 종목에서 금메달을 획득하며, 일제 강점기 속에서도 민족적 자긍심을 고취시켰다.
② 양정모는 1976년 몬트리올 올림픽의 레슬링 종목에서 금메달을 획득하며 대한민국 올림픽 역사상 첫 금메달리스트로 기록되었다.
④ 김연아는 2010년 밴쿠버 동계 올림픽의 피겨 스케이팅 종목에서 금메달을 획득하며, 대한민국이 동계 올림픽 피겨 강국으로 인정받는 계기를 마련하였다.

운동생리학

1	②	2	①	3	②	4	①	5	①
6	①	7	②	8	②	9	③	10	②
11	①	12	③	13	②	14	①	15	④
16	④	17	①	18	④	19	③	20	③

1 ②

지질 대사는 탄수화물 대사보다 느리게 진행되며, 가장 빠르게 에너지를 공급하는 경로는 ATP-PC 시스템이다. ATP-PC 시스템은 크레아틴 인산(PCr)의 분해를 통해 빠르게 ATP를 재합성하며, 단기간의 고강도 운동에서 주로 사용된다. 반면, 지질 대사는 베타 산화(beta-oxidation)를 거쳐 아세틸-CoA를 생성한 후 크렙스 회로로 들어가기 때문에 상대적으로 시간이 더 소요된다.

오답풀이

① 해당 과정은 포도당을 분해하여 에너지를 생성하는 과정으로, 혐기성 대사의 첫 단계로 작용한다.
③ 크렙스 회로는 유산소 대사에서 ATP를 생성하는 중요한 대사 경로 중 하나로, 해당 과정에서 생성된 피루브산이 아세틸-CoA로 변환된 후 크렙스 회로에 진입하여 추가적인 에너지를 생산한다.
④ 무산소성 대사(해당 과정)에서 젖산이 생성될 수 있으며, 고강도 운동 시 젖산 축적이 증가하게 된다.

2 ①

〈보기〉의 내용은 심장근에 대한 설명이다. 심장근은 심장에서 발견되는 근육 조직으로, 자율적으로 수축하는 불수의근이다. 주로 짧고 가지치기된 섬유로 구성되어 있으며, 한 세포가 여러 개의 핵을 가지는 특징이 있다. 심장근의 주요 기능은 지속적인 수축을 통해 혈액을 순환시키는 것이다. 이 과정은 전기적 자극에 의해 자동으로 조절된다.

오답풀이

② 수의근: 의지에 따라 움직일 수 있는 근육을 의미하며, 주로 골격근이 해당된다.
③ 골격근: 뼈에 부착되어 있으며, 수의적인 움직임을 조절하는 근육이다.
④ 내장근: 장기 내벽을 이루는 불수의근으로, 주로 소화관 및 혈관 벽에 존재한다.

3 ②

인슐린은 췌장의 베타 세포에서 분비되는 호르몬으로, 혈당 수치를 낮추는 역할을 한다. 혈액 속 포도당을 세포 내로 운반하여 에너지원으로 사용하도록 돕고, 여분의 포도당을 글리코겐 형태로 저장하는 것을 촉진한다.

오답풀이

① 에피네프린: 부신에서 분비되는 호르몬으로, 혈당을 증가시키고 신체가 스트레스에 대처하도록 돕는다.
③ 글루카곤: 인슐린과 반대 작용을 하며, 혈당이 낮아졌을 때 간에서 저장된 글리코겐을 포도당으로 분해하여 혈당을 증가시킨다.
④ 갑상선 호르몬: 신진대사를 조절하는 호르몬으로, 혈당 조절보다는 전체적인 대사율 조절에 영향을 미친다.

4 ①

고온 환경에서 운동을 하면 체온이 상승하며, 이를 조절하기 위해 땀을 많이 배출하게 된다. 이 과정에서 체내 수분 손실이 증가하게 되므로, 수분 보충이 필수적이다.

오답풀이

② 저온 환경에서 운동 시 체온이 항상 안전하게 유지되지는 않으며, 저온에 의해 저체온증이 발생할 수 있다.
③ 습도가 높을수록 땀이 증발하는 속도가 느려져 체온 조절이 어려워진다.
④ 고산지대에서 운동을 하면 산소 부족으로 인해 심박수와 호흡수가 증가하며, 이에 따른 부상의 위험도 증가시킬 수 있다.

5 ①

㉠ 중추 신경계는 뇌와 척수로 구성되며, 신체에서 수집된 정보를 처리하고 통합하여 적절한 반응을 결정하는 역할을 한다.
㉡ 말초 신경계는 중추 신경계에서 나온 신경들이 신체 각 부분으로 정보를 전달하는 역할을 한다.
㉢ 중추 신경계는 감각 신경을 통해 외부 환경 정보를 받아들이고, 이를 빠르게 처리하여 신체 반응을 조절한다.

오답풀이

㉣ 말초 신경계는 반사적 반응뿐만 아니라, 감각 정보 전달과 자율 신경 조절 등의 다양한 기능을 수행한다.

6 ①

해당 과정은 포도당 한 분자가 두 분자의 피루브산으로 분해되는 과정으로, 이 과정은 세포질에서 일어나며 산소의 유무와 상관없이 진행된다. 해당 과정은 에너지를 생성하는 첫 번째 단계로, 두 분자의 ATP와 두 분자의 NADH를 생산한다. 이를 통해 세포가 연료를 공급받아 다양한 생리적 기능을 수행할 수 있게 된다.

오답풀이

② ATP-PC 시스템: 고강도, 단기간의 운동 시에 에너지를 빠르게 공급하는 경로이다.
③ 산화적 인산화: 미토콘드리아에서 ATP를 생성하는 과정으로, 해당 과정 이후의 단계에서 일어난다.
④ TCA 회로(크렙스 회로): 유산소 대사의 주요 과정 중 하나로, 해당 과정에서 생성된 피루브산이 아세틸-CoA로 변환된 후 회로에 진입하게 된다.

7 ②

장기적인 지구성 운동은 골격근 구성에 긍정적인 변화를 가져온다. Type I 근섬유의 비율과 크기가 증가하며, 미토콘드리아 밀도와 모세 혈관 밀도 증가 등 여러 생리적 변화가 동반된다. 이로 인해 산소 이용 능력이 향상되고, 마라톤과 같은 지구력 중심 스포츠에서 보다 높은 운동 지속 능력을 발휘할 수 있다.

오답풀이

① 장기적인 지구성 운동은 안정 시 심박수를 감소시키는 경향이 있다.
③ 체지방 비율은 일반적으로 장시간 운동을 통해 감소한다.
④ 지구성 운동을 하면 땀샘 기능과 혈관 확장 반응이 향상되어 체온을 조절하는 능력이 좋아진다. 하지만 기초 체온 자체가 낮아지는 것은 아니다.

8 ②

특이성 원리는 운동 유형에 따라 신체의 적응이 다르게 나타난다는 개념이다. 예를 들어, 장거리 달리기는 심폐지구력을 향상시키지만, 웨이트 트레이닝은 심폐지구력보다 근력 발달에 더 큰 영향을 준다.
② 심폐지구력은 운동 방식에 따라 향상 정도가 달라지므로, 모든 운동이 심폐지구력을 균등하게 향상시키지는 않는다.

오답풀이

① 특이성 원리는 훈련 방식에 따라 신체 적응이 다르게 나타나는 원리를 설명한다.

③ 특정 운동을 반복적으로 수행하면, 해당 운동에 필요한 체력 요소가 효과적으로 발달한다.
④ 특이성 원리는 특정한 근육군이나 에너지 시스템을 목표로 한 훈련 프로그램을 설계할 때 활용된다. 예를 들어, 단거리 선수는 빠른 속도를 내기 위해 폭발적인 힘과 무산소성 에너지 시스템을 발달시키는 훈련을 수행하는 반면, 장거리 선수는 지구력 향상을 위해 유산소성 에너지 시스템을 활용하는 훈련을 진행한다.

9 ③

아세틸콜린은 신경 전달 물질로, 주로 신경 세포와 근육 세포 간의 신호 전달에 중요한 역할을 한다. 이는 근육 수축을 유도할 뿐만 아니라, 자율 신경계(특히 부교감 신경계) 및 중추 신경계에서 신경 신호 전달과 여러 생리적 기능 조절에도 관여한다. 또한, 아세틸콜린은 신경 세포에서 합성된 후 시냅스를 통해 근육 세포나 다른 신경 세포로 전달되어 신경 신호를 매개한다.

오답풀이 ❶
① 뉴런: 신경계의 기본 단위이며, 정보를 전달하고 처리하는 역할을 하는 신경 세포이다.
② 아세틸-CoA: 세포의 에너지 대사에서 중요한 역할을 하는 분자이다. 이는 포도당, 지방산, 아미노산의 분해와 관련된 여러 대사 경로에서 생성되며, 주로 크렙스 회로(구연산 회로)의 시작 물질로 사용된다.
④ 근방추: 근육 내에 위치한 감각 수용체로, 근육의 길이 변화를 감지하고 신장 반사를 유도하여 근육을 보호하는 역할을 한다.

10 ②

ⓒ 유산소 운동 시 대사 작용이 활발해지면서 CO_2 배출량이 증가한다. CO_2 농도가 증가하면 혈액의 산성도가 높아지고(pH 감소), 이를 보상하기 위해 심박수가 증가하여 더 많은 CO_2를 배출하게 된다.
ⓔ 유산소 운동 중에는 근육에 더 많은 산소를 공급해야 하므로 심박수가 증가한다. 산소 공급이 원활해야 세포 호흡(산화적 인산화)을 통해 ATP를 충분히 생성할 수 있다.

오답풀이 ❶
㉠ 글리코겐 저장량 증가는 장기적인 적응 현상이며, 유산소 운동 중 즉각적인 심박수 증가의 직접적인 원인이 아니다.
ⓒ 심장의 혈액 펌프 능력(1회 박출량 증가)은 장기적인 적응 현상이며, 운동 중 즉각적으로 심박수를 증가시키는 직접적인 이유는 아니다.

11 ①

근력은 근육이 외부 저항에 대해 한 번의 최대한의 힘을 발휘하는 능력을 의미한다. 이는 스포츠 경기뿐만 아니라, 일상생활에서 무거운 물건을 들거나 신체를 지탱하는 데 중요한 요소가 된다.

오답풀이 ❶
② 협응력: 신체의 여러 근육을 조화롭게 움직여 정확하고 효율적인 동작을 수행하는 능력을 의미한다.
③ 심폐지구력: 심장과 폐가 산소를 효과적으로 공급하여 오랜 시간 동안 지속적인 운동을 수행할 수 있는 능력을 의미한다.
④ 순발력: 짧은 시간 동안 강한 힘을 빠르게 발휘하는 능력을 의미하며, 근력과 유사하지만 속도 요소가 결합된 개념이다.

12 ③

일반적으로 지속적인 유산소 운동은 체중 감소 및 체지방 감소에 기여할 수 있지만, 근육량을 증가시키는 데는 덜 효과적이다. 근육량 증가에는 저항 운동이 더 효과적이다.

13 ②

에피네프린(아드레날린)은 부신 수질에서 분비되는 호르몬으로, 스트레스 상황에서 교감 신경을 활성화하는 역할을 한다. 이 호르몬이 분비되면 심장 박동수가 증가하고, 혈관이 수축하며, 근육으로의 혈류가 증가하여 신체가 빠르게 반응할 수 있도록 돕는다. 또한, 간에서 글리코겐을 포도당으로 분해하여 혈당을 상승시켜 빠른 에너지원 공급을 촉진한다.

14 ①

심장근은 자율 신경계의 영향을 받으며, 교감 신경과 부교감 신경에 의해 심박수와 수축 강도가 조절된다. 교감 신경은 심박수를 증가시키고, 부교감 신경은 심박수를 감소시키는 역할을 한다.

오답풀이 ❶
② 심장근은 의식적으로 조절할 수 없는 불수의근이며, 수의적으로 움직이는 골격근과 다르다.
③ 심장근은 전기 신호를 이용해 자동으로 수축하며, 신경 자극이 없어도 박동할 수 있다.
④ 심장근은 골격근과 달리 특수한 심장근섬유로 이루어져 있으며, 높은 내구성과 지속적인 활동을 위한 많은 미토콘드리아를 포함하고 있다.

15 ④

저온 환경에서는 혈류 감소와 근육 단백질 분해 촉진 등의 요인으로 인해 근육 성장 과정이 원활하게 이루어지지 않을 가능성이 높다.

> **오답풀이 ①**
> ① 추운 환경에서는 혈관이 수축하여 말초 조직으로 가는 혈류를 감소시키고, 심부 체온을 유지하려는 생리적 반응이 나타난다.
> ② 저온에서는 신경 신호의 전달 속도가 느려지고, 근육의 반응 속도가 저하되어 운동수행 능력이 감소할 수 있다.
> ③ 저온 환경에서는 근육과 관절의 유연성이 감소하여 근육이 경직될 가능성이 높아진다. 이로 인해 근육과 인대가 갑작스러운 부하를 견디기 어려워 부상 위험이 증가할 수 있다.

16 ④

건강 관련 체력 요소는 신체 조성, 근력, 유연성, 근지구력, 심폐지구력으로 구성된다. 이 요소들은 개인의 전반적인 건강과 운동수행 능력을 향상시키는 데 중요한 역할을 한다.

- 심폐지구력: 심장과 폐가 산소를 효율적으로 공급하여 지속적인 신체 활동을 가능하게 하는 능력
- 근지구력: 근육이 반복적으로 힘을 내면서 지치지 않고 지속적으로 수축할 수 있는 능력
- 근력: 근육이 한 번의 최대한의 힘을 발휘할 수 있는 능력
- 유연성: 관절이 넓은 가동 범위를 유지할 수 있는 능력
- 신체 조성: 체내 지방과 근육의 비율을 나타내며, 체지방률과 근육량의 균형을 평가하는 요소

> **오답풀이 ①**
> 민첩성, 평형성, 협응성, 스피드, 순발력, 반응 속도는 운동(기술) 관련 체력 요소에 해당한다.

17 ①

> **오답풀이 ①**
> ② 환기: 단순히 공기가 폐로 이동하는 과정이 아니라, 폐포에서의 기체 교환을 원활하게 하는 중요한 과정이다.
> ③ 내호흡: 조직과 세포에서 이루어지는 기체 교환 과정으로, 혈액 속의 산소가 조직 세포로 확산되고, 세포에서 생성된 이산화탄소가 혈액으로 이동하는 과정이다.
> ④ 외호흡: 폐에서 이루어지는 기체 교환 과정으로, 폐포에서 산소가 혈액으로 확산되고, 혈액 속의 이산화탄소가 폐포로 이동하여 배출되는 과정이다.

18 ④

고산지대는 해발 고도가 높은 지역으로, 기압이 낮고 산소 분압이 감소하는 특징이 있다. 이러한 환경에서는 산소 부족(저산소증)으로 인해 신체가 충분한 산소를 공급받지 못할 가능성이 크다. 특히, 저산소 환경에서는 두통, 구토, 호흡 곤란, 피로, 의식 저하 등의 증상을 동반하는 고산병의 생리적 위험을 초래할 수 있다.

> **오답풀이 ①**
> ① 해발이 높아질수록 산소 공급이 줄어들면서 최대 운동 능력이 감소하므로 운동수행 능력도 저하될 가능성이 크다.
> ② 저산소 환경에서 장기간 적응하면 신체가 산소 운반 능력을 높이기 위해 다양한 생리적 변화를 보인다. 고산 환경에 적응하는 과정에서 심박수 증가, 호흡 속도 증가, 헤모글로빈 농도 증가 등의 반응이 나타난다. 이는 체내 산소 공급을 최적화하기 위한 적응 과정이며, 시간이 지나면서 신체가 저산소 환경에 적응할 수 있도록 돕는다.
> ③ 저산소 환경에서는 신체가 산소 운반을 최적화하기 위해 적혈구 생성을 촉진한다. 이는 적혈구 생성 호르몬(EPO)의 분비 증가와 관련이 있으며, 시간이 지나면서 적혈구 수가 증가하여 산소 운반 능력이 향상된다.

19 ③

㉠ 심장은 우심방, 우심실, 좌심방, 좌심실의 2심방·2심실로 이루어져 있으며, 각각의 역할은 다음과 같다.
- 우심방: 정맥을 통해 산소가 부족한 혈액을 받아 우심실로 보낸다.
- 우심실: 폐동맥을 통해 폐로 혈액을 보낸다.
- 좌심방: 폐에서 산소를 공급받은 혈액을 받아 좌심실로 보낸다.
- 좌심실: 대동맥을 통해 산소가 풍부한 혈액을 전신으로 공급한다.

㉡ 심장은 자율적으로 전기 신호를 생성하여 박동을 조절하는 기관이다. 즉, 심장은 동방결절(SA node)에서 스스로 전기 신호를 생성하여 박동을 조절하며, 이 신호가 심방과 심실로 전달되면서 규칙적인 수축과 이완이 발생한다. 따라서 심장은 외부 자극 없이도 자율적으로 박동할 수 있다.

㉣ 판막의 역할은 심장이 수축할 때 혈액이 역류하는 것을 방지하여 효율적인 혈액 순환이 가능하도록 하는 것이다. 심장에는 삼첨판, 폐동맥판, 승모판, 대동맥판 총 4개의 판막이 있어 혈액이 한 방향으로만 흐르도록 조절한다.

> **오답풀이 ①**
> ㉢ 대동맥은 산소가 풍부한 혈액을 전신으로 공급하는 동맥이며,

산소가 부족한 혈액을 전신으로 보내는 혈관은 폐동맥이다. 참고로 폐동맥은 우심실에서 나온 혈액을 폐로 보내 산소를 공급받게 하고, 반대로 폐정맥은 산소가 풍부한 혈액을 좌심방으로 운반한다.

20 ③

무산소성 해당 작용은 산소가 부족한 상태에서 포도당이 분해되어 ATP와 젖산을 생성하는 과정이다. 이 과정은 세포질에서 진행되며, 포도당이 해당 과정을 통해 피루브산으로 분해되면서 빠르게 에너지를 공급할 수 있다.

> **오답풀이** ❶

① 산화적 인산화: 세포 호흡의 마지막 단계로, 미토콘드리아에서 ATP를 생성하는 과정이다.
②, ④ TCA 회로(크렙스 회로): 미토콘드리아에서 ATP를 생성하는 유산소 대사 과정이다.

운동역학

1	③	2	④	3	③	4	①	5	②
6	②	7	④	8	①	9	①	10	①
11	④	12	④	13	①	14	③	15	②
16	①	17	④	18	②	19	③	20	④

1 ③

㉠ 양의 일은 물체의 운동 에너지를 증가시키는 경우에 해당한다.
㉡ 음의 일은 물체의 운동 에너지를 감소시키는 경우로, 마찰력이나 저항력이 작용하는 경우가 이에 해당한다.
㉣ 음의 일을 하는 힘이 작용할 때, 물체는 힘의 방향과 반대 방향으로 운동하는데, 이는 운동 방향과 반대 방향으로 작용하는 힘(예 마찰력, 저항력)의 효과를 설명하는 것이다.

> **오답풀이** ❶

㉢ 양의 일이 발생할 때 물체의 속도가 반드시 증가하는 것은 아니다. 속도의 증가는 초기 속도와 힘의 방향에 따라 달라질 수 있다.

2 ④

지면 반력기는 운동 중 바닥에 작용하는 힘을 측정하는 장비로, 물체의 질량과 가속도를 직접 측정하는 도구는 아니다.

> **오답풀이** ❶

① 지면 반력기는 운동 중 보행, 점프, 착지 등의 움직임에서 발에 작용하는 힘을 측정하고 수치화하여 분석할 수 있다.
② 지면 반력 데이터를 활용하면 신체의 무게 중심과 압력 중심을 분석할 수 있다. 이러한 데이터는 균형 유지, 자세 조절, 회전 운동의 중심 분석 등에 유용하게 사용된다.
③ 지면 반력기는 운동 중 힘의 크기와 방향을 분석하여 근육이 얼마나 효율적으로 힘을 발휘하는지 평가하는 데 활용될 수 있다.

3 ③

정역학은 정지 상태 또는 등속 운동 중인 물체를 분석하는 물리학의 한 분야이다. 반면, 이동 중인 물체의 힘과 운동량 변화를 다루는 것은 동역학이다. 이 두 분야는 서로 다른 특성과 적용 범위를 가지며, 각각 힘의 평형과 운동의 변화를 연구하는 데 초점을 맞춘다.

4 ①

해부학적 자세는 인체의 구조와 위치를 표준적으로 정의하기 위한 기준 자세로, 신체 구조를 비교하고 연구하는 데 활용되며, 운동 분석에서도 기초 자료로 사용된다.

오답풀이

② 생리학적 자세: 일반적으로 사용되지 않는 용어이며, 신체의 기능적 변화와 관련된 개념과 더 가깝다.
③ 운동학적 자세: 운동수행에 따른 신체 정렬을 분석하는 개념으로, 특정 동작에 따라 자세가 변할 수 있다.
④ 기능학적 자세: 특정한 움직임이나 활동을 수행할 때 최적의 상태를 유지하는 자세를 의미한다.

5 ②

높은 질량 중심을 가진 자세는 일반적으로 더 불안정하다. 반면, 낮은 질량 중심을 가진 자세는 더 안정적이다. 이는 질량 중심이 높을수록 균형을 유지하기 어려워지기 때문이며, 낮은 중심은 보다 넓은 지지 기반을 제공하여 안정성을 향상시킨다.

오답풀이

① 운동 중 인체의 균형을 유지하기 위해서는 시각, 평형 감각, 고유 수용 감각이 작용하며, 전정 기관과 시각이 움직임을 감지한다. 신체는 이를 바탕으로 균형을 조정하며, 감각 기관이 손상되면 균형 유지가 어려워진다.
③ 근육의 긴장과 조절은 균형을 유지하는 데 필수적이며, 코어 및 하지 근육이 중요한 역할을 한다. 따라서 적절한 근육 조절이 없으면 자세가 무너질 가능성이 커지고 균형을 유지하기 어렵다.
④ 동적 평형은 움직이는 상태에서도 균형을 유지하는 능력이며, 스포츠나 체조에서 중요한 요소이다. 예를 들어, 농구 선수의 드리블이나 체조 선수의 착지 과정에서도 동적 평형이 필수적이다.

6 ②

속도는 변위와 방향을 포함한 벡터량이다. 이는 특정한 방향으로의 이동 속도를 의미한다. 반면, 속력은 방향과 관계없이 물체가 이동한 총거리를 기준으로 한 변화율로, 단순히 얼마나 빠르게 이동하는지를 나타내는 스칼라량이다. 즉, 속도는 방향을 고려하고, 속력은 방향을 고려하지 않는 총 이동 거리의 변화율을 의미한다.

오답풀이

① 속력은 물체가 이동한 총거리를 걸린 시간으로 나눈 값으로, 방향성이 없는 스칼라량이다.
③ 속력과 속도는 개념적으로 다르며, 속력은 스칼라량, 속도는 벡터량으로 서로 대체할 수 없다.
④ 속도는 변위와 관련되지만, 속력은 이동한 총거리의 변화율로 정의된다.

7 ④

오답풀이

㉠ 뉴턴의 선운동 제1법칙(관성의 법칙)에 해당한다.

⊕ 개념 PLUS

뉴턴의 운동 법칙(선운동)

관성의 법칙 (제1법칙)	• 외부에서 작용하는 힘이 '0'일 때, 물체가 현재의 운동 상태를 유지하려는 성질 • 외부 힘이 작용하지 않으면 정지한 물체는 계속 정지해 있고, 움직이는 물체는 일정한 속도와 방향을 유지하며 계속 운동 • 물체의 관성은 그 질량에 비례하며, 질량이 클수록 관성도 커져 움직이기 어려워진다.
가속도의 법칙 (제2법칙)	• 물체는 외부에서 힘을 받으면 그 힘의 방향으로 가속된다. • 가속도(a)의 크기는 가해진 힘(F)에 비례하고, 물체의 질량(m)에 반비례한다.(F = ma)
작용-반작용의 법칙 (제3법칙)	• 한 물체가 다른 물체에 힘을 가할 때, 항상 크기가 같고 방향이 반대인 반작용의 힘이 동시에 작용 • 걷기, 달리기, 뛰기와 같은 인체의 기본적인 움직임은 지면에 가한 힘에 대한 반작용으로 이루어진다.

8 ①

오답풀이

② 운동 에너지는 속도가 있어야 발생하며, 정지 상태에서는 0이다. 즉, 정지한 물체는 운동 에너지를 가질 수 없다.
③ 운동 에너지는 질량과 속도의 제곱에 비례하기 때문에 항상 0 이상의 값만 가진다. 따라서 운동 에너지는 절대 음수가 될 수 없다.
④ 운동 에너지는 속도의 제곱에 비례하여 증가하므로, 속도는 매우 중요한 요소이다.

9 ①

㉠ 근전도기의 주요 역할은 근육의 전기적 신호를 측정하여 근육 활성도를 분석하는 것이다.
㉡ 근전도기는 근육의 전기적 신호를 지속적으로 측정하여 피로도를 분석하는 데 사용된다.

오답풀이 ❶

㉢ 심박수는 심전도기나 심박수 모니터를 사용하여 측정한다.
㉣ 체온 변화는 적외선 체온계, 피부 온도 센서, 열화상 카메라 등의 장비로 측정한다.

10 ①

운동역학은 스포츠뿐만 아니라 의료, 재활, 인간공학, 일반인의 운동과 건강 유지에도 적용되는 학문이다. 올바른 운동 자세와 근골격계의 움직임을 분석하여 부상 예방 및 재활 과정에서 중요한 역할을 한다.

오답풀이 ❶

② 운동역학은 일반인의 운동수행 능력 향상, 자세 교정, 재활 운동, 낙상 예방 프로그램 등에도 적용된다.
③ 운동역학은 힘의 계산뿐만 아니라 보행 분석, 운동기술 평가, 신체 움직임 최적화 등 다양한 연구 분야를 포함한다.
④ 운동역학은 운동기술 향상에 중요한 역할을 하며, 최적의 경기력을 위한 기술 분석에도 활용된다.

11 ④

회전축은 운동의 방향과 힘의 작용에 큰 영향을 미친다. 회전축이 설정되는 위치에 따라 운동체의 회전 속도, 관성 모멘트, 힘의 작용 방향이 달라질 수 있다. 따라서 회전축이 전체 힘의 방향에 영향을 미치지 않는다는 설명은 옳지 않다.

오답풀이 ❶

① 굴곡과 신전 운동은 프론탈축(좌우 방향의 축)을 중심으로 시상면에서 발생한다.
② 외회전과 내회전은 수직축(세로축)을 중심으로 회전 운동이 발생한다.
③ 어깨 관절의 움직임은 다양한 축을 중심으로 이루어질 수 있으므로, 프론탈축(좌우 방향의 축)을 중심으로 일어날 수도 있다.

12 ④

㉠ 마찰력은 운동하는 물체의 에너지를 열 에너지로 변환하여 운동 에너지를 감소시킨다.
㉡ 중력에 의해 낙하하는 물체는 위치 에너지를 잃으며 운동 에너지로 변환된다.
㉢ 운동 에너지 공식 $KE = \frac{1}{2}mv^2$에 따라 속도가 2배 증가하면 에너지는 $2^2 = 4$배 증가한다.
㉣ 뉴턴의 제2법칙 $F = ma$에 따라 같은 힘을 받을 경우 질량이 작은 물체가 더 큰 속도를 갖게 되어 운동 에너지가 더 커질 수 있다.

13 ①

① 기저면이 넓을수록 안정성이 증가하며, 질량 중심이 기저면 안에 있을 때 균형이 유지된다.

오답풀이 ❶

② 기저면이 좁아지면 균형을 유지하기 어려워지며, 작은 움직임에도 쉽게 불안정해진다.
③ 기저면은 신체의 자세 변화에 따라 달라질 수 있으며, 질량 중심과의 관계에 따라 균형이 결정된다.
④ 인체가 걷거나 뛰는 동안 기저면은 지속적으로 변한다.

14 ③

㉡ 각운동에서 각속도는 물체가 회전하는 속도를 나타내는 벡터량으로, 크기(회전 속도)와 방향(회전축 방향)을 포함한다.
㉢ 각운동량 보존 법칙에 따라, 외부에서 순토크가 작용하지 않으면 각운동량은 일정하게 유지된다.

오답풀이 ❶

㉠ 각운동은 회전 운동이며, 선운동과 달리 물체의 모든 점이 동일한 경로를 따르지 않는다.
㉣ 각운동은 반드시 강한 힘이 필요하지 않으며, 작은 힘이라도 적절한 토크를 발생시키면 회전 운동이 가능하다.

15 ②

항력은 유체 내에서 물체가 운동할 때 발생하는 저항력으로 정의된다. 이 저항력은 물체의 속도, 모양, 크기, 유체의 점도 및 밀도 등 여러 요인에 영향을 받는다. 항력은 물체의 운동을 방해하며, 일반적으로 물체가 유체 속에서 이동할 때 속도를 감소시키는 역할을 한다.

오답풀이 ❶

① 항력은 물체의 운동 방향과 반대 방향으로 작용하는 힘이다.

③ 항력은 물체의 질량뿐만 아니라, 유체의 밀도, 점성 등에 영향을 받는다.
④ 항력의 크기는 물체의 속도 및 형태에 따라 달라질 수 있기 때문에 항상 일정하지 않다.

16 ①

위치 에너지는 물체가 특정 높이에 있을 때 중력의 작용으로 인해 저장되는 에너지이다. 이는 물체의 질량과 그 높이에 따라 달라진다. 높이가 높을수록, 또는 질량이 클수록 위치 에너지가 증가하게 된다. 즉, 물체가 높은 곳에 위치할수록 중력이 작용하여 더 많은 에너지를 저장하게 되는 것이다. 이 에너지는 물체가 떨어질 때 운동 에너지로 변환될 수 있다.

오답풀이 ❶

② 운동 에너지: 운동하는 물체가 가지는 에너지이며, 속도에 의해 결정된다.
③ 화학 에너지: 연료, 음식 등의 분자 구조 내에 저장된 에너지이다.
④ 탄성 에너지: 변형된 물체(스프링, 고무줄 등)가 가진 에너지이다.

17 ④

관성 모멘트는 물체의 질량 분포와 회전축까지의 거리의 제곱에 비례하며, 이것이 회전 운동의 저항을 결정하는 요소가 된다.

오답풀이 ❶

① 관성 모멘트는 물체의 질량뿐만 아니라 회전축의 위치와 형태에도 영향을 받는다.
② 관성 모멘트는 회전하는 데 필요한 저항의 정도를 나타내는 요소이지만, 힘 자체를 결정하는 요소는 아니다.
③ 물체의 회전 속도는 관성 모멘트와 관계가 있으며, 여러 요소에 따라 변할 수 있다.

18 ②

병진 운동은 물체의 전체적인 위치가 변하는 운동으로, 모든 부분이 동일한 방향과 속도로 이동하는 특징이 있다. 특히, 직선 경로를 따라 이동할 때 가장 명확하게 관찰되며, 회전이 포함되지 않는다.

오답풀이 ❶

① 각운동: 물체가 축을 중심으로 회전하는 운동을 의미한다.
③ 복합 운동: 선운동과 회전 운동이 동시에 결합된 운동을 의미한다.
④ 회전 운동: 물체가 특정한 축을 중심으로 회전하는 운동이며, 물체의 전체적인 위치가 변하지 않을 수도 있다.

19 ③

시소가 평형을 유지하려면, 시소의 중심을 기준으로 양쪽에서 작용하는 토크(회전력)가 같아야 한다. 토크는 힘(무게)과 회전축까지의 거리의 곱으로 계산되며, 이를 수식으로 나타내면
$F_A \times d_A = F_B \times d_B$가 된다.

주어진 조건에서, 몸무게가 400N인 사람이 시소의 중심에서 1.80m 떨어진 곳에 앉아 있으므로, 반대쪽에서 몸무게가 600N인 사람이 앉아 균형을 맞추기 위해 필요한 거리는 다음과 같이 구할 수 있다.

$400N \times 1.80m = 600N \times d_B$

$720 = 600 \times d_B$

$d_B = \dfrac{720}{600} = 1.20m$

따라서, 몸무게가 600N인 사람은 시소의 중심에서 1.20m 떨어진 곳에 앉아야 평형을 유지할 수 있다.

20 ④

회전 충격량은 부가적인 힘에 의해서만 변경되는 것이 아니라, 힘의 순간적인 작용에 따라서도 변할 수 있다. 이는 힘이 작용하는 순간의 크기나 방향에 따라 회전 충격량이 달라지는 것을 의미한다. 즉, 힘의 크기가 클수록 또는 방향이 회전축에 따라 다르게 작용할 때, 회전 충격량이 변동하게 된다.

오답풀이 ❶

① 관성 모멘트: 물체의 회전 운동에 대한 저항을 나타내는 물리적 개념으로, 물체가 회전축에 대해 얼마나 쉽게 회전할 수 있는지를 나타낸다.
② 구심력: 물체가 원운동을 할 때 그 물체를 원의 중심으로 끌어당기는 힘이다.
③ 원심력: 관찰자가 느끼는 가상의 힘으로, 원 운동을 하는 물체가 원의 중심에서 멀어지려는 경향을 나타낸다.

스포츠윤리

1	③	2	④	3	②	4	①	5	①
6	④	7	④	8	①	9	③	10	③
11	②	12	④	13	②	14	③	15	①
16	③	17	②	18	③	19	④	20	①

1 ③

스포츠윤리의 목적은 공정한 조건을 제시하고, 도덕적 자질과 인격 함양을 통해 바람직한 공동체를 형성하며, 비윤리적 상황에 올바르게 대처할 수 있는 능력을 기르는 것에 있다. 따라서 경쟁에서 승리하거나 기술적 역량을 극대화하는 것은 스포츠 훈련의 목적으로는 볼 수 있어도 스포츠윤리의 목적으로는 적절하지 않다.

2 ④

'법치(法治)' 사상은 법과 제도를 엄격하게 시행하여 사회 질서를 유지해야 한다는 사상으로, 한비자는 규칙을 따르는 것이 중요하며, 개인의 자율적인 판단보다 법의 강력한 집행을 강조하였다. 서호는 규칙보다 개인의 자유를 강조하고 있으므로, 법치 사상과 상반되는 태도를 나타내고 있다.

오답풀이

① 공자의 '인(仁)'은 타인을 존중하고 도덕적 사랑을 실천하는 사상이고, '예(禮)'는 사회적 규범과 도덕적 예절을 강조하는 사상이다. 따라서 윤서의 발언에서 상대방을 존중하고 규칙을 지키는 것은 공자의 인(仁)과 예(禮)를 실천하는 태도와 같다.
② 노자의 '무위자연(無爲自然)'은 인위적으로 노력하거나 억지로 무언가를 이루려 하지 말라는 사상으로, 모든 것은 자연스럽게 흘러가야 하며 조작이나 강요 없이 조화를 이루어야 한다는 의미를 나타낸다. 따라서 제이가 승리에 대한 집착을 버리고 경기 자체를 즐기자는 태도는, 자연의 흐름을 따르는 무위자연 사상과 유사하다.
③ 묵자의 '겸애(兼愛)' 사상은 모든 사람을 차별 없이 동등하게 사랑하고 배려해야 한다는 사상이다. 즉, 묵자는 특정 집단에 대한 편애가 아니라, 누구나 평등한 사랑과 존중을 받아야 한다고 주장하였다. 따라서 선혜가 모든 사람을 동등하게 대하고 차별 없이 배려하는 태도를 강조한 것은, 묵자의 겸애 사상과 부합한다.

3 ②

시비지심(是非之心)은 옳고 그름을 분별하는 마음으로 사람이 본능적으로 무엇이 옳고 그른지를 판단하려는 도덕적 감각을 지칭하며, 맹자는 이를 인간의 타고난 도덕적 본성 중 하나로 보았다. 따라서 잘못된 판정을 묵인하는 것은 이에 어긋난다.

오답풀이

① 수오지심(羞惡之心): 잘못을 인식하고 도덕적으로 부끄러움을 느끼는 마음으로, 경기 중 규칙을 어긴 선수가 자신의 행동을 부끄러워하며 사과하는 사례와 연결된다.
③ 측은지심(惻隱之心): 타인의 고통을 공감하고 연민을 느끼는 마음으로, 부상을 입은 상대 선수를 보고 안타까운 마음으로 위로하는 사례와 연결된다.
④ 사양지심(辭讓之心): 자신의 이익을 우선하기보다 타인을 배려하고 양보하려는 마음으로, 골 기회를 동료에게 양보하며 팀워크를 중시하는 사례와 연결된다.

4 ①

비형식적 주의는 규칙 준수를 넘어 스포츠맨십과 페어플레이 정신을 실천하는 태도를 강조한다. 〈보기〉에서 제시된 '상대 팀이 실수했을 때 고의로 득점하지 않는 태도'는 공식 규칙에는 없지만, 상대를 배려하는 행동으로 비형식적 주의의 핵심 가치와 일치한다. 또한, '규칙을 지키면서도 상대를 존중하는 태도' 역시 단순한 규칙 준수를 넘어 스포츠의 도덕적 가치를 실천하는 개념과 부합한다.

오답풀이

② 형식적 주의: 규칙을 가장 중요한 요소로 간주하며, 규칙을 지키기만 하면 모든 행동이 윤리적으로 문제가 없다고 판단하는 입장이다.
③ 구성적 규칙: 스포츠의 형태와 본질을 결정하는 규칙으로, 이 규칙이 없으면 경기가 성립되지 않는다.
④ 규제적 규칙: 스포츠 경기에서 행동을 제한하거나 처벌을 규정하는 규칙으로, 공정한 경기를 보장하기 위해 존재한다.

5 ①

〈보기〉의 사례는 승부 조작으로 인해 팬들과 스폰서들이 경기 결과에 실망했고, 이로 인해 리그가 신뢰를 잃은 상황을 보여준다. 이러한 신뢰 상실은 스포츠의 본질적 가치를 훼손하며, 리그의 인기 하락과 스폰서 이탈로 이어졌다. 따라서, 이 사례의 핵심 윤리적 문제는 '신뢰 상실'이다.

오답풀이 ❶

② 승부 조작은 공정성을 훼손하지만, 이 사례의 핵심은 경기의 공정성 자체가 아니라, 그로 인한 신뢰 상실에 있다.
③ 리그 인기가 하락하고 스폰서 계약이 취소된 것은 사회적 손실로 볼 수 있지만, 이는 결과일 뿐 근본적인 문제는 신뢰 상실이다.
④ 스폰서 계약 취소 등이 법적 문제로 이어질 수 있지만, 〈보기〉의 사례에서 강조하는 것은 법적 책임보다는 신뢰 상실이다.

6 ④

성인지 감수성이란, 성별에 따른 차별이나 불평등을 민감하게 인식하고, 이를 개선하려는 태도와 능력을 의미한다. 성별 차이는 생물학적으로 나타나는 남성과 여성의 신체적 차이뿐만 아니라, 사회·문화적 역할과 기대의 차이를 의미한다. 성인지 감수성은 이러한 차이를 인정하되, 불평등으로 이어지지 않도록 주의하는 태도를 지향한다. 따라서 성별의 차별적 요소를 제거하는 것이 성인지 감수성의 목표이므로, 성별의 차이를 인정하지 않는다는 설명은 적절하지 않다.

7 ④

㉠ 성차별을 방지하고 성평등을 보장하기 위해 법적·제도적 장치를 마련하거나 개선하는 것이 중요하다.
㉡ 기존의 차별적 관행과 관습을 개선함으로써 성평등 환경을 조성할 수 있다.
㉢ 의사 결정 과정에 다양한 성별의 참여를 보장하여 실질적인 성평등을 실현하는 것이 필요하다.
㉣ 성평등을 이루기 위해서는 사회적 인식을 변화시키고 올바른 성 역할에 대한 인식을 확산하는 것이 중요하다.

8 ①

컬러블라인드 인종주의는 표면적으로 인종을 고려하지 않는 것이 공정성을 유지하는 방법이라고 주장하지만, 실제로는 특정 인종에 대한 불평등과 과소대표 문제를 간과하여 구조적 불평등을 유지하거나 강화하는 결과를 초래하는 현상이다.

오답풀이 ❶

② 인종 프로파일링: 특정 인종이 범죄를 저지를 가능성이 높다고 보는 편견에 기반한 행동이다.
③ 인종주의: 특정 인종이 우월하다고 보는 사상이다.
④ 아파르트헤이트: 남아프리카 공화국에서 시행된 공식적인 인종 차별 정책이다.

9 ③

㉠ 스포츠 참여를 통해 근력, 유연성, 심폐지구력 등의 신체 기능을 향상시킬 수 있다.
㉢ 스포츠는 장애인과 비장애인 간의 상호 작용 기회를 제공하며, 사회적 편견을 줄이고 통합을 촉진한다.
㉣ 스포츠 활동은 자신감, 자존감, 스트레스 해소 등에 긍정적인 영향을 미친다.
㉤ 스포츠 활동은 장애인의 신체 기능 회복과 재활에 기여한다.

오답풀이 ❶

㉡ 장애인 스포츠의 핵심 가치는 참여, 재활, 심리적 건강, 사회 통합에 있으며, 우월성 확보보다는 포용성과 평등성을 중시한다.

10 ③

유니버설 디자인이란, 모든 사람이 성별, 나이, 신체 능력 또는 장애와 관계없이 편리하고 안전하게 사용할 수 있는 제품, 환경, 서비스를 설계하는 것이다. 유니버설 디자인의 7원칙은 공평한 사용, 사용의 융통성, 직관적인 사용, 정보 인식 용이, 오류 최소화(오류에 대한 관용), 낮은 신체적 노력, 접근성과 크기 적합성으로 구성된다. 따라서 '재활을 위한 설계'는 유니버설 디자인의 7원칙에 포함되지 않는다.

오답풀이 ❶

① 공평한 사용: 모든 사용자가 차별 없이 동등하게 사용할 수 있도록 설계하는 원칙으로, 특정 사용자에게만 유리하게 설계되지 않도록 해야 한다.
② 사용의 융통성: 다양한 능력과 선호를 가진 사람들이 사용할 수 있도록 유연하게 설계하는 것을 의미한다.
④ 오류 최소화(오류에 대한 관용): 사용자가 실수를 하더라도 안전하게 사용할 수 있도록 하고, 실수로 인한 문제를 최소화하는 설계가 필요하다.

11 ②

존 패스모어(J. Passmore)는 인간이 자연을 활용할 수 있지만, 과도한 착취를 지양하고 지속 가능성을 고려해야 한다고 주장하였다. 〈보기〉의 사례에서 산악 마라톤 대회가 과도한 개발로 인한 환경 파괴를 경험한 후, 지속 가능한 운영 방식을 도입한 것은 패스모어의 인간 중심적 환경 윤리와 부합한다. 그는 자연을 인간의 이익을 위해 활용할 수 있지만, 장기적인 균형과 환경 보호를 고려해야 한다고 보았다.

오답풀이 ❶

① 아리스토텔레스(A. Aristotle): 자연은 인간을 위해 존재한다고

보았으며, 환경 보호보다는 인간 우월성을 강조하였다.
③ 데카르트(R. Descartes): 자연과 동물을 도구적 존재로 간주했으며, 환경 보호 개념이 부족하다. 이는 자연 복원을 중요시한 〈보기〉와 부합하지 않는다.
④ 피터 싱어(P. Singer): 모든 생명체의 평등한 권리를 주장하며, 인간 중심적 자연 활용에 반대하였다. 〈보기〉는 초기에는 인간 이익을 우선했으나, 이후 자연 복원으로 전환했기 때문에 싱어의 입장과는 다르다.

12 ④

구조적 폭력은 개인 간의 직접적인 폭력이 아니라, 사회적·조직적 구조 속에 내재된 불평등과 억압으로 인해 특정 개인이나 집단이 고통받거나 권리를 침해당하는 상황을 의미한다. 스포츠 팀 내에서는 불공정한 대우, 차별적인 정책, 과도한 강압적 훈련 방식 등이 구조적 폭력의 예가 될 수 있다.
팀 내 사소한 갈등이나 개인 간 의견 차이는 일시적인 마찰일 뿐, 구조적 폭력으로 볼 수 없다.

13 ②

폭력의 종류로는 개인적 폭력과 도구적 폭력이 있다. 개인적 폭력은 분노나 좌절을 감정적으로 표출하는 것이고, 도구적 폭력은 특정 목적을 위해 의도적으로 상대를 다치게 하는 것이다.
경기 중 심판 판정에 불만을 품고 상대 팀 선수에게 주먹을 휘두른 것은 감정적 충동에 의한 개인적 폭력에 해당한다.

오답풀이

① 승리라는 목적을 달성하기 위해 고의적으로 상대에게 피해를 입힌 행위이므로 도구적 폭력에 해당한다.
③ 직접적인 신체적 폭력은 아니지만, 의도적으로 경기를 조작하여 승리라는 목표를 이루려는 행위이므로 도구적 폭력에 해당한다.
④ 경기의 승리 또는 특정 목표 달성을 위해 계획적으로 사용된 폭력이므로 도구적 폭력에 해당한다.

14 ③

도핑은 금지된 약물을 사용하여 부당한 경기력을 얻는 행위로, 스포츠의 공정성을 심각하게 훼손한다. 이로 인해 팬과 선수, 스포츠 조직 전체의 신뢰가 무너지고, 스포츠 정신에도 위배된다. 도핑의 가장 중요한 윤리적 문제는 경기의 공정성을 붕괴시키고, 스포츠에 대한 신뢰를 상실하게 하며, 스포츠 정신을 배신하는 것이다. 이는 결국 공정한 경쟁을 방해하고 스포츠의 근본 가치를 훼손하는 결과를 초래한다.

오답풀이

① 도핑은 법적 처벌의 대상이 될 수 있지만, 이는 윤리적 문제보다는 법률적 문제에 해당한다.
② 도핑 약물은 심혈관 질환, 간 손상, 정신적 불안정 등의 부작용을 유발할 수 있으나, 이는 윤리적 문제보다는 의학적 위험성에 초점이 맞춰져 있다.
④ 도핑으로 인해 정직한 선수들이 불이익을 받는 것은 도핑의 결과적 문제일 뿐, 윤리적 핵심은 아니다. 도핑의 가장 중요한 윤리적 문제는 경기의 공정성을 붕괴시키는 데 있으며, 정직한 선수들이 받는 불이익은 그로 인한 부차적인 결과일 뿐이다.

15 ①

〈보기〉의 사례는 선수들이 약물에 의존하지 않고도 최상의 경기력을 발휘할 수 있도록 경기 환경을 개선하는 데 초점을 두고 있다. 훈련 프로그램 개선과 경기 일정 및 회복 시간 조정은 선수들의 신체적 부담을 줄여 도핑의 필요성을 감소시키는 근본적인 방지책이다. 이는 단순히 도핑을 적발하거나 처벌하는 방법이 아니라, 선수들이 처음부터 도핑을 선택할 이유를 없애는 예방적 접근에 해당한다.

오답풀이

② 도핑 방지 기술(검출 기술 등)을 향상시키는 데 기여할 수 있으나, 〈보기〉에서 강조한 경기 환경 개선과는 직접적인 관련이 없다.
③ 도핑의 위험성과 윤리적 문제를 인식시키는 데 도움을 주지만, 〈보기〉처럼 선수들의 경기 환경을 개선하여 도핑을 예방하는 직접적인 조치와는 다르다.
④ 도핑 억제를 위한 강력한 사후적 조치지만, 〈보기〉에서는 도핑 자체를 예방하기 위한 환경 조성에 초점을 두고 있다.

16 ③

〈보기〉에 제시된 기술들은 모두 생체 공학 기술에 해당한다. 웨어러블 디바이스와 생체 모니터링은 신체 정보를 실시간으로 수집·분석하여 경기력 향상과 건강 관리에 기여한다. 또한, 유전자 조작과 보조 기구(의수, 의족)는 신체 기능을 개선하거나 회복시키는 생체 공학 기술의 대표적 사례이다.

오답풀이

① 정보 기술(IT): 빅데이터 분석, VR/AR 훈련, AI 기반 경기 전략 분석 등 데이터 기반 스포츠 분석에 활용되는 기술이다.
② 재활 및 회복 기술: 주로 부상 치료, 근력 회복, 신체 기능 정상화에 초점을 맞춘 기술이다. 즉, 부상을 입은 선수들의 신체 회복을 돕는 기술(예 물리 치료 장비, 재활 로봇, 치료용 운동

기기 등)이 해당한다. 따라서 〈보기〉의 유전자 조작 및 경기력 향상을 목적으로 하는 생체 기술과는 구별된다.
④ 환경 및 시설 기술: 스마트 경기장, 에너지 효율 설비, 친환경 시설 설계 등 경기 환경과 관련된 기술이다.

17 ②

최저 학력 제도는 학생 선수가 일정 수준 이상의 학업 성취도를 유지해야만 대회나 운동에 참가할 수 있도록 하는 제도이다. 이 제도는 학생 선수의 학습권을 보장하고 운동과 학업의 균형을 유지하기 위해 도입되었다.

오답풀이
① 학생 선수의 학습권 보장을 위해 법적 근거에 따라 의무적으로 시행되는 제도이다.
③ 주말 리그제에 대한 내용이다.
④ 학사 관리 지원 제도에 대한 내용이다.

18 ③

성폭력 감시 기구는 독립적인 기관으로 설치되어, 성폭력 예방과 사전 방지를 주된 목적으로 해야 한다.
위계적 구조 개선과 성폭력 예방을 위한 규칙 강화는 조직 문화 개선에 해당하는 내용으로, 이는 감시 기구의 직접적인 역할과는 다르다. 따라서 감시 기구 설치만으로 위계적 구조를 개선할 수 없으며, 조직 전반의 문화적 변화가 필요하다.

19 ④

심판 오심 대응 방안은 경기의 공정성을 높이고 심판의 판정 정확도를 향상시키기 위한 제도적, 교육적, 기술적, 인적 방법을 의미한다.

오답풀이
ⓒ 심판의 결정에 대해 항의하는 횟수 제한은 오심을 방지하기 위한 직접적인 방안이 아니다. 오히려, 항의 횟수 제한은 선수나 팀의 정당한 이의 제기를 방해할 수 있으며, 오심에 대한 적절한 피드백 기회를 제한할 수 있다.

20 ①

㉠ 심정 윤리: 개인이 도덕적 감정에 따라 자발적으로 행동하는 윤리를 의미한다. 이는 행동의 동기와 내면적 도덕성을 중요시하며, 결과보다는 의도에 초점을 맞춘다.

ⓒ 책임 윤리: 행동의 결과에 대한 책임을 강조하는 윤리로, 의사 결정이 사회와 타인에 미치는 영향을 고려하며, 그에 따른 책임성을 중시한다.

오답풀이
• 개인 윤리: 개인이 자신의 역할과 책임에 따라 도덕적 기준과 정직성을 바탕으로 행동해야 한다는 윤리이다.
• 사회 윤리: 개인이 속한 사회나 조직의 공동체 이익과 가치를 고려하여 행동해야 한다는 윤리이다.
• 결과 윤리: 행동의 도덕적 가치를 행동의 결과에 따라 판단하는 윤리로, 결과의 긍정적인 효과 여부에 따라 윤리성을 평가한다.

시대에듀#은 시대에듀의 퀄리티 끌어올림# 브랜드입니다.

2025 최신간 기분좋은 스포츠지도사 2급 필기 파이널 실전봉투모의고사

초 판 인 쇄	2025년 02월 26일
초 판 발 행	2025년 03월 07일
발 행 인	박영일
출 판 책 임	이해욱
저 자	김종걸 · 신승아 · 전기제 · 성준영
개 발 편 집	김기임 · 김선아 · 심재은 · 송나령 · 유소정 · 신지호 · 홍수옥
표 지 디 자 인	박수영 · 김도연
본 문 디 자 인	임창규
마 케 팅	박호진
발 행 처	㈜시대고시기획시대교육
출 판 등 록	제 10-1521호
주 소	서울시 마포구 큰우물로 75[도화동 성지빌딩]
전 화	1600-3600
홈 페 이 지	www.sdedu.co.kr

이 책은 저작권법의 보호를 받는 저작물이므로 무단 전재 및 복제, 배포를 금합니다.
파본은 구입하신 서점에서 교환해 드립니다.

시대에듀 # 자격증은 합콘이 팡팡!
#알잘딱깔센 합격콘텐츠 서비스

1 센! 저자 직강 무료 강의

- 과목별 빈출개념 핵심 특강

※ 동일 저자의 [#알잘딱깔센 단기기본서] 기반 개념 강의입니다.

m.site.naver.com/1yNU2
유튜브(YouTube) ⊙
검색 [알잘딱깔센 스포츠]

2 합격선 UP! PDF 학습자료

- 시험 직전 최종점검! 빈출형광펜 모음.zip
- 최근 5개년(2024~2020년) 기출문제+해설

sdedu.co.kr/book
로그인 ⊙ 도서업데이트 ⊙
제목 검색 [알잘딱깔센 스포츠]

3 D-30 합격 온라인스터디

유튜브 합격 온라인 스터디 저자 직강!
과목별 출제 예상 모의고사 문제풀이 + 2025 출제 예언

※ 강의는 3월 2~3주에 업로드될 예정입니다.

m.site.naver.com/1yNUy

4 즉문즉답 1:1 고객 문의

공부하다가 잘못된 내용이 있거나 모르는 내용이 있으면 바로 질문하세요.
실시간으로 빠르고! 자세하게! 답변해 드립니다.

forms.gle/73HCRYET1EzU7X5X8

스포츠지도사 [2급] 자격증 A to Z

1. "스포츠지도사" 자격정의

전문/생활스포츠지도사	학교·직장·지역 사회 또는 체육 단체 등에서 체육을 지도할 수 있도록 「국민체육진흥법」에 따라 해당 자격을 취득한 사람
장애인스포츠지도사	장애 유형에 따른 운동 방법 등에 대한 지식을 갖추고 해당 자격종목에 대하여 장애인을 대상으로 전문체육이나 생활체육을 지도하는 사람
노인스포츠지도사	노인의 신체적·정신적 변화 등에 대한 지식을 갖추고 해당 자격종목에 대하여 노인을 대상으로 생활체육을 지도하는 사람
유소년스포츠지도사	유소년(만3세부터 중학교 취학 전까지를 말함)의 행동 양식, 신체 발달 등에 대한 지식을 갖추고 해당 자격종목에 대하여 유소년을 대상으로 체육을 지도하는 사람

2. 자격요건

응시자격	18세 이상인 사람
취득절차	필기 ➡ 실기·구술 ➡ 연수

※ 위 응시자격 및 취득절차는 자격증별 일반과정 기준으로, 응시자격 및 취득절차에 관한 세부사항은 국민체육진흥공단 체육지도자 홈페이지(https://sqms.kspo.or.kr)에서 확인하세요.

3. 자격 취득 시 유의사항

- 동일 자격등급에 한하여 연간 1인 1종목만 취득 가능(동·하계 중복 응시 불가)
- 하계 필기시험 또는 동계 실기·구술시험에 합격한 사람에 대해 다음 해에 실시되는 해당 자격검정 1회 면제
- 필기시험에 합격한 해의 12월 31일부터 3년 이내에 연수과정을 이수하여야 함. 단, 필기시험을 면제받거나 실기·구술시험을 먼저 실시하는 경우에는 실기·구술시험에 합격한 해의 12월 31일부터 3년 이내에 연수과정 (연수면제자는 성폭력 등 폭력예방교육)을 이수하여야 함
  * 「병역법」에 따른 병역 복무를 위해 군에 입대한 경우 의무복무 기간은 불포함
- 나이 요건 충족 기준일은 각 자격요건별 취득절차상 첫 절차의 접수마감일 기준

4. 자격검정 합격 및 연수 이수기준

필기시험	과목마다 만점의 40% 이상 득점하고 전 과목 총점 60% 이상 득점
실기·구술시험	실기시험과 구술시험 각각 만점의 70% 이상 득점
연수	연수과정의 100분의 90 이상을 참여하고, 연수태도·체육 지도·현장실습에 대한 평가점수 각각 만점의 100분의 60 이상

5. 필기시험 개요

- 2025년 필기시험 일정

구분	2급 전문	2급 생활, 2급 장애인, 노인, 유소년
원서접수	3월 20일 ~ 3월 24일	3월 27일 ~ 3월 31일
증빙서류 제출	3월 20일 ~ 3월 26일	증빙서류 제출 불필요
응시수수료 납부		3월 27일 ~ 3월 31일
필기시험	4월 26일	
합격자 발표	5월 16일	

※ 필기시험 접수는 인터넷으로만 가능하며, 원서접수 기간에만 접수를 받음(단, 접수기간 마지막 날은 18:00까지임)

- 필기시험 장소: 별도 홈페이지 공고

- 시험 방법: 객관식 4지 선다형, 100문항(5과목, 과목당 20문항)

- 시험 시간

구분	시간	주요 내용	비고
입실 완료	08:30~09:30	응시생 고사실 입실	시험 종료 후, 답안지는 전량 회수함
시험 안내	09:30~10:00	유의사항 설명, 신분 확인, 문제지 및 답안지 배부	
시험	10:00~11:40 (100분)	응시	

- 시험 과목

구분		2급 전문	2급 생활	2급 장애인	노인	유소년
		선택 5과목	선택 5과목	선택 4과목 + 필수 1과목	선택 4과목 + 필수 1과목	선택 4과목 + 필수 1과목
선택	스포츠사회학	○	○	○	○	○
	스포츠교육학	○	○	○	○	○
	스포츠심리학	○	○	○	○	○
	한국체육사	○	○	○	○	○
	운동생리학	○	○	○	○	○
	운동역학	○	○	○	○	○
	스포츠윤리	○	○	○	○	○
필수	특수체육론			○		
	노인체육론				○	
	유아체육론					○

스포츠지도사 [2급] 필기 최신 경향

선택과목	2024년	2023년	2022년
스포츠 사회학	☑ 난이도 평이 ☑ 응용문제의 출제비중이 높아짐 ☑ 스포츠와 정치, 스포츠와 일탈의 다양한 유형을 다룬 문제들이 주요 출제영역으로 자리 잡음	☑ 작년보다 난이도 상승 ☑ 근대 스포츠의 특징을 묻는 문제가 처음 출제됨 ☑ 학자들의 이론을 묻는 문제가 많이 출제됨	☑ 난이도 평이 ☑ 응용보다는 개념을 묻는 문제가 주로 출제됨 ☑ 지난 시험에 출제된 AGIL 모형 문제가 심화되어 출제됨
스포츠 교육학	☑ 예년 수준의 난이도로 출제 ☑ 이론적 배경과 다양한 교수 학습 모형 관련 문제 출제비중이 높아짐 ☑ 수업에서의 실제 적용 가능성을 중시한 문제들이 주로 출제됨	☑ 작년보다 난이도 상승 ☑ 스포츠교육의 지도방법론에서 집중적으로 문제가 출제됨 ☑ 정책과 법 관련 문제 출제비중이 줄고, 교육 평가 내용이 새로 출제됨	☑ 다소 어렵게 출제 ☑ 스포츠기본법, 체육시설법 시행규칙에서 새롭게 문제가 출제됨 ☑ 생활체육 및 전문체육 관련 정책과 제도를 묻는 문제가 다수 출제됨
스포츠 심리학	☑ 작년 대비 난이도 하락 ☑ 응용능력을 요구하는 문제의 출제 비중이 높아짐 ☑ 응용과 사례를 바탕으로 한 개념 이해 문제가 주로 출제됨	☑ 난이도 중상 수준 ☑ 이론과 응용문제가 균형을 이룸 ☑ 인간운동행동의 이해, 스포츠수행의 심리적 요인에서 많은 문제가 출제됨	☑ 난이도 중하 수준 ☑ 기초 개념을 묻는 문제가 주로 출제됨 ☑ 스포츠 재미의 영향 요인을 묻는 문제가 새로 출제됨
한국 체육사	☑ 작년보다 난이도 상승 ☑ 단순한 사실을 묻는 문제의 출제 비중이 줄어듦 ☑ 역사적 해석에 대한 이해가 필요한 문제가 출제됨	☑ 난이도 평이 ☑ 다소 지엽적인 문제가 출제됨 ☑ 삼국시대와 제천 의식, 신체 활동 등 각 시대별 체육 활동과 관련된 문제가 다수 출제됨	☑ 난이도 평이 ☑ 새로운 형식의 문제가 일부 출제됨 ☑ 제천 의식, 화랑도 등 중요한 역사적 사건과 박봉식, 서향순 등 인물을 묻는 경향으로 출제됨
운동 생리학	☑ 난이도 대폭 상승 ☑ 자주 등장하지 않았던 내분비계 관련 개념문제가 출제됨 ☑ 내분비계와 운동 관련 내용이 비중 있게 출제됨	☑ 난이도 평이 ☑ 기본 개념을 묻는 문제 위주로 다수 출제됨 ☑ 호흡·순환계 관련 내용을 묻는 문제가 많이 출제됨	☑ 다소 어렵게 출제 ☑ 응용보다는 개념을 묻는 문제들이 주로 출제됨 ☑ 트레이닝과 근육 관련 문제가 다수 출제됨
운동 역학	☑ 난이도 평이 ☑ 구심력과 원심력 개념이 등장함 ☑ 계산 문제보다는 물리학적 개념을 묻는 문제 위주로 출제됨	☑ 난이도 상승 ☑ 기본 개념을 묻는 문제 위주로 다수 출제됨 ☑ 운동역학의 정의와 해부학적 자세를 묻는 문제가 출제됨	☑ 쉽게 출제 ☑ 응용보다는 개념을 묻는 문제들이 주로 출제됨 ☑ 힘과 관련된 용어의 구분 문제가 많이 출제됨
스포츠 윤리	☑ 난이도 상승 ☑ 인종 차별, 여성 차별, 도핑 관련 문제가 사례를 기반으로 출제됨 ☑ 전년 대비 개념은 깊이 다루어졌으나, 응용문제는 평이하게 출제됨	☑ 난이도 상승 ☑ 전년 대비 스포츠윤리의 실질적 적용을 요구하는 문제가 증가함 ☑ 개념문제의 출제비중이 감소하고, 응용문제의 출제비중이 높아짐	☑ 난이도 평이 ☑ 개념의 심화된 이해가 요구되는 문제가 출제됨 ☑ 학자들의 이론을 묻는 문제가 다수 출제됨

2급류 체육지도사 자격검정 OMR 답안지

※ 컴퓨터용 검정색 수성 사인펜만 사용
※ 과목명 당 1개의 과목만 선택하여 표기(마킹)하시기 바라며, 과목을 표기(마킹)하지 않을 경우 해당과목은 0점 처리됩니다.

과목명1 ~ 과목명5

각 과목명 영역의 선택지:
- ① 스포츠사회학
- ② 스포츠교육학
- ③ 스포츠심리학
- ④ 한국체육사
- ⑤ 운동생리학
- ⑥ 운동역학
- ⑦ 스포츠윤리
- ① 특수체육론(장애인)
- ② 유아체육론(유소년)
- ③ 노인체육론(노인)

각 과목당 문항 1~20번, 각 문항 보기 ① ② ③ ④

응시자 정보란

- 자격·등급
- 고 사 장
- 성 명
- 문제 유형: Ⓐ / Ⓑ
- 수 험 번 호 (0~9)
- 결 시 ○
- 감독 확인 (서명 또는 날인)

2급류 체육지도사 자격검정 OMR 답안지

※컴퓨터용 검정색 수성 사인펜만 사용

※과목명 당 1개의 과목만 선택하여 표기(마킹)하시기 바라며, 과목을 표기(마킹)하지 않을 경우 해당과목은 0점 처리됩니다.

과목명 선택지 (과목명1 ~ 과목명5 공통):
- ① 스포츠사회학
- ② 스포츠교육학
- ③ 스포츠심리학
- ④ 한국체육사
- ⑤ 운동생리학
- ⑥ 운동역학
- ⑦ 스포츠윤리
- ① 특수체육론(장애인)
- ② 유아체육론(유소년)
- ③ 노인체육론(노인)

각 과목명(1~5)별 답안: 번호 1~20, 각 문항당 ① ② ③ ④

기재란:
- 자격·등급
- 고사장
- 성명
- 문제유형 Ⓐ Ⓑ
- 수험번호 (0~9)
- 결시 ○
- 감독확인 (서명 또는 날인)

2급류 체육지도사 자격검정 OMR 답안지

※컴퓨터용 검정색 수성 사인펜만 사용

※과목명 당 1개의 과목만 선택하여 표기(마킹)하시기 바라며, 과목을 표기(마킹)하지 않을 경우 해당과목은 0점 처리됩니다.

과목명1 / 과목명2 / 과목명3 / 과목명4 / 과목명5

선택 과목 목록 (각 과목명 공통):
- ⑪ 스포츠사회학
- ㉒ 스포츠교육학
- ㉝ 스포츠심리학
- ㊹ 한국체육사
- ㊺ 운동생리학
- ㊿ 운동역학
- ⑦ 스포츠윤리
- ① 특수체육론(장애인)
- ② 유아체육론(유소년)
- ③ 노인체육론(노인)

각 과목별 답안 (1~20번, ① ② ③ ④)

기재란

- 자격·등급
- 고사장
- 성명
- 문제유형 Ⓐ Ⓑ
- 수험번호 (0~9)
- 결시
- 감독확인 (서명 또는 날인)

2급류 체육지도사 자격검정 OMR 답안지

※컴퓨터용 검정색 수성 사인펜만 사용

※과목명 당 1개의 과목만 선택하여 표기(마킹)하시기 바라며, 과목을 표기(마킹)하지 않을 경우 해당과목은 0점 처리됩니다.

과목명1
- ⑪ 스포츠사회학
- ㉒ 스포츠교육학
- ㉝ 스포츠심리학
- ㊹ 한국체육사
- ㉟ 운동생리학
- ⑯ 운동역학
- ⑰ 스포츠윤리
- ⑪ 특수체육론(장애인)
- ⑫ 유아체육론(유소년)
- ⑬ 노인체육론(노인)

(번호 1–20, 선택지 ①②③④)

과목명2
(동일 구성)

과목명3
(동일 구성)

과목명4
(동일 구성)

과목명5
(동일 구성)

자격·등급

고 사 장

성 명

문제 유형: Ⓐ Ⓑ

수 험 번 호

감독 확인 (서명 또는 날인)

결 시: ○